Weidegründe der Zahnitscha

Große Mauer Zahnistans

Zahnistan

Wälder des Alltags

Mümmelmannsberg

Zauberland

Fluß der Fortbewegung

Tal der Fragen

Kuscheler Berge

Fluß der Fortbewegung

Grenzübergang der Traditionalisten

...alayah

(...ußpfad)

Freie Republik Mann

DURCHS WILDE
KINDISTAN

HANS-WERNER MEYER

DURCHS WILDE KINDISTAN

Zwischen Windeln und Wahnsinn

südwest°

Verlagsgruppe Random House FSC-DEU-0100
Das FSC-zertifizierte Papier *München Super* für dieses Buch
liefert Arctic Paper Mochenwangen GmbH

Projektleitung & Lektorat: Dr. Harald Kämmerer

Schlussredaktion: Susanne Schneider

Umschlaggestaltung: Christian M. Weiß, München

Karte von Kindistan: H.-W. Meyer und Chr. Weiß

Das Zitat auf Seite 41 drucken wir mit freundlicher Genehmigung:
A BOY NAMED SUE (SHEL SIVERSTEIN), © Evil Eye Music Inc

Producing, Layout: Lore Wildpanner, München

Druck und Bindung: GGP Media GmbH, Pößneck

Printed in Germany

ISBN 978-3-517-08532-6

9817 2635 4453 6271

WARNUNG

Dieses Buch ist ein Reiseführer durch ein weitgehend
unbekanntes, gefährliches, aufregendes Land.
Ich empfehle dringend, es nicht in einem Rutsch zu
lesen; Selbstversuche haben ergeben, dass das zu
akuter Verwirrung und zu Schlafstörungen führen
kann. Schlafstörungen aber gehören zu den größten
Gefahren in dem Land, über das ich hier berichte.
Verwirrt wirst du ebenfalls zur Genüge sein.
Und da ich davon ausgehe, dass du, lieber Leser,
dich selbst gerade auf der Reise durch dieses Land
befindest, ist es meine Pflicht, dich vor solchen
Gefahren zu warnen.

für meine Mutter
und
für meinen Vater

Vorwort

»Nach dem Ersten Weltkrieg waren keine Väter da, weil sie im Krieg geblieben waren, nach dem Zweiten Weltkrieg waren keine Väter da, weil sie im Krieg geblieben waren, nach '68 waren keine Väter da, weil sie sich im Kampf mit diesen abwesenden Vätern aufgerieben haben. Ihr seid die erste Generation, die die Möglichkeit hat, ihre Kinder mit anwesenden Vätern zu erziehen.«

So hat es mein kürzlich verstorbener Vater, der noch während des Ersten Weltkriegs geboren wurde, formuliert. Ich gehöre dieser glücklichen Generation an. Erste politische Schritte sind mit der Verlängerung des Elterngeldes für Väter gemacht, und die gesellschaftliche Akzeptanz ist zu spüren, wenn auch noch zart, so wie der kommende Sommer im Frühling zu ahnen ist.

Als wir unser erstes Kind bekamen, kaufte meine Frau ungefähr ein Dutzend Ratgeber mit Titeln wie *Wie beruhige ich mein Baby, Das Stillbuch, Jedes Kind kann schlafen lernen* etc. Da ich, auch ohne ihre panzerglasklare Ansage, dass wir die Sache entweder gemeinsam durchziehen oder gar nicht, entschlossen war, mir von Anfang an von dem Kind nichts entgehen zu lassen, stürzte ich mich in die Lektüre. Aber schon nach den ersten Seiten musste ich feststellen: Diese Ratgeber sind nicht für mich geschrieben. Sie verweisen mich geradezu unfreundlich des Raums. Ich fühlte mich in die dunkelsten Zeiten eines militanten Feminismus zurückversetzt, in denen man sich als Mann grundsätzlich irgendwie schuldig und fehl am Platz vorkam. Das Wort »Vater« oder »Papa« existiert nicht in diesem Kosmos. Es ist so abwesend wie die realen Väter der vorangegangenen Generationen.

In diesem Kosmos müssen offenbar ausschließlich Frauen die Bedürfnisse des Kindes verstehen. Andererseits spielen hier auch nur die Bedürfnisse der Mütter, ihre Ängste und Nöte eine Rolle. Von den Männern wird höchstens verlangt, dass sie am Ende eines anstrengenden Arbeitstages Verständnis für eine schwer genervte Partnerin aufbringen, die ihnen kommentarlos das schreiende Kind in den Arm legt. Wenn ich mich umsehe in meiner Realität, sind es inzwischen allerdings immer häufiger die Männer, die am Ende eines anstrengenden Tages auf dem Spielplatz oder in der Krabbelgruppe schwer genervt den Balg in die Arme ihrer Partnerin legen, die abends von ihrer Karriereleiter heruntersteigt, um die Familie zu beehren.

Die erwähnten Ratgeber sind natürlich trotzdem nützlich. Ich habe sie auch alle gelesen. Ehrenwort. Na ja, zumindest einige. Gut, ich gebe zu, ich habe sie bestenfalls überflogen und mich dabei auf die harten Fakten konzentriert, beispielsweise auf die Tabelle, wie lange ein Baby in welchem Alter ungefähr schlafen sollte, um endlich so etwas wie Struktur in den Tag zu bringen. Aber ich wurde dabei nie das Gefühl los, dass ich mich auf verbotenem Gelände bewege. Väter, die konsequent und von Anfang an Verantwortung für ihre Kinder übernehmen, Zeit mit ihnen verbringen wollen und dafür sogar bereit sind, auf den einen oder anderen Karriereschritt zu verzichten, werden immer noch belächelt. Gleichzeitig werden sie auch heimlich bewundert. Sie selbst fühlen sich dabei wie Pioniere, die sich ohne Landkarte in einem fremden Land bewegen.

Dieses Gefühl trifft den Kern. Sie **sind** Pioniere. Das Land, in dem sie sich bewegen, steckt voller Gefahren, aber auch voller Schönheit. Es ist eine weitgehend unentdeckte Wildnis. Zumindest für den frischgebackenen Papa. Aus den vorangegangenen Generationen war fast keiner dort. Es gibt kaum Wegweiser, und die Pfade sind noch nicht ausgetreten. Man kann sich leicht verirren. Deshalb brauchen die Männer einen Wegweiser, was Konkretes, was Handfestes, nicht so einen windelweichen Mama-Baby-Wohlfühl-Kram. Am besten, dachte ich mir, ist eine Landkarte mit Reiseführer. Landkarten sind eine der letzten männlichen Domänen. Männer lieben Landkarten, sie brauchen klar nachvollziehbare Marschrouten, Survival-Kits, einen Kompass, eine Wegbeschreibung, um sich in der Wildnis zurechtzufinden, um sie zu kultivieren, und einen Reiseführer, der ihnen sagt, was es in dem neuen Land alles zu entdecken gibt.

Der Vergleich mag pathetisch klingen, aber er entspringt folgendem Gedanken: Die Frage ist doch nicht nur, was Kinder brauchen, sondern auch, was Kinder **und** ihre Eltern brauchen, um leben zu können. Die Entscheidung, ein Kind in die Welt zu setzen, ist nach wie vor mit großen Ängsten verbunden, die geschürt werden durch den Gedanken an eine irgendwie als gottgegeben hingenommene Rollenverteilung und die befürchtete Festlegung der weiteren Biografie, die ich der Klarheit halber »Verspießung« nennen möchte. Die Kleinfamilie als Quelle von Enge und Frust sitzt nach wie vor als Schreckgespenst im kollektiven Gedächtnis meiner Generation. Die viel beschworene Großfamilie dagegen mag in der idealisierten Sehnsuchtsversion zwar so nie existiert haben, aber die Erfahrung mit meinen beiden Kindern – es sind nämlich inzwischen zwei – zeigt mir, dass es Kindern in dem Maße besser geht, in dem viele Menschen um sie herumwirbeln, die sich mit ihnen beschäftigen oder einfach nur da sind. Und wenn die Kinder zufrieden sind, dann – wie soll ich sagen – nerven sie auch weniger, sodass Mama und Papa nicht zu ihren vollständigen Handlangern werden.

Die Großfamilienstruktur, das ebenfalls viel beschworene »Dorf«, das nötig ist, um ein Kind zu erziehen, diese Struktur kann uns helfen, die Notwendigkeiten der Kindererziehung nicht nur einfach abzuhaken, sondern sie zu genießen und dabei auch selbst weiter zu wachsen – und zu leben. Aber da wir nicht mehr in dörflichen Zusammenhängen leben, müssen wir sie neu erfinden. Und zu einer zeitgemäßen »Großfamilie« gehört ganz zweifellos ein anwesender und aktiver

Vater. Dieses Buch richtet sich an jene Männer, die sich schon heimlich aufgemacht haben in das aufregende, fremde Land der Vaterschaft, sei es physisch oder nur in Gedanken, und an ihre Partnerinnen, die sich einen Vaterhelden an ihrer Seite wünschen und nicht wissen, wie sie ihren Kerl dahin lenken sollen.

Frauen mögen sich fragen, ob so ein Reiseführer überhaupt nötig ist, warum ein Mann, bloß, weil er mal nicht seinem eingebauten Fluchtinstinkt gehorcht und mit Ausreden bewaffnet Reißaus genommen hat, gleich ein Buch darüber schreiben muss. Schließlich reisen Frauen seit Jahrtausenden mit der größten Selbstverständlichkeit durch dieses Land, das aus ihrer Sicht wenig mit Abenteuern, dafür aber viel mit Wiederholungen und Normalität zu tun hat. Diese Sichtweise hat einiges für sich. So ist die Welt, wird man denken, so kennen wir sie, wozu der Aufwand? Sie lässt aber einen Aspekt außen vor, der in Kindistan von zentraler Bedeutung ist, nämlich die Fantasie. Ohne Fantasie ist diese Reise für Männer und Frauen vor allem eines: anstrengend. Die Fantasie aber wird sie hoffentlich nicht nur in die Lage versetzen, mehr auf dieser Reise zu erleben, sondern auch die ohnehin schon angeschimmelten Schützengräben im Stellungskrieg der Geschlechter für einen Moment zu verlassen und die Welt einmal aus einem neuen Blickwinkel zu betrachten. Ich möchte hier nicht über die allseits beliebten Unterscheidungsmerkmale zwischen Männern und Frauen berichten, sondern über eine wahrhaft abenteuerliche Reise. Unbestreitbar jedenfalls ist sie etwas komplett Neues – zumindest für all jene, die sie zum ersten Mal antreten.

In einem Satz: Dieses Buch ist ein Abenteuerbericht aus dem »wilden Kindistan« mit beigefügter Landkarte für all jene mutigen Männer **und** Frauen, die bereit sind für das letzte große Abenteuer, das ihnen geblieben ist: die Elternschaft.

1

DURCHS WILDE KINDISTAN

*Vom Mond und von Ungeheuern,
die man nicht töten kann*

Am anderen Ende der Welt, hinter den sieben Bergen bei den sieben Zwergen, da liegt es, das sagenumwobene Land, in das sich noch kaum ein Mann vor dir gewagt hat. Nicht unsere Väter, nicht deren Väter, nicht die Vorväter und deren Vorvorväter bis in mythische Zeiten hinein. Dort liegt – das wilde Kindistan.

Ach, unsere Väter! Sie haben die Meere umsegelt, fremde Länder unterjocht, Pflanzen und Tiere katalogisiert, sind auf den Mond geflogen, haben Berge erklommen und Büffel getötet. Sie haben Kriege geführt, Symphonien komponiert, Rekorde gebrochen, Bäume gepflanzt, Bücher geschrieben, sind in neue Dimensionen des Denkens vorgestoßen, haben Religionen gestiftet, diese wieder zerstört und noch mehr Kriege geführt. Immer wieder sind sie aufgebrochen, diese unsere Väter, Abenteuer zu suchen, zu bestehen, weiterzugehen, neue Abenteuer zu suchen und wieder zu bestehen, getrieben von der unstillbaren Sehnsucht nach dem Unbekannten und dem Drang, die eigenen Grenzen zu erleben und zu überschreiten. Wir haben sie geliebt – und wir haben sie vermisst.

Jedes dieser Abenteuer hat das Unbekannte etwas bekannter gemacht und den Söhnen dieser Väter die Möglichkeiten

Stück für Stück genommen, eigene Abenteuer zu finden, die noch keiner vor ihnen bestanden hat. Der Mount Everest ist zu einer Müllhalde geworden, der Weltraum ebenso, die Büffel sind alle erlegt. Es gibt keine unbekannten, sagenumwobenen Länder hinter den sieben Bergen mehr, die nicht mit einem Billigflieger unter Umgehung der wahren Kosten für die Umwelt leicht zu erreichen wären. Die großen, schönen, wilden Landschaften dieser Welt sind über tausendfach begangene Wanderwege – und mit der entsprechenden Ausrüstung – relativ gefahrlos zu erschließen. Es sei denn, sie werden von Terroristen als Ausbildungslager benutzt.

Und das andere Ende der Welt, wo soll das sein, bitteschön? Da, wo in ein paar Stunden die japanische Börse ihr Geschäft eröffnet und möglicherweise wieder mal das Bruttosozialprodukt ganzer Staaten vernichtet wird? Welche Abenteuer hält dieses »Ende der Welt« schon bereit? Wie unbekannt ist es noch?

Nein, nicht von diesem Ende der Welt ist hier die Rede. Die Reise in das Land, von dem ich berichten möchte, ist nicht einfach mit einem Mausklick zu buchen. Diese Reise ist ein Weg voller Gefahren, steinig, voller Enttäuschungen und emotionalen Achterbahnfahrten für die einen, unverhofft, unbeabsichtigt und schnell für die anderen. Vielgestaltig sind die Wege, die nach Kindistan führen, tausendfach begangen auch sie, sicher, wenn auch vor allem von der einen, der weiblichen Hälfte der Menschheit. Doch sie haben nichts von ihrer Gefährlichkeit eingebüßt, und auch nichts von ihrer Schönheit.

Das Land aber, zu dem diese Reise uns führt, ist wilder und schöner, Ehrfurcht gebietender, abenteuerlicher und fremder als alle Länder, die unsere Väter entdeckt haben. Und erschreckender. Denn es ist das Land, vor dem unsere Väter geflohen sind, geradewegs in ihre vielen berühmten Abenteuer hinein. Sie waren alle schon dort, natürlich, sonst wären wir ja nicht hier. Doch kaum hatten sie einen Fuß in dieses Land gesetzt, da nahmen sie Reißaus. Oder, wie es der Journalist J. R. Moehringer in seiner Autobiografie *Tender Bar* formuliert: »Mein Vater war ein Mann vieler Talente, doch ein Genie war er nur im Verschwinden.« Ein Fluchtinstinkt muss es gewesen sein, der sie scheuen ließ wie die Maus das Pferd, zurückscheuen und rennen, rennen, rennen bis zum Mount Everest, bis zum Mond und noch viel weiter, ein Fluchtinstinkt aus Urzeiten vielleicht, noch von unseren Vorfahren, (vielleicht) den Affen stammend, wer weiß, jedenfalls genährt vom Vorbild unzähliger Generationen. Wer von uns kann wirklich sagen: Mein Vater war anwesend?

Was haben sie gesehen? Was war so erschreckend, so erschütternd, so abgründig, dass der Mond als rettende Alternative erschien? In welche Abgründe haben sie geschaut, die schrecklicher waren als der Krieg? Warum haben sie alle Herausforderungen mit stolzgeschwellter Brust akzeptiert, nur diese nicht?

Welche Ungeheuer lauern dort, im Land hinter den sieben Bergen bei den sieben Zwergen? Welche Geheimnisse warten, welche Gefahren lauern – im wilden Kindistan?

Dieses Buch wird sie beim Namen nennen, denn wenn man Ungeheuer bei ihren Namen nennt, verlieren sie ihren Schrecken. Das weiß jedes Kind. Von jeher zogen Männer aus, um Ungeheuer zu bezwingen. Tote Drachen pflastern ihre Wege. Nur vor diesen schreckten sie jahrhundertelang zurück. Es wird Zeit, dass sich das ändert.

Das wilde Kindistan ist die letzte große Herausforderung, die uns noch geblieben ist. Erst wenn dieses Land erobert ist, ergeben die anderen Heldentaten überhaupt einen Sinn.

Nun höre ich von Männern immer wieder den Satz: »Kinder interessieren mich erst, wenn sie sprechen können, vorher ist das mehr was für Frauen.« Dieser Satz klingt für mich so schrill wie das berühmte Pfeifen im Walde. Er ist nichts weiter als die Bemäntelung der Angst vor den Ungeheuern im wilden Kindistan.

Und das zu Recht. Denn sie sind erschreckend, erschütternd und abgründig, diese Ungeheuer. Sie bringen uns an unsere Grenzen und darüber hinaus. Sie wecken ungeahnte Kräfte in uns und machen uns gleichzeitig müde, müde, müde, so unendlich müde! Und sie verlieren nie ihren Schrecken. Es gibt kein Entrinnen vor ihnen. Denn diese Ungeheuer sind – unsere Babys. Seit ich Kinder habe, sehe ich Väter, die vor diesen Ungeheuern nicht Reißaus nehmen, mit anderen Augen. Sie sind die wahren Helden unserer Zeit.

Denn sie haben es mit Ungeheuern zu tun, die man weder töten noch zähmen kann, um sie zu überwinden. Diese Ungeheuer brauchen uns wie Pflanzen die Sonne und das Wasser. Wir müssen ihnen geben, was sie brauchen, nur so können wir sie überwinden. Sie brauchen unsere Liebe, unser Vorbild, unsere Klarheit, die Grenzen, die wir ihnen zeigen. Sie brauchen unsere Aufmerksamkeit und unsere Zeit. Kurz: Sie brauchen unsere Anwesenheit.

Aber wenn dich dann das kleine Ungeheuer anblickt mit diesem seltsamen Lächeln, als wüsste es schon alles, mit dieser unschuldigen Impertinenz und diesen süßen Grübchen, dann wird dir plötzlich klar: Dieses Ungeheuer werde ich nie überwinden! Von jetzt an bin ich sein Leibeigener. Was ich bis jetzt aus meinem alten Leben noch herübergerettet glaubte und auch vor der Dame meines Herzens erfolgreich versteckt hatte, ab jetzt gehört es diesem kleinen Scheißer! Ich gehöre diesem kleinen Scheißer! Mit Haut und Haaren und meiner negativen Schlafbilanz! Von wegen Abenteuer! Ich bin verraten und verkauft! Ich gehöre nicht mehr mir selbst, ich gehöre diesem kleinen, schreienden Verdauungssack! Ich will hier raus! Wo ist der nächste Mond?

Tja, lieber Schicksalsbruder, dafür ist es zu spät! Das mit dem Mond hättest du vorher machen sollen. Vielleicht im nächsten Leben. Ab jetzt werden Windeln gewechselt, Milchflaschen gewärmt, Windeln gewechselt und Milchflaschen gewärmt. Den vollen Windeleimer ausleeren nicht vergessen! Und spätestens jetzt verstehst du deinen Vater nicht nur, du beneidest ihn auch. Denn er wuchs in einer Zeit auf, in der es noch als männlich galt, seiner Frau die gesamte Drecksarbeit zu überlassen und stattdessen auf Hasenjagd zu gehen.

Aber Flucht ist was für Feiglinge. Diese Zeiten sind vorbei. – Zum Glück! Denn ich habe das Bedauern in den Augen meines Vaters gesehen, wenn er mich mit meinen Kindern sah. Hasenjagd ist ja schön und gut, sagten diese Augen, aber sie läuft nicht weg. Ein Baby dagegen ist nur sehr kurz ein Baby. Und wenn du davor wegläufst, dann läufst du vor dem Leben weg. Seine Hände wagten es kaum, das Baby anzufassen. Vieles habe ich erlebt in meinem Leben, sagten seine Augen, fast ein ganzes Jahrhundert, nur ein Baby nicht. Den Beginn des Lebens, den habe ich irgendwie verpasst.

2

DIE FRAU UNTER EINFLUSS

Hormone haben immer recht

Auf dem stolzen Ross deiner männlichen Zuversicht reitest du von der Front deines Lebens, von den Kämpfen deiner Karriere zurück in bekanntes Gebiet. Glaubst du. Du reitest heim. Doch plötzlich pfeifen dir Kugeln um die Ohren. Was ist das? Bis du in einen Hinterhalt geraten? Wer wildert da in deinem Revier? Doch du hast keine Zeit, dieser Frage weiter nachzugehen, denn da pfeifen dir schon die nächsten Kugeln um die Ohren. Kugeln voll geballter Emotion sind es. Sie stammen aus der abgesägten Schrotflinte einer hormongesteuerten Frau. Deiner Frau. Der Dame deines Herzens. Der Frau mit deinem Kind unter ihrem Herzen, wie die Alten in ihren Liedern sangen. Die Frau mit dem Alien im Bauch, wie sie es selbst nennt. Du erkennst sie nicht wieder, diese Frau. Sie ist – nun ja – anders als sonst. Mit ihr ist gerade nicht zu spaßen. Sie ist überhaupt nicht so wie sonst, nein, ganz und gar nicht. Sie scheint nicht sie selbst zu sein.

Ist sie auch nicht. Denn sie ist die »Frau unter Einfluss«. Wer je den gleichnamigen Film von John Cassavetes mit Gena Rowlands in der Titelrolle gesehen hat, weiß, wie man sich die Frau unter Einfluss vorstellen muss. Unberechenbar ist diese Frau, komplett unberechenbar, entzückend in einem Moment, eine Furie im nächsten, gerade noch das zutrauliche Mädchen, gleich schon ein Feuer speiender, wütender Drache.

Jetzt bist du also angekommen in jenem sagenumwobenen Land mit dem Namen Kindistan. Es ist, wie jedes fremde Land, erst einmal vor allem – fremd, Feindesland gewissermaßen.

Es gibt unzählige Berichte über die ersten wilden und karstigen Gebirge dieses Landes, monströse, heitere, dramatische, verblüffende, erschreckende, sich widersprechende, aber allen gemeinsam ist dieses: Die Hauptperson ist – nein, nicht die Frau unter Einfluss –, sondern »der Meister«. Denn der Meister bewohnt die Frau unter Einfluss. Es ist sein Einfluss, unter dem die Frau unter Einfluss steht. Er bestimmt, was geschieht. Er befiehlt, was die Frau unter Einfluss isst, was sie trinkt, was sie tut, was sie fühlt und – wie sie dich behandelt.

Der Meister. Der heimliche Herrscher Kindistans. Bis heute ist uns seine unheimliche Macht ein Geheimnis, trotz der überwältigenden Flut an Büchern über ihn. Die überwältigende Flut an Büchern über ihn ist gerade ein Beweis für sein hartnäckiges Geheimnis, denn es ist ja immer das Fremde, das uns fasziniert, das wir zu verstehen suchen.

Ob dieses Vorgebirge der Schwangerschaft allerdings tatsächlich schon zum Kerngebiet von Kindistan gerechnet werden kann oder nicht, darüber gibt es bis heute unterschiedliche Stimmen. Das Grenzgebiet Kindistans liegt nämlich in einem jener wilden Gebirgszüge, die sich jeder Festlegung entziehen. Zu welchem Herrschaftsgebiet muss man es zählen? Gehört es noch zum Werdenden Mammien, ist es noch Teil vom freien und unabhängigen Frauenland, oder übt der Meister hier bereits jene Herrschaft aus, die so charakteristisch für Kindistan sein wird?

Diese Frage wird sich dir immer wieder aufdrängen, wenn du dir die Dame deines Herzens so ansiehst, die jetzt die Frau unter Einfluss ist. Vor allem aber wird die Dame deines

Herzens sich diese Frage stellen, und zwar weil sie jetzt die Frau unter Einfluss ist. Sie wird sich fragen: Was ist das für ein Einfluss, unter dem ich stehe? Sie wird sich vorkommen wie ein besetztes Haus. Da wohnt irgendein Kerl in ihr, den sie entweder gar nicht eingeladen hat oder dessen Benehmen sie jetzt einigermaßen befremdet, sodass sie ihn, wenn sie ehrlich ist, ganz gern wieder loswerden würde.

Stell dir vor, du kommst nach Hause, und da lümmelt ein Mensch, den du nicht kennst, in deiner Wohnung herum. Ein Gast, den du zwar vielleicht eingeladen, auf den du dich möglicherweise sogar schon lange gefreut hast, dem du nun aber unvorsichtigerweise den Schlüssel zu deiner Wohnung gegeben hast, weil du eben ein netter Mensch bist und dieser im Prinzip mehr oder weniger willkommene Gast ja eigentlich auch nur für ein paar Nächte einen Platz zum Pennen brauchte. Aber dieser Bekannte nimmt deine unvorsichtig dahingeworfene, als Höflichkeitsfloskel gedachte Aufforderung, sich »ganz wie zu Hause zu fühlen«, etwas zu wörtlich. Er frisst deinen Kühlschrank leer, trampelt mit dreckigen Schuhen auf deinem frisch abgeschliffenen Parkett herum, säuft sich durch die teuren Single-Malt-Whiskeys deiner Bar, hängt immer vorm Fernseher, wenn du nach einem anstrengenden Tag müde von der Arbeit nach Hause kommst und gerne mal etwas Ruhe hättest. Irgendwann zieht er auch noch vom Sofa in dein Bett um, weil er das gemütlicher findet. Und aus den »paar Tagen« werden Wochen und Monate.

Mit anderen Worten, plötzlich gehört dein Haus nicht mehr dir selbst. Du gehörst dir nicht mehr selbst. Du bist fremdbestimmt. Und genau das ist es, wovor wir alle so viel Angst haben, weswegen immer mehr Menschen einen weiten Bogen um das wilde Kindistan machen, nicht nur Männer, immer öfter auch Frauen.

Wer will schon gerne fremdbestimmt sein? Welche Frau

will sich selbst auf der Straße wiederfinden, nach einem besinnungslosen Einkauf im Supermarkt, grunzend den gerade gekauften, in Plastik eingeschweißten Räucherhering mit den Zähnen aus seiner Verpackung zerrend, während gleichzeitig eine vor Gier zitternde Hand das Nutellaglas aus der Einkaufstüte angelt und den Verschluss aufreißt, damit die andere vor Gier zitternde Hand den Räucherhering endlich, endlich in die leckere Schokoladensauce tunken und in den Schlund der Frau unter Einfluss stopfen kann, der nicht mehr ihrem Willen gehorcht, sondern dem Willen des Meisters? Er stemmt diesen gierigen Schlund gewissermaßen von innen auf und bellt aus den Tiefen ihres Wesens mit kehliger Stimme seine Befehle. »Rein damit!«, raunzt er, »los, den Rest Nutella auch noch, und zwar sofort!«

Wer kann das wollen?

Und welcher Mann genießt es, wenn morgens plötzlich sein Rasierwasser entsorgt wurde, weil die Frau unter Einfluss dessen Geruch nicht mehr ertragen konnte? Oder den seines Deos. Oder gar seinen eigenen. Ist es etwa ein Vergnügen, der Dame deines Herzens morgens einen Kaffee zu kochen (eine Tasse pro Tag ist in der Regel in Ordnung für die Frau unter Einfluss, so viel lässt der Meister gerade noch durchgehen), weil du ein Gentleman bist und bestrebt, ein würdiger Reisender im Lande Kindistan zu werden, und sie dann statt: »Danke, Schatz«, zu hauchen, auf dem Absatz kehrtmacht und ins Klo kotzt?

In dem karstigen Vorgebirge der Schwangerschaft wird dir zum ersten Mal auf deiner Reise ins wilde Kindistan Mut abverlangt. Du musst lernen, den emotionalen Kugeln aus dem Hinterhalt auszuweichen, die die Frau unter Einfluss auf dich abfeuert, weil der Meister es ihr befiehlt. Du musst ihre wütenden Angriffe auf dein emotionales Gleichgewicht aushalten, ihre plötzlichen Weinkrämpfe vor dem Fernseher, wenn in irgendeiner Vorabendserie von Kindern die

Rede ist, denen Unrecht widerfährt, ach was, einfach nur von Kindern. Die Erwähnung von Kindern an sich treibt ihr automatisch Tränen in die Augen. »Ich kann nichts dafür«, beteuert sie dann, während diese Tränen laufen. »Ich kann nicht anders.«

Du wirst es nicht wiedererkennen, dieses schwankende Wesen, und dich fragen, ob das noch die Frau ist, mit der du deine Reise begonnen hast. Sie wird sich selbst nicht wiedererkennen und staunend von einer Emotion in die andere taumeln.

Die griffige Formel 3-3-3 mag eine grobe Orientierung bieten (drei Monate kotzt sie, drei Monate schwebt sie, drei Monate ächzt sie), aber sie hilft wenig bei den täglichen Stimmungsschwankungen. Denn unberechenbar bleibt die Frau unter Einfluss, egal, in welchem Monat sie sich befindet. Im Vorgebirge der Schwangerschaft gibt es keine emotionale Stabilität.

Warum, fragst du dich jetzt vielleicht, edler Reisender, der im Begriff steht, auf meinen Spuren im wilden Kindistan zu wandeln, warum das alles, Effendi? Wo ist der Sinn?

Sinnvoll ist das alles nicht, wenn du mich fragst, Reisender. Aber angesichts der vielen Seltsamkeiten, die noch auf dich warten, angesichts der Tatsache, dass du dabei bist, in das märchenhafteste Land deines Lebens einzureisen, das aus diesen Seltsamkeiten geradezu besteht, und angesichts der Tatsache, dass diese Seltsamkeiten eine Kette kleiner Wunder bildet, die du voller Stolz tragen wirst, auch ohne ihren Sinn zu verstehen, angesichts all dieser Tatsachen ist die Frage nach dem Sinn zweitrangig.

Dennoch will ich eine Erklärung wagen. Es ist ein Test.

Ein Test, Effendi? Für wen?

Für dich. Ob du wirklich bereit bist für die Zumutungen, die eine Reise durch Kindistan bedeutet. Der Meister zeigt dir, wie er ist. Damit du schon mal Bescheid weißt und dich nicht zu sehr erschrickst. Denn er ist zwar durchaus kooperativ und zuvorkommend, aber eben auch unberechenbar und emotional schwankend. Er ist lustig, entzückend, ein Bote der Engel, aber auch gerissen und dir immer einen Schritt voraus. Später wird er dir ein Spiegel sein. Und das wird einer der Momente sein, in denen du sehr stark sein musst, denn er wird dir zeigen, wie du bist, vorurteilsfrei und mit der unwiderstehlichen Sachlichkeit von Kindern. So bin ich also, wirst du denken, durch chronischen Schlafmangel zu sehr geschwächt, um dich darüber aufzuregen. So bin ich also. Vielleicht sollte ich an meiner Geduld arbeiten.

Vorerst aber ist die Dame deines Herzens das schwankende Wesen. Sie wird dich herumkommandieren, ausgefallene Wünsche haben, die sie nicht erklären kann, deren Erfüllung aber von existenzieller Notwendigkeit ist. Sie wird an allem zweifeln und den neuen Mitbewohner möglicherweise am liebsten achtkantig rausschmeißen wollen. Dann wird sie zusammenbrechen und glauben, dass sie der Abschaum der Menschheit ist, weil sie solche Gedanken haben kann. Sie wird glauben, dass ihr Leben nun zu Ende ist, dass alles, was ihr bisher wichtig war, nun der Vergangenheit angehört. Und sie wird auch genau wissen, wer schuld daran ist. Kannst du raten, wer das sein könnte, Reisender?

Ich vermutlich?

Allerdings. Du bist schuld, denn du bist für alles verantwortlich. Und deshalb musst du jetzt tun, was sie von dir verlangt. Denn in Wirklichkeit es ist ja nicht sie, die es verlangt, sondern der Meister, der durch sie spricht.

Wie tut er das, Effendi? Wie spricht der Meister durch die Frau unter Einfluss?

Nun, Reisender, das ist eine sehr gute Frage, denn sie bringt uns zu einem jener Phänomene in Kindistan, die Generationen von unerschrockenen Männern das Fürchten gelehrt haben. Sie bringt uns in die schillernde Welt der Hormone.

Hormone gehören zu den erstaunlichsten Wunderwerken der Natur. Sie sorgen zum Beispiel dafür, dass eine Frau, vielleicht die Dame deines Herzens, bei Vollmond plötzlich sehr nett zu dir ist, weil ein Meister, dessen Zeit gekommen ist, sie mittels Hormonen dazu zwingt. Und wenn der Meister dann tatsächlich kommt, sind es die Hormone, die dafür sorgen, dass sie alles tut, was sein Wachstum erfordert.

Hormone verändern die Persönlichkeit und die Haut. Die Frau unter Einfluss, deren makellose, bronzefarbene Haut dir immer ein Quell sinnlicher Freuden war, gleicht zeitweilig einem Streuselkuchen, weil in ihrem Inneren ein ungeheures Kraftwerk gerade auf Hochtouren arbeitet, um den Meister zu modellieren. Und dabei produziert es, wie jedes Kraftwerk, jede Menge Abfallstoffe, die ja schließlich irgendwohin müssen. Zuletzt haben die Hormone in der Pubertät so verrückt gespielt und eine ähnliche Wirkung gehabt. Mächtige Werkzeuge sind sie, die Hormone, von größtmöglicher Effektivität bei gleichzeitig kleinstmöglicher Ausdehnung. Widerstand ist zwecklos. Gegen Hormone bist du machtlos.

Du bist gut beraten, Reisender, deine eigenen Bedürfnisse eine Weile zu vergessen. Dein Dienst für die Frau unter Einfluss wird dir wenig Raum dafür lassen. Auch das ist ein gutes Training für die Reise durchs wilde Kindistan. Die Ausdehnung des Raums, der deinen Bedürfnissen dort nämlich zukommen wird, ist nur unwesentlich größer als jene der Hormone. Du wirst lernen müssen, deine Bedürfnisse zu komprimieren, damit sie hineinpassen. Ein schmerzhafter und zugleich heilsamer Prozess, weil du dafür erst einmal erkennen musst, was deine wirklichen Bedürfnisse sind. Du musst sie erkennen, definieren, ihnen einen Platz in der vom Meister bestimmten Hierarchie der Dinge zuweisen. Einige deiner Bedürfnisse werden diesen Prozess nicht überleben. Betrachte sie als die faulen Äpfel, die durch die Natur ausgesiebt werden.

Verleugnen solltest du sie aber nicht, deine Bedürfnisse. Denn auch Bedürfnisse sind mächtige Zuchtmeister, nicht ganz so mächtig wie Hormone und auch nicht ganz so mächtig wie der Schmerz, zu dem wir später noch kommen werden, aber wenn du sie komplett ignorierst, werden sie sich auf jeden Fall rächen, und zwar meistens in Augenblicken, in denen du am wenigsten damit rechnest. Bei einem Streit beispielsweise: Plötzlich hörst du dich Dinge sagen, die du nie sagen wolltest, weil deine verleugneten Bedürfnisse Anklage erheben und sich der drastischsten Worte bedienen, deren sie habhaft werden können, um die Geschworenen von ihrer Sache zu überzeugen.

Aber auf einer Reise durchs wilde Kindistan gibt es nun mal wenige Möglichkeiten, sie zu befriedigen, diese Bedürfnisse. Große Teile Kindistans liegen im unwegsamen Gebirge, rechts ein Abhang, links der Gletscher, in der Mitte ein kaum sichtbarer Pfad, den du leicht verlieren kannst, wenn du unaufmerksam bist. Deine Bedürfnisse spielen hier erst einmal keine Rolle, mein Freund, sieh zu, dass du heil hier durchkommst, und vergiss deine Bedürfnisse.

Wie kann man Bedürfnisse vergessen, Effendi?

Irre ich mich, oder bist du bereits etwas weiß um die Nase, Reisender? – Keine Sorge, es ist weniger schwierig, als es klingt. Du wirst deine Bedürfnisse vermutlich überhaupt nicht empfinden. Denn dafür bist du viel zu müde. Deine Bedürfnisse werden sich, wie deine kinderlosen Kumpels, eine Weile überhaupt nicht mehr blicken lassen. Ab und zu wirst du dich fragen, ob sie vielleicht beleidigt sind, weil du sie zu sehr vernachlässigst, die Bedürfnisse und auch die Kumpels. Dass der Dienst am Meister dir einfach beim besten Willen keine Zeit für Bedürfnisse und alte Kumpels lässt, ist allerdings schwer vermittelbar. Das versteht nur, wer selbst einmal durch Kindistan gereist ist.

Was nun von dir verlangt wird, ist dasselbe, was der Meister von der Frau unter Einfluss verlangt: Geduld. Sei ein Mann. Halte aus.

Und leiste keinen Widerstand.

Denn Hormone haben immer recht.

3

DAS VORGEBIRGE DER SCHWANGERSCHAFT

Die Grenzen Kindistans

Wo beginnt es denn nun, dieses sagenumwobene Land? Bei der Geburt? Das kann nur behaupten, wer die neun Schwangerschaftsmonate davor ignoriert – die in Wirklichkeit zehn sind oder neuneinhalb. Das hängt ab von der Betrachtungsweise, aber dazu mehr im Kapitel über den Klettersteig der Geburtsvorbereitung.

Aber wenn man die Grenzen nicht bei der Geburt ziehen kann, wo dann? Nach den berühmten ersten drei Monaten der Schwangerschaft, wenn der Fötus sich so sicher eingenistet hat, sodass man die Nachricht mit der Umwelt teilen kann, ohne befürchten zu müssen, das Kind gleich wieder zu verlieren? Beginnt es bei der Erkenntnis: Sie ist schwanger? Beim Akt der Zeugung?

Es gibt Landkarten für jeden Winkel der Erde. Die Welt ist vermessen, beschrieben und – der Eindruck drängt sich manchmal auf – eine alte, schon etwas langweilig gewordene Bekannte geworden. Wo aber die Grenzen des wilden Kindistan beginnen, darüber gibt es kein befriedigendes Kartenmaterial, so wie es keine genauen Karten von der Tiefsee gibt, von der wir ähnlich schwammige Vorstellungen haben wie vom wilden Kindistan. Auch deren Gefahren, Wunder und Überraschungen werden chronisch unterschätzt. Wir sind auf die Erfahrungswerte der etwa sechshundert

Menschengenerationen angewiesen, die vor uns diesen steinigen Weg gegangen sind. Doch bei all den erstaunlichen Errungenschaften, die sie bis jetzt zustande gebracht haben, kommt man um die bedauerliche Feststellung nicht herum, dass sie es nicht geschafft haben, uns genaues Kartenmaterial von dem Land zu hinterlassen, durch das jeder von uns wandert, bevor ihn der Ernst des Lebens aus der Sandkiste fegt.

Wie ist das möglich? Wie konnte dieses intelligente Tier, das das Penizillin erfunden und die Kernspaltung entdeckt hat, wie konnte es vergessen, die eigene Heimat so zu beschreiben, dass man sich als Reisender später wieder in ihr zurechtfindet? Wie konnte etwas so Elementares wie die Definition der Grenzen Kindistans vergessen werden?

Ein Grund mag sein, dass du auch ohne Kartenmaterial weißt, wann du da bist. Die Grenzen Kindistans sind fließend. Es mag schwierig sein, sie festzulegen. Aber man kann ziemlich genau definieren, woran du sie erkennen wirst: An den Hormonen der werdenden Mutter. Beziehungsweise an dem, was die Hormone mit ihr machen. Und durch das, was in der Folge die werdende Mutter mit dir macht, weißt auch du Bescheid. Ganz bestimmt. Denn Kindistan ist ein Land voller emotionaler Schluchten und mentaler Abgründe. Und in dem Moment, in dem deine Frau dich in einen dieser Abgründe stürzt, weißt du: du bist da.

Von jetzt an brauchst du gutes Schuhwerk, ein dickes Fell, ein paar Fallschirme für alle Fälle, Ersatznerven, eine Notration Geduld oder gleich zwei, oder am besten – ach, so viel du tragen kannst! Auch um Sprüche zu ertragen wie jenen, den ich auf der offenbar viel benutzten Kaffeetasse eines befreundeten Papas gesehen habe: »Gute Papis brauchen keinen Schlaf.« So blöd dieser Spruch auch ist, er ist leider wahr.

4

EIN SELTENES GEBIRGS-
BLÜMCHEN

Sex im Vorgebirge der Schwangerschaft

Während deines Aufstiegs im Vorgebirge der Schwangerschaft wirst du bereits mit vielen Dingen beschäftigt sein, die du bisher nur vom Hörensagen kanntest. Noch wird der Meister seine Anweisungen zwar nur durch die Dame deines Herzens geben, es ist auch nur ein kleiner Vorgeschmack auf die vielen, vielen Erledigungen, die täglich in Kindistan auf dich warten werden. Aber verglichen mit deinem bisherigen, ungebundenen und relativ angenehmen Leben ist es schon eine Umstellung, plötzlich hauptsächlich fremde Bedürfnisse befriedigen zu müssen.

Die Dame deines Herzens kommt beispielsweise, vom Nesttrieb geschüttelt, eines Tages mit einer kompletten Kinderzimmereinrichtung von Ikea wieder. »Aufbauen!«, befiehlt sie. Dein Einwand, dass ihr doch noch überhaupt kein Kinderzimmer habt, kommt dir angesichts der grimmigen Entschlossenheit in ihren Augen selbst ein bisschen kleinlich vor. Also baust du es zwischenzeitlich im Flur auf, um es irgendwann in der Hochebene der ersten zwölf Monate in jenen Raum zu stellen, der im Moment noch dein Arbeitszimmer, in Wirklichkeit aber ein Kinderzimmer auf Abruf ist. Diesen Schritt zögerst du so weit wie möglich hinaus, weil du dich mit ihm nicht nur von einem Arbeitszimmer, sondern von einem ganzen Lebensabschnitt verabschiedest.

In den Pausen deiner neuen Dienstleistertätigkeit aber bist du auf der Suche nach etwas, von dem du nicht genau weißt, was es ist. Immer wieder fällt dein suchender Blick auf die Erde neben dem Pfad. Du witterst und pirschst, bleibst ab und zu stehen und fragst dich zerstreut, wonach du eigentlich suchst, wirst aber immer wieder abgelenkt von Ultraschallterminen, Geburtsvorbereitungskursen, Klinikbesichtigungen für die Entbindung und Beleghebammen-Suche. In den Kindergärten, die du schon mal besuchst – aus reinem Interesse, versteht sich –, triffst du auch andere Reisende im Vorgebirge der Schwangerschaft, die dort bettelnd und schleimend und eventuelle Konkurrenten wegbeißend versuchen, ihrem Meister dort in zwei oder drei Jahren einen Platz zu sichern. Aber sobald du eine freie Sekunde hast, fällt dein suchender Blick wieder neben den schmaler und steiler werdenden Pfad.

Was suche ich denn da, Effendi?

Du drehst Steine um, lugst in Felsspalten. Du bist dir nicht einmal zu schade, unter Grasnarben zu suchen und in der Erde zu buddeln. In schwachen Momenten findest du dich sogar auf der Erde liegend und wie ein Trüffelschwein mit der Nase in der Erde schnüffelnd und wühlend wieder. Aber es hilft nichts, was du suchst, ist nun einmal sehr schwer zu finden.

Effendi! Mach es nicht so spannend. Was suche ich?

Das Gebirgsblümchen »Sexualis Schwangerschaftensis«, Reisender, zu deutsch: »Sex in der Schwangerschaft«, eine äußerst seltene Blume. Wie wir wissen, ist eine Pflanze umso kostbarer, je seltener sie ist. Die sich zwischen den Steinen des Alltags versteckende und leicht zu übersehende Pflanze gehört demnach zu den kostbarsten Pflanzen überhaupt.

Wenn ich dich so höre, wirst du nun einwerfen – inzwischen

eindeutig etwas weiß um die Nase –, dann frage ich mich, ob sich die Reise überhaupt lohnt. Was du beschreibst, klingt nach einer kargen Wüste voller Entbehrungen. Ich bin kein Heiliger, Effendi, was soll ich dort? Warum soll ich mich diesen Torturen aussetzen?

Wenn dich diese leichten Erschütterungen an den Rändern deiner Komfortzone bereits derartig aus dem Gleichgewicht bringen, dass sie dich an deiner Reise zweifeln lassen, müsste ich dann antworten, dann solltest du sie in der Tat nicht antreten. Die Höhenpflanze »Sexualis Schwangerschaftensis« ist nämlich noch eine in Massen die Almwiesen gelb färbende Butterblume im Vergleich zu ihrer Verwandten, der überaus scheuen Pflanze »Sexualis Post-Schwangerschaftensis«, also der begehrten »Sex nach der Schwangerschaft«, die in bestimmten Gegenden bereits zu den vom Aussterben bedrohten Pflanzen gezählt wird und dringend unter Artenschutz gestellt werden sollte.

Inzwischen ist das wohl auch geschehen. Jedenfalls ist die kindistanische Fachliteratur voll von diesem Thema und hält wertvolle Tipps für den Reisenden bereit, wie er die Dame seines Herzens überlisten, überrumpeln, überreden oder sonst wie dazu bringen kann, dieses kostbare, in der kindistanischen Höhenluft spärlich auftretende Gewächs zu pflegen, damit aus ihm wieder eine gesunde Pflanze wird, die realistische Überlebenschancen hat.

Der Gedanke dahinter ist denkbar einfach. Erst durch den Genuss der vergleichsweise häufig vorkommenden »Sexualis Prae-Schwangerschaftensis« oder gar der im Überfluss wuchernden »Sexualis kurz nach Kennenlernensis« ist ja erst die Entstehung des Meisters möglich geworden, ob beabsichtigt oder nicht. Wenn wir nun zuließen, dass ihre scheuen Verwandten in Kindistan ganz aussterben, so verurteilten wir damit den Meister zu einem lebenslangen Geschwister-Phantomschmerz. Aber auch über diese funktionale Bedeutung hinaus wird dem Genuss der gesamten Spezies »Sexualis« beglückende, belebende und konfliktmildernde Wirkung nachsagt.

Wenn das seltene Auftreten der Spezies der »Sexualis Schwangerschaftensis« und das noch seltenere Auftreten der »Sexualis Post-Schwangerschaftensis« dich also beunruhigt, ist das eine durchaus verständliche Reaktion. Nichtsdestotrotz: Schreckt dieses Szenario dich bereits ab, so bleibe lieber zu Hause. Denn, wie es in meiner Heimatstadt Hamburg so trefflich heißt: Nur die Harten kommen in den Garten.

Und hart ist es allerdings, eine langsam erblühende, neue Reize entwickelnde Frau in seinem Bett zu haben, deren Lust auf Sex unaufhaltsam abnimmt, wie der Mond, der sie in seiner ganzen Fülle einst so eigenartig nett zu dir sein ließ. Neu sind diese Reize in der Tat, nagelneu, unverhofft und fremd. Und stark. Nie hättest du für möglich gehalten, dass schwangere Frauen eine derartig starke und eindeutig sinnliche Anziehungskraft auf dich ausüben.

Ob auch dieses das Werk der mächtigen Hormone ist, die möglicherweise eine geheimnisvolle Verbindung zu deinen eigenen Hormonen unterhalten, um so den Einfluss des Meisters nicht nur indirekt über die Dame deines Herzens, sondern auch direkt über die Schaltzentralen in deinem Lustzentrum auf dich auszudehnen, ist eine noch nicht endgültig beantwortete Frage in der Wissenschaft. Tatsache ist, dass selbst Reisende, die normalerweise eine – mindestens eben so rätselhafte – Vorliebe für Frauen hatten, deren Körpermasseindex sich nur unwesentlich oberhalb dem eines Skeletts bewegt, plötzlich angesichts majestätischer Rundungen bei Frauen in Verzückung geraten, die sie vorher vielleicht eher bedauert hätten. Im Vorgebirge der Schwangerschaft sind es zweifellos ihre Rundungen, die stolz den Raum vor und hinter ihr erobern. Du siehst dich einem Mysterium gegenüber, einem Geheimnis, das größer, beeindruckender und ergreifender ist als alles, womit sie dich bisher überrascht und beglückt hat. Du wirst dir selbst beizeiten klein und unbedeutend vorkommen, weil alles, was du jetzt noch beizusteuern hast, Handlangerdienste sind im Vergleich zu dem, was sie gerade tut.

Ich unterbreche ungern deine Schwärmerei, Effendi, aber warum ist die »Sexualis Schwangerschaftensis« denn so selten, wenn die Dame meines Herzens mich im Vorgebirge der Schwangerschaft so fasziniert?

Es ist in erster Linie ein, wie soll ich sagen, ein technisches Problem. Der Meister wächst und wächst, zeigt sich immer mehr, macht sich immer bemerkbarer. Irgendwann wird die Kugel, in der er wohnt, natürlich so groß sein, dass sie in rein mechanischer Hinsicht zu einem Hindernis wird. Du wirst dich fragen, wie zum Teufel das jetzt überhaupt noch gehen soll.

Dem ist nur mit Humor beizukommen. Und damit wären wir bei der Warnung vom vorletzten Kapitel, deine Bedürfnisse zu erkennen, zu komprimieren, zeitweilig mit dem Verzicht auf sie zu leben, sie aber nicht zu verleugnen. Sprich mit der Dame deines Herzens über deine Bedürfnisse. Höre dir an, welches ihre Bedürfnisse sind. Und vor allem: Tut dies beide mit Humor. Dann kann die große Kugel sogar sehr unterhaltsam sein.

Aber, wie gesagt: Allzu oft wirst du ohnehin nicht in die Verlegenheit kommen. Die Frau unter Einfluss – und das ist der zweite Grund für die Seltenheit dieses geheimnisvollen Gebirgspflänzchens – hat jetzt andere Prioritäten, hormongesteuerte, aber nicht sexuell orientierte. Und da Hormone immer recht haben, bist du wohl oder übel dazu verdammt, diese Prioritäten auch zu deinen zu machen oder sie zumindest zu akzeptieren.

Nun ist jede Frau anders, und es gibt immer wieder Berichte über tolle und häufige Sexerlebnisse während der Schwangerschaft. Einige kommen mir zwar vor wie Jägerlatein, denn auch im wilden Kindistan legen Männer ihre Gewohnheit zu prahlen selten ab, aber es gibt sie.

Sicher, Effendi?

Sicher.

Warum glaube ich dir das nicht?

Man weiß nie, worin der wahre Kern der tollen Jagdgeschichten besteht. Aber Jägerlatein ist das Salz in der Suppe, die zwei Jäger miteinander auslöffeln. Also lassen wir es dabei. Es gibt sie, ganz bestimmt. Vielleicht bist du sogar einer dieser Glücklichen, deren Frau zur triebgesteuerten Sex-Hyäne wird, die du Tag für Tag auf immer neue und wildere Arten zur Strecke bringst.

Jetzt übertreibst du aber, Effendi. Und doch kannst du dir ein hoffnungsfrohes Grinsen nicht verkneifen, Reisender! Nun ja.

Zumindest wäre es eine schöne Geschichte fürs Lagerfeuer, wenn du in der Steppe des wilden Kindistan auf einen anderen Reisenden triffst – was allerdings lange nicht der Fall sein wird, da die meisten Männer immer noch dem Vorurteil erliegen, dass ihre Zeit erst kommt, wenn der Meister sprechen kann. Folglich nehmen sie den bequemeren Grenzübergang der Traditionalisten irgendwo in den Provinzen des zweiten und dritten Jahres, wenn der Meister zu sprechen beginnt. Doch dazu später mehr.

Eine wertvolle Information vielleicht noch: Sperma, so geht das Gerücht im Kindistan, hat eine wehenfördernde Wirkung. Solltest du also eher zu den tapferen, entbehrungsreichen Reisenden gehören, die die »Sexualis Schwangerschaftensis« während ihrer Wanderung durch das Gebirge der Schwangerschaft kaum zu Gesicht bekommen, hättest du zumindest am Vorabend der Geburt ein gutes Argument parat. Denn zu diesem Zeitpunkt wird die Dame deines Herzens nur noch eins wollen: Raus damit! Jetzt! Sofort!

5

DIE STIMME GOTTES

Reden mit dem Bauch – ja oder nein?

Im Vorgebirge der Schwangerschaft stehen seit Neuestem überall Verbots-, Gebots- und Ratgeberschilder. Die standen bei unseren Eltern noch nicht dort. Deswegen solltest du sie auch nicht allzu ernst nehmen. Schließlich haben wir ja die Schwangerschaft unserer Mütter trotz Abwesenheit dieser vielen Ratschläge ganz gut überlebt. Einige sind sicher nützlich, andere dagegen versetzen dich nur unnötig in einen permanenten Angstzustand. Denn sie suggerieren dir, dass es unzählige Dinge gibt, auf die du unbedingt achten musst, damit dein Kind gesund auf die Welt kommt, und gleichzeitig unendlich vieles, was du bereits in diesem frühen Stadium falsch machen kannst. Du willst den Meister doch nicht von vornherein auf die Verliererstraße schicken, oder?

Die meisten dieser sicher gut gemeinten Ratschläge über das, was du unbedingt tun und unter allen Umständen lassen solltest, basieren auf der Annahme, dass das Kind im frühesten Stadium bereits extrem aufnahmefähig für äußere Einflüsse ist. Viel früher als bisher angenommen, eigentlich schon unmittelbar nach der Zeugung. Und wenn es später mal ein erfolgreicher, gut vernetzter und ebenso gut gelaunter Zeitgenosse werden soll, den die Menschen und die Krankenkassen lieben, dann kannst du eigentlich gar nicht früh genug anfangen, ihn für seinen künftigen Erfolg abzurichten.

Deshalb rät man dir etwa, mit dem Neugeborenen zum Babyschwimmen zu gehen, am besten sofort nachdem ihm der Schleim vom Gesicht gewischt worden ist, damit er es nicht versäumt, später bei Jugend trainiert für Olympia mitzumachen. Dir wird empfohlen, ihn spätestens im Alter von zwei Jahren einer professionellen Gehörbildung zu unterziehen, um ihm seine Chancen als nächstes Geigen-Wunderkind nicht zu verbauen und, um seinen Intelligenzquotienten um ein paar Prozentpunkte nach oben zu korrigieren, bereits vor der Geburt sooft wie möglich mit ihm zu sprechen.

Und zwar am besten auf Chinesisch.

Dieser letzte Rat ist allerdings wirklich nicht schlecht. Also mit dem Meister im Bauch zu sprechen, meine ich, nicht das mit dem Chinesisch. Obwohl das sicher auch eine gute Übung wäre, aber in erster Linie für dich, um nämlich für die vielen Albernheiten zu trainieren, die noch auf dich zukommen. Denn es ist ja wie beim Sport: Man sollte langsam anfangen zu trainieren. Oder anders ausgedrückt: Gewöhne dich allmählich daran, dich zum Horst zu machen. Schocktherapie wäre die falsche Strategie.

Denn das wirst du von nun an sein: Der Horst der Familie, der Dödel, der Depp, dem alle auf der Nase herumtanzen. Je eher du dich damit abfindest, desto besser. Lerne deshalb lieber, es zu genießen. Arrangiere dich mit dem, was dir bisher vielleicht peinlich war. Alles andere wäre der Situation nicht angemessen. Es wäre sogar lächerlich. Nichts reizt mehr zum Lachen als der Versuch, die Realität zu leugnen. Und die Realität ist: du bist der Horst der Familie. Zumindest für den Meister.

Das Sprechen mit dem schwangeren Bauch einer Frau ist deshalb ein guter Anfang für deine Horstisierung. Es ist ja schon peinlich genug, seine Nase an den schwangeren Bauch einer Frau zu drücken. Aber dann auch noch mit ihm zu sprechen, ist ein ziemlich starkes Stück! Ich empfehle auch nicht, es in der Öffentlichkeit zu tun. Wie gesagt, die Horstisierung sollte ein allmählicher Prozess sein. Fange in den eigenen vier Wänden damit an, und wenn du dich einigermaßen sicher in deiner neuen Deppenrolle fühlst, erst dann solltest du vors Publikum treten. »Werde zum Horst, aber mit Würde!«, lautet der Merksatz für deinen Anstieg im Vorgebirge der Schwangerschaft. Den schreienden und vor Wut um sich tretenden kleinen Balg, der im Supermarkt nicht das ersehnte Überraschungsei bekommt, wirst du schon früh genug vom Boden kratzen müssen.

Es ist also ein guter Trainingsbeginn, mit dem Bauch der Dame deines Herzens zu sprechen. Die Frage ist nur, was soll man ihm sagen, dem Bauch? Normalerweise schaut man seinem Gesprächspartner ja in die Augen und weiß dann meistens schon ungefähr, was man sagen sollte und was lieber nicht. Aber beim Sprechen mit dem Bauch einer Frau verhält sich die Sache natürlich anders. Dein Gesprächspartner ist so real wie ein Geist. »Ist er wirklich da?«, wirst du dich fragen. Alle behaupten es, aber es gab auch mal Zeiten, da haben alle behauptet, die Erde sei eine Scheibe. Zu sehen ist er nicht, zu hören ist er nicht, seine Existenz ist für dich reine Vertrauenssache.

Und umgekehrt? Weiß der Inhalt des Bauches überhaupt von deiner Existenz? Und wenn ja, interessiert er sich für das, was du zu sagen hast? Warum solltest du mit jemandem reden, von dem du nicht weißt, ob er dir wirklich zuhört? Kann er überhaupt hören? Und wenn ja, wie? Und was hört er?

In den vielen Baby-Ratgeberbüchern wird behauptet, er kann. Er hört dich, wird weiter behauptet, so wie du Geräusche unter Wasser hörst. Deswegen kannst du deine ehrgeizigen Bemühungen, ihm bereits jetzt die künftige Weltsprache beizubringen, getrost vergessen oder auf später verschieben.

Warum sollte ich dann überhaupt mit ihm reden, Effendi, wirst du fragen, wenn er mich hört wie unter Wasser? Reichen dann nicht Blubbergeräusche?

Von mir aus kannst du dich auch vor den Bauch hocken und »Blubberdiblubberdi« sagen, wenn du dich damit wohler fühlst. Für die inhaltlichen Feinheiten deiner Diskurse ist er vermutlich noch nicht allzu aufnahmefähig. Wer dich dagegen ebenfalls hört und ganz zweifellos auch versteht, ist die Besitzerin des Bauches, die verehrungswürdige Dame deines Herzens. Und im Gegensatz zum obskuren Inhalt ihres Bauches wird sie mit Sicherheit zuhören, und zwar ganz genau, so wie sie es immer dann tut, wenn du etwas sagst, was sie ruhig wieder vergessen könnte. Dann aber nicht tut. Stattdessen kann sie dich bei Bedarf noch Jahre später daran erinnern. Deshalb überlege dir gut, was du zu ihrem Bauch sagst, Reisender.

Also was zum Teufel sagt man zu dem Bauch einer Frau?

Das erste Mal läuft möglicherweise in etwa so ab: »Äh … ähm … hallo, ich bin's, äh … dein Papa. Tja … tüddelüt … Alles klar da drin? Also, äh … hier draußen schon. Alles soweit in Ordnung hier. – Nee, wirklich! Du kannst kommen, ist alles bereit. – Also versteh mich nicht falsch, du kannst ruhig noch ein bisschen drinbleiben, ist sogar mit Sicherheit besser für alle Beteiligten, wenn du das tust, aber – äh – was wollte ich – jetzt habe ich den Faden verloren.«

Nervöses Lachen, fragender Blick zu der Dame deines Herzens. Die tut so, als ob sie nicht zuhört und stattdessen ihre Frauenzeitschrift liest (in der sie immer die besten Reisetipps findet, wie sie versichert, nur deswegen blättert sie sie durch, lesen kann man das ja nicht nennen), aber du weißt es natürlich besser, also nimmst du dich zusammen und sagst: »Ich werde dir jetzt mal ein bisschen was vorsingen, in Ordnung?« Kurzer Kontrollblick zu der Dame deines Herzens, die weiterhin ihre Frauenzeitschrift zu lesen vorgibt, zu der sie übrigens ein beneidenswertes Treueverhältnis hat. Mal ganz nebenbei bemerkt.

»Äh, ähm, gut, also: Alle Vögel sind schohon da, alle Vögel, alle, Amsel, Drossel, Fink uhund Star, und die ganze Vogehelschar … äh – mh mh mh mh mh mhhm mh, alle Vögel, alle.«

»Wo sind sie nur alle hin?«, fragst du dich.

Die Vögel, Effendi?

Die Kinderlieder, Reisender. Das war doch jetzt nicht der wirkliche Text, da hab ich doch, wie früher auch schon immer, die erste und die zweite Strophe zusammengewürfelt! Und wie geht es dann noch mal weiter? Das kann doch nicht so schwer sein. Ich muss dringend ein Kinderliederbuch besorgen und heimlich üben!

Die Dame deines Herzens liest immer noch ihre Frauenzeitschrift. Scheinbar. In Wirklichkeit verkneift sie sich mit aller Mühe das Lachen. Ihr ganzer Körper zittert vor unterdrücktem Gelächter.

»Findest du das lustig?«, fragst du, etwas irritiert.

»Nein, wieso?« Das klingt seltsam ehrlich. – Sie kann sich so gut verstellen, die falsche Schlange.

»Weil du mich auslachst.«

»Ich lache dich nicht aus«, sagt sie und liest weiter die Frauenzeitschrift, der sie jede Woche aufs Neue heimlich ewige Treue schwört.

»Nein, aber du würdest gern.«

»Wie kommst du drauf?«

»Dein Bauch zittert.«

»Der Kleine ist wach, Schatz.«

»Wie, der Kleine ist wach?«

»Du hast ihn wahrscheinlich gerade aufgeweckt mit deinem Gesang.«

Und während du noch nachdenkst, ob sie das Wort »Gesang« nicht mit einem gewissen ironischen Unterton ausgesprochen hat, da – hoppla! Tatsächlich! Da stülpt sich was aus ihrem Bauch, das an den Alien im gleichnamigen Horrorfilm erinnert. Die große Kugel dehnt sich, beult sich, ein – mein Gott, was ist das? Das ist doch nicht – doch, das ist ganz eindeutig ein – aber sooo klein? – ein Fußabdruck! Da ist etwas drin, das ganz offensichtlich einen Fuß hat! Und dieser Fuß tritt in deine Richtung!

Ist das gut oder schlecht, Effendi?

Gut oder schlecht, gut oder schlecht, Reisender, das ist doch gar nicht die Frage! Es ist eine Antwort! Da ist was drin, das dich hört und auf dich reagiert! Du hast gesungen, und der Meister ist aufgewacht, um dir mit einem Tritt zu verstehen zu geben: Coole Nummer, Mann, mehr davon! Es funktioniert! Der Kleine kann hören, und deine Stimme ist das Erste, was er in seinem Leben hört! – Abgesehen von den gurgelnden Darmgeräuschen seiner Mama.

Und jetzt hör gut zu, Reisender, was ich jetzt sage, sage ich nur einmal. Selbst schuld, wenn du es verpasst. Sage hinterher keiner, ich hätte ihn nicht darauf vorbereitet! Man sagt nämlich, die Stimme des Papas sei für den Meister wie die Stimme Gottes. Papa beziehungsweise Gott sagt etwas, und schon verändert sich des Meisters Umgebung, weil die Mama sich aufregt, sich freut oder lacht. Du sprichst, und die Wellen des Ozeans, in dem er lebt, schlagen hoch. Was soll das anderes sein als die Stimme Gottes?

Und wenn du dann, tapfer wie du bist, die Geburt mitdurchgestanden hast und das kleine, schrumpelige Suppenhuhn in deiner Hand hältst (denn viel größer ist es tatsächlich nicht), ihn mit dem Namen aller Neugeborenen ansprichst: »Da bist du also, Murkel!« ... Und es dich dann lange und prüfend ansieht – viel länger, als du gewohnt bist, Menschen in die Augen zu sehen, so als ob es denkt: Aus diesem Gesicht also kommt die Stimme, die das Meer schäumen lässt, aus diesem Mund die Lieder, die mir die Tage im Paradies verkürzten –, dann ist das ein Moment, an den du dich dein Leben lang erinnern wirst.

Genieß es! Denn eure gemeinsame Geschichte wird ein langsamer Abstieg vom Thron Gottes für dich sein, aber so hast du wenigstens einmal draufgesessen. Und das könnte dir nützlich sein, wenn dein Vierzehnjähriger später Dinge zu dir sagt wie: »Äh, Papa, kannst du dich mal verpissen, bitte, du störst!« Und während du dich dann – möglichst unter Wahrung deiner väterlichen Restwürde – verpisst (aus taktischen Gründen, versteht sich), wirst du trotzig denken: Ich war mal Gott für dich, du kleiner Scheißer, und das kann mir keiner nehmen.

Also: Ja, unbedingt mit dem Bauch reden.

6

IN DER SCHLUCHT DER NAMENSFINDUNG

Ein Junge namens Susanne

»A Boy Named Sue«
von Shel Silverstein, bekannt geworden durch den
unsterblichen Johnny Cash

My daddy left home when I was three
And he didn't leave much to ma and me
Just this old guitar and an empty bottle of booze.
Now, I don't blame him because he run and hid
But the meanest thing that he ever did
Was before he left, he went and named me »Sue.«
...
And he said: »Son, this world is rough
And if a man's gonna make it, he's gotta be tough
And I knew I wouldn't be there to help you along.
So I give you that name and I said goodbye
I knew you'd have to get tough or die
And it's that name that helped to make you strong.«

I got all choked up and I threw down my gun
And I called him Pa, and he called me Son
And I came away with a different point of view
And I think about him, now and then
Every time I try and every time I win
And if I ever have a son, I think I'm gonna name him...
Bill or George! Anything but Sue!

Mitten im Vorgebirge der Schwangerschaft, versteckt zwischen erfrischenden Bächen der Vorfreude, Ehrfurcht gebietenden Klippen der Zweifel und der üppigen Fauna emotionaler Wechselbäder zweigt plötzlich ein harmlos aussehender Pfad in eine der gefährlichsten Schluchten des Vorgebirges der Schwangerschaft ab: in die Schlucht der Namensfindung. Nichts ahnend trottest du eines schönen Tages so dahin, mit der Dame deines Herzens über dies und das plaudernd, Pläne schmiedend, Träume tauschend. Das Gespräch kreist selbstverständlich um den Meister, wie alles in eurem Leben, und nimmt plötzlich eine unbedachte Wendung in Richtung Namensfindung. Vorsicht, Reisender! So möchte ich dir zurufen. Aber ich weiß, du wirst nicht hören, weil du nicht hören kannst.

Denn in der Schlucht der Namensfindung befindest du dich in einer schalltoten Zone, umgeben von hochhaushohen Klippen des Geschmacks, des Familiensinns, der Arterhaltung und der Tradition. Ihr hört nur eure eigenen Worte und eure eigenen Schritte. Es wird immer stiller um euch herum, unheimlich still, beängstigend still. Ihr seht euch um und wundert euch, dass ihr nichts und niemanden mehr seht und vor allem nichts und niemanden mehr hört. Wo seid ihr hier? Was sind das für unheimliche Felsen um euch herum? In so einer Gegend wart ihr noch nie!

Ihr wollt anhalten, euch umsehen, aber ein geheimnisvoller Zwang treibt euch weiter, immer weiter, ihr wollt umdrehen, aber eure eigenen Argumente treiben euch tiefer, immer tiefer in die enger werdende Schlucht, von der ein Sog ausgeht, der euch anzieht, immer stärker und stärker – wie der Wasserfall den Fluss.

Wehe dir, Reisender, wenn du in die Schlucht der Namensfindung gerätst, denn an deren Ende liegen sie verborgen, und kaum einem Reisenden ist es bisher gelungen, ihnen auszuweichen.

Spann mich nicht so auf die Folter, Effendi. Was liegt dort verborgen? Wem kann ich nicht ausweichen?

Den Namensfindungsminen, Reisender. BOUMM!, macht es. OUM OUM OUM!, hallt es in den Wänden der Schlucht nach, und vor euch liegt zerfetzt der Rest Eures Tages. Seit es die Möglichkeit gibt, seinem Kind sogar Tiernamen zu geben, solange sie nur irgendwie englisch klingen, liegen dort auch die einst verbotenen Giftgasminen der totalen Meinungsverschiedenheit, deren Substanzen euch ganze Wochen verpesten können.

Namensfindung ist wie Lotterie, nur dass die Gewinne immer wieder neu ermittelt werden, je nach Zeitgeist. Einen passenden Namen für den Meister zu finden, war noch nie leicht, es sei denn, gewisse dynastische Verpflichtungen kürzen die Suche ab. Wenn du das Pech hast, einem mitteleuropäischen Königshaus anzugehören, hast du in der Regel nur die Wahl zwischen zwei Namen, Friedrich oder Wilhelm etwa, wenn du ein Hohenzollern bist, oder Franz oder Joseph, so du zu den Habsburgern gehörst. Fällt dir die Wahl allzu schwer, ist auch eine Mischung aus beiden gerade noch akzeptabel, also Friedrich-Wilhelm und Franz-Joseph.

Ist das aber nicht der Fall, wovon ich der Einfachheit halber mal ausgehe, dann siehst du dich hier mit der ersten von vielen Weichenstellungen konfrontiert, die eine Entscheidung erfordert, bei der gern deine gesamte Familie und dein gesamter Bekanntenkreis mitreden würden, wenn du sie lässt. Viel gibt es zu bedenken, sehr viel. Und selbst, wenn es dir gelingt, den Namensfindungstatort weiträumig abzusperren und deine gesamte Sippe unter Androhung drakonischer Strafen davon fernzuhalten, eine Person wird sich verständlicherweise nicht davon abhalten lassen, ihn zu betreten. Du errätst es sicher schon – es ist die Dame deines Herzens.

Gerade diese Konstellation aber, Reisender, zwischen dir und der Dame deines Herzens, erzeugt in der Schlucht der Namensfindung jenes explosive Klima, das die Namensfindungsminen scharf macht und jenen Sog verursacht, der euch unweigerlich in die tiefsten Tiefen der Schlucht saugt, wo ihr nicht mehr in der Lage seid, ihnen auszuweichen.

Was ist denn so schlimm an der Suche nach einem passenden Namen? Ein Name ist ein Name ist ein Name. Oder nicht?

Sicher, Reisender. Ein Name ist ein Name und nichts weiter als ein Name. Eigentlich. Und es gibt viele schöne, klangvolle und einfache Namen. Man muss nur einen auswählen. Theoretisch. Wer nur einen schönen Namen sucht, sich möglicherweise sogar – ganz altmodisch – in die Reihe seiner Ahnen stellt und dort fündig wird, ist sowieso schnell aus dem Schneider. Aber sobald du anfängst, über Sinn und Funktion von Namen nachzudenken, befindest du dich schon auf dem Pfad, der dich in die Schlucht der Namensfindung bringt.

Der Name prägt die Wahrnehmung einer Person. Zusammen mit der äußeren Erscheinung ist er das Erste, was wir von dieser Person erfahren. Der Name provoziert sofort Assoziationen, die mit Zustimmung oder Ablehnung gekoppelt sind. Entweder also hat man sich als Namensträger augenblicklich mit Sympathie oder Antipathie auseinanderzusetzen. Beides hat Vor- und Nachteile.

Schon Fontane lässt in seinem Roman *Der Stechlin* die Hauptfigur über seinen außergewöhnlichen Namen Dubslav von Stechlin klagen, dass der Vorname nicht zum Nachnamen passe, weil Dubslav ein slawischer Vorname und Stechlin ein märkisch-deutscher Nachname sei. Was hier klingt wie ein rein ästhetisches Argument, entpuppt sich als tiefes Identitätsproblem, das den Träger dieses Namens allerdings zu einem starken und toleranten Charakter werden lässt.

Johnny Cash lässt seinen »Boy Named Sue«, also jenen unglücklichen Jungen namens Susanne, den Mann suchen, der ihm diesen furchtbaren Namen gegeben hat. Denn sein Vater hat offenbar unmittelbar nach dieser eigenwilligen Namensgebung das Weite gesucht. Eine durchaus verständliche Mordlust treibt Susanne daher bei seiner Suche an. Als er seinen Vater findet, überrascht der ihn mit einer eigenartig weisen Erklärung für seine Entscheidung. Durch diesen Namen habe er sichergestellt, dass sein Sohn schon früh viel Leid erlebe und dadurch seine Selbstbehauptungskräfte zu trainieren gezwungen sei. Denn er, der Vater, würde nicht anwesend sein können, um diesen Job zu erledigen.

Mal abgesehen davon, dass dahinter eine recht fragwürdige Definition der Aufgaben des Vaters steckt, weiterhin abgesehen davon, dass ich heute die Selbstverständlichkeit infrage stellen würde, mit der der Vater abwesend war und er sich gezwungen sah, die gesamte Grausamkeit seiner väterlichen Härte in einen einzigen Namen zu pressen, um den Charakter des Jungen zu formen – abgesehen von all diesen Begründungen, die uns heutigen, aufgeklärten Menschen nur den Kopf schütteln lassen, wird hier eine seltsame, aber nicht ganz von der Hand zu weisende Funktion des Namens beschrieben.

Die Vertreter der sogenannten Schwarzen Pädagogik, die das Ende des vorletzten und die erste Hälfte des letzten Jahrhunderts bis weit in die Sechzigerjahre in ihren ideologischen Fängen hielten, waren ja der Auffassung, dass »gelobt sei, was hart macht«. Das Ziel der Erziehung war es im Grunde genommen, menschliches Kriegsmaterial heranzuzüchten, das furchtlos für Volk und Vaterland in den Tod zu gehen beziehungsweise den Tod geliebter Familienmitglieder zu akzeptieren in der Lage war. Innerhalb dieser Vorstellungswelt wäre es also durchaus folgerichtig, seinen Kindern Namen zu geben, wegen derer sie gehänselt und gequält werden. Denn: »Was nicht tötet, härtet ab.« Und abgehärtet stirbt es sich vermutlich leichter. Ich weiß nicht, ob mein Vater als geistiges Kind des ausgehenden vorletzten Jahrhunderts, aus diesem Gedanken heraus mir den Namen gegeben hat, den er mir gegeben hat, oder einfach, weil er selbst Werner hieß, ebenso wie sein Großvater, und sich selbst in einem Anflug von Angst, vergessen zu werden, ein Namensdenkmal setzten wollte. Jedenfalls sprach Johnny Cashs Song mir sofort aus der Seele, als ich ihn das erste Mal hörte.

Und wie der Protagonist des Songs, wie der legendäre »Junge namens Susanne«, habe ich früh gelernt, mich zu wehren und es nicht hinzunehmen, wenn man versuchte, mir irgendwo den Weg zu verstellen. Küchenpsychologen könnten auf die Idee kommen, dass ich Schauspieler geworden bin, um endlich den ungeliebten Namen ändern zu können. Tatsächlich werde ich in jedem zweiten Interview gefragt, warum ich genau das nicht tue. Ich habe dann in der Regel einige Ausreden parat, die aber alle nicht die volle Wahrheit enthalten.

Die volle Wahrheit ist, dass ich ohne die im Laufe meines Lebens aufgebauten Widerstandskräfte nicht in der Lage wäre, in dieser Branche oder gar in dem rauen Klima des wilden Kindistan auch nur einen Tag zu überleben. Wenn meine Eltern mir einen anständigen Namen wie Andreas, Thomas oder Bernd gegeben hätten, hätte ich vielleicht auch einen anständigen Beruf erlernt. Aber so war ich sozusagen von vornherein vogelfrei und musste lernen, mit den Haifischen zu leben. Ich habe meinen Namen also aus purer Dankbarkeit für die Weisheit meiner Eltern behalten, mich ohne Vorwarnung in dieses Haifischbecken zu werfen, damit ich zwischen den Zähnen der anderen schwimmen lernte.

Aber die Zeiten haben sich geändert. Ans Sterben fürs Vaterland denkt heute niemand mehr. Heute muss man nicht mehr hart sein, um zu überleben, es ist Platz für alle, die Menschen sind nett zueinander, jeder hat eine gerechte

Chance, das Beste aus seinen Talenten zu machen. Die Welt ist kein Haifischbecken mehr. Alle haben sich furchtbar lieb und finden es seltsamerweise trotzdem voll okay, sich vor laufender Kamera in ultracoolen Castingshows fertigmachen zu lassen.

Und wenn dich jetzt der leise Verdacht beschleicht, veräppelt zu werden, dann beweist das nur, dass dein Verstand noch nicht komplett weichgespült wurde von dem allgegenwärtigen Kitsch der Werbeästhetik. In Wahrheit haben sich die Menschen nämlich überhaupt nicht verändert. Der Mensch ist nach wie vor des Menschen Wolf: »Homo homini lupus est« mag altmodisch klingen, ist aber aktueller denn je. Ohne Widerstandskräfte lässt die Welt dich nicht hochkommen.

Aber ist das ein Grund, seinen Sohn Susanne zu nennen?

Diese und andere Fragen führen dich in die mörderische Schlucht der Namensfindung. Hier eine kleine Auswahl der weiteren Fragen, die du dir möglicherweise stellst: Willst du den Meister in die tückischen Arme des Zeitgeistes werfen? Oder soll er einen zeitlosen Namen haben? Aber welcher Name ist schon zeitlos? Oder soll er vielleicht einen originellen Namen tragen? Wo ist die Grenze zwischen originell und peinlich? Was ist mit dem Nachnamen? Soll das zusammenpassen oder ist beispielsweise Kevin Schulz wirklich ein akzeptabler Name? Sollen die Menschen, denen dein Kind im Laufe seines Lebens begegnet, immer an eine berühmte Persönlichkeit mit demselben Namen denken? Oder daran, dass die Eltern sich zu lange in einem indischen Ashram aufgehalten haben? Spielt die Familie deiner Ahnen überhaupt keine Rolle mehr? Oder die der Ahnen deiner Frau? Oder die Bedeutung des Namens? Wie wichtig ist der Klang?

Man sagt: Wer den Zeitgeist heiratet, wird bald Witwer sein. Bei der Namensfindung ist man zwar vielleicht bald Witwer, hat dafür aber jede Menge Witwer-Kumpels in seiner Generation. Die meine wimmelt von Franks, Bernds, Thomassen, Andreassen, Martinas, Claudias und Heikes. Dann gab es mal eine unglückliche Generation, deren Protagonisten mit den Namen Kevin, Jason, Justin, Marcel und Jennifer leben müssen. Die zukünftigen Kollegen meiner Kinder dagegen hören auf Leon, Jonas, Lukas, Lena, Marie, Leonie und Emma.

Das ist nur eine kleine Auswahl jener Fragen, die jedem Reisenden in den Vorgebirgen der Schwangerschaft bewegen, sofern er sich überhaupt Gedanken darüber macht, was er seinem Kind mitgeben möchte und kann. Und über deren Antwort er sich mit der Dame seines Herzens einigen muss. Da aber nicht nur die Vergangenheit, sondern auch die Zukunft sich an den Namen hängt und mit Bedeutung, Emotionen und Assoziationen belastet, führt genau dieser Versuch der Einigung unweigerlich in die mörderische Schlucht der Namensfindung.

Gibt es denn überhaupt kein Entrinnen, Effendi?

Ich fürchte, nein, Reisender.

Keine Chance? Ich könnte doch zum Beispiel die Entscheidung der Dame meines Herzens überlassen und damit diese Schlucht umgehen.

Das steht dir natürlich frei, Reisender.

Das steht mir frei?

Das steht dir frei.

Und damit umgehe ich die Schlucht der Namensfindung?

Ja.

Damit wäre das Problem gelöst!

Nun ja.

Nicht?

Verschoben.

Nicht gelöst?

Nein. Du vergisst die Namensfindungsminen, Reisender. Der Meister hat sie nicht ohne Grund an einem Ort versteckt, den du nur durch feigen Rückzug umgehen kannst, weil er davon ausgeht, dass du dich dieser Feigheit nicht schuldig machen wirst. Solltest du es aber doch tun, wird er Mittel und Wege finden, sie irgendwo anders zu deponieren, wo du ihnen garantiert nicht ausweichen kannst. Dann explodieren sie eben nicht im Vorgebirge der Schwangerschaft, sondern irgendwo auf der Hochebene der ersten zwölf Monate oder in Zentralkindistan. Und glaub mir, edler Reisender, dort warten genügend andere Aufgaben auf dich, die gelöst werden wollen, explodierende Namensfindungsminen kannst du dort noch weniger gebrauchen als im Vorgebirge der Schwangerschaft!

Das musst du erklären, Effendi.

Es hat keinen Sinn, einfach nur nachzugeben, Reisender. Wenn du nicht einverstanden bist mit dem Namen, den ihr dem Meister gebt, wirst du von jetzt an mit einem permanenten Vorwurf leben müssen, der an dir nagt, dem Vorwurf, dass des Meisters Zukunft dir egal ist. Wenn du einfach nur nachgibst, ohne überzeugt zu sein, wird es dir keine Ruhe mehr lassen, bis die Namensfindungsmine an einem anderen Ort explodiert, aber dieses Mal mit einer tausendfachen Ladung. In Kindistan trennen sich – statistisch gesehen – die meisten Paare irgendwo in den Provinzen der ersten beiden Jahre. Eine mit der Wucht zurückgehaltener

Unzufriedenheit explodierende Namensfindungsmine ist ein perfekter Auslöser für einen Flächenbrand, der außer verbrannter Erde nicht viel hinterlässt. Brennbares Material liegt zur Genüge herum: postnatale Depression, Schlafmangel, Geldmangel, fehlende Sensibilität der eigenen Eltern oder der Schwiegereltern etc. Auseinandersetzungen aus dem Weg zu gehen und damit zusätzliche Unzufriedenheit anzuhäufen, die irgendwann in Wut umschlagen wird, ist keine gute Strategie.

Aber es gibt trotzdem einen Weg, die Wucht der Detonationen auszuhalten, ohne allzu sehr durchgeschüttelt zu werden: Stellt die richtige Frage.

Und die wäre, Effendi?

Stelle dir vor, wie dein Kind den Menschen seines Herzen kennenlernt und nach seinem Namen gefragt wird. Was setzt die Nennung des Namens bei diesem Menschen in Gang? Ist der Name wie ein Lied, das noch eine Weile nachklingt? Oder wie ein tausendmal gehörter Popsong, den nächstes Jahr keiner mehr hören will? Was empfindet der Mensch, den dein Kind mal lieben wird, wenn er seinen Namen hört?

Und wenn dieser Mensch dein Kind dann immer noch liebt, dann weißt du: Es ist der richtige Name.

Oder der richtige Mensch.

Oder beides.

7

DER KLETTERSTEIG DER GEBURTSVORBEREITUNG

Das Geheimnis des Beckenbodens

Der Pass nach Kindistan führt über den höchsten Berg im Vorgebirge der Schwangerschaft, den Gipfel der Geburt. Für dich gibt es zwei Wege dorthin, den bequemen, von Generationen werdender Väter platt getrampelten Wanderweg der Ahnungslosen, von dem noch der Hasenfuß-Pfad abgeht. Dieser führt um das gesamte Vorgebirge der Schwangerschaft und die Hochebene der ersten zwölf Monate herum und über den Grenzübergang der Traditionalisten erst sehr spät nach Kindistan hinein. Oder du nimmst den steilen, anstrengenden, aber erkenntnisreichen Klettersteig der Geburtsvorbereitung. (Für Frauen gibt es, unnötig zu erwähnen, nur den zweiten Weg.)

»Effendi«, wirst du vielleicht fragen, »warum soll ich den anstrengenden Weg wählen, wenn es einen einfachen gibt, der genauso zum Gipfel führt? Eine Abkürzung ist es ja wohl kaum, oder?«

Wohl kaum, in der Tat. Die neun Monate sind nicht abzukürzen, es sei denn vom Meister selbst, der sich aus Platzgründen oder weil die Fruchtwassercocktails knapp werden, entscheidet, früher zu kommen. Genau genommen sind es übrigens zehn Monate ab dem Tag der Empfängnis. Und gezählt werden sogar zehneinhalb, da vom ersten Tag der letzten Menstruation vor der Empfängnis gerechnet wird. Und da die Dame deines Herzens etwa zwei Wochen nach dem ersten Tag ihrer Menstruation empfängnisbereit ist, dauert es etwa zehneinhalb Monate, bis der Meister mit der Dame deines Herzens zusammen den Gipfel der Geburt erklimmt. Es wird aber nicht in Monaten, sondern in Wochen gerechnet. Also, zu deiner Information schon mal vorab: Der Aufenthalt im Vorgebirge der Schwangerschaft dauert circa 42 Wochen. Plus minus.

Verwirrend? Macht nichts, das geht allen so.

Diese und viele andere Erkenntnisse über die Lebensumstände des Meisters im Bauch der Dame deines Herzens und die Vorgänge während der Geburt erwarten dich auf dem Klettersteig der Geburtsvorbereitung. Warum du diesen Weg wählen sollst? Nun, du musst ja nicht. Es obliegt deiner Entscheidung (sofern die Frau unter Einfluss das auch so sieht), aber ich würde sagen, er lohnt sich um dieser Erkenntnisse willen. Je mehr du über den Gipfel der Geburt, den Meister und die Frau unter Einfluss weißt, desto souveräner wirst du damit umgehen können. Denn dort oben weht eine »steife Brise«, wie man in meiner Heimatstadt Hamburg verniedlichend sagen würde.

Wenn du mir nicht glaubst, geh spaßeshalber mal in die Geburtsklinik und schlendere an den Kreißsälen vorbei, die übrigens nichts mit irgendeiner runden Form oder einer Kreissäge zu tun haben, sondern ihren Namen vom altdeutschen Wort »kreißen« haben. Das heißt zwar so viel wie »in Geburtswehen liegen«, kommt aber seinerseits vom mittelhochdeutschen Wort »kritzen«, und das wiederum heißt so viel wie »kreischen, schreien«. Und dann stell dir vor, es ist die Dame deines Herzens, die dort hinter der Tür gerade »kritzt«. Dann weht dich vielleicht eine Ahnung von dem an, was dich auf dem Gipfel erwartet.

Je mehr du über die Vorgänge weißt, desto besser. Würdest du ein Segelboot besteigen, ohne vorher wenigstens die Grundbegriffe des Segelns gelernt zu haben? Vor Gericht und auf hoher See ist man in Gottes Hand, heißt es. Im Kreißsaal bist es zwar nicht du, aber es ist die Dame deines Herzens, die sich in Gottes Hand befindet. Denn bei allem medizinisch-technischen Fortschritt ist der Ausgang einer Geburt immer noch nicht ganz vorherzusehen. In Berlin beispielsweise, wo unsere Meister zur Welt gekommen sind, stirbt immer noch jährlich eine Frau bei der Geburt. So versicherte man uns jedenfalls, um uns gleich zu beruhigen.

»Beruhigen, Effendi?«, höre ich dich ungläubig fragen.

Es könnten ja auch mehr sein, Reisender, nicht wahr? So wie früher. Die Geburt ist nun mal ein großes Naturereignis, das wir zwar versuchen können zu verstehen und es so weit wie möglich nach allen Seiten hin abzusichern, aber die gewaltige Natur behält sich immer noch einen Zipfel Unberechenbarkeit vor. Und wie du die Dame deines Herzens dort erleben wirst, auf dem hohen Gipfel der Geburt, das wird dir ewigen, tiefen Respekt vor ihr einflößen.

Du wirst die Auswirkungen der Vorgänge erleben. Die Vorgänge selbst aber bleiben für den Ahnungslosen verborgen. Betrachtest du nur diese Auswirkungen, ist es wie das Betrachten eines Formel-1-Rennens, ohne die Hintergründe zu kennen: Viele schnelle Autos rasen an der Kamera vorbei. Tja. Die sind schnell, sehr schnell. Aber worin liegt der Reiz? Erst das Wissen um die Regeln und vor allem die vorangegangenen Trainingsrunden sowie die Besonderheiten der Fahrerpersönlichkeiten machen die Sache spannend. Am meisten genießen kannst du es, wenn du selbst mal wenigstens ein Kartrennen gefahren bist.

So ist es auch auf dem Gipfel der Geburt. Was du sehen wirst, sind der sich in Schmerzen aufbäumende Körper der Dame deines Herzens und archaisch anmutende Rituale der Hebamme. Und was du hören wirst, sind Laute aus der Kehle deiner Frau, die du noch nie zuvor gehört hast, und ab und zu vielleicht eine Beschimpfung der Person, die ihr das alles eingebrockt hat, also deiner Person. Diese Beschimpfungen solltest du aber nicht zu ernst nehmen. Zum Erlebnis, das sich dir ins Hirn und Herz bohrt, wird es aber erst mit dem nötigen Hintergrundwissen, das du auf dem Klettersteig der Geburtsvorbereitung erwerben kannst.

Dieser führt an allerlei seltsamen Erscheinungen vorbei. Geburtsvorbereitungskurse gibt es viele und unterschiedliche. Lass dich bei der Auswahl nicht von Vorurteilen leiten, urteile nicht nach dem äußeren Schein, aber vertraue auf dein Gefühl, und vor allem auf das der Dame deines Herzens. Im Vorgebirge der Schwangerschaft und in den ersten Monatsprovinzen des wilden Kindistan solltest du ohnehin verstärkt ihrem Gefühl vertrauen.

Bei diesen Geburtsvorbereitungskursen geht es im Wesentlichen darum, den beiden Bergsteigern auf dem Weg zum Gipfel der Geburt die Angst vor diesem zu nehmen, besonders natürlich der Vorsteigerin, also der Dame deines Herzens. Deine Rolle wird dabei vorwiegend die eines Coaches, eines Trainers sein, eines Begleiters, der auf seinen Kumpel achten muss. Das ist so üblich bei Bergbesteigungen, schließlich hängt ihr beide an ein und demselben Seil.

Deshalb sollte das Hauptkriterium bei der Auswahl des euch angemessenen Kurses die Art sein, wie euch diese Angst genommen wird. Was braucht ihr? Braucht ihr esoterischen Klimbim? Dann geht zu einem Walle-Walle-Kurs. Braucht ihr indische Meditationsrituale? Dann geht zu einem Kurs, bei dem erst mal meditiert und »oohm!« gechantet wird. Oder wollt ihr möglichst nüchtern und sachbezogen informiert werden? Dann sucht euch einen Kurs, wo das geboten wird. Ich persönlich gehöre zur dritten Kategorie, möchte wissen, was Sache ist, was ich tun kann, um zu helfen, und fertig. Kein Schnickschnack. Und wenn ich schon Gymnastikbälle und Matten sehe und schwangere Frauen mit ihren Männern in Schlabberklamotten, die so seltsam selig lächeln, setzt sofort mein Fluchtinstinkt ein.

Allerdings ist das Besteigen des Gipfels der Geburt aber nun mal eine ziemlich körperliche Angelegenheit, besonders für deine Partnerin natürlich, aber auch für dich, weil du sie unter Umständen festhalten, massieren, ihr gegen die Lendenwirbel drücken, zur Not auch mitatmen – und vor allem – lange wach bleiben musst. Deshalb gehören gewisse körperliche Übungen nun mal dazu. Vor diesen Übungen solltest du deshalb keine Scheu haben. Es ist nicht lächerlich, auf einem Ball herumzuhopsen, verschiedene Gebärhaltungen mit deiner Partnerin auszuprobieren, Traumreisen zu machen, bei denen du garantiert einschlafen, aber möglicherweise auch seltsame Träume haben wirst. Atemübungen und gewisse Yoga- und Dehnübungen sind ebenfalls nützlich.

Besonders seltsam, aber extrem sinnvoll, sind allerdings die Übungen zur Stärkung der Beckenbodenmuskulatur. Das ist nun eine sehr geheimnisvolle Angelegenheit. Hast du schon mal versucht, deine Beckenbodenmuskulatur zu finden? Es wird behauptet, dass du diesen äußerst scheuen und schwer zu findenden Muskel spüren kannst, wenn du beim Pinkeln den Strahl anhältst. Noch immer fällt es mir schwer, das zu glauben, aber solange ich keinen besseren Anhaltspunkt habe, vertraue ich auf diese Aussage.

Diese Beckenbodenmuskulatur ist von entscheidender Bedeutung, und zwar vor allem nach der Geburt, weil sie durch diese überdehnt und damit geschwächt wird, was zu zeitweiliger Inkontinenz der Dame deines Herzens führen kann. Und wenn sie nicht lernt, diese Beckenbodenmuskulatur zu trainieren und damit wieder zu stärken, kann das sogar zu chronischer Inkontinenz führen.

Aber auch während der Geburt kann dieses Training von Nutzen sein. Denn je bewusster man die Muskeln in jener geheimnisvollen Region anspannen kann, desto bewusster kann man sie auch entspannen. Und genau das muss die Dame deines Herzens auf dem Gipfel der Geburt tun. Denn ein Paradox erwartet sie dort oben: Gerade, wenn der Schmerz der Presswehen am stärksten ist, soll sie das Zentrum dieses Schmerzes entspannen.

Bei vielen Menschen passiert allerdings genau das Gegenteil. Auf dem Klettersteig der Geburtsvorbereitung erfährst du unter anderem, dass es eine Korrespondenz zwischen dem Gesicht und der Mitte deines Körpers gibt. Ein schmerzverzerrtes Gesicht und ein Verschließen der Halsmuskulatur (erkennbar an den fiepsigen Tönen, zu denen die Schmerzlaute dann werden) führt auch zu einer Anspannung der Beckenboden- und Scheidenmuskulatur. Dadurch wird diese unfassbar dehnbare Öffnung, durch die der Kopf des Meisters zu gelangen versucht, zusammengepresst. Das ist der Sache natürlich nicht besonders dienlich und kann einen Dammriss oder -schnitt zur Folge haben. Diese Schmerzreaktion ist aber eine unwillkürliche und kann nur durch entsprechendes körperliches Training vermieden werden. Dann werden die Schmerzlaute wieder tiefer, der Atem auch, und die Kraft geht in den Pressvorgang statt in die Gesichts- und Scheidenmuskulatur.

Und um solche Vorgänge zu verstehen und deine Partnerin bei der Geburt notfalls an sie zu erinnern, ist es hilfreich, diese Übungen mitzumachen. Ein Trainer muss die Vorgänge, die er von seinen Spielern verlangt, selbst ausgeführt haben und kennen. Sonst ist er unglaubwürdig.

Es gibt übrigens auch verwegene Reisende in Sachen Spiritualität und Esoterik, die behaupten, die Kontrolle der Beckenbodenmuskulatur sei auch bei Männern hilfreich in der Sexualität, könne sogar dazu führen, dass du die Dame deines Herzens – und wenn die nicht mehr kann oder die Nase voll hat, eben irgendeine andere Dame – stundenlang zu beglücken imstande bist. Ob das für die Beziehung allerdings ratsam ist, ob es überhaupt noch Spaß macht oder schon als Leistungssport bezeichnet werden muss, und ob das alles so stimmt, und ob es nicht möglicherweise unerwünschte Nebenwirkungen wie eine dauerhafte Verkrampfung der Beckenbodenmuskulatur und damit ihre Schwächung zur Folge haben kann, die du später, wenn deine Prostata-Probleme losgehen, verfluchen wirst, das steht auf einem anderen Blatt. Diese Information ist nur für jene Abenteurer gedacht, die eine Extramotivation für den Klettersteig der Geburtsvorbereitung benötigen.

Neben dieser zentralen, körperlichen Vorbereitung für den Gipfel der Geburt gibt es auch allerhand nützliche und kuriose Informationen, die du nach der Geburt getrost wieder vergessen kannst, vergleichbar vielleicht den Antworten bei einer Führerschein-Theorie-Prüfung. Du erfährst zum Beispiel, was du in den Klinikkoffer packen solltest und wann du ihn am besten packst. Du erfährst, dass der Fötus Licht liebt und man ihn unter Umständen mit einer Taschenlampe dazu bringen kann, seine Position zu verändern, weil er mit seinem Kopf dem Licht folgt. Du erfährst auch etwas über die Dame deines Herzens, etwa was sie von dir braucht, wenn sie Schmerzen hat.

Zyniker mögen behaupten, diese Geburtsvorbereitungskurse seien deswegen Quatsch, weil all das gesammelte Wissen bei der Geburt sowieso wieder vergessen wird und alles ganz anders läuft. Diese Aussage ist allerdings in etwa so klug wie zu behaupten, Kletterkurse seien unnötig, weil der Bergsteiger in einer Notsituation sich nicht an die gelernten Regeln hält, sondern nur ans Überleben denkt und instinktiv reagiert. Sie verkennt die Tatsache, dass Wissen und trainierte Körperfunktionen ins Unterbewusstsein wandern und den Instinkt in der Notsituation leiten können.

Überschreite also ruhigen Gewissens deine Schamgrenze, setz dich auf den Gymnastikball, mach alles mit, was von dir verlangt wird. Was nicht tötet, härtet ab. Und an zu viel Wissen ist noch keiner gestorben.

Außerdem ist es eine sinnvolle Steigerung deines Horstisierungsprogramms.

8

ERSTES INTERMEZZO: SPIESSER
WERDEN JA ODER NEIN?

B evor wir unseren Angriff auf den Gipfel der Geburt
beginnen, gönnen wir uns den Luxus und stellen uns
zwei entscheidende Fragen. Diese Fragen werden früher
oder später sowieso auftauchen, im Streit mit der Dame deines Herzens oder bei deinem Therapeuten. Es spricht also
einiges dafür, sie lieber schon jetzt zu stellen, denn die Anwesenheit des Meisters wirkt in der Regel wie ein Durchlauferhitzer, der ungeklärte Fragen zu gigantischen Konflikten
hochkocht, für die in Kindistan Zeit und Energie fehlen. Sie
sollten deshalb beantwortet sein, bevor deine Seilschaft den
Gipfelsturm beginnt.

Die Fragen lauten: Gibt es einen Automatismus, der vom
Kinderkriegen direkt in die Spießerfalle führt? Und wenn ja:
Wie kann man den vermeiden? Von der Beantwortung dieser
Fragen könnte deine gesamte Reise durchs wilde Kindistan
abhängen. Denn wenn die Antwort auf die erste Frage »Ja«
und jene auf die zweite »Gar nicht« lautet, dann müsste Kinderkriegen für alle Zeiten verboten, der Grenzübergang nach
Kindistan gesperrt und mit schwerem Gerät bewacht werden.

Jetzt hast du dich aber weit aus dem Fenster gelehnt, Effendi, wirst du, scharfsinnig, wie du bist, bemerken. Ich bin
gespannt, wie du diese Antworten von vornherein ausschließen willst, denn die Konsequenz wäre für die Menschheit ja
selbstmörderisch.

Das ist gut, Reisender, müsste ich dann antworten, denn dein Gespanntsein garantiert mir deine erhöhte Aufmerksamkeit. Und die ist bei der Beantwortung derartiger Fragen notwendig, die uns allzu leicht in die Feuchtgebiete bewusstlos wiedergekäuter Klischees führt, in denen man dann seine Lebenszeit versumpft. Ich frage umgekehrt dich, Reisender, ob dir nicht die ständigen Behauptungen, was ein gelungenes Leben ausmacht und was nicht, genauso auf die Nerven gehen wie mir?

Wie meinen, Effendi?

Woher stammen unsere Ängste?

Äh, aus dem Unterbewusstsein?

Falsch, Reisender. Aus den Frauenzeitschriften, aus den Lifestyle-Zeitschriften, aus den Zeitschriften allgemein, aus dem Fernsehen, aus den Zeitungen, aus schlechten Filmen und Fernsehserien, kurz: aus dem Trommelfeuer der öffentlichen Meinung, das täglich auf uns abgefeuert wird. Dieses Trommelfeuer hämmert zwei Bilder in die Schaltzentrale unserer inneren Exekutive. Auf dem einen – rattattattattat – sehen wir, was ein scheinbar gelungenes, auf dem anderen – rattattatt rattattatt rattattatt –, was ein scheinbar misslungenes Leben ist. Das erzeugt einerseits die Angst, im misslungenen Leben anzukommen, und andererseits das panische Streben, im gelungenen Leben zu landen. Dass die Bewertung eines Lebens aber viel mehr mit der eigenen Anschauung als den tatsächlichen Lebensumständen zu tun hat, wird dabei außer Acht gelassen.

Gut, Effendi, aber was hat das jetzt mit der Spießerfalle zu tun?

Nichts. Es ging mir nur darum, deine erhöhte Aufmerksamkeit zu nutzen, um dich für eine Begriffsdefinition von etwas vorzubereiten, von dem du möglicherweise eine ziemlich oberflächliche Vorstellung hast, nämlich von dem Begriff »Spießer« selbst. Was ist ein Spießer? Woran erkennt man ihn? Und da es für jede Erscheinung in der Außenwelt eine Entsprechung in deiner Innenwelt gibt: Wo wohnt der Spießer in dir?

Bei allem Respekt, Effendi, aber woher willst du wissen, ob in mir ein Spießer wohnt?

Guter Einwand. Das kann ich natürlich nicht wissen. Aber da ich bisher noch keinen Menschen kennengelernt habe, der nicht irgendwo in den Winkeln seines inneren Obdachlosenheims einen Spießer beherbergt hätte, wie klein und abgerissen auch immer er sein mag, so gehe ich davon aus, dass auch du keine Ausnahme machst, Reisender, so wie ja auch in jedem Meister ein Machdresch von Mach wohnt.

Ein bitte was?

Dazu kommen wir später. Bleiben wir vorerst bei unserer Spießer-Definition. Machen wir doch gleich mal die Probe aufs Exempel. Was ist ein Spießer?

Na, das ist einfach, Effendi. Ein Spießer ist ein Onkel mit Hut, der einen Opel fährt, auf dessen Rücksitz-Ablage eine Klopapier-Rolle von einer gehäkelten Mütze verdeckt wird, und der den Jägerzaun seines Reihenhauses mit dem Luftgewehr bewacht.

Siehst du, Reisender, das meinte ich. Was du gerade wiederkäust, ist das äußere Erscheinungsbild einer Lebenseinstellung, wie es uns immer wieder vorgeführt wird, nicht die Definition dieser Lebenseinstellung selbst.

Dann sag du mir doch, was ein Spießer ist, Effendi.

Gern, Reisender. Hier also meine persönliche Spießer-Definition: Ein Spießer ist ein Mensch, der sich dem Wachstum und damit der Veränderung verweigert. Wachstum ist eine der stärksten Elementarkräfte in der Natur. Wurzeln können beim Wachsen Felsen sprengen. Ein Spießer will das nicht wahrhaben, vermutlich aus Angst vor dem, was dieses Wachstum aus ihm machen könnte. Er will so bleiben, wie er ist. Jetzt und bis in alle Ewigkeit. Und alles, was diesem unrealistischen Wunsch nicht entspricht, lehnt er ab.

Nach dieser Definition sind Kinder natürlich einerseits erst mal die wirksamste Medizin gegen Spießertum, weil mit ihnen nichts so bleibt wie es war. Sehr schnell allerdings wirst du feststellen, dass dein innerer Spießer mit Kindern die stärkste Konkurrenz bekommen hat. Kinder sind nämlich andererseits selbst die größten Spießer überhaupt. Sie können zwar ihr Wachstum nicht verhindern, aber wenn sie es könnten, würden sie es tun. Veränderungen werden prinzipiell erst mal abgelehnt und erst nach einem immer wieder neu zu mixenden Cocktail aus Verführung, Überredung und Drohung akzeptiert, bis aus dem Neuen etwas Bekanntes geworden ist, das seinerseits wieder um keinen Preis verändert werden darf.

Auf diese Weise binden sie – zumindest in den ersten zwei, drei Jahren, von denen hier die Rede ist – den weitaus größten Teil deiner Energie und Zeit. So bleibt davon für dein eigenes Wachstum nur noch eine vernachlässigbare Menge übrig.

Du beginnst, deine Hobbys zu vernachlässigen, deine Freunde und deine Träume. Gespräche über Politik, Philosophie und Kunst, die du früher leidenschaftlich geführt hast, beginnen – du bemerkst es mit Schrecken – dich zu langweilen. Dagegen kannst du mit anderen Eltern stundenlang über Preise und Beschaffenheit von Windeln sprechen und Schlafgewohnheiten der Kinder diskutieren.

Am Abend nach einem Tag ohne Pausen, den du überwiegend rennend und mit dem Erledigen von Kleinigkeiten verbracht hast, mit dem Befriedigen kindlicher Bedürfnisse und dem Herumräumen von Gegenständen, blickst du in das Gesicht der Dame deines Herzens und fragst dich, wie um alles in der Welt du jetzt die Kurve in die Zielgerade zur Oase körperlicher Liebe oder wenigstens interessanter Gespräche kriegen sollst. Dieses Gesicht guckt gähnend zurück, und so gibst du den Gedanken daran schnell auf. Du richtest dein Augenmerk lieber auf die vor euch liegende Nacht und überlegst dir Strategien, wie jeder von euch so viel Zeit am Stück wie möglich für seinen dringend benötigten Schlaf bekommt.

Es ist im Grunde wie das Erlernen eines Instruments oder einer neuen Extremsportart. Um so souverän in der neuen Disziplin zu werden, dass du wirklich musizieren oder eine extreme Kletterroute überleben kannst, musst du üben, üben, üben, also den größten Teil deiner Energie und Zeit investieren. Dabei solltest du aber dein Ziel, irgendwann diese neue Disziplin so zu beherrschen, dass du mit dem Instrument oder deinem Körper sozusagen musizieren kannst und damit wieder frei bist, nicht aus den Augen verlieren.

Wer je ein Instrument spielen gelernt hat, weiß, wie oft man es verflucht, sich beim Üben langweilt und an all die schönen Dinge denkt, die man stattdessen besser machen könnte. Jede Reduzierung der vielen Möglichkeiten des Lebens führt irgendwann zu einer Rebellion. Aber wer je dabeigeblieben ist und das Instrument irgendwann so zu beherrschen gelernt hat, dass er damit musizieren konnte, weiß auch, wie viel stärker diese vielen Möglichkeiten des Lebens dann strahlen.

Denn diese Tatsache sollte man sich immer wieder klarmachen: Die vielen Möglichkeiten des Lebens bleiben dir, auch wenn du sie zeitweilig nicht wahrnimmst. Deine Hobbys, deine Träume und deine Freunde (wenn sie wirklich welche sind) bleiben und lösen sich nicht in Luft auf, bloß weil du eine Weile übst, dein Kind zu wickeln und in den Kindergarten zu bringen.

Mit anderen Worten: Die Tatsache, dass du dich aufgrund der Begrenztheit deiner Ressourcen am Ende eines solchen Tages nicht mehr in der Lage fühlst, ins Theater oder ins Kino zu gehen oder einen geselligen Abend mit Freunden zu überstehen, ohne irgendwann mitten im Gespräch einzuschlafen und unter den Tisch zu rutschen, und dich stattdessen lieber vor den Fernseher schleppst (weil du dich dort, wenn du beim Einschlafen langsam auf den Boden gleitest, nicht an den scharfen Tischkanten verletzen kannst), bedeutet nicht, dass du gerade zum Spießer wirst, der sich für nichts mehr interessiert als seine Bequemlichkeit. Es bedeutet lediglich, dass das intensive Training des Tages dich sehr ermüdet hat.

Die Gefahr zu verspießern lauert eher in der Aufgabe deines Ziels, irgendwann derjenige zu sein, der das Instrument spielt, statt von ihm gespielt zu werden, um bei dem Bild zu bleiben. Das Üben ist nicht das Ziel, sondern der Weg. Es ist in Ordnung, Gespräche über Windeln und Schlafgewohnheiten zu führen, solange sie Teil des Weges sind und nicht zum Selbstzweck werden. Im Verkommen zu professionellen Eltern, die ihren Lebenssinn in der Verwaltung ihrer Kinder sehen, steckt die wahre Verspießerungsgefahr. Zum Spießer geworden bist du, wenn du nicht mehr Möglichkeiten für Wachstum, sondern nur noch Gefahren der Veränderung siehst und deswegen das, was du hast, mit Zähnen und Klauen gegen alles Neue verteidigst.

So gibt es in der Kunst, im Sport, in jedem Bereich des Lebens Spießer, denen die Disziplin, die sie gerade erlernen oder erlernt haben, ihre Welt geworden ist, über die hinaus sie nichts mehr wahrnehmen, statt dass sie durch diese

Disziplin die Welt mit neuen Augen zu sehen lernen. Wenn man sich dieser Gefahr aber bewusst ist, hat das Erlernen der Kinderdisziplin allen anderen erlernbaren Disziplinen – sei es Instrument oder Extremsportart – die Verankerung im realen Leben voraus.

In dem grandiosen Dokumentarfilm *Am Limit* von Pepe Danquart über die beiden Extremkletterer Alexander und Thomas Huber philosophieren die beiden nach einem Versuch, den Rekord im Zeitklettern an einem fast tausend Meter hohen Steilfelsen zu brechen, über die Überwindung von Angst, die Bedeutung von Disziplin für ihre Kletterkunst, über Obsessionen und Adrenalinrausch. Sie sitzen auf diesem grandiosen Felsen, ihr langes Haar weht sacht im Wind, in ihren leuchtenden Augen spiegelt sich der Sonnenuntergang, während sie das Lagerfeuer mit den an muskeldefinierten Unterarmen mit wohlverdienter Schwere hängenden, getapten Kletterfingern lässig nebenbei schüren.

Der Zuschauer, dessen Körper von der Schwere eines Tages voller Abenteuer im wilden Kindistan in den Sessel gedrückt wird und dessen ebenfalls – allerdings wegen allerhand Küchenunfällen – getape Finger gedankenverloren mit dem Schnuller spielen, den er tagelang gesucht und gerade in einer Sofaritze gefunden hat, denkt wehmütig an seine eigenen hochfliegenden Träume von früher. Plötzlich wird einer der beiden »Huber-Buam« nachdenklich und räumt ein, dass all ihre Fähigkeiten aber nicht helfen, das Leben zu bewältigen.

Die Erlernung der Kinderdisziplin dagegen, kann der müde Zuschauer gerade noch denken, bevor ihm wieder mal vor dem Fernseher die Augen zufallen, hilft in ganz wundersamer Weise, das Leben zu bewältigen. Wenn du den Laden nicht schmeißt, macht es nämlich keiner. Und deine Kinder sind ein gnadenloser Spiegel, jawohl, ein Spiegel, ein Spiegel, wieso Spiegel, was für ein … schnarch.

Jeder hat andere Schwierigkeiten in seinem Leben, die durch seine Kinder katalysiert werden. Die größte Schwierigkeit für mich bestand und besteht etwa in der Notwendigkeit zur zeitlichen Organisation. Papa oder Mama muss bestimmen. Daran führt kein Weg vorbei. Kinder brauchen Regeln, Grenzen, einen Rhythmus. Und den muss Papa oder Mama vorgeben. Erst wenn diese Regeln etabliert sind, kann man Ausnahmen machen und, sozusagen, das Thema variieren oder darüber improvisieren.

Wenn man aber gewohnt ist, den Lebensschwerpunkt auf die Freiräume zu legen und gegen Regeln prinzipiell zu rebellieren, wie es bei mir und vielleicht auch dir, Reisender, der Fall ist oder war, dann fällt diese Umstellung ungeheuer schwer. Immer wieder ertappe ich mich dabei, meine Söhne wie Kumpels zu behandeln und sie beispielsweise zu fragen, ob sie dies möchten oder jenes. Dann ernte ich vollkommen verständnislose Blicke, die mir sagen: Wenn du es nicht weißt, wie soll ich es dann wissen? Oder ich erhalte Antworten, die komplett wertlos sind.

Ich werde also durch meine Söhne dazu erzogen, Prioritäten zu setzen, klarer zu planen und die Durchführung dieser Pläne zu organisieren. Das Jonglieren mit Babyalltag, Haushalt, anderen alltäglichen Aspekten wie Renovierung der Wohnung oder des Hauses, Behördengänge, Pflege sozialer Kontakte und kreativer Arbeit verlangt nicht nur äußerste Wachheit, Flexibilität und Disziplin, sondern auch Geschmeidigkeit der Gedanken.

Um es auf den Punkt zu bringen: Moderne Väter müssen die Qualitäten von Kung-Fu-Mönchen haben. Sie müssen, um bei diesem Bild zu bleiben, mit derselben Konzentration den Boden ihrer Zelle fegen, ihre täglichen Übungen machen und geistschärfende Meditation verrichten. Ob allerdings ein Kung-Fu-Mönch auch nur einen Tag im Leben eines modernen Vaters überleben würde, darf bezweifelt werden.

Bist du also erst Meister in der Kinderdisziplin, ist der Rest des Lebens kein Problem mehr. Dann kannst du auch wieder extremklettern.

Und das Spießerproblem erledigt sich damit von selbst. Oder hast du schon mal von Opel fahrenden Kung-Fu-Mönchen gehört?

9

AUF DEM STURMUMTOSTEN GIPFEL DER GEBURT

»Wenn's sonst keiner macht.«

Auf den letzten Metern zum Gipfel der Geburt wirst du dir so nutzlos vorkommen wie noch nie in deinem Leben. Geheimnisvolle Bande sind entstanden zwischen der Hebamme und der Dame deines Herzens, eine Intimität, die dich auf die Zuschauertribüne verweist. Und zwar auf die billigen Plätze, ganz weit weg vom Geschehen. Du fühlst dich wie das fünfte Rad am Wagen, so überflüssig wie ein Kropf, stehst überall im Weg herum und kannst niemandem Arbeit abnehmen, jedenfalls nicht das, was du unter Arbeit verstehst. Unter echter Arbeit, also Arbeit, die dich körperlich oder wenigstens geistig fordert und bei der am Ende etwas herauskommt. Du kannst deiner Frau die Arbeit des Pressens nicht abnehmen und nicht die Arbeit der Schmerzen ...

Arbeit der Schmerzen, Effendi? Was haben Schmerzen mit Arbeit zu tun?

Sehr viel, Reisender. Jeder, der schon mal wirkliche Schmerzen erlebt hat, weiß, welch harte Arbeit der Körper verrichtet, um sie wieder loszuwerden. Im Englischen heißt »Wehen haben« bezeichnenderweise auch »to be in labour«. Aber wenn es keine substanzielleren Fragen sind, müsste ich dich jetzt bitten, das zu tun, was auf dem sturmumtosten Gipfel der Geburt ebenfalls von dir verlangt wird, also Klappe halten und zuhören. Hier läuft nämlich alles nach einem Plan, der totale Unterwerfung von dir verlangt. So schwer es dir vielleicht fällt, hier bist du nicht der Chef.

Alles klar, Effendi. Ich kann schweigen.

Sicher?

Wie ein Grab.

Hier eine kurze Anekdote, was passieren kann, wenn du dich einmischst. Sie wurde uns von unserer Hebamme erzählt. Vermutlich zur Abschreckung. Eine Frau wand sich in Schmerzen und verlangte nach einer PDA – der Periduralanästhesie –, also der Betäubung des Unterleibs, die die Schmerzen verdrängt, gleichzeitig allerdings auch das Gefühl für die Wehen hemmt und damit die Möglichkeit verkleinert, selbst bewusst mitzupressen. Der Reisende, in totaler Verkennung seiner Rolle, schwang sich deshalb zu der Bemerkung auf: »Wir wollen keine PDA.« Unsere Hebamme, die wir bis zu diesem Zeitpunkt als die friedliebendste und ausgeglichenste Person kennengelernt hatten, drehte sich langsam zu ihm um, sehr langsam, gefährlich langsam, und antwortete mit einer Stimme, die Glas hätte zerschneiden können: »Was heißt 'n da ›Wir wollen‹? Ick steck Ihn' gleich 'n Regenschirm in den Arsch und spann ihn uff! Dann wissen Sie, wie sich det anfühlt!«

Botschaft angekommen, Reisender?

Voll und ganz. Ich halte die Klappe und höre zu.

Gut. Wo waren wir gerade stehen geblieben? Richtig Bei den Schmerzen. Selbst wenn du ihr die Arbeit der Schmerzen abnehmen könntest, würdest du wahrscheinlich in großem Stil versagen, weil dir nicht ihre kleinen Helferlein, die grandiosen Hormone, zur Verfügung stehen. Aber die Möglichkeit, das Gegenteil zu beweisen, wirst du ohnehin nicht bekommen. Dieses Risiko kann hier oben niemand eingehen. Behalte deine Ratschläge also für dich, quatsche der Hebamme nicht in ihre Regie, mach am besten gar nichts. Das ist das Beste für alle.

Und weil das so ist, weil du, Reisender, dir so idiotisch nutzlos vorkommst wie nie, und weil das immer so war und sein wird, und weil deswegen in solchen Nächten – zumindest im Film kommen die Meister ja immer nachts auf die Welt, als würden sie das Tageslicht scheuen, die kleinen Vampire –, weil deswegen also in solchen Nächten unsere Väter und Vorväter wie die Geister kettenrauchender Clochards auf Krankenhausgängen herumschlichen und nicht nur nutzlos waren, sondern auch kolossal nervten, deshalb, und nur deshalb wird uns von sämtlichen Ratgeberbüchern umso dringlicher versichert, dass dieser Eindruck täuscht.

Man versucht uns sogar weiszumachen, dass unsere Anwesenheit von höchstem Nutzen ist dort oben, auf dem Gipfel der Geburt. Ist denn der Sherpa nutzlos, der dem Bezwinger des Mount Everest sein Gepäck trägt – und, nebenbei bemerkt, ebenfalls den Mount Everest bezwingt, auch wenn alle Welt erst einmal nur den Namen Sir Edmund Hillarys kennt, des Erstbesteigers, und nicht den Tenzing Norgays, seines Sherpas? – Eben. Aber ohne das nötige Knabberzeug wäre Meister Hillary schnell die Puste ausgegangen.

Es wird uns also nahegelegt, uns mit der Rolle des Sherpas anzufreunden, der für das leibliche und seelische Wohl des großen Helden auf dem hohen Gipfel der Geburt sorgt. Das widerspricht natürlich in jeder Hinsicht unserem Selbstverständnis. Händchen halten, zuhören, sich einfühlen, einfach nur da sein, erahnen, was er jetzt braucht, der große Held, ab und zu eine ganz bestimmte Stelle massieren – nein, nicht da, etwas weiter oben, mehr nach links, tiefer, tiefer!, nein, wieder höher, nein, nicht da!, mehr nach rechts! – all das kam in unserem Kosmos bisher nur als dezidiert weibliches Verhalten vor. Das fanden wir vielleicht angenehm, aber irgendwie auch unheimlich, bestenfalls bewunderten wir es heimlich, ansonsten brachten wir das aber als Eigenschaften des anderen, des weiblichen Planeten nicht mit uns in Verbindung.

Aber wir haben ja bereits akzeptiert, dass die Reise nach Kindistan nicht zu haben ist, ohne dass wir uns dabei zum Horst machen, also nehmen wir auch diese neue Herausforderung gerne an, machen wochenlang die Dammmassage, damit er schön geschmeidig wird und bei der Geburt nicht reißt, ertragen die Tatsache, dass dabei für die Dame unseres Herzens aus einer intimen plötzlich eine sehr unangenehme Berührung wird, was die Dame unseres Herzens auch keineswegs zu überspielen versucht. Wir packen den Klinikkoffer, wobei uns vor allem die Auswahl der CDs Kopfzerbrechen bereitet, die wir – pardon – sie bei der Geburt hören wird, lesen ihr jeden Wunsch von den Lippen ab, erfüllen ihn, halten uns ansonsten zur Verfügung und leisten den Anweisungen der Hebamme Folge.

Die Hebamme ist die Regisseurin. Die Dame deines Herzens dagegen ist die Schauspielerin, Wachs in den Händen der Regisseurin. Und was für eine Naturerscheinung ist sie, diese Schauspielerin, eine Diva, groß, stark, schön und sehr, sehr launisch. Du bist natürlich der anteilnehmende Zuschauer. Und der Meister? Der Meister ist das Donnergrollen hinter dem Gipfel, das bedrohlich näher kommt und den Wetterumschwung ankündigt, von dem man nicht weiß, wann er endlich da sein wird. – Pardon, ich schweife ab.

Das kann schon mal passieren, wenn man so lange zum Nichtstun verdammt ist. Aber was hier heißt Nichtstun? »Nichts tun« tun wir schon, aber »da sein« sollen wir eben doch tun, im Sinne von präsent sein, mithin jener körperlich-mentale Zustand, den zu üben Kung-Fu-Mönche ein ganzes Leben brauchen. Die Dame unseres Herzens hat diesen schwierigsten aller Zustände rätselhafterweise ja schon immer von uns verlangt, als wäre es das Einfachste der Welt. Und wir konnten noch nie etwas damit anfangen. Ich bin doch da – »Bist du nicht« – »Bin ich doch« – »Bist du nicht« – »Und was ist dann das hier?« (pathetische Geste auf deine Brust) – »dein Körper, aber du bist trotzdem nicht da, in Gedanken bist du irgendwo, beim Fußballspiel, das du gerade verpasst, bei dem Oldtimer, den du schon seit Monaten generalüberholen willst, oder sogar der Blondine, die da gerade vorbeiflattert, du bist überall, nur nicht hier!« – Aber ich schweife schon wieder ab.

Wir tun also, wollte ich sagen, was man von uns verlangt, nämlich nichts.

Und sind trotzdem da.

Und bleiben wach.

Egal wie lange es dauert.

Ja.

Summen vielleicht leise vor uns hin.

Kruscheln im Klinikkoffer und suchen eine CD aus.

Überlegen, ob – äh … »Möchtest du vielleicht Musik – ?« – »Nicht?« – Gut, falscher Zeitpunkt.

Vielleicht später fragen.

Dummdidumm.

Und fragen uns, ob das hier wirklich irgendwas bringt, da wir ja kein Ergebnis sehen und keine klare Vorstellung von

Kosten-Nutzen-Relationen haben. Das hier jedenfalls verschlingt gerade endlos Ressourcen an Kraft, Zeit und Konzentration und kommt dabei nicht von der Stelle. Im anderen Leben hätten wir längst eine Problemanalyse in Auftrag gegeben und die Strategie geändert. Aber hier sind wir ja der Sherpa und dürfen nur das Gepäck tragen, auch wenn man sich hier offenbar gerade komplett auf dem Holzweg befindet, aber uns fragt ja keiner.

Wir werden demnach Zeuge eines Dramas, das ohne uns stattfindet, und fühlen uns dabei wie Trottel, wie müde Trottel, sehr müde Trottel, viel zu müde, um zu … mhm … hm … EH, WACH BLEIBEN! – Hoppla, da bin ich wohl mal kurz – wo war ich stehen geblieben? – richtig, Zeuge eines Dramas, vielleicht des wichtigsten Dramas im Leben der Dame unseres Herzens, und können – verdammt noch mal – ABSOLUT! GAR! NICHTS! TUN!

Doch, doch, versichern uns die Ratgeberbücher, es ist ganz, ganz wichtig, dass ihr –

QUATSCH! Rein gar nichts können wir tun! Alles Einbildung! Geblubber! Sanfte Geburt, Wohlfühl-Atmosphäre, möglichst noch Hausgeburt?! Ha! Alles Blödsinn! Raus muss der Kerl, da kommen wir nicht drumrum. So oder so. Das sind die harten Fakten. Alles andere ist …

Aber das behalten wir natürlich für uns und bleiben stattdessen da.

Und wach.

Vielleicht könnten wir ja mal einen Blick in die Zeitung werfen? Den ganzen Tag sind wir nicht dazu gekommen. Immer, wenn wir dachten, jetzt könnten wir sie doch mal durchblättern, kam garantiert eine dieser offenbar nutzlosen Wehen. Der Muttermund öffnet sich ja nicht. Er tut es einfach nicht! Er sollte, aber er tut es nicht! Also, Zeitung? Schlechte Idee. Ganz schlechte Idee. Der Blick der Hebamme spricht Bände.

Ah, die nächste Wehe. Schnell mit der flachen Hand gegen die Lendenwirbelsäule drücken. Das zumindest scheint tatsächlich zu helfen. Jedenfalls behauptet das die Dame deines Herzens in den klaren und schmerzfreien Momenten zwischen den Wehen. Auch das wird dem Sherpa ewig ein Geheimnis bleiben: Wie können so große Schmerzen so folgenlos sein? Kaum ist die Wehe vorbei, hat sich der Schmerz offenbar in Luft aufgelöst.

So werden wir Zeugen eines großartigen Naturschauspiels, des geheimnisvollsten, schönsten, bewegendsten, das wir vermutlich in unserem Leben zu sehen bekommen werden. Und zugleich ist es unendlich grausam, weil es die Dame unseres Herzens unter die Knute der größten Schmerzen zwingt, die sie je erlebt hat.

Wozu sind diese vielen Schmerzimpulse gut, wenn sie offenbar nichts bewegen? Warum muss es überhaupt wehtun? Warum so lange? Was soll das?

Gebt ihr jetzt endlich die verdammte PDA, macht einen Kaiserschnitt, holt ihn raus, wie auch immer, aber macht, dass das endlich aufhört, das ist ja unerträglich! Oder gebt mir auch eine Dosis dieser fantastischen körpereigenen Drogen, den grandiosen Hormonen, unter deren Einfluss die Gebärende das alles zu ertragen imstande ist, und die sie auch, wenn alles vorbei sein und dann das kleine, von Blut und Schleim verklebte Knäuel auf ihrer Brust liegt, derart übergangslos entrückt und selig lächeln lassen, sodass der verwunderte Sherpa sich fragt, ob er die vorangegangenen Stunden nur geträumt hat.

Aber der Sherpa bekommt keinen Hormoncocktail. Wenn er

will, kann er sich später aus dem Mutterkuchen selbst einen destillieren. Heutzutage wird der nämlich nicht mehr einfach weggeworfen. Der Reisende im Lande Kindistan darf ihn mitnehmen, wenn er will. Als Wegzehrung sozusagen. Das ist gar nicht so abwegig, wie es auf den ersten Blick scheint. Sehr nahrhaftes Fleisch ist das, hat alles, was so ein kleiner Wurm zum Überleben braucht. Übrigens: Es gibt noch viele andere Verwendungsmöglichkeiten für die Plazenta. Manche vergraben sie und pflanzen einen Baum drauf. Der Grund ist natürlich nicht die Hoffnung, dass auf diesem dann Babys wachsen, wie man vermuten könnte, sondern der Gedanke: Was gut für einen Fötus ist, kann ja nicht schlecht für einen Baum sein, gell? Oder man trocknet und pulverisiert ihn und verarbeitet ihn zu homöopathischer Medizin. Auch die Option mit den Stammzellen klingt verlockend. Ich gebe zu, so ganz habe ich all diese Möglichkeiten noch nicht verstanden. Darum haben wir ihn erst mal eingefroren, diesen wundersamen Mutterkuchen, eingewickelt in grünes Krepppapier.

Allerdings birgt diese Option auch Risiken, das muss ich ganz klar sagen. Eine Babysitterin gestand uns nämlich, dass sie versucht war, diesen lecker aussehenden Erdbeerkuchen aus dem Gefrierfach zu nehmen und zu verspeisen. Beim Umzug haben wir ihn schließlich entsorgt und bei der Geburt des zweiten Kindes auf eine Mitnahme der Nachgeburt verzichtet.

Da! Schon wieder sind meine Gedanken weit abgeschweift! Mal sehen, was inzwischen passiert ist. Ah, gut. Es ist doch noch vorangegangen! Der Muttermund, dieses ungeheuer leistungsfähige Gebilde, das zugleich so extrem empfindlich ist wie ein überzüchtetes Rennpferd, das bei kleinsten Irritationen scheut, ist endlich offen! Die magischen acht bis zehn Zentimeter Öffnung sind erreicht.

Der Bergsteiger steht auf dem Gipfel!

Aber was heißt hier Gipfel? Jetzt geht der Punk ja erst richtig los! Halt dich gut fest, Sherpa! Was du jetzt erleben wirst, verwüstet deine kleine männliche Vorstellungskraft wie der Sturm, der dir auf achttausend Metern Höhe um die Ohren peitscht und dir die ohnehin schon dünne Luft zum Atmen nimmt: die Austreibungsphase, die Presswehen!

Jetzt will der Meister endlich, endlich raus. Und zwar pronto! Er schraubt sich durch das untere Becken seiner Mama, die nicht anders kann als mitzupressen, obwohl es galaktisch wehtut. Jetzt brüllt ein Löwe aus ihrem Hals, und du kannst nichts weiter tun als den stahlharten Griff zu ertragen, mit dem sie sich an deinem Arm festklammert. Und jetzt ist der Moment gekommen, in dem alle plötzlich nervös werden. Die bisher alles mit professioneller Gelassenheit nehmende Hebamme, der Arzt, der plötzlich gerufen wird, um aus dem schon halb sichtbaren Kopf Blut abzunehmen. Aus dem Kopf! Nur um festzustellen, ob der Meister noch genug Sauerstoff hat. Er könnte auch vor Anstrengung und Aufregung ins Fruchtwasser gekackt haben und sich dadurch auf den letzten Metern vergiften. Verzeih mir diese drastische Sprache, Reisender, aber Worte wie »Kacka« oder »Pipi« und so weiter werden in Kindistan gewissermaßen zu Arbeitsbegriffen.

Jetzt muss alles schnell gehen. Entscheidungen müssen getroffen und sofort umgesetzt werden. Für einen Kaiserschnitt ist es jetzt zu spät, für eine PDA sowieso. Die hätte man vor der Austreibungsphase setzen müssen. Es gibt Handlungsoptionen von der Saugglocke über den Dammschnitt bis zur Zange. Aber vielleicht klappt doch noch alles ohne solche Hilfsmittel und Eingriffe. Alles kommt auf den dicken Schädel des Meisters an. In Kindistan wird das natürlich sowieso der Fall sein, aber im Moment ist damit ausnahmsweise der tatsächliche Kopfumfang gemeint. Ist dieser Dickschädel erst mal durch, flutscht der Rest mühelos hinterher.

Fallutsch!

Wie ein Fisch.

Da isser.

Halten wir einen Moment inne, um diesen Moment, für den es keine Worte gibt, zu würdigen.

● ● ●

● ● ●

● ● ●

So sieht er also aus, der Meister. Mit dem du dich schon so

oft unterhalten hast. Da liegt er auf der Brust der Königin aller Königinnen und versucht, unter dem Schleim hervorzugucken. Wie ein uralter Mann, den man im Schlaf gestört hat und der nun die Augen nicht aufbekommt. Liegt da und sucht irgendwas mit dem Mund. Wie ein Regenwurm, der gerade aus der Erde kommt. Wie ein Maulwurf, der die Lage checkt. Was sucht er bloß?

Klar. Die Brust. Hätte ich mir denken können. Aber das hat noch Zeit.

Irgendwas fehlt doch noch.

»Möchten Sie die Nabelschnur durchschneiden?« Von weit her holt uns die Stimme der Hebamme aus der präverbalen Wunderphase.

Ach? Jetzt auf einmal will man unsere Hilfe? Na, sieh mal einer an. Für die Drecksarbeit ist der Sherpa gut genug! Aber seien wir großzügig in einem solchen Moment, in dem wir die ganze Welt umarmen würden, wenn wir die Hände frei hätten, was aber nicht der Fall ist, weil die ja fest die Kamera umklammern, um diesen historischen Augenblick für die Ewigkeit festzuhalten.

»Na gut, wenn's sonst keiner macht«, sagen wir mit der neu erworbenen Würde des pater familias, und nehmen die Schere in die Hand. Die zittert. Sieh mal einer an. Warum zittert die denn?

Hm.

Durchschneiden? Mit der Schere?! Das Ding da, die Nabelschnur, kommt aus dem Bauch unseres Kindes, wegen dem wir gerade den höchsten Berg der Welt erklommen haben – wenn auch nur als Sherpa –, aber in einem solchen Moment wollen wir mal nicht knickerig sein, jedenfalls ist das ein Teil seines Körpers, und daran sollen wir jetzt mit einer Schere herumschnippeln?!

»Keine Angst, der hat da keine Nerven, der spürt das nicht«, sagt die Hebamme, die vermutlich Gedanken lesen kann.

Na gut. Also denn.

Schanipp.

Abgenabelt.

Der nagelneue Mensch wird getrocknet (nicht gewaschen, weil bei der Geburt eine Art Schmierschicht seine Haut schützt, die man möglichst nicht entfernen sollte) und dem Sherpa mit einem kleinen warnenden Hinweis der Hebamme zum Halten übergeben. »Warme Öfen backen gut«, flüstert sie dem Sherpa ins Ohr. Die Unfruchtbarkeit während der Stillphase ist ein Ammenmärchen, pass also gut auf, Sherpa, oder wir sehen uns sehr bald wieder!

Und jetzt kommt er, der Moment, den du dir gut einprägen solltest, um ihn bei der Konfrontation mit dem pubertierenden Ungeheuer später vors innere Auge zu holen. Da liegt so ein Suppenhuhn in deiner Hand und guckt dich lange und ernst an. Natürlich ohne dich wirklich zu sehen. Aber es hört dich vermutlich und versucht zwei und zwei zusammenzuzählen: Die Stimme kenne ich doch! Die hat doch meinen Kosmos bewegt! Dem widerspreche ich lieber erst mal nicht. Das kann ich später immer noch tun, wenn ich die Herrschaft übernehme. Also in meiner ersten Trotzphase, auf die ich mich jetzt schon freue.

10

ZWEITES INTERMEZZO: VON GEISTERN UND DÄMONEN

Darf ich jetzt wieder, Effendi?

Nur zu, Reisender.

Ich trotze jeder Gefahr, das weißt du doch?

Ich weiß.

*Ich scheue keinen Kampf, ertrage jeden Schmerz, das glaubst du
mir doch?*

Ich glaube dir.

*Aber den Schmerz der Dame meines Herzens, gegen den ich nichts
tun kann, eine Gefahr, gegen die ich nichts unternehmen kann,
und einen Kampf, bei dem ich zur Untätigkeit verdammt bin – ob
ich das alles ertrage, das weiß ich nicht.*

Worauf willst du hinaus, Reisender?

*Ist es überhaupt ratsam, dabei zu sein auf dem Gipfel der Geburt,
wo ich doch ohnehin nichts tun kann, wenn es brenzlig wird?*

Du willst kneifen?

Das ist aber ein unschönes Wort.

Wie soll ich es sonst nennen, Reisender?

Ich meine ja nur, wenn ich ohnehin nur im Weg stehe und das fünfte Rad am Wagen bin. – Was siehst du mich so seltsam an, Effendi?

Du verschweigst mir doch etwas, Reisender.

Ich verschweige etwas?

Es geht dir nicht nur um den Schmerz der Dame deines Herzens und die Gefahr, habe ich recht?

Nun ja …

Du hast vor etwas anderem Angst.

Jetzt mach aber mal einen Punkt, Effendi. Woher willst du wissen, wovor ich – ich habe keine Angst.

Du hast Angst vor den Bildern.

Den Bildern?

Du hast Angst davor, die Dame deines Herzens in dieser Situation zu sehen, die alle Grenzen sprengt. Du hast Angst vor dem, was diese Bilder mit dir machen könnten. Du hast, um es auf den Punkt zu bringen, Angst davor, dass du nie wieder mit der Dame deines Herzens schlafen können wirst, ohne an den Kopf des Meisters zwischen ihren Beinen zu denken.

Nun ja, wenn du es so deutlich …

Habe ich recht?

Ja.

Keine Sorge, Reisender, diese Angst hat jeder. Wir sind unter uns, du brauchst dich ihrer nicht zu schämen. Im Gegenteil. Ohne Ängste hätten wir keine Möglichkeit, uns auf kommende Gefahren vorzubereiten. Und eins ist sicher: Die Gefahren, die dich in Kindistan erwarten, werden immer größer, stärker und komplexer.

Nach den ersten unsicheren Schritten im Lande Kindistan, sobald du gelernt hast, den Hindernissen auszuweichen, die Sümpfe zu meiden, auf den Höhenpfaden zu balancieren, kommt bereits die nächste Herausforderung: die Flüssigkeit in den Scheinwerferkulleraugen des Meisters! Du denkst, jetzt hast du wieder festen Boden unter den Füßen, da glitzert plötzlich ein Tränchen in seinem Auge und entzieht ihn dir wieder. Und so geht es weiter. Nach jeder bestandenen Prüfung wartet die nächste, noch größere Prüfung auf dich.

Die Tugenden, die dich heil durchs wilde Kindistan bringen, sind deswegen Mut, Durchhaltevermögen, Unerschrockenheit und Entschlossenheit. Wenn du nun schon vor dem Gipfel der Geburt kneifst, wie soll es dann erst in Kindistan weitergehen?

Übereinstimmend sagen Hebammen, Psychologen und vermutlich auch die Dame deines Herzens: Es ist besser, nicht dabei zu sein, wenn derartige Bedenken bestehen. Logisch. Was sollen sie auch anderes sagen. Wer möchte schon für ein Trauma verantwortlich sein, das durch Anwesenheit auf dem Gipfel der Geburt verursacht wird?

Auch ich möchte diese Verantwortung nicht tragen. Darum sage ich nur Folgendes: Bilder im Kopf sind nicht die Steine von Stonehenge. Im Gegensatz zu ihnen können sie verschoben werden. Sie können sich sogar verwandeln. Mit einem hast du sicher recht: du wirst die Dame deines Herzens nicht mehr so sehen und lieben können wie zuvor. Du wirst sie stattdessen neu sehen und wahrscheinlich tiefer lieben als zuvor.

Was den Sex betrifft: Der kann leiden, muss aber nicht. Wenn er es tut, ist der Grund meiner Erfahrung nach allerdings hauptsächlich die Müdigkeit, die sich in den nächsten Monaten über Euer Leben legen wird wie schwerer Novembernebel. Dazu kommt, wie wir bereits gesehen haben, das ohnehin äußerst seltene Vorkommen der »Sexualis Post-Schwangerschaftensis.« Schuld sind nicht die Bilder der Geburt. Im Gegenteil, die Urgewalt zu erleben, zu der die Dame deines Herzens in der Lage ist, kann hocherotisierend sein. Wenn du die Bilder trotzdem fürchtest, gibt es die Möglichkeit, sie zu beeinflussen. Du musst beispielsweise während der Austreibungsphase nicht am Fußende des Bettes stehen, du kannst genauso gut am Kopfende stehen und dieselbe Perspektive einnehmen wie die Dame deines Herzens. Dann habt ihr beide dieselben Bilder und könnt sie später teilen wie Erinnerungen bei einem Klassentreffen.

Um es klar zu sagen: Solche Befürchtungen selbst sind das Werk des Feindes, der Dämonen in dir, der Gespenster. Es ist wie bei jeder Reise in ein fremdes Land: Bevor du aufbrichst, flüstert der Dämon der Ängstlichkeit dir all die eingebildeten Gefahren ein, die deiner Angst Nahrung geben. Bist du aber erst einmal dort, zerfallen die meisten dieser Bilder wie Träume nach dem ersten Morgenkaffee.

In Kindistan wirst du vom ersten Moment an gezwungen sein, all deine Kraft, deine Klugheit, Geschicklichkeit und dein Organisationstalent in den Dienst des Meisters zu stellen, sodass für die Einflüsterungen der Dämonen überhaupt kein Platz mehr ist. Und die wissen das. Darum malen sie dir deine Angstbilder vorher umso plastischer aus, je näher du dem Gipfel der Geburt kommst, hinter dem sich endlich die Hochebene der ersten zwölf Monate des sagenumwobenen Kindistan erstreckt.

Und, bevor du nun das Buch konsterniert in die Ecke pfefferst, weil du dich plötzlich in einem Groschenroman über Geisterjäger wiederzufinden glaubst, gib mir noch die Chance zu erklären, was ich mit dem Begriff »Gespenster« meine.

Das Wort »Gespenst« ist nicht etwa, wie man meinen könnte, durch eine Lautverschiebung aus dem Wort »Gespinst« hervorgegangen, also dem Ergebnis der Arbeit des Spinnens, und hat deshalb weder etwas mit dem damit verwandten Hirngespinst, also dem Verspinnen nicht zueinanderpassender Gedanken zu tun, noch mit dem umgangssprachlichen »Spinnen«, also dem Nicht-mehr-ganz-dicht-sein. Es leitet sich vielmehr aus dem althochdeutschen Wort »gispensti« her, das so viel bedeutet wie »Verlockung«.

Gespenster sind also so real wie deine Ängste und Sehnsüchte es sind. Es handelt sich um geistige Einheiten oder Konzepte, die durch unsere Wünsche und Ängste geboren werden. Wie der Meister, der durch dich gezeugt und von der Dame deines Herzens geboren wird, entwickeln sie, sobald sie auf die Welt gekommen sind, ein Eigenleben. Ob sie dir aber auf der Nase herumtanzen oder ob du sie beherrschst, hängt davon ab, wie du mit ihnen umgehst.

Und hier kommt endlich die gute Nachricht: In dem Maße, in dem du dein Leben mit dem Meister meisterst, wirst du auch in der Lage sein, deine Gespenster zu beherrschen. Denn der Meister hat ein sehr freundschaftliches Verhältnis zu deinen Gespenstern. Er ist sozusagen ein alter Bekannter von ihnen und steht mit ihnen auf du und du. Er wird sich hinter deinem Rücken mit ihnen zum Spielen verabreden, an der Tür deiner Seele mit ihnen zusammen Klingelstreiche spielen, dich provozieren und dann lachend weglaufen. Du wirst dir immer wieder wie ein Idiot vorkommen, wenn es ihnen gelingt, dich zum Narren zu halten, aber im nächsten Moment wird dir klar werden, dass es ja nur der Meister mit einem deiner Gespenster war, die dir gerade einen Streich gespielt haben. Nichts Ernstes also.

Ob du dich nun, um auf die Anfangsfrage zurückzukommen, entscheidest, dabei zu sein oder nicht – wichtig ist, wie du in Zukunft mit deinen Gespenstern umgehst. Und wenn du mit ihnen so umgehst wie mit dem Meister, nämlich ihnen das Gefühl gibst, dass du sie ernst nimmst, es aber natürlich nicht tust, jedenfalls nicht wirklich ernst, so ein bisschen vielleicht, wie man Kinder eben ernst nimmt, dann steht weiteren Liebesnächten mit der Dame deines Herzens nichts mehr im Weg.

Ist ja eigentlich auch logisch, oder? Wie sollte sonst jemals ein zweiter Meister entstehen?

11

GROSSOFFENSIVE DER HORMONE

Wir sind jetzt auch nachts erreichbar –
aber ruft bloß nicht an!

Sieh sie dir an, Reisender, wie sie da liegen, die Dame deines Herzens und der Meister, in Erschöpfung vereint, sie aufgepeitscht von den wild gewordenen Hormonen (die gerade ihren Sieg über die Schmerzen mit wilden Orgien feiern), schlaflos und auf eine leicht irre, gar beängstigende Wiese glücklich. Der Meister ist meistens im komaartigen Erschöpfungsschlaf versunken, aus dem er nur aufwacht, um gierig an Mamas Brust zu saugen. So glücklich hast du sie noch nie gesehen, die Dame deines Herzens, glücklich und zugleich verloren in einer völlig neuen Welt, in der sie, traumwandlerisch geleitet von geheimnisvollen Mächten, auf jede Regung des Meisters reagiert. Ein uraltes Programm in ihren Genen wird aktiviert und spult sich ab, ohne dass sie irgendetwas dagegen tun könnte, ohne dass sie irgendetwas dafür tun müsste.

So stellst du es dir vor, Reisender, so wünschst du es dir, so sollte es sein! In Wirklichkeit aber ist dieser Moment der Auftakt für die erste Großoffensive der Hormone, und es ist völlig offen, wie diese verlaufen wird. Die oben beschriebene Möglichkeit existiert zwar, aber genauso gut kann die Dame deines Herzens in postnatale Depression verfallen und tagelang düster vor sich hin brüten, während der Meister die Brust verweigert oder sie wund trinkt. Umgekehrt ist es keineswegs sicher, dass es Liebe auf den ersten Blick ist. Nüchtern betrachtet liegt da zunächst einmal ein fremder Mensch auf dem Bauch der Dame deines Herzens. Wirklich schön ist er ja nicht, denkst du vielleicht, klar, irgendwie besonders, eben einfach sehr – äh – speziell, aber hübsch ist anders. Möglicherweise denkt die Dame deines Herzens dasselbe, und das ist auch der Grund für ihre postnatale Depression. Aber wie auch immer Euer erster Eindruck sein mag, eins ist sicher: Vom ersten Schritt auf der Hochebene der ersten zwölf Monate an wird mit jeder Minute, die ihr mit dem Meister verbringt, das unsichtbare, ein Leben und noch länger haltende Band geknüpft zwischen Mama/Papa und Kind. Es ist das stärkste Band, das es gibt.

Sagte ich Mama Schrägstrich Papa und Kind?

Ja, das sagte ich, und zwar ganz bewusst mit klarer, fester Stimme und in verteidigungsbereiter Haltung, aufmerksam nach allen Seiten hin.

Warum verteidigungsbe…

Pst, Reisender! Die Hormone sind überall, sie hören alles, sie sehen alles, man weiß nie, wo sie zuschlagen und in welcher Form. Wir haben sie und ihre unheimliche Macht ja bereits im Vorgebirge der Schwangerschaft kennengelernt. Vereinzelt in den Bergen hausende Horden waren sie dort noch, die ihre Angriffe wild und unkoordiniert führten.

Hier aber, auf der Hochebene der ersten zwölf Monate, haben auch sie sich weiterentwickelt und sind zu einer schlagkräftigen, ernst zu nehmenden Armee geworden. Unberechenbar sind sie, mächtig, rücksichtslos, verspielt und egozentrisch wie Kinder. Sie werden die Dame deines Herzens auf Händen tragen und zur Königin im Lande Kindistan erklären. Aber nicht nur das. Sie werden noch weitergehen und sie zur Oberbefehlshaberin ernennen. Aber das tun sie nur zum Schein. In Wirklichkeit wird sie eine Marionettenregentin sein, gelenkt von den wild gewordenen Hormonhaufen. Sie werden sie auf luftige, aber trügerische Kissen betten, zumindest solange sie den Meister stillt. – Wenn sie ihn stillt. – Im Tal des Staunens wirst du nicht nur den nagelneuen Meister bestaunen, sondern auch die nagelneue Dame deines Herzens, die göttergleiche Mutter deines Kindes. Nicht wiedererkennen wirst du sie, und das ist das Werk der famosen Hormone.

Aber sei auf der Hut, Reisender, denn, wie gesagt, unberechenbar sind sie. Und launisch. Einfach so, aus der Inspiration des Moments heraus, ohne es groß zu begründen, schleudern sie die Dame deines Herzens in die tiefste Depression oder verwandeln sie in einen besitzergreifenden Drachen. Plötzlich lebt eine Fremde an deiner Seite. »dein Leben ist vorbei«, werden sie dann gehässig in ihr durch Erschöpfung nur allzu aufnahmebereites Ohr flüstern. Nichts wird mehr so sein wie vorher! »Jetzt bist du Mutter!« – »Utter-utter« hallt es von den moosbewachsenen Wänden ihrer betrübten Seele wider. »Aber du hast ja den Meister!«, werden sie weiter zischeln, »und er gehört dir, dir allein, und niemandem sonst, denn schließlich hat er neun Monate in dir gewohnt! Wegen ihm hast du jetzt alles aufgegeben. Darum ist er nun dein, dein, dein!« – »Ein-Ein!«, höhnt das Echo.

Aus lauter Rücksicht wirst du dann denken: Klar, sie ist die Mutter. Ich fühle mich zwar wieder wie das fünfte Rad am Wagen, aber diese Zeit gehört nun mal ihr. Sie weiß ja instinktiv, wie sie den Meister anfassen muss, wie ihn wickeln, wann ihn stillen, wie mit ihm umgehen. Ich halte mich mal lieber raus und kümmere mich um alles andere. Das wirst du denken. Richtig, Reisender?

Das werde ich wohl, Effendi.

Ja, das wirst du, aber es ist falsch, lieber Reisender, ganz falsch! Was du hier erlebst, ist nämlich die erste Großoffensive der Hormone. Sie kämpfen im Verborgenen, aus ihren Höhlen heraus, organisierter zwar als im Vorgebirge der Schwangerschaft, aber nicht weniger hinterhältig. Noch schießen sie nicht, noch versuchen sie, dich einzulullen wie einst die Sirenen den tapferen Odysseus. Sie säuseln dir ins Ohr: »Jetzt bist du der Papa, sorge für die deinen, wie es war von Anbeginn der Zeit. Geh und jage ein Mammut und bringe heim das Fleisch und das Fell, *aber bleibe fort vom Kind, das ist nichts für dich, das ist mehr für Frauen!*«

Wenn du genau hinhörst, wirst du das schlangenartige Zischen im süßen Gesang der Hormone hören, das auf den letzten Worten liegt. Lass dich nicht täuschen, Reisender, von den Einflüsterungen der zu allem entschlossenen Hormone, den fürchterlichen. Lass sie nicht kommen zwischen dich und den Meister. Leiste Widerstand und nimm ihn in deine liebenden und schützenden Hände, von Anfang an. Die Dame deines Herzens hat genauso viel oder wenig Erfahrung im Umgang mit einem neugeborenen Menschen wie du. Sie muss es lernen – wie du. Nichts befähigt sie mehr dazu als dich. Die in Jahrtausenden eingeübte Arbeitsteilung zwischen der Hüterin des Herdes und dem Jäger des Mammuts ist in praktischer Hinsicht Gott sei Dank obsolet geworden. Wer jetzt noch dran festhält, weil er glaubt, so müsse es sein, ist ein bedauernswertes Opfer geschickter Hormonpropaganda.

Arbeitsteilung ist also keine gute Idee, Effendi?

Arbeitsteilung ist sehr wohl eine gute Idee, Reisender. Geteilte Arbeit ist halbe Arbeit, nicht wahr, und halbe Arbeit ist besser als ganze Arbeit. Ich habe nichts gegen Arbeitsteilung. Hier, auf den ersten Metern im Tal des Staunens, bedeutet Arbeitsteilung allerdings ohnehin, dass du arbeitest, während die Dame deines Herzens sich ausruht. Es heißt schließlich nicht ohne Grund »Wochenbett«. Du wirst für das Wohl deiner neuen Familie sorgen, sie schützen und pflegen. Wenn du nicht kochen kannst, lerne es. Es ist einfacher, als du glaubst. Du musst einfach tun, was in den Rezepten steht. Deine neugeborene Familie braucht jetzt vor allem Ruhe, gutes Essen und wieder Ruhe. Verteidige sie gegen alle wohlmeinenden Eindringlinge, die den »süßen Kleinen« nur mal sehen wollen und ihre laute Außenwelt vielleicht ahnungslos in ihrem Bemühen, nett und aufmerksam zu sein, in eure verletzliche Innenwelt hineintragen wie Elefanten im Porzellanladen.

Da fällt mir ein: Es gibt eine gute amerikanische Tradition, die zu übernehmen ich allen Besuchern im Kindistan der ersten Wochen empfehle. Ein Besuch bei der frischgebackenen Familie ist dieser Tradition gemäß nämlich kurz, sehr kurz, gerade lang genug, um selbst gekochte Speisen abzugeben, die die Familie im Laufe der nächsten Tage verzehren kann. Dann wird er schon wieder beendet, dieser Besuch. Zack, weg sind sie, die guten Freunde, die gerade die besten Geschenke gemacht haben, die sie machen konnten: Essen und Ruhe.

Aber um auf die Arbeitsteilung zurückzukommen: Die beste Arbeitsteilung ist sowieso, wenn jeder macht, was er am besten kann und am liebsten tut. Ob den Meister wickeln, füttern und beruhigen etwas ist, was du gerne tust, kannst du erst wissen, wenn du es ausprobiert hast. Ist das nicht der Fall, brauchst du an dieser Stelle nicht weiterzulesen. Im höchstwahrscheinlichen anderen Fall aber solltest du keinesfalls zulassen, dass die Dame deines Herzens einen Vorsprung im Umgang mit dem Meister bekommt, der irgendwann uneinholbar wird. Denn auf dieselbe Art, wie die Hormone, die heimtückischen, aus der Dame deines Herzens die verehrungswürdige Königinmutter deines Kindes machen, können sie diese auch in ein Muttertier der fürchterlichsten Art verwandeln: durch Bau einer uneinnehmbaren Kompetenz-Festung. Diesem Schachzug, der dich für unabsehbare Zeit in die Defensive drängen könnte, solltet du deshalb unbedingt durch rechtzeitige Stürmung dieser Kompetenz-Festung vorbeugen!

Es gibt Berichte von Persönlichkeitsveränderungen frischgebackener Mütter, die wirklich bedenklich sind: Zielorientierte Karrierefrau wird zu Löwenmutter, die ihr Kleines verteidigt. Auch und gerade gegen den Löwenpapa, weil der es im Grunde seines Herzens ja nur fressen will. Von Gleichberechtigung ist plötzlich keine Rede mehr. Der Mann soll sich bitte aus Fragen der Babypflege und Erziehungsfragen heraushalten und in den Steppen des Arbeitsmarktes Mammuts jagen gehen – je mehr, desto besser.

Sogar von Spätzündungen der Namensfindungsminen wird berichtet. Plötzlich war die Mama mit dem gemeinsam gefundenen Namen nicht mehr einverstanden und änderte ihn kurzerhand eigenmächtig unmittelbar nach der Geburt. Die Hebamme fragte: »Und, wie soll er denn heißen, der Kleine?« Der Papa, ganz weißer Ritter, wollte der tapferen Heldin auf dem Gipfel der Geburt den Vortritt lassen und erwartete vereinbarungsgemäß die Antwort: »Kolja soll er heißen, unser Schatz.« Stattdessen hörte er sie sagen: »Egon!«, nichts weiter als das, nur diesen Namen: »Egon!« Ohne Erklärung und endgültig: »Egon!«

Ganz gefährlich ist eine Mischung aus postnataler Depression und verspäteter Detonation einer Namensfindungsmine. Das kann zu einem kriegsähnlichen Dauerkonflikt führen, der dir den Aufenthalt in Kindistan gründlich verleidet. Der gemeinsam gefundene Name passt plötzlich überhaupt nicht mehr zu dem kleinen Wurm. Mehr noch, er ist gefährlich! Er wird den Meister unglücklich machen! Er wird ihn ins Elend stürzen! Überhaupt alles wird ihn ins Elend stürzen! Die Gefahren lauern überall! Wenn ich nicht 24 Stunden am Tag auf den Meister aufpasse, denkt die hormongetriebene Dame deines Herzens, werden dunkle

Mächte ihn holen! »Weg von meinem Kind!«, wird sie dich anzischen, und wenn du genau hinsiehst, wirst du dann ein eigenartiges Funkeln in ihren Augen sehen. Sieh genauer hin, Reisender, es sind die Fackeln der marschierenden Hormontruppen!

Du wirst diesem Kampf nicht ausweichen können, wenn er dir aufgezwungen wird. Es handelt sich um den ersten von vielen im wilden Kindistan. Du kannst ihm nur mit einer Mischung aus Standhaftigkeit, Geduld und Nachsicht begegnen.

Effendi, was soll das? Was haben die Hormone davon, mich fertigzumachen? Ich werde doch gebraucht! Da muss man doch gut mit mir umgehen!

Dann muss ich dir antworten: Hormone kümmern sich nicht um die gesellschaftlichen Entwicklungen der letzten zweihundert Jahre. Für sie ist es egal, ob du vorhast, deinen Teil der Verantwortung für den Meister zu übernehmen, oder nicht. Es sind Hormone, Mann, und Hormone fackeln nicht lange, sondern schlagen zu. Das ist ihre Aufgabe, dafür sind sie da. Nimm es nicht persönlich. Sie haben gerade eine wahre Herkulesarbeit hinter sich, sind vermutlich etwas überreizt und müssen sich ein bisschen abreagieren. Aber wenn du unbedingt einen Sinn darin sehen willst, dann ist es folgender: Training für dich. Denn von nun an wirst du es nicht nur mit dem Meister zu tun haben, sondern auch mit dem gerissenen und zu allem entschlossenen Machredsch von Mach.

Mit wem, Effendi?

Zu dem kommen wir später, Reisender. Einstweilen sei versichert, dass von nun an immer wieder genau diese Mischung aus Standhaftigkeit, Geduld und Nachsicht nötig sein wird, um die vor dir liegenden Herausforderungen zu meistern.

Tagsüber wirst du es vielleicht auf Anhieb schaffen, mit dieser goldenen Mischung zu reagieren. Stolz und souverän wirst du der Fels in der Brandung und sowohl der hormongesteuerten Dame deines Herzens als auch dem mit der großen, weiten Welt überforderten Meister ein liebevolles Korrektiv für die Anforderungen der Realität sein. Mit großer Nachsicht und langmütiger Geduld wirst du die nötigen Grenzen setzen und beiden das Gefühl geben: Ihr seid nicht allein, ihr seid geliebt und beschützt.

Aber nachts wird es ohne Training irgendwann misslingen. Die Angriffe der Schrei-Banden werden dich in deinem schwächsten Moment aus dem Tiefschlaf reißen, zwischen 3 und 4 Uhr morgens, vorausgesetzt, du konntest überhaupt das eine oder andere halbe Stündchen schlummern.

Wessen Angriffe, Effendi?

Auch dazu kommen wir später. Getragen von den Rössern der Euphorie, die du wiederum im nächsten Kapitel kennenlernen wirst, erträgst du es vielleicht eine Weile. Aber irgendwann reißt er, dein überspannter Geduldsfaden. Denn Schlafentzug ist eine der effektivsten Foltermethoden. Damit hat man bisher noch jeden Delinquenten geknackt. Und dann hörst du dich plötzlich hysterisch kreischen wie ein überforderter Musiklehrer, was der Meister natürlich problemlos mit noch lauterem Gebrüll kontert und dir damit glasklar zu verstehen gibt, dass Schreien vollkommen sinnlos ist.

Wüste Fantasien werden dich quälen, in denen du den schreienden Balg an die Wand klatschst, die Dame deines Herzens erwürgst und selbst aus dem Fenster springst, nur um endlich, endlich Ruhe zu haben. Wenn diese Fantasien dich plagen, weißt du, dass deine Gespenster gerade eine Orgie feiern. Beachte sie nicht weiter. Sie werden auch wieder damit aufhören. Keine Angst, sofern du nicht zusätzlich zu deiner Erschöpfung noch eine Psychose hast, kehren diese Fantasien mit Sicherheit dorthin zurück, wo sie hergekommen sind: in das Wohnheim der Fantasmen, zu ihren wichtigtuerischen Kollegen von der Gespensterfront.

Auf dem ersten Teil der Hochebene der ersten zwölf Monate, dem Tal des Staunens, bestimmen allein die Bedürfnisse des Meisters den Rhythmus Eurer Tage und Nächte. Ich kann daher nur empfehlen, sich bei den Nachtwachen abzuwechseln, denn nur ein ausgeschlafener Krieger ist ein guter Krieger, und nur eine ausgeschlafene Mama kann den Attacken ihrer Hormone einigermaßen widerstehen. Aber warnen möchte ich wieder vor dem verbreiteten Irrtum, der Nachtdienst sei allein Sache der Mama, weil sie den Kleinen schließlich stillt. Das kann sie nämlich vermutlich auch tun, ohne dabei wirklich aufzuwachen. Sollte aber nicht Hunger die Ursache für die Schlaflosigkeit des Meisters sein, sondern etwa die berüchtigten Drei-Monats-Koliken oder Sehnsucht nach Körperkontakt, bist du genauso in der Lage, ihm zu geben, was er braucht, um wieder in des Schlafes tröstende Arme zurückzukehren.

Stell dir vor, du hast dein bisheriges Leben in einer warmen, kuscheligen, rötlich schimmernden Höhle verbracht, schwimmend in lauwarmer Flüssigkeit, schwerelos, umgeben von weicher, weiblicher Haut, bedürfnislos, denn alles, was du brauchtest, wurde dir über einen Versorgungsschlauch durch den Bauch eingeführt. Lust auf einen kleinen Cocktail? Kein Problem, einfach Mund aufmachen, du schwimmst drin! Lust auf einen Salto? Huiiiii, einfach umdrehen, macht Spaß! Zumindest, solange du noch klein genug bist. Am Ende, kurz vor der Geburt, wird es ein bisschen eng, aber es bleibt warm und kuschelig.

Und plötzlich wirst du durch einen ziemlich engen Kanal nach draußen in die Kälte gepresst. Da brüllst du natürlich erst mal herzzerreißend. Logisch. Jetzt musst du nicht nur selbst atmen, sondern auch essen. Ja, geht's noch, würdest du da doch denken, was soll ich denn noch alles machen? Schon mal was von dem Verbot von Kinderarbeit gehört?! Aber das Schlimmste ist, dass du jetzt nicht mehr von weicher, weiblicher Haut umgeben bist, sondern vom kalten Atem unserer Welt. Und das ist nun wirklich alles andere als spaßig. Was du jetzt vor allem brauchst, sind drei Dinge: Körperkontakt, Körperkontakt, Körperkontakt.

Wenn er also nicht schlafen kann, der Meister, oder plötzlich grundlos unglücklich ist, nimm ihn fest in die Arme, umschließe ihn mit deiner Wärme. Keine Sorge, männliche Haut tut's genauso. Der kleine Meister muss die Grenzen seines Seins erfahren. Er fühlt sich jetzt vermutlich wie eine Nussschale auf dem großen, fremden Ozean.

Als Faustregel kannst du dir eine innere Checkliste zulegen. Wenn der Meister schreit, gibt es normalerweise eine von drei möglichen Ursachen dafür: Er ist müde, hat Hunger oder eine volle Windel. Ist er müde, braucht er Enge um sich – Arme, Babytuch oder eine Decke, die so eng wie möglich um ihn gewickelt ist. Hat er Hunger, muss Mama ran und stillen – falls sie nicht stillt, kannst auch du ihm die Flasche geben. Ist die Windel voll, kriegt er eine neue.

Das ist alles, Effendi?

Im Grunde ja. Darauf lassen sich seine Bedürfnisse am Anfang reduzieren. Und der Meister zeigt meistens ziemlich klar, was er braucht, indem er eine der Schrei-Banden schickt, um die Befriedigung dieser Bedürfnisse einzufordern. Du musst nur am Klang der Schreie erkennen lernen, um welche der sechs verschiedenen Schrei-Banden es sich handelt. Das erfordert seinerseits Zeit und Aufmerksamkeit von dir.

Nun bleibt die Welt nicht stehen, bloß weil du ein Kind bekommen hast. Wenn du also zu den bedauernswerten Reisenden gehörst, die sich nur kurz freinehmen können von ihrer Arbeit, wirst du auf der Hochebene der ersten zwölf Monate extrem und multipel gefordert werden. Deshalb werden deine sozialen Kontakte erst einmal unweigerlich leiden. Vermutlich wirst du aber ohnehin kein großes Bedürfnis nach einem Bier mit Freunden haben. Auch Besuche wohlmeinender Bekannter oder Verwandter werden meistens vor allem eins sein: anstrengend. Dein bester Freund wird auf absehbare Zeit ohnehin dein Bett sein, und die erzwungene Vernachlässigung dieses Freundes wird dir am allermeisten leid tun.

Die Rösser der Euphorie werden euch wahrscheinlich einigermaßen unbeschadet durch die Mondlandschaft der ersten sechs Monate bringen, in der es kaum einen Unterschied gibt zwischen Tag und Nacht. Insofern ist der Text der Geburtsanzeige eines befreundeten Paares kein Anlass zu großer Besorgnis: »Wir sind jetzt auch nachts erreichbar.« Sie hätten nur sicherheitshalber hinzufügen sollen: »Aber ruft bloß nicht an!«

12

AUF DER HOCHEBENE DER ERSTEN ZWÖLF MONATE

Unterwegs auf den Rössern der Euphorie

Hinter der kindistanischen Grenze, gleich unterhalb des Gipfels der Geburt, steht ein leistungsstarkes und schnelles Pferd parat. Es ist für dich. Du wirst es brauchen. In dem unwegsamen Gelände, das nun vor dir liegt, wärest du zu Fuß schon bald verloren. Alles ist neu, nichts mehr vertraut, nicht mal der ewige Kreislauf von Tag und Nacht ist, was er mal war. Überfordert, deiner physischen und psychischen Mitte beraubt, würdest du wie ein Betrunkener umherschwanken und die Orientierung verlieren. Ist gerade Tag oder Nacht? Wer braucht gerade was? Was war das noch mal, die Außenwelt? Solche Fragen kreisen in deinem überforderten Kopf wie Tennisbälle in der Waschmaschine beim Waschen des Daunenschlafsacks des Meisters.

Darum erwarten den Reisenden dort diese herrlichen Pferde, die ihn einigermaßen unbeschadet durch die ersten Monatsprovinzen des wilden Kindistan bringen sollen. Es sind dies die Rösser der Euphorie, eine Kreuzung zwischen dem ungeduldig schnaubenden Araber des Stolzes und dem kraftvoll stampfenden Trakehner der Leistungsfähigkeit. Aber ich rate zur Wachsamkeit. Eine unangenehme Überraschung erwartet dich, allerdings von ganz anderer Seite.

Am Anfang stolzieren sie mit dir noch durch das großartige Tal des Staunens. Selbst der ungeübte Reiter fühlt sich wie ein König. Bald schon allerdings fangen sie ohne Vorwarnung an zu traben, und übergangslos fallen sie angesichts der weiten Hochebene in einen Galopp, bei dem sich deine Ohren anlegen. Sie werden, so viel kann ich jetzt schon verraten, nicht mehr damit aufhören. Sie werden also rennen, rennen, rennen. Sie fressen beim Galoppieren, und sie schlafen beim Galoppieren. Wie die kleinwüchsigen Wildpferde aus den Steppen der Mongolei, die einst die goldenen Horden des Dschingis Khan nach Europa trugen und dabei alles platt walzten, was sich ihnen in den Weg stellte.

Und wie ihre Pferde, so hielten es übrigens auch ihre Reiter, die legendären, bogenschießenden Mongolenkrieger. Wenn sie Hunger hatten, aßen sie das Fleisch jener Pferde, die irgendwann schlappgemacht hatten. Sie setzten sich auf die Steaks, ritten sie weich und verspeisten sie roh, beim Galoppieren, tranken das dazugehörige Blut und gönnten sich reitend hier und da nur ein paar Minuten Schlaf, wenn sie vorher abschätzen konnten, dass es auf einer Ebene immer geradeaus ging. Mit nur einem Ziel vor Augen – die Welt im Sturm zu erobern –, ruhten sie nicht, noch rasteten sie. Sie ritten, ritten, ritten, bis sie vom Sattel fielen oder den Feind vernichtet hatten.

So will es zumindest die Legende.

Aber ich bezweifle, dass es wirklich so war. Denn die Bogenschützen brauchten ja Saft in den Muckis, um mit ihren legendären Bögen die gefürchteten Pfeile abzuschießen. Diese Bögen benutzten sie nämlich verkehrt herum. Dadurch hatte die Bogensehne dann eine enorme Zugkraft und katapultierte die gefürchteten Pfeile mit einer affenartigen Geschwindigkeit mitten ins Herz des Feindes.

So will es zumindest die Legende.

Aber versuch mal, diese Sehnen zu ziehen! Dafür braucht

es ausgeschlafene, gut genährte, hoch motivierte Krieger mit übermenschlichen Kräften. Ausgeschlafen, gut genährt und hoch motiviert aber ist man nicht, wenn man auf galoppierenden Pferden zu essen und schlafen gezwungen ist. Von übermenschlichen Kräften schweigen wir lieber ganz. Das weiß ich ganz sicher. Denn die Pferde des wilden Kindistan halten – im Unterschied zu jenen Tatarenponys der Mongolenhorden – tatsächlich nie an. Ich sage das so deutlich, damit du vorbereitet bist, nicht vor Müdigkeit aus dem Sattel fällst und weißt, dass du in dem Fall, dass du absteigen musst, beispielsweise um mal Pipi zu machen, einen filmreifen Stunt hinlegen musst, der geübt sein will und nicht ungefährlich ist. Dein Pferd hält nicht an und rennt mit dem schreienden Meister auf dem Buckel einfach weiter, während du versuchst, so schnell wie möglich dein Geschäft zu verrichten. Und dann wünsche ich dir viel Glück dabei, den Gaul wieder einzuholen und den inzwischen hysterisch brüllenden Meister zu beruhigen!

Das Beste ist daher, man steigt gar nicht ab. Auch nicht, um Pipi zu machen. Behalte den Meister einfach bei dir. Mit ein bisschen Übung, und wenn du dich herabzulassen bereit bist, im Sitzen zu pinkeln, ist es übrigens auch ganz gut möglich: Baby in der einen Hand, Hose öffnen und zusammen mit Unterhose runterziehen, auf Brille setzen, püscher püscher püscher, und das Ganze retour, das ist eine der leichteren Übungen. Zu den schwereren kommen wir später.

Das nur als Warnung vorweg.

Nun hast du aber lange genug gewartet, und ich will dich nicht länger auf die Folter spannen. Vor dir liegt sie endlich, die sagenumwobene Hochebene des wilden Kindistan. Wer jemals in dem eigenartigen afrikanischen Klein-Königreich Lesotho mitten in Südafrika war, hat eine ungefähre Vorstellung, wie er sie sich vorzustellen hat. Im südöstlichen Teil von Südafrika nämlich, mitten im Zulu-Gebiet, erheben sich plötzlich die sogenannten Drakensberge (Drachenberge). Wenn man sie von Osten her hinaufsteigt, überquert man auf den Gipfeln die Grenze zu einem vergessenen, irgendwo in der Zeit verlorenen, altem Königreich, in dem es noch kaum Straßen und Autos gibt, eben jenem eigentümlichen Lesotho. Über weite Flächen befindet man sich in unwegsamen Hochgebirgslagen. Nach Westen hin fällt das Gelände dann allmählich ab und endet in fruchtbaren, wenn auch immer noch hoch gelegenen Regionen, die allmählich wieder vom riesigen Staat Südafrika verschluckt werden.

Die Hochebene der ersten zwölf Monate im wilden Kindistan dagegen beginnt mit dem lieblichen Tal des Staunens. Ganz oben, nach der Mühsal des Aufstiegs über den Klettersteig der Geburtsvorbereitung, kurz hinter dem Gipfel der Geburt erwartet dich zunächst die Belohnung für all die Strapazen: ein einsam gelegenes, stilles, Hochtal, in dem Vögel zwitschern und Bäche mäandern. Ehrfurcht wird dich ergreifen beim Betrachten des nagelneuen Menschen, wie er da vor dir auf den Moosmatten neben zarten Enzianblüten liegt.

Kein Kitschbild reicht weit genug an deine Empfindungen heran. Alles dran, denkst du, zehn Fingerchen, zehn kleine Zehen, ein riesiger Schädel – im Verhältnis zum mageren Körperchen – und Beine, die so unkontrolliert zittern wie die ersten Schreie, die noch klingen, als würde jemand sie mit einem Handtuch dämpfen. Keine Sorge übrigens, er wird bald lernen, den vollen Umfang seiner Resonanzräume zu nutzen! Genieße die relative Stille am Anfang. Sie wird bald aus deinem Leben verschwinden!

13

DRITTES INTERMEZZO:
C'EST LA GUERRE

So pflegte mein Vater das Wesen der Ehe zu beschreiben. Dieser kurze, prägnante Satz lässt sich auf zwei Weisen übersetzen: »So ist der Krieg.« Oder: »Das ist der Krieg.« Die erste Übersetzung trifft die Bedeutung des resignativen Stoßseufzers, mit dem man im Frankreich des Zweiten Weltkrieges alles zu kommentieren pflegte, was nicht funktionierte. Weil eben Krieg war. Kam etwa ein Zug zu spät, und fragte man warum, bekam man zur Antwort: »C'est la guerre.« Es liegt also nahe, dem Satz in Bezug auf die vielen Kompromisse, die man in jeder Ehe oder Beziehung und besonders in einer Familie machen muss, diese Bedeutung zuzuschreiben.

Ich bin mir nicht sicher, welche Bedeutung mein Vater im Sinn hatte, als er versuchte, mir, seinem Sohn, das Wesen der Ehe begreifbar zu machen. Seine Sozialisation zwischen den beiden Weltkriegen in einem preußisch geprägten Haushalt mit deutlich militaristischer Ausprägung und noch vom Atem des gerade untergegangenen Kaiserreiches angehaucht, legte mir immer die zweite Bedeutung nahe, was mir angesichts seines Alltagshumors mit Tendenz zu martialischer Ausprägung auch heute nicht weit hergeholt erscheint. Also: »Die Ehe, das ist der Krieg.«

Entsprechend leicht war es für mich immer, diesen Satz in die Schublade der nicht mehr zeitgemäßen Ansichten zu verstauen, neben die Erinnerungen aus einer Epoche, die ich nicht mehr selbst erlebt habe und die ich trotzdem als irgendwie mir zugehörig verstand.

Allerdings muss erwähnt werden, dass meine Eltern 50 Jahre lang nicht nur verheiratet waren, sondern sich auch recht gut vertrugen, bevor sie letztes Jahr, kurz nach einem rauschhaften Goldene-Hochzeits-Fest, beide in einem Abstand von fünf Wochen nacheinander starben, erst mein Vater, mit seinen 92 Jahren letztlich an Altersschwäche, dann meine Mutter, wohl weil sie nicht ohne ihn leben wollte. Sie ist meines Wissens kerngesund und für ihre 80 Jahre topfit nach ihrem regelmäßigen morgendlichen Schwimmprogramm einfach umgekippt und gestorben.

Es lohnt sich, dem locker dahergesagten Spruch eines alten Haudegens einen genaueren Blick zu gönnen. Dann fällt nämlich auf, dass es erstaunliche Parallelen gibt zwischen Krieg und Ehe, und nicht nur, wie man auf den ersten Blick vermuten könnte, im Scheitern, wovon der Begriff »Rosenkrieg« ja zeugt, sondern grundsätzlich – eben vom Wesen her.

Krieg entsteht meistens zwischen Staaten, die eigentlich wie Liebende nebeneinander auf der Landkarte liegen und die von außen betrachtet mehr verbindet als trennt. Wer Nachbarn hat, weiß, wie schnell ein Nachbarschaftskrieg ausbricht. Es scheint also gerade die Nähe zu sein, die wir einerseits suchen, andererseits aber nicht aushalten, was dazu führt, dass wir versuchen, unseren Raum zu definieren, uns abzugrenzen und den vielleicht kleinen, aber entscheidenden Vorteil zu ergattern, der uns eine leichte Vormachtstellung sichert, und zwar mit allen uns zur Verfügung stehenden Mitteln.

Es heißt, Krieg sei die Fortsetzung der Politik mit anderen Mitteln. Wenn ich mich so umsehe, fällt mir allerdings auf, dass die Kunst der Diplomatie, die einem Krieg vorausgeht und nur dann in diesen mündet, wenn sie versagt, sich in einem jämmerlichen Zustand befindet. Nachbarn kommunizieren nur über Anwälte miteinander, bevor sie sich dem anderen überhaupt vorgestellt haben, Autofahrer beschimpfen einander aus nichtigen Anlässen aufs Wüsteste, gehen sich auch übergangslos gegenseitig an den Kragen, wenn sich die Gelegenheit ergibt, und Straßenbahnfahrer versuchen, so viele Fahrgäste wie möglich auszusperren.

Das ist höchst bedauerlich, Effendi, aber was hat das mit unserem Thema zu tun?

Es ist die Welt, in die wir gerade eine Familie hineinpflanzen, die – wie mir in diesem Zusammenhang scheint, geradezu bedrohlicherweise – als Keimzelle der Gesellschaft bezeichnet wird. Wenn in der Ehe (oder der Lebensabschnittspartnerschaft, die denselben Gesetzen gehorcht wie die Ehe und nur einen längeren Namen hat) die Gesetze des Krieges herrschen, und wenn die Familie, die aus dieser Ehe entsteht, die Keimzelle der Gesellschaft ist, und wenn wir uns dann ansehen, in welchem Zustand diese Gesellschaft sich befindet, dann scheint eine dringende Renovierung der Kunst der Diplomatie und der Politik vonnöten.

Gleichzeitig kann man politische Leitsätze wie den von Kennedys Sicherheitsberater Bundy: »Setze niemals militärische Mittel zur Erlangung ungewisser Ziele ein«, bedenkenlos in den Familienkosmos übertragen. Auch die Mahnung zur Verhältnismäßigkeit zwischen zu erreichendem Ziel und verwendeten Mitteln ist übertragbar.

Die Klage über die Mittelmäßigkeit unseres politischen Personals ist deshalb wenig hilfreich, wie berechtigt sie im Einzelnen auch sein mag. Woher sollen Umgangsformen kommen, wenn sie im Mikrokosmos Familie nicht geübt werden? Woher soll Konfliktfähigkeit, Streitkultur und Toleranz kommen, wenn wir sie unseren Kindern nicht vorleben?

Einen weiteren Satz aus der Politik dagegen, nämlich Helmut Schmidts Bonmot über Willy Brandts Visionen im Bundestagswahlkampf 1980: »Wer Visionen hat, sollte zum Arzt gehen«, würde ich bei allem Respekt für den Urheber in diesem Zusammenhang infrage stellen. Denn wenn wir uns nicht fragen, in welcher Welt wir zukünftig leben wollen, und für dessen Beantwortung die – angesichts des Zustands, in dem sie sich derzeit befindet – nötige Fantasie und Visionskraft aufbringen, dann wird Krieg der Normalzustand werden.

Und wenn ich dir, edler Reisender, diese Gedanken zurufe, während du gerade mit wehenden Haaren auf den Rössern der Euphorie durchs Tal des Staunens preschst, dann aus dem Grund, weil du vielleicht noch aufnahmefähig für gute Vorsätze bist. Nach einigen durchgaloppierten Tagen und Nächten wird das schon anders aussehen. Steck dir deine Ratschläge dahin, wo es dunkel ist, wirst du dann denken.

Nicht doch, Effendi, so etwas würde ich nie tun.

Du wirst, glaub mir, Reisender, du wirst. Darum verzeihe mir diesen kurzen leicht nach Moralin duftenden Exkurs und höre noch ein Weilchen zu.

Die Kunst der Diplomatie besteht in der Harmonisierung der eigenen Interessen mit denen der anderen. Wenn du also in einer Welt leben möchtest, in der man Raum hat, sich zu entwickeln und zu atmen, ist es ratsam, dafür erst einmal in deiner Familie zu sorgen. Ich fürchte, um diese Verantwortung wirst du dich nicht drücken können. Du bist der Papa und musst für Gerechtigkeit sorgen, also für den Ausgleich der Interessen der Familienmitglieder untereinander, und damit auch deiner eigenen.

Natürlich kannst du dich aus bestimmten Bereichen zurückziehen. Als taktisches Manöver ist das vielleicht unter be-

stimmten Umständen sogar ratsam. Aber um beim Kriegs-
bild zu bleiben: Auf Dauer wäre es nicht ratsam, weil sonst
dort das entsteht, was man heute einen »gescheiterten Staat«
nennt, also eine Region, die sich selbst überlassen ist, und in
der das Recht des Stärkeren gilt.

Der Meister mag dein Leben in dem Sinne beherrschen,
dass du deine Zeit seinen Bedürfnissen entsprechend ein-
zuteilen gezwungen bist, aber mit Inhalt füllen musst du die
Zeit schon selbst. Jeden Morgen wird dich ein Gesicht mit
zwei großen, fragenden Augen anstrahlen. Die Worte: »Und
jetzt?«, stehen darin geschrieben. Zugleich muss die Frage:
»Wer macht was?«, immer wieder neu zwischen dir und der
Dame deines Herzens verhandelt werden. Wenn ein zweiter
Meister kommt, wirst du jeden Tag archaische Konflikte zu
schlichten haben, damit aus ihnen keine Geschwisterkriege
werden. Kurz, du wirst die Kunst der Verhandlung lernen
müssen und dir zunehmend vorkommen wie ein Teppich-
händler.

Deshalb wirst du immer wieder versucht sein, einfach mal
fünf gerade sein zu lassen, weil du keine Lust mehr hast,
über jede Kleinigkeit zu verhandeln. Und das ist auch in
Ordnung, solange es nicht zur Gewohnheit wird. Denn
wenn es zur Gewohnheit wird, dann werden deine Kinder
sich von dir missachtet fühlen, weil du sie in ihren Bedürfnissen nicht ernst nimmst. In Kindistan zählt nur, was mühsam erhandelt wurde.

»Machen wir uns nichts vor, Effendi«, sagte einst ein Freund
zu mir, »wir sind überall ersetzbar, nur nicht in der Familie.«

14

IM TAL DES STAUNENS, TEIL 1

Alles anders, alles neu

Hoch oben auf dem Ross der Euphorie sitzend wirst du vom prächtigen Tal des Staunens empfangen. So etwas habe ich noch nie zuvor gesehen, denkst du, und damit hättest du so recht, wie du nur recht haben kannst. Denn da ist etwas in dein Leben gekommen, das es vom Kopf auf die Füße stellt und diesem Leben – so wie der Bumper in einem Flipperautomaten der Kugel, die träge auf ihn zugerollt kommt – mit einem Mal – plingggg! – eine völlig neue Richtung und Geschwindigkeit gibt. Du möchtest verweilen und nichts weiter tun als staunen, staunen, staunen, den ganzen Tag und die ganze Nacht und wochenlang und fast ein ganzes Jahr, bis du ins Land kommst, wo die wilden Kerle wohnen.

Wo wer wohnt, Effendi?

Die wilden Kerle, Reisender, die dich das Fürchten lehren werden. Schlimme Gegend, kein Zutritt für niemanden! Schon mal was von »Trotzphase« gehört? Oder gar von »Selbstfindungsphase«, wie es neuerdings zu heißen versucht? Na! Selten zwei so verniedlichende Namen für das Rückzugsgebiet der gefürchtetsten Schrei-Bande Kindistans gehört, doch dazu später. Einstweilen wollen wir verschnaufen und staunen.

Endlich, Effendi.

Ja, Reisender, endlich. Aber leider kann ich dir diesen Luxus einer Pause nicht allzu lange gönnen.

Komm schon, sei nicht so knickerig, ein paar Tage wenigstens?

Ha, Reisender, ich sehe, noch bist du auf der fordernden Seite des Handelns! Das wird sich bald ändern. Tut mir leid, nicht mal ein paar Tage. Es sei denn, du erlernst die Kunst des tätigen Staunens.

Wie bitte?

Tätiges Staunen, mein Freund, du hast mich sehr wohl verstanden. Der Meister ist zwar staunenswert, aber auch hilflos. Er hat Bedürfnisse, die niemand anders befriedigen kann als die Dame deines Herzens und du. Und es gibt eigentlich nur einen Ort, an dem er sich jetzt wohlfühlt: in deinen Armen oder denen der Mama. Der Mini-Meister kennt nämlich noch nicht den Unterschied zwischen sich und der Welt. Für ihn ist alles eins. Wenn du ihn irgendwo ablegst, fühlt er sich plötzlich allein, ganz schrecklich allein. Er fühlt sich verloren, verraten und verkauft, wie bestellt und nicht abgeholt. Dann spürt er sich nämlich nicht mehr. Das dürfte für ihn etwa so unheimlich sein wie es für dich der Moment wäre, wenn du im Flieger sitzt und plötzlich die Düsen ausfallen: Es ist still, schrecklich still, du schwebst im lautlosen Nichts und ahnst, dass du im nächsten Moment fallen wirst.

Schrecksekunde. Das Gesicht des Meisters wird zu einem großen, großen Fragezeichen. Er knattert zwei, drei Mal warnend mit der Stimme, dann atmet er ein, tief, sehr tief, so tief, dass du dich fragst, ob er überhaupt jemals wieder ausatmen wird. Das Gesicht läuft rot an, verzieht sich zu einer Maske der Verzweiflung – Generalpause –, und dann orgelt er los, und zwar mit allen gezogenen Registern, die ihm zur Verfügung stehen.

Eskimo-Meister, so sagt man, berühren die ersten drei Jahre lang nicht den Boden – klar, ist ja auch ein bisschen zu kalt für nackte Füßchen –, sondern werden ununterbrochen am Körper getragen. Das dürfte auf deiner Kindistan-Reise schwer möglich sein. Aber sooft wie möglich solltet ihr ihn auf Euren Armen parken, du und die Dame deines Herzens, zwischendurch ruhig auf denen eines anderen Erwachsenen. Selbst das Liegen auf dem Wickeltisch, das er anfangs noch klaglos, wenn auch nicht allzu glücklich, über sich ergehen lässt, wird er, sobald er sich etwas Kraft angesoffen hat, mit allen ihm zur Verfügung stehenden Mitteln bekämpfen. Darum wird es wichtig sein, selbst beim Wickeln Kontakt über deine Augen und Hände mit ihm zu halten.

Die Handgriffe, die – vermutlich entgegen deiner anfänglichen Furcht – ziemlich schnell erlernbar sind, lassen sich durch eine Art Wettbewerb mit dir selbst übrigens ein bisschen »aufsexen«? Stell dir einfach vor, du trainierst für die Windelschnellwechsel-Olympiade. In der Krabbelgruppe des Meisters wird man dir später zwar weismachen wollen, dass das Windelwechseln ein Moment vertieften Kontakts zwischen dir und dem Baby sei, bei dem die Möglichkeit zu ausgiebiger Kommunikation besteht und genutzt werden sollte. Aber ich bin mir nicht sicher, ob dem Meister diese einseitigen Dialoge nicht genauso auf den Wecker gehen wie dir: «Reichst du mir jetzt mal deinen linken Arm? – Ach du willst mir lieber das Beinchen hinstrecken, na, auch in Ordnung, dann ziehen wir eben erst mal die Strumpfhose … ach doch den Arm, aber den rechten? Na, du Schlimmer, du, jetzt hast du mich aber an der Nase rumgeführt, was?» Ein bisschen Wettbewerb dagegen macht aus jeder noch so stupiden Handreichung eine potenzielle Heldentat.

Wenn du das tätige Staunen erlernt hast, dann wirst du nicht mehr aufhören können zu staunen. Möglicherweise wirst du dich fragen, ob du jetzt süchtig geworden bist, staunsüchtig sozusagen. Denn staunen wirst du über ihn in jeder Lebenslage, wo immer du gerade bist, was immer du gerade machst, und mit allen Sinnen: Über die Augen, die Haut, die Ohren und durch die Nase. Denn was alle sagen, ist wahr: Es gibt keinen beglückenderen Geruch als den deines Babys, sogar seine Ausscheidungen riechen gar nicht schlecht, jedenfalls solange es nur gestillt wird. Selbst über den Geschmackssinn wirst du staunen, aber der Versuchung, in das kleine, pralle Marzipanschweinchen hineinzubeißen, solltest du unbedingt widerstehen.

Diese Versuchung wird dich allerdings genau genommen erst nach den ersten sechs Monaten erwarten. Vorher ist das Bündel Mensch eher einem zu mager geratenen Suppenhuhn vergleichbar, dessen Kopf in keinem vernünftigen Größenverhältnis zum bibbernden Restkörper steht, der in jedem noch so kleinen Leibchen versinkt. Selbst die kleinsten Windeln sind am Anfang noch viel zu groß. Die Beinchen staksen daraus hervor wie Streichhölzer aus einem Kartoffel-Männchen. Eigenartigerweise steht der große Zeh, der diese Bezeichnung natürlich noch keineswegs verdient, immer in die entgegengesetzte Richtung der anderen, und seine Körperhaltung wird noch eine Weile die eines kauernden Fötus sein.

Nach den ersten sechs Monaten wird er aber bereits doppelt so groß und schwer sein wie am Anfang. Das bedeutet, um es noch einmal klar zu sagen, weil man diese Information oft nicht in ihrer vollen Bedeutung erfasst, dass er in diesen sechs Monaten Größe und Gewicht VERDOPPELT! Wenn es dich lässt, halte für einen Moment dein schnaubendes Ross der Euphorie an und denke darüber nach. Wenn nicht, denk halt beim Reiten (dabei kannst du gleich die nächste Stufe des tätigen Staunens trainieren, die Parallelhandlungen): Verdoppelt! Das wäre so, als ob du in sechs Monaten 3,60 Meter groß und mindestens 150 Kilogramm schwer würdest! Wenn es dir gelingt, dir plastisch vorzustellen, was dieses Turbowachstum mit dir machen würde, wirst du sicher auch ein besseres Verständnis für den Zustand des kleinen Meisters entwickeln. Aber darauf werde ich in dem Kapitel über die Fallwinde des Entwicklungsschubes genauer eingehen.

Einstweilen wollen wir uns noch ein wenig dem hingeben, was dem Tal des Staunens seinen Namen verleiht. Bestaunen wir also erst einmal sein Gesicht, von dem wir niemals, nie, nie, nie genug kriegen können. Sein Mund hat genau zwei Aufgaben: Nuckeln (Energie geht rein) und Schreien (Energie geht raus). Lächeln gehört bisher nicht zu seinem Repertoire. Das täuscht zwar, wie wir später sehen werden, aber noch ist davon beim besten Willen nichts zu sehen. Überhaupt kann man noch nicht von Gesichtszügen im eigentliche Sinn sprechen. Da sind zwar Augen, eine Art Nasenansatz und, sofern du zu den Auserwählten gehörst, die in der Lage sind, das genetisch weiterzugeben: zwei entzückende Segelohren. Aber Gesichtszüge, so wie wir sie verstehen, sind ja ein Fenster in das Innere des Menschen, Gesichtszüge fahren auf den Schienen der Erfahrungen, Gesichtszüge werden meistens auch von den Schaffnern der Seele kontrolliert. Beim Meister dagegen kann man höchstens von pausenlos entgleisenden Gesichtszügen reden. Und das ist offen gestanden ziemlich lustig. Ich würde es den »Slapstick des Anfangs« nennen. Wer je gesehen hat, was beispielsweise ein Albatros alles veranstaltet, bevor er endlich seinen schweren Körper mit den überdimensionierten Flügeln in die Luft gehoben hat, kann sich vorstellen, was auf dem Gesicht des Meisters im Tal des Staunens los ist. Bevor er nämlich deine Mimik nachahmt, zieht er eine Grimasse nach der anderen, die man als missglückte Startversuche auf dem Rollfeld des Ausdrucks bezeichnen könnte.

Diese anfängliche Unbeholfenheit ist, wie gesagt, vor allem komisch. Clowns beobachten und kopieren sie und bringen die kleinen Meister so zum Lachen über sich selbst. Sie wohnt allen ersten Versuchen inne, ob es Spielversuche,

Krabbelversuche, Gehversuche oder eben der Versuch zu lächeln sind.

Was ist denn daran komisch, Effendi? Wenn jemand zum ersten Mal etwas versucht, ist das doch nicht zum Lachen, oder?

Gerade das Unangemessene reizt uns ja zum Lachen, Reisender. Wenn es am allerwenigsten angebracht ist zu lachen, gerade dann können wir uns irgendwann nicht mehr zurückhalten. Ist es dir beispielsweise noch nie passiert, bei einer Beerdigung lachen zu müssen, weil du dir – nur für einen Moment, aber das reicht – vorstellst, dass einer der Trauergäste ausrutscht und kopfüber ins Grab fällt? Du versuchst, diesen Gedanken zu verscheuchen, aber er bleibt umso hartnäckiger, je mehr du es versuchst, und irgendwann denkst du, du musst platzen, wenn du es jetzt nicht zulässt, aber das darf ja nicht sein, also hältst du es zurück, und was dann aus deinem Mund kommt, ist eine Art prustendes Röcheln, bei dem dir der Schnodder aus der Nase läuft, was nicht weniger peinlich ist, als wenn du herzhaft lachen würdest.

Du wirst es beim Meister beobachten können, wie das Lachen entsteht. Auch er wird nämlich als Erstes über das lachen, was misslingt. Du magst dich noch so sehr zum Horst machen, um ihn zum Lachen zu bringen, keine Albernheit ist dir zu blöd – doch er verzieht keine Miene. Erst, wenn dir die Springform auf den Boden fällt und der Kuchenteig durch die gesamte Küche spritzt, wird er lachen, sich kaputtlachen, sich geradezu ausschütten vor Lachen.

Es ist die gute alte Schadenfreude. Und sie scheint zu den ersten menschlichen Charaktereigenschaften überhaupt zu gehören. Das mag eine unbequeme Wahrheit sein, aber wir sollten ihr mutig in ihre Clownsfratze blicken. Zumal diese Wahrheit uns die Freude an der Schadenfreude nicht nimmt.

*Das wird ja immer schlimmer, Effendi! Schadenfreude? Ich soll
mich über die Missgeschicke meines kleinen Meisters freuen?*

Ob du es sollst oder nicht, darum geht es hier nicht. Lachen
ist eine körperliche Reaktion, bei der sich eine Spannung
entlädt, die sich vorher aufgebaut hat. Diese Spannung entsteht durch die Erwartung einer Katastrophe, die man bei
jemandem anders kommen sieht und die sich erfüllt, oder
wenn der Fortgang einer Handlung ganz anders abläuft als
erwartet. Und der Meister macht so ziemlich alles ganz anders, als du es erwartest. Denn er nimmt dieselbe Realität,
die du durch und durch zu kennen glaubst, vollkommen
anders wahr als du.

Machen wir ein kleines Experiment, Reisender.

Au ja, Effendi. Ich liebe Experimente.

Versuche, die Welt mit den Augen des Meisters zu sehen.

Hm. Ja. – Oha.

Was siehst du?

Riesige Hände, die sich auf mich zu bewegen!

Was noch?

*Eine riesige Nase, die wie ein Adler auf meinen Bauch zustößt,
einen gigantischen Mund, der Unverständliches brabbelt und jetzt
auf meinem Bauch lustige Furzgeräusche produziert, die kitzeln
und die ich kenne.*

Kennst du sonst noch was?

*Ja, das Gesicht sehe ich jeden Morgen, ich freue mich immer
drauf.*

Und außer dem Gesicht?

Nicht viel. Da ist so viel zu entdecken in dieser riesigen Wohnung. Jeder Tag ist anders, jeder Tag ist neu!

Genau. Du kommst aus dem Staunen nicht mehr heraus, nicht wahr?

Aber es macht mir auch Angst.

Was macht dir Angst, Reisender?

Wenn da zu viel Neues auf einmal ist. Das ist dann schlimm.

Aber auch schnell wieder vergessen, wenn der riesige Arm Papas dich ganz weit in die Luft hebt, nicht wahr?

Stimmt. Dann ist alles wieder gut.

Du siehst, den Meister zu verstehen, ist gar nicht schwer, Reisender. Folge einfach seinem Blick! Und folge nun mir in das hintere Tal des Staunens, wo dich eine Überraschung erwartet.

15

IM TAL DES STAUNENS, TEIL 2

Die Botschaft des Meisters

Die Zeit ist gekommen, lieber Reisender, ein Geheimnis mit dir zu teilen, auf das du möglicherweise auch selbst kommen würdest. Vielleicht aber auch nicht. Vielleicht wirst du dich zwar fragen, warum du mit all dem aus Ratgeberbüchern aufgesammelten Informationswissen zwar irgendwann den Alltag mit dem Meister bewältigen kannst, aber etwas bleibt, das du einfach nicht verstehst. Immer wieder wirst du den Meister ansehen und dich fragen: Wer zum Teufel bist du eigentlich? Woher kommst du? Du bist weder wie die Dame meines Herzens noch wie ich, von wem hast du gelernt, so zu sein, wie du bist? Denn manchmal wird er dir so eigenartig vorkommen wie ein geheimnisvoller Mönch von einem fremden Stern, wie er so daliegt, die kurzen Ärmchen über dem Bauch verschränkt und dich mit rätselhaft geöffnetem Mund anschielt. Eine Frage drängt sich dir auf, die dir albern vorkommt, aber hartnäckig bleibt und, so albern du sie möglicherweise findest, nicht verschwindet: Was weiß dieses Baby, was ich nicht weiß? So kann doch nur einer gucken, der etwas weiß, was ich nicht weiß!

Du wirst dich immer wieder dabei ertappen, seltsame Gedanken zu denken, wenn du ihn ansiehst. Wo guckt der hin, wenn er knapp über dich hinwegschaut und seinen intensiven, wenngleich noch etwas schielenden, aber unbestechlichen Blick dort lange ruhen lässt? Sieht er etwa deine Aura, wie die Spinner behaupten? Gibt es also doch solche Dinge? Woher hat der seine Persönlichkeit, die bereits voll ausgeprägt scheint? War er in seinem vorigen Leben ein Heiliger? Ein Clown? Ein König? Alles zusammen? Gibt es also doch so etwas wie Seelenwanderung?

Natürlich ist das alles Blödsinn, und du schämst dich auch sofort für solche Gedanken. Aber irgendetwas stimmt mit diesem kleinen Menschen nicht, so viel ist sicher. Er ist nicht nur nicht wie ich, er ist überhaupt nicht wie wir alle. Er ist anders. Eine geheimnisvolle Macht ist in ihm.

Eine bitte was?

Ja, natürlich, auch das ist Blödsinn, aber nichtsdestotrotz ist da etwas, das wirkt wie eine Macht. Kein Mensch, der noch einigermaßen bei Trost ist, kann sich dieser Macht entziehen. Jeder verfällt automatisch entweder in eine Art seliger Infantilität (Menschen mit eigenen kleinen Kindern), Sentimentalität (Menschen mit älteren Kindern) oder eine extrem respektvolle Haltung, wie wir sie wilden, mächtigen Tieren entgegenbringen (Menschen ohne eigene Kinder).

Jetzt weißt du auch endlich, warum er »der Meister« heißt. Verzeih mir, Reisender, ich würde gern vernünftiger sprechen, aber es wäre nicht angemessen. Denn mit Vernunft hat das alles nichts zu tun. Wer immer er ist, wo immer er herkommt: Er weiß etwas, das wir nicht wissen.

Jetzt mach aber mal einen Punkt, Effendi, was soll denn so ein kleiner Wurm wissen?

Er wird es vergessen, wie wir alle. Aber noch weiß er es. Und du bist entschlossen, ihm dieses Wissen zu entlocken. Immer, wenn er dich anstarrt wie ein etwas seltsames Genie, oder später, wenn er dich so irre anlächelt, kommt es dir vor, als ob er dir etwas sagen will.

Ja, was denn nun?

Das ist das Geheimnis, edler Reisender. Die Komik ist ein Trick. Seine Ungeschicklichkeit soll dich nur in eine aufnahmebereite Lage versetzen, denn wenn wir lachen, öffnen sich nicht nur körperliche, sondern auch geistige und seelische Resonanzräume. Lachen kann zu einem Moment der Erkenntnis werden, die in diese geöffneten Geistesräume fällt wie Licht in ein Zimmer, wenn die Fensterläden geöffnet werden.

Was er sagen will, würde ich dann gern langsam wissen, Effendi.

Der Meister hat eine Botschaft für dich. Darum ist er hier. Und du willst herausfinden, was es ist. Darum kullerst du auf dem Boden mit ihm herum, kitzelst ihn beim Wickeln, bis er dir sein dreckigstes Lachen schenkt. Du redest in seiner aus fremdartigen Lauten bestehenden Sprache mit ihm, die dem Uneingeweihten wie sinnloses Brabbeln vorkommen mag, aber was wissen schon die Ungläubigen, die Barbaren! Nichts verstehen sie, gar nichts! Du aber, du verstehst ihn. Denn du sprichst seine Sprache. Du weißt genau, was in ihm vorgeht und was er dir sagen will. Du kannst es zwar vielleicht nicht in unsere Sprache übersetzen, aber das liegt nur daran, dass es eben nicht übersetzbar ist. Manche Dinge kann man nur in bestimmten Sprachen ausdrücken. Und die Sprache des Meisters sprechen nun mal nur der Meister selbst und du …

Was will er denn nun sagen, Effendi? Mach es nicht so spannend!

… und vielleicht noch die Mama. Aber es kommt auch gar nicht auf die Worte an, sondern auf die Magie der Sprache. Alles an ihm ist Sprache, eine Sprache, die direkt zum Herzen spricht. Der Meister spricht, und jeder, zu dem er spricht, kriegt sofort gute Laune. Weil er selbst so gute Laune hat, so eine unverschämt gute Laune. Woher hat er die? Er findet alles erst mal gut. Es sei denn, er hat Hunger oder ist müde, dann findet er alles doof, sehr, sehr doof. Aber sonst findet er alles interessant und bestaunenswert. In seiner Gegenwart fragst du dich, ob es nicht tatsächlich möglich ist, alles, was ist, erst einmal als Grund zur Freude zu begreifen, so wie es der Meister tut. Wenn es so ein kleiner Wurm kann, warum sollte es einem erfahrenen Reisenden wie dir nicht auch gelingen?

Effendi, bist du taub? Was ist die Botschaft? Mach mich nicht wahnsinnig! Ich bin gespannt wie ein Mongolen-Flitzebogen und will es endlich wissen!

Nicht so hastig, mein junger Freund. Eine solche Botschaft plaudert man nicht einfach aus. Sie will verdient sein, erkämpft, gefunden. Erst durch die Art, wie du sie herausfindest, erfährst du ihren Wert. In einem Moment der tiefsten Erschöpfung, wenn du nach mehreren von der Erquickung des Schlafes nur unwesentlich unterbrochenen Nächten kurz davor bist, der Nachmittagsmüdigkeit zu erliegen – du hast gerade den Meister zum zweiten Mal schlafen gelegt und weißt, mindestens eine goldene Stunde freie Zeit liegt vor dir. Diese Zeit kannst du entweder zum Schlafen oder zum Abwaschen, zum Wäsche waschen, für Telefonate und zum Korrespondenzerledigen, zum Zeitunglesen oder für sonstige Freizeitaktivitäten verwenden. Du bist müde, aber glücklich, du weißt nicht, ob du als Nächstes die Kontrolle über deine Beine verlieren und die Treppe hinunterfallen oder hysterisch lachen wirst, und in diesem eigenartigen Dämmerzustand steht sie plötzlich vor dir, die Botschaft. Der Meister hat sie geschickt, und sie steht vor dir auf der Zimmerwand, klar und einfach und von der keinen Zweifel duldenden Präsenz von Kindern.

Effendi, bitte! Ich bin mit meiner Geduld am Ende. Sprich über etwas anderes oder lass mich die Botschaft hören! Sonst lege ich das Buch weg und empfehle es nicht weiter!

Nun gut, Reisender, das ist ein Argument. Auch ich bin korrumpierbar. Und da ich weiß, dass diese Botschaft nur bei dem wirklich ankommt, der sie sich verdient hat, verrate ich im Grunde nichts, wenn ich sie mit dir teile. Du wirst sie hören und wieder vergessen, bis du sie dir selbst verdient hast. Hier ist sie: »Meine Zukunft ist deine Gegenwart«, spricht der Meister. Das Leben ist jetzt. Alles geht so schnell, dass du jeden Moment genießen solltest. Denn gleich ist er schon wieder vorbei. Morgen bin ich schon ganz anders als heute. Das kannst du jetzt lernen: den Moment genießen. Den Moment wirklich erleben. Und wenn du das von nun an immer tust: Den Moment genießen und wirklich erleben, dann wirst du irgendwann, wenn deine Zeit kommt, ohne allzu großes Bedauern dich von all dem hier verabschieden, weil du alles, was du erleben konntest, wirklich erlebt hast.

Herzlichen Glückwunsch, edler Reisender. Wenn du diese Botschaft erhalten hast, bist du wirklich angekommen im wilden Kindistan. An diesem Scheideweg nimmt der Meister dich an die Hand und wird dich führen. Lässt du es zu, hast du von hier an einen Reiseführer, dem du vertrauen kannst, auch wenn du ihn vielleicht nicht immer gleich verstehst, insbesondere sobald er beginnt, unsere Sprache zu lernen (siehe Kapitel über die Sprachei). Aber er wird immer einen Weg finden, sich verständlich zu machen. Alles, was du tun musst, ist: es zulassen und zuhören.

16

VIERTES INTERMEZZO:
FRAUEN LÄCHELN DICH AN

Am Anfang nimmst du es nicht weiter ernst. Die hat offenbar einen guten Tag, denkst du. Du beziehst es nicht auf dich. Vielleicht hat sie auch jemanden hinter dir gemeint. Einfach ignorieren! Bloß nicht zurücklächeln! Denn nichts ist peinlicher, als zurückzulächeln, wenn es gar nicht dir gegolten hat.

Dann aber häuft es sich. Tatsächlich: Frauen lächeln dich an. Was ist los? Ist es dein Rasierwasser? Kann nicht sein, du bist seit Tagen nicht dazu gekommen, dich zu rasieren. Besonders gut siehst du sicher auch nicht aus nach dem nächtelangen Schlafentzug. Aber Halluzinationen können es nicht sein. Die würden ja irgendwann wieder aufhören.

Aber das hier hört nicht auf. Das geht immer weiter. Jedes auch nur entfernt weibliche Wesen lächelt dich an! Wie verbiestert sie vorher ausgesehen haben mögen, von welchen Alltagsdämonen sie geplagt gewesen sein mochten, sobald sie dich sehen, verziehen sich die Wolken auf ihren Gesichtern, sie werden weich, offenbaren dir ihre versteckte Schönheit und – lächeln dich an.

Manche zwinkern dir sogar zu! Du denkst, du bist im falschen Film – oder zumindest in Mexiko, wo du vielleicht mal erlebt hast, dass Frauen hinter dir hergepfiffen haben. Aber hier doch nicht! Doch nicht in einer deutschen Großstadt! Da zwinkert man sich doch nicht zu, schon gar nicht zwinkern Frauen Männern zu. Das macht man einfach nicht. Man raunzt sich an. Wenn man einen guten Tag hat, reißt man vielleicht einen Witz, aber man lächelt nicht! Und schon gar nicht lächelt man sich gegenseitig an! Und zuzwinkern geht überhaupt nicht!

Aber es ist nicht länger zu ignorieren. Du wirst gerade von Frauen angelächelt, und zwar von allen, egal welchen Alters, egal welcher Herkunft. Während du diese Erkenntnis allmählich in dich aufnimmst und zu verarbeiten versuchst, straffst du unwillkürlich deine Haltung. Wie war das noch? Brust raus und … autsch! – Der Rücken! Da hängt ja was vor deiner Brust, das hattest du ganz vergessen angesichts der unerwarteten massiven Zuwendung, die dir gerade zuteil wird. Später wirst du dich fragen, wie so ein Fliegengewicht dir Rückenschmerzen verursachen konnte, aber noch hast du ja keine Vergleichsmöglichkeit, denn was da im Tragetuch vor deiner Brust hängt, ist der Meister höchstpersönlich. Noch ist er so leicht wie Fliegenkacka. So wird es dir zumindest später vorkommen, wenn er seinen unglaublichen Wachstumssprint hingelegt haben wird und du mal einen anderen, frischgeborenen Meister zum Vergleich in die Hände kriegst. »Huch«, wirst du rufen, während du ihn beinahe über die Schulter wirfst, weil die Muskeln in deinen Armen sich auf ein sehr viel größeres Gewicht eingestellt und entsprechende Spannung aufgebaut haben. »Mein Gott, ist der LEICHT!« Verwundert und eigenartig entzückt wirst du dich zum Papa (oder der Mama) umdrehen und die dämliche Frage stellen: »Ist der immer so leicht?« Und zur Dame deines Herzens gewandt: »War unserer auch so leicht?«

Aber auch ein kleines Gewicht kann auf die Dauer bleischwer werden. Und jetzt bist du schon eine ganze Weile unterwegs, damit der kleine Schreihals endlich mal schläft. Außerdem hast du noch zwei Einkaufstüten in der Hand, um das Gewicht vor deinem Bauch auszugleichen und nebenbei das Nötigste für deine kleine Familie nach Hause zu bringen. Der Schmerz in deinem Rücken ist die Strafe für die sinnlos gockelhafte Bewegung, zu der du dich gerade hast verleiten lassen durch das Lächeln der Hühner. Dieser Schmerz hat dich in die Realität zurückgeholt, in die triste, graue, harte Realität, in der du gerade die Bedeutung des Begriffes »Federn lassen« erfährst.

Zwar hast du noch nie gehört, dass irgendwer tatsächlich Federn verloren hätte durch seine Kinder, wie auch, aber dafür Haare und Zähne. »Pro Kind ein Zahn«, lautet die Faustregel. Seit Tagen hast du einen vollkommen verspannten Rücken vom ewigen Tragen des Meisters, vom In-den-Schlaf-schaukeln, vom gesamten Alltag, in dem nichts passiert, wenn du es nicht in die Hand nimmst, und zwar in der physischen Bedeutung des Wortes. Welche Arbeit auch immer du sonst gewohnt bist zu verrichten, eine körperliche oder eine geistige, eine solche permanente körperliche Belastung hast du bislang nicht gekannt. Selbst wenn du Zeit hättest, ins Fitnessstudio zu gehen (was selbstverständlich nicht der Fall ist), hättest du es auch gar nicht mehr nötig. Du brauchst keine Hanteln mehr, du hast jetzt ein Baby! Du brauchst kein Laufband mehr, du hast eine Wohnung oder ein Haus mit Treppen, über die du von nun an nie mehr schreiten, sondern nur noch rennen wirst.

Du fühlst dich exakt wie das menschliche Wrack, das du bist. Und trotzdem ist es nicht wegzudiskutieren: Die Frauen lächeln dich an. Sie finden dich offenbar attraktiv. So ein Lächeln kennst du sonst nur von Orten der Fleischbeschau, von Diskotheken oder Strandpromenaden, so ein Lächeln kennst du nur von der Kontaktbörse, vom Markt der Beziehungen. Du kennst es, sage ich, vereinzelt – manchmal frei, manchmal berechnend, manchmal scheu –, aber nie in dieser Häufung, geradezu als Einladung zum Tanz des Kennenlernens, als Öffnung der ersten von vielen Türen auf dem möglichen Weg zu sexuellen Aktivitäten.

Was sind das für Gedanken? Wieso denkst du jetzt an Sex? Gut, vermutlich denkst du immer an Sex, wie die meisten deiner Geschlechtsgenossen, und insbesondere nach dieser langen hinter und vermutlich auch vor dir liegenden sexuellen Durststrecke. Schwamm drüber. Aber es ist doch wirklich seltsam. Plötzlich könntest du sie alle haben. Wieso?

Da dämmert es dir langsam. Es ist der Meister. Natürlich. Sie wollen nicht dich, sie wollen den Meister. Vielleicht haben sie auch selbst einen zu Hause und wünschen sich einfach nur einen Mann, der ihn ihnen mal abnimmt, so wie du, und es ist eine Art Seufzer, der bedeutet: Hach, könnte mein Kerl ihn mir doch auch mal abnehmen! In jedem Fall ist die Ursache für die plötzliche Freundlichkeit der Frauen ganz klar dein Kind beziehungsweise die Tatsache, dass du damit unterwegs bist.

Wo immer du auch hinkommst mit dem Meister, du bist der Hahn im Korb. Das wird sich vielleicht irgendwann mal ändern. Aber noch gehörst du eindeutig zu einer Minderheit. Einer hochattraktiven Minderheit. Einer Minderheit, die offenbar eine magische Anziehungskraft auf Frauen hat.

Noch während du dabei bist, deine neue Position in der Hackordnung der Geschlechter in dein inneres Koordinatensystem einzugeben, fällt dir eine weitere irritierende Tatsache auf. Es funktioniert auch andersherum! Der Attraktivitätsgrad der Frauen erhöht sich in deinen Augen auch plötzlich, wenn sie ein Kind auf dem Arm oder im Kinderwagen oder wenigstens zu Hause haben. Früher waren solche Frauen einfach nur tabu für dich, irgendwie jenseits, und plötzlich aktivieren sie dein Flirtzentrum! Und nicht nur das, ganz oben auf der Liste der zu begehrenden Frauen stehen plötzlich – du zögerst, es dir einzugestehen, aber so ist es nun mal – schwangere Frauen.

Was ist mit dir los? Brauchst du Urlaub am Strand von Copacabana, um mal wieder zu sehen, wie echte, auf den Strand gebratzte Erotik fast nackter Knackkörper von zwanzigjährigen »hardbodies« aussieht? Liest du keine Zeitschriften mehr, in denen ganz klar steht, wie begehrenswerte Frauen auszusehen und wie alt sie zu sein haben? Hast du über die Ankunft des Meisters komplett den Verstand verloren?

Währenddessen berichtet die Dame deines Herzens von ganz anderen, man kann ruhig sagen, gegensätzlichen Erfahrungen. Männer beachten sie nicht. Sie sind nicht unbedingt unhöflich, außer vielleicht, wenn es darum geht, beim Tragen des Kinderwagens über eine Treppe zu helfen. Sie nehmen sie einfach nicht wahr. Sie sind Luft. Passen nicht ins Beuteschema, sind ergo uninteressant und eben Luft.

Andere Frauen dagegen, und zwar besonders ältere, sind offenbar wenig zimperlich im Kommentieren von Umgangsweisen mit dem Baby, die sie nicht kennen und deshalb für verurteilenswert halten. Auch scheint es zum Selbstverständnis einiger dieser Frauen zu gehören, dass sie es geradezu für ihre Pflicht halten, dieses zu tun, wahrscheinlich, um den kleinen Wurm zu retten oder zumindest zu schützen. Du musst es dir so vorstellen: Die Dame deines Herzens geht mit dem kleinen Wurm fest eingepackt in seinem Tuch und eingewickelt im Tragetuch, mit zwei Einkaufstüten in den Händen, die Straße entlang und schaut in lauter gleichgültige Männer- und feindlich gesinnte Frauengesichter. Im Vorbeigehen hört sie Sätze wie: »Ist doch viel zu eng für den Armen, kann man doch nicht machen!«, »Kann der überhaupt atmen?«, »In dem Alter sollte man den aber noch nicht mit rausnehmen!«, »Was muss die überhaupt schon rausgehen mit dem armen Wurm!« Ein Klassiker unter den Situationen, auf die man gut verzichten könnte, ist natürlich auch der Schreianfall im Supermarkt, der besagten Schutzinstinkt auslöst und in so scharfsichtigen wie unnötigen Bemerkungen gipfelt wie: »Na, der Kleine hat aber einen großen Hunger!«

Das ist bedauerlich, aber eine Bürde der Gesellschaft, die du der Dame deines Herzens leider nicht abnehmen kannst. Vielleicht werden künftige Vätergenerationen ein ähnliches Verhalten erleben, wenn ihr Anblick mit einem Kind vorm Bauch normal geworden sein wird. Einstweilen bleibt dir nichts übrig, als deinen neu gewonnenen Status als hochattraktiver Mann zu genießen.

Fragt sich nur wie.

Du wirst sehr schnell merken, dass die Option, einfach hineinzuspringen in den Pool der dich anlächelnden Frauen und dein Glück bei ihnen zu versuchen (Männer wissen, was damit gemeint ist, nämlich geplante und irgendwann durchgeführte sexuelle Aktivitäten), nicht wirklich infrage kommt. Zu viele Gründe sprechen dagegen: Da ist erst mal die Dame deines Herzens, die du nicht verletzen möchtest und auch nicht verletzen solltest, und – in etwas abgeschwächter Form – der Papa des Kindes der Frau, die dich anlächelt, den du umgekehrt ja auch nicht die Dame deines Herzens anbaggern sehen möchtest. Dann ist da noch dein Kind und – ja doch, auch so weit denkst du inzwischen nach deiner überstandenen Besteigung des Gipfels der Geburt – das Kind der Frau, die dich anlächelt. Sowohl sie als auch du haben eine Familie und damit Strukturen geschaffen, die auf Liebe, Vertrauen und Stabilität beruhen und ihrer auch benötigen, um zu existieren. Das ist ein ziemlich hohes Gut, vielleicht das höchste, das zu schaffen dir möglich ist. Es wäre ziemlich dämlich, das aufs Spiel zu setzen.

Der Hauptgrund aber für die Nichtbeschreitung jenes Parcours, der in deinem früheren Leben der einzig gangbare gewesen wäre bei einer derartig deutlichen Aufforderung – obwohl du inzwischen weißt, dass das gar nicht der Grund für ihr Lächeln war –, ist einfach deine Müdigkeit. Wann sollte das denn bitte schön stattfinden? Was wäre alles nötig, um dir Zeit freizuschaufeln, und wenn es dir dann tatsächlich gelänge, wäre es nicht eine peinliche und absolut unnötige Erfahrung, schon beim Vorspiel schnarchend einzuschlafen?

Selbst Frauen, die solo, offenbar auf der Suche und ebenfalls von deiner neuen Attraktivität bezaubert sind, kommen plötzlich – du bemerkst es mit einem gewissen Befremden – nicht mehr für dich infrage. Wenn sie blutjung sind, sieht dein innerer Papa – ohne, dass du den geringsten Einfluss darauf hast – in ihr die Tochter eines anderen Papas, die es eher zu beschützen, möglicherweise zu erziehen, notfalls auch mit ihr zu flirten gilt, aber immer mit dem Ziel, sie unversehrt der Zukunft zu überreichen. Echte Frauen ohne Kind dagegen kommen schon deswegen nicht infrage, weil der Grund deiner Anziehung auf sie vermutlich der ist, dass sie auch ein Kind wollen.

Und an diesem Punkt solltest du ganz, ganz vorsichtig sein. Es kann wirklich nicht in deinem Interesse sein, jetzt gleich noch so einen kleinen Scheißer in die Welt zu setzen. Das wäre so, als ob du mit einer Hand an ein fahrendes Fahrzeug gekettet bist, das dich über den Wüstenboden schleift, und in die hinterhergezogene Kette eines entgegenkommenden Fahrzeugs greifst. Den Rest kann sich deine splattermovie-getränkte Fantasie vorstellen. Das bräuchtest du jetzt so nötig wie einen Kropf.

Also bleibt dir nur die Möglichkeit, deine Attraktivität mit Würde zu ertragen, zu genießen und selbst zu einem freundlichen Menschen zu werden. Lächle einfach zurück. Das ist die einzig angemessene Reaktion und hat dazu noch den angenehmen Nebeneffekt, dass du dich plötzlich selbst besser fühlst.

Eine Frage allerdings schwingt die ganze Zeit über mit wie ein Oberton, wie ein Tinnitus, den du nicht loswirst: Wo wart ihr alle, als ich euch gebraucht hätte?!

17

DIE FALLWINDE DES
ENTWICKLUNGSSCHUBES

Von vollen und leeren Taschen

Ich möchte dir, Reisender, eine kurze Geschichte über den Wind erzählen.

»Au ja, Effendi«, wirst du jetzt rufen und in die Hände klatschen. »Eine Geschichte, eine Geschichte!«

Wind entsteht, wie du zweifellos weißt, immer dann, wenn eine Luftmasse mit einem höheren Luftdruck gezwungen ist, einer Luftmasse mit einem niedrigeren Druck etwas von ihrem Überdruck abzugeben. Wind funktioniert also im Prinzip wie der Lastenausgleich der Länder: Die reichen Länder führen etwas von dem Überdruck, den ihr zu prall gefülltes Portemonnaie in der Hose verursacht, an die armen Länder ab, damit der Unterdruck im Geldbeutel der armen Länder nicht zu einem Tornado sozialer Unruhen führt, durch den sich die Armen dann einen Teil des finanziellen Überdrucks der reichen Länder selbst und mit Gewalt in ihre unter Unterdruck stehenden Taschen saugen. Wind entsteht also, um bei diesem Bild zu bleiben, immer dann, wenn volle Taschen auf leere Taschen prallen. Wind ist dazu da, um in der Natur zu einer Art Lastenausgleich zu führen, der dort »Entropie« genannt wird.

Die Entwicklung des Meisters kannst du dir als einen Prozess vorstellen, bei dem extrem leere Taschen immer wieder auf extrem volle Taschen prallen. Der Meister wird nämlich von Anfang an das Gefühl haben, viel zu leere Taschen zu haben, und deshalb, wenn der große Onkel Welt zu Besuch kommt, ihn mit den Worten empfangen: »Hast du mir was mitgebracht?« Sobald er dann den Zipfel der Dinge sieht, der dem großen Onkel Welt aus seinen vollen Taschen hängt, wird er sich auf ihn stürzen und daran ziehen, um die Taschen vom Onkel Welt etwas leerer und seine eigenen etwas voller zu machen. Man kann diesen Vorgang also durchaus eine Art Druckausgleich nennen.

Ein Luftdruckausgleich findet aber in der Natur, wie du zweifellos aus Erfahrung weißt, meistens nicht langsam, kontrolliert und gleichmäßig statt, sondern plötzlich und in Böen. Wenn nun aber die Luftteilchen nicht frei von einer Luftmasse in die andere fließen können, weil etwas im Weg steht, beispielsweise ein Gebirge, dann wird der Druck immer stärker, bis die Luftmasse irgendwann über das Gebirge quillt und als Fallwind auf der anderen Seite auf die Ebene fällt, wie ein vom Meister aus Spaß fallen gelassener Teller. Allerdings verursacht er ungleich mehr Schaden als dieser.

Äh, Effendi …?

Ja, mein Freund?

Sind wir noch beim Thema?

Voll und ganz. Dieses ist eine kurze Geschichte über den Wind, insbesondere den Fallwind des Entwicklungsschubes. Ich musste nur etwas ausholen, um die Grundbegriffe zu klären. Gleich wird es wieder anschaulicher, versprochen. Sobald der Meister nämlich den Zipfel eines, sagen wir, Taschentuches sieht, der der Welt aus ihrer prall gefüllten Tasche hängt, will er es unbedingt haben und zieht an diesem Zipfel. Aber erst einmal passiert gar nichts, weil es blockiert ist von einem Gebirge anderer Dinge, die ebenfalls in der Tasche liegen und sie verstopfen. Erst wenn der Meister nicht locker lässt und immer weiter zieht, fällt dann der Welt irgendwann alles plötzlich und auf einmal aus der Tasche, weil dort keine Ordnung herrscht, sondern das pure Chaos. Und es sind nicht nur ein paar Dinge, die da herauspurzeln, sondern unendlich viele, weil die Taschen der Welt unendlich groß sind, mein Freund, und alles, alles fällt dem Meister, der nur mal eben an dem Zipfel ziehen wollte, auf den Kopf. Die dadurch freigesetzten Winde sind die Fallwinde des Entwicklungsschubes. Sie entstehen immer dann, wenn der Tascheninhalt der Welt das Gebirge der eigenen Unordnung überwindet und dem Meister auf den Kopf fällt.

Äh, Effendi?

Ruhe, wenn der Lehrer spricht. So, mein Freund, jetzt kennen wir die Ursache des Fallwindes des Entwicklungsschubes, wissen aber noch nichts über deren Intensität. Am besten eignet sich dafür ein Vergleich. Es gibt einen berüchtigten Fallwind in der Adria, genannt »die Bora«. Über deren Wirkung hat ein Augenzeuge, der sich übrigens mit dem Unterdruck in den Taschen der Armen ziemlich gut auskannte, nämlich Karl Marx, in einem Artikel 1856 Folgendes geschrieben: »Die Bora, der große Störenfried dieses Meeres, erhebt sich stets ohne das kleinste Warnungszeichen; mit der Gewalt eines Tornados überfällt sie die Seeleute und gestattet nur dem Kühnsten, auf Deck zu bleiben. Manchmal tobt sie wochenlang und am heftigsten zwischen der Bucht von Cattaro und dem Südende von Istrien. Der Dalmatiner aber ist von Kindheit an gewöhnt, ihr zu trotzen, er wird hart unter ihrem Atem und verachtet die armseligen Winde anderer Meere.«

Das täte er nicht, der Dalmatiner, wenn er die Fallwinde des Entwicklungsschubes kennen würde. Denn die Bora mag das Meer aufwühlen, Dächer abdecken und Bäume entwurzeln, doch wenn sie sich legt, schütteln Erde und Meer sich einmal und sind wieder, was sie vorher waren. Die zu Recht von allen Kindistan-Reisenden gefürchteten Fallwinde des Entwicklungsschubes dagegen verändern Meister und Land, in dem sie wüten, für immer. Acht solcher Stürme warten auf den ihnen schutzlos ausgelieferten Meister auf der Hochebene der ersten zwölf Monate. Acht Mal gelingt es dem Meister, nachdem er lange und immer ungeduldiger am Zipfel gezogen hat, das Taschentuch aus der Tasche der Welt zu zerren, acht Mal wird er von dem auf seinen Kopf fallenden Inhalt übel zugerichtet.

Ähem …

Ja, Reisender?

Darf ich jetzt wieder?

Nur zu.

Ich muss mal, Effendi!

Wie bitte?

Kleiner Scherz. Aber im Ernst, gibt es nicht auch mal eine gute Neuigkeit? Allmählich frage ich mich wirklich, worin der Reiz dieser Reise besteht.

Nun, auch in der Gefahr liegt ja ein Reiz. Aber die gute Nachricht, wenn du denn unbedingt eine brauchst, besteht darin, dass der Zeitpunkt dieser Fallwinde relativ genau vorherbestimmbar ist. Onkel Welt mit den dicken Taschen hat nämlich ziemlich feste Besuchszeiten. Er ist ein Gewohnheitstier und kommt immer in folgenden Zeiträumen:

Woche 3 bis 5
Woche 6 bis 9
Woche 10 bis 12
Woche 13 bis 17

Woche 21 bis 26
Woche 31 bis 37
Woche 39 bis 44
Woche 48 bis 53

Nun ist Onkel Welt nicht nur ein Gewohnheitstier, er ist sogar ein pedantisches Gewohnheitstier und geht bei seinen Besuchen immer von dem errechneten, nicht dem tatsächlichen Geburtstermin aus. Kommt der Meister daher aus irgendwelchen Gründen zwei Wochen zu früh, musst du zu den Angaben zwei Wochen hinzurechnen, kommt er zwei Wochen zu spät, entsprechend zwei Wochen abziehen. Denn dem Entwicklungshelfer Onkel Welt geht es um den tatsächlichen Entwicklungsstand des Meisters, nicht darum, ob er aufgrund akuter Fruchtwassercocktail-Knappheit zu früh, oder, weil er ein fauler Hund ist, zwei Wochen zu spät schlüpft.

Onkel Welt kommt also zu festen Zeiten zu Besuch, weil er der Meinung ist, dass der Meister jetzt reif für ein paar neue Dinge in seinen Taschen ist. Und weil Onkel Welt ziemlich dick ist und deshalb ungeheure Luftmassen vor seiner Wampe herschiebt, kündigt sich sein Kommen durch eine starke Brise an. Der dadurch aufkommende Wind zerreißt die Nebel der Wahrnehmung des Meisters, der bis dahin ahnungslos und zufrieden mit sich in seinem kleinen Tümpel quakte. Nun lichten sich plötzlich die Nebel, und er erkennt, dass sein Tümpel in Wirklichkeit Teil des unendlichen Ozeans des Lebens ist. Klein fühlt der Meister sich jetzt, sehr klein, und mit endlos leeren Taschen in der Hose. Also stürzt er sich auf Onkel Welt mit den dicken Taschen, zerrt an den Dingen, die daraus hervorblitzen, bis ihm dessen gesamter Inhalt auf den Kopf fällt. Das ist dann doch zu viel. Panisch zurückrudernd, will der Meister nur noch eins: Zurück in seinen kleinen Tümpel.

Aber ein Zurück gibt es nicht. Der nicht enden wollende

Schwall an Dingen, die aus den unerschöpflichen Taschen des dicken Onkel Welt purzeln, produziert immer neue Fallwinde, die seinen kleinen Tümpel aufpeitschen. Inmitten dieser Stürme macht der kleine Meister sich auf und grenzt sich einen neuen Tümpel ab, dieses Mal etwas größer als der vorige. Dann legen sich die Stürme, der Meister richtet es sich in seinem neuen Tümpel ein, erklärt ihn zu seinem Universum und fängt von Neuem an, zufrieden darin zu quaken, bis der dicke Onkel Welt das nächste Mal zu Besuch kommt und die Nebel seiner Wahrnehmung durch den von seiner dicken Wampe verursachten Wind wieder aufreißen.

Tut mir leid, Effendi, ich verstehe nur Bahnhof.

Gut, Reisender, ich versuche es noch mal von vorn. Das ungeheure Wachstum, das der Meister im ersten Jahr durcheilt, verläuft nicht gleichförmig und ruhig wie ein dahinfließender Strom, sondern sprunghaft. Plötzlich kann er sich umdrehen, plötzlich kann er rückwärts robben, sehr plötzlich auch vorwärts (mehr dazu im Kapitel über den großen Fluss der Fortbewegung), plötzlich auch sieht er dich an und nicht mehr nur den Nebel, der dich – für seine Augen – anfangs noch umhüllt. Nicht nur verknüpfen sich die vorhandenen Synapsen im Gehirn hochtourig miteinander und mit Myriaden von Nervenzellen, sondern es wachsen auch im Eiltempo ständig neue nach, da sich die Größe seines Gehirns sich in dieser Zeit mindestens verdoppelt.

Eine Weile läuft dieser ungeheure Produktionsprozess tatsächlich ruhig dahin wie ein gut geschmierter Achtzylinder-Motor, doch in dieser scheinbar ereignislosen Zeit wird eine Veränderung vorbereitet, die dann plötzlich hervortritt. Es ist wie beim Kochen von Wasser. Das Wasser wird erhitzt, wird heiß, heißer, heißer, keine Veränderung ist sichtbar, doch plötzlich fängt es an zu kochen, verändert seine Struktur, blubbert und zischt und grummelt, dass es eine wahre Hexenfreude ist. So läuft auch der innere und äußere Wachstumsprozess des Meisters eine Weile im Verborgenen wie ein Computerprogramm, das erst nach der Eingabe des letzten Befehls mit einem Mal die Benutzeroberfläche verändert.

Gestern noch lag er friedlich im Arm, im Ställchen, in der Wiege, auf der Erde – wo auch immer man ihn hinlegte – und guckte freundlich an die Decke. Er fing nur dann an unruhig zu werden, wenn ein Bedürfnis die glatte Oberfläche seines kleinen Tümpels aufzuwühlen begann, also wenn er essen oder schlafen wollte oder eine volle Windel hatte. Aber heute toleriert er plötzlich nicht mehr, überhaupt abgelegt zu werden. Papas (oder Mamas) Arm ist der einzige Ort, den er akzeptiert. Sonst gibt's akustisches »Backenfutter«, wie man in Hamburg sagen würde – sonst gibt's was auf die Ohren, und zwar gewaltig.

Gestern noch aß er die doppelte Portion der auf der Packung angegebenen Menge Brei, heute zwingst du gerade mal vier Löffel in seinen Mund, der Rest geht daneben, weil er sich, unruhig wie er ist, immer genau dann abwendet, wenn der Löffel auf der Zielgeraden in seinen Mund beschleunigt. Du weißt zwar, es ist nicht nötig, dem kleinen, hungrigen Vögelchen überhaupt etwas in seinen Schnabel zu schieben, wenn dieser Schnabel nicht von selbst aufgeht, weil das nämlich bedeutet, dass das Vögelchen eben nicht hungrig ist. Er wird ihn schon wieder öffnen, sobald die Fallwinde des Entwicklungsschubes sich verzogen haben, aber da der Meister seine Bedürfnisse in der Regel mit einer gewissen Ambivalenz äußert, dauert es eine Weile, bis du verstehst, ob er: »Ja, ich will noch«, oder: »Bäh, weg damit«, meint. Also bietest du ihm den vollen Löffel an. Er sieht dich freudig lächelnd an, öffnet das Schnäbelchen. Du denkst, alles klar, er will, gibst dem Löffel den letzten Schub, wobei deine Aufmerksamkeit etwas nachlässt, weil du den Teil der Bewegung inzwischen gut kennst. Aber das war ein Fehler, denn genau in dem Moment verliert der Meister das Interesse an diesem seltsamen Spiel und dreht den Kopf weg. Platsch. Immer genau in diesem Moment! Nicht vorher und nicht nachher! Der Meister ist eben ein Meister des Timings!

Und vor allem: Letzte Nacht schlief er noch durch, jetzt bringst du wieder die halbe Nacht damit zu, ihn schlaftrunken durch die Wohnung zu tragen, damit er endlich, endlich wieder schläft! Fassungslos torkelst du wieder zu seinem Bettchen, nachdem du von Fläschchengeben bis Spieluhraufziehen schon alles versucht hast, hebst ihn heraus, setzt dich auf den Gymnastikball und schaukelst ihn, wiegst ihn und schaukelst ihn. Ihn, der dich mit großen, wachen Augen dabei fragend ansieht. Inzwischen ist es vier Uhr, und du weißt, wenn er jetzt nicht wieder einschläft, ist der mühsam etablierte Rhythmus, den du irgendwann nach den ersten sechs Monaten etabliert hast (siehe das Kapitel über das Labyrinth der Organisation), wieder im Eimer.

Deswegen begibst du dich nun auf einen Spaziergang durch die Wohnung und summst verzweifelt ein Schlaflied, möglichst leise, damit die Dame deines Herzens nicht aufwacht, die den Schlaf mindestens so dringend braucht wie du, weil morgen es wieder sie sein wird, die Nachtdienst hat. Dabei gilt der größte Teil deiner Aufmerksamkeit den Kanten der Türpfosten, gegen die zu stoßen es zu vermeiden gilt. Und das ist nicht einfach, weil du dich im Zustand eines Vollrausches befindest. Das ist wissenschaftlich bewiesen! Wenn man dich aus dem Tiefschlaf weckt, befindet sich dein Körper in motorischer Hinsicht in einem Zustand, der dem eines Vollrausches in nichts nachsteht.

So ähnlich muss es im Krieg sein, denkst du, oder beim Bereitschaftsdienst im Krankenhaus. Dein Schlaf wird, solange du dich im Einflussbereich des Meisters befindest, so flach sein wie dein neuer Bildschirm. Ein Teil von dir hält immer Wache und weckt den Rest von dir beim kleinsten Meckern aus des Meisters Mund auf. Ohne nachzudenken – Decke aufschlagen und aus dem Bett schießen wird zu einer einzigen Bewegung – folgst du der Stimme des Meisters, wie der Vampir dem Geruch des Blutes folgt, somnambul, magisch angezogen, ohne etwas dagegen tun zu können.

Dein Dasein kennt in diesem Moment nur einen einzigen Zweck: Wiege den Meister in den Schlaf! Aber der Meister hat anderes im Sinn! Er strahlt dich mit seinen Augen voller Tatendrang an, sein ganzer Körper freut sich, dich zu sehen, und zeigt es, indem er wie verrückt zappelt und schnauft. Für ihn hat soeben der Tag begonnen. Aber du weißt es besser. Es ist eben nicht Tag, mein kleiner Stinker, murmelst du leise vor dich hin, im Gegenteil, noch herrscht schwärzeste Nacht, also sofort wieder bubu machen, und zwar pronto!

Doch der Meister strahlt dich an, zappelt und schnauft, und gerade als du dich fragst, wie du ihm jetzt klarmachen sollst, dass er eine nicht verschiebbare Verabredung mit seiner Matratze hat, die er gefälligst einhalten soll, hörst du in dir einen Ton, ganz leise zuerst und weit, weit weg, dann kommt er näher, und während er näher kommt, wird aus dem Ton ein Singsang, fremd und magisch und ungeheuer schön. Der Singsang kommt näher und näher, und endlich verstehst du auch die Worte, und ohne dass es dir jemand sagen müsste, weißt du plötzlich, was es ist: Es ist ein Mantra, das Mantra des Meisters, und es lautet: »Wiege mich in den Schlaf, wiege mich in den Schlaf! Tu es auch gegen meinen scheinbaren Willen, wiege mich in den Schlaf!«

»Ja, wie denn, verdammte Hacke, wenn du es nicht zulässt!«, möchtest du ihn anschreien. – Doch du lässt es hoffentlich bleiben, weil das überhaupt nichts bringen würde, sondern ihn – im Gegenteil – noch wacher machen würde, falls das überhaupt möglich ist. Wut wallt in dir auf, weil du dich ohnmächtig fühlst. Und wieder wünschst du dir, du hättest rechtzeitig ein paar effektive Meditationstechniken gelernt. Doch der Mut wächst mit der Gefahr, und du beginnst zu improvisieren.

Ich habe viele Geschichten über den großen Erfindungsreichtum gehört, der Reisende im Lande Kindistan ergreift.
Manche fahren nächtelang mit dem Meister im Auto durch
die Gegend, eine offenbar effektive, aber ökologisch bedenk-
liche Variante. Andere legen ihn auf die Waschmaschine und
stellen die Schleuderfunktion an. Auch diese Variante erscheint mir in ökologischer sowie lärmtechnischer Hinsicht
bedenklich. Neulich sah ich im Laden eine CD mit Alltags-
geräuschen wie die von Staubsaugern oder Waschmaschinen, die Kindern beim Einschlafen helfen sollen, weil viele
kleine Meister offenbar nur dann schlafen können, wenn
ihre Sklaven Alltagsarbeiten erledigen.

Das Beste ist, einfach so lange mit ihm spazieren zu gehen,
bis das Gewicht seines kleinen Körpers wieder schwerer
wird und sein Atem ruhig, langsam und gleichmäßig zu
hören ist. Dann, ganz wichtig, nicht sofort wieder hinlegen,
weil er aus dem gerade erreichten, aber noch sehr flachen
Schlaf gleich wieder aufwacht und dann richtig sauer ist,
sondern du solltest noch etwa zehn Minuten warten, bis
ihn der Schlund des Tiefschlafes wieder verschlungen hat,
aus dem ihn nicht einmal die sprichwörtliche, neben seinem
Kopf explodierende Bombe aufwecken würde.

»Moment, Effendi«, wirst du jetzt vielleicht rufen, aufmerk-
samer Reisender, der du bist, »was du hier beschreibst sind
doch Rückfälle in alte Verhaltensmuster. Entwickelt der
Meister sich etwa rückwärts?«

Erinnerst du dich, Reisender, an den kleinen Tümpel, in den
der Meister panisch zurückwill, weil er plötzlich Angst vor
der eigenen Courage hat? Nein nein, mein Freund, die Taschen des Meisters werden natürlich nicht leerer, sondern
voller, und wie! Einen solchen Stolz auf volle Taschen wie
jetzt wird er sein ganzes späteres Leben nicht mehr haben.
Noch kennt er keine Hemmungen. Er will alles – und er will
es jetzt. Wenn man ihn ließe, würde er jetzt abgehen wie

eine Rakete, aber auch Raketen entwickeln ja zunächst einen gewissen Rückstoß. Das gehört dazu. Um einen Sprung vorzubereiten, musst du ja auch zuerst einen Schritt zurück machen, um Schwung zu holen. Der Meister macht eben vor lauter Panik ein paar Schritte mehr, weil noch nichts die Ängste vor den unbekannten Weiten relativiert, die plötzlich vor ihm liegen.

Du musst dir das so vorstellen, Reisender: du spazierst nichtsahnend durch den Park und hüpfst über einen Baumstumpf, einfach so, aus lauter Übermut, weil die Sonne scheint und dein Konto im Plus ist, doch du kommst nicht wieder auf den Boden. Stattdessen hebst du ab und fliegst! Was ist das? Was passiert mit dir? Es ist eine vollkommen neue Fortbewegungsart, die bisher in deiner Welt nicht vorkam. Würdest du nicht nach Mama oder Papa rufen, den Appetit verlieren, Schlafstörungen haben und in deinen kleinen Tümpel zurückwollen?

Genau so geht es dem Meister, wenn sein Tümpel von den Fallwinden des Entwicklungsschubes aufgepeitscht wird. Sieh in seine Augen, und du wirst genau die Mischung aus Erschrecken und Entzücken finden, die du selbst empfinden würdest, wenn du plötzlich fliegen könntest. So ganz fremd wäre dir diese Fortbewegungsart vielleicht nicht, weil du sie ja aus deinen Träumen kennst. Das Problem wäre halt nur, dass du nicht wüsstest, wie beziehungsweise ob überhaupt du wieder landen könntest. Erst wenn der Meister diese Sicherheit wiederhat, wenn er seine neuen Fähigkeiten wirklich meistert, wenn er weiß, dass er von seinen Expeditionen ins große Unbekannte auch wieder heil zurückkommt, erst dann wird er wieder der Alte sein.

Was sage ich? Ein Neuer wird er sein, ein aus der Asche deiner schlaflosen Nächte aufsteigender Phönix. Ein lebensgieriger, kleiner, koboldartiger Kfz-Mechaniker wird eingefahren sein unter die Motorhaube des Meisters und seinem

Motor einen Einspritzer verpasst haben. Jetzt lässt er sich nicht mehr einfach so hinlegen. Jetzt will er Action! Hat er erst einmal ein Ziel anvisiert, etwa deinen Hausschuh, wird er pfeilgenau mit ungebrochenem Willen und halbirrem Blick darauf zurobben, ihn packen wie der Grizzlybär den springenden Lachs, und ihn nicht mehr loslassen. Du kannst den Schuh von der Erde aufheben, und der Meister bleibt daran hängen. Du kannst den Schuh, mit dem an ihm hängenden Meister, durch die Luft wirbeln, ohne dass dieser loslässt. Des Meisters Griff ist jetzt so fest wie der Biss eines Terriers, und was er einmal haben will, das nimmt er sich und behält es. Der Fallwind des Entwicklungsschubes hat seinen Willen gehärtet wie das Feuer den Stahl.

Aber bevor das passiert, verwüstet er auch deinen Tümpel, dieser Fallwind. Wie der »unter dem Atem der Bora hart gewordene Dalmatiner« wirst du lernen müssen, dein Schiff unbeirrt weiter zu navigieren und unbeeindruckt Kurs zu halten. Fallwinde kommen und gehen, das musst du dir immer wieder sagen. Der Meister leidet nicht, er wird nur gerade durchgepustet. Er wird gestärkt aus dem Sturm hervorgehen, erneuert, fröhlich und ausgeschlafen, denn – im Gegensatz zu dir – hat er die Gabe, schlafen zu können, wo und wie es gerade kommt. Ist er müde, schläft er eben. Basta. Du kannst ihn eine Weile davon abhalten, um den heiligen Rhythmus zu retten, aber nicht lange. Der Wille des Meisters ist totalitär. In Kindistan herrscht keine Demokratie!

Wer dagegen gerade wirklich Federn lässt, bist du. Wann, fragst du dich, sollst du jemals den Schlafmangel wieder ausgleichen, den du gerade einfährst? Tagsüber wirst du den Meister immer am Körper haben müssen, wenn du nicht hilflos den Schrei-Banden ausgeliefert sein willst, von denen im nächsten Kapitel die Rede sein wird.

Du wirst die Segnungen des Baby-Tragegestells schätzen lernen. Nun ist das allerdings auch nicht die Lösung aller

Probleme. Zwiebeln schneiden beispielsweise ist nicht einfach und auch nicht ungefährlich mit einem Baby vor dem Bauch. Auch die Spülmaschine aus- und die Waschmaschine einräumen und dergleichen Hausarbeiten lassen sich schwer mit dem neugierigen, alles in seiner Nähe anfassenden Meister in Babybjörn oder Tragetuch erledigen. Vieles, wirklich erstaunlich vieles ist alleine machbar, aber alles nicht.

Es wird dir nichts anderes übrig bleiben, als dich so schnell wie möglich im Labyrinth der Organisation zurechtzufinden, das wir im übernächsten Kapitel kennenlernen werden, denn die Schlafenszeit des Meisters wird von nun an der einzige Zeitraum sein, in dem du etwas erledigen kannst, ohne dass der kleine Stinker dir dazwischenfunkt und versucht, deine Taschen auszuräubern.

18

ÜBERFALL DER SCHREI-BANDEN

Ich lass mich von so einem kleinen Scheißer
doch nicht provozieren!

Kurz hinterm lieblichen Tal des Staunens beginnt der Abstieg auf die Hochebene der ersten zwölf Monate. Diese wiederum ist unterteilt in die Provinzen Saugland und Zahnistan. Schau dir dieses prächtige Land an: Weiche Hügel liegen vor dir, die sogenannten Kuscheler-Berge, flankiert von einem schneebedeckten Gebirge, dem imposanten Vaterstolz-Hurrahlaya, durchzogen von den erquickenden Seen kindlicher Freude, Quellen des Zappelns, Rinnsalen des Rollens, Bächen des Robbens und Flussarmen des Krabbelns, die sich allmählich zu einem mächtigen Strom vereinen, dem großen Fluss der Fortbewegung. Und alles wird umschmeichelt von der berauschenden Höhenluft des Spielens. Verweile einen Moment, genieße den Ausblick. Solange du kannst. Denn sobald du den Abstieg beginnst, befindest du dich im Revier der berüchtigten Schrei-Banden.

Wenn du am schwächsten bist, unter Zeitdruck in einer voll besetzten U-Bahn, im Restaurant, beim Besuch der Familie, wenn du gerade ein wichtiges Telefonat führst, das du nicht verschieben kannst, oder inmitten der schwärzesten Nacht, wenn der Tiefschlaf ein Rendezvous mit dir hat, das du ungern verpassen würdest, wenn du es also am allerwenigsten gebrauchen kannst, dann schlagen sie zu, die schrecklichen, die fürchterlichen, die gnadenlosen Schrei-Banden.

Du willst eine Frage stellen, Reisender? Lass mich raten: »Warum gerade ich?« Nicht wahr? Ist es nicht so? Du brauchst nichts zu sagen, ich sehe es dir an: Diese Frage liegt dir auf der Zunge: »Was ist bei mir schon groß zu holen? Also warum ich?«

Die banale Antwort ist: Weil du gerade da bist. Ganz einfach. Du bist da, und die Schrei-Banden schlagen zu. Kaaawummm. Bumm bumm. Mehr gibt's dazu nicht zu sagen. Es ist so einfach wie schrecklich. Sie greifen sich das erstbeste Opfer, das im Zweifelsfall immer du bist, oder die Dame deines Herzens, je nach Dienstplan, und machen es fertig. Und es ist egal, wie viel du für den Meister schon getan hast. Er bekommt doch schon alles, denkst du, dein letztes Hemd würdest du ihm geben, nichts behältst du für dich – außer vielleicht deinen Oldtimer, das wäre nun wirklich zu viel verlangt –, aber sonst kriegt der Meister alles, was er will, was er braucht, was gut für ihn ist. Also warum zum Teufel hetzt er die Schrei-Banden auf dich?

Diese nächste Frage wolltest du ebenfalls gerade stellen, das sehe ich dir an, Reisender. – Nein, nein, sag nichts, du brauchst dich ihrer nicht zu schämen, es ist eine vollkommen berechtigte Frage. Man kann doch über alles reden, denkst du, warum sagt er nicht einfach einen der folgenden Sätze? »Papa, ich möchte gerne dieses.« Oder: »Ich verspüre einen schmerzhaften Juckreiz unten im Kiefer, wo gerade mein erster Zahn durchbricht.« Warum hetzt er gleich seine wilden Leibgarden auf dich? Du weißt doch noch nicht einmal, was seine Forderungen sind, und schon schickt er seine Truppen, um diese Forderungen durchzusetzen. Das ist nicht nur höchst unfair, sondern auch ziemlich ineffektiv, weil du ja schlecht Forderungen erfüllen kannst, die du gar nicht kennst, nicht wahr? Die erste Frage, die zu beantworten wäre, um zu wissen, wie du auf sie reagieren sollst, und die du, wie ich sehe, deswegen wohl auch gerade stellen wolltest, lautet also: Was wollen sie?

Die Antwort ist so einfach wie brutal. Sie wollen deine Nerven. Sie kommen, randalieren, rauben deine Nerven und verschwinden wieder. Die nächste Frage, die dir, Reisender gerade auf der Zunge liegen dürfte, weil sie logischerweise auf jene folgt, ist – ah, tut mir leid, ich muss mich selbst unterbrechen, weil es mich gerade ungeheuer begeistert, wie wir zwei uns wortlos verstehen! Allmählich verstehe ich, wie du tickst! Du musst eigentlich gar nicht mehr selber fragen. Das ist doch auch ein angenehmer Nebeneffekt, wenn man so viel Zeit zusammen verbringt, wie wir beide jetzt, nicht wahr, dass man die Gedanken des anderen errät. Dasselbe würdest du dir nämlich auch für deine Beziehung zum Meister wünschen, aber da kann ich dich jetzt schon beruhigen, es ist eben wirklich nur eine Frage der mit ihm verbrachten Zeit. Irgendwann geht es dir mit ihm wie mir jetzt mit dir, und du verstehst ihn ebenso wortlos, wie ich dich, was ja auch sinnvoll ist, weil er es mit Worten am Anfang noch nicht so hat. Aber genug davon. Deine nächste Frage wäre also: Was haben sie davon? Was machen sie mit deinen Nerven? Richtig?

Nun ja.

Nicht?

Ehrlich gesagt, mich beschäftigt seit längerem eine ganz andere Frage.

Und die wäre?

Wer ist dieser geheimnisvolle Mach... wie hieß er doch gleich?

Machredsch von Mach?

Genau der. Was hat es mit dem auf sich?

Wie zum Teufel kommst du jetzt auf den?

Ich weiß es nicht. Er lässt mich nicht mehr los.

Kann ich verstehen. Das geht allen so. Kompliment, Reisender, du hast ein gutes Gedächtnis. Aber noch ist nicht die Zeit gekommen, über ihn zu sprechen.

Warum nicht jetzt? Du schweifst doch sonst so gerne ab! Wer ist dieser Machdingsbums? Was hat es mit ihm auf sich? Ich will es wissen!

Geduld, Reisender, immer mit der Ruhe! Auch Fragen wollen intelligent gestellt sein, mit einem Gefühl für die richtige Reihenfolge und nicht einfach so wild drauflos! Zu der Frage, die du jetzt gerade stellen wolltest, kommen wir später, wenn sie an der Reihe ist. Die alte Kriminalisten-Frage »Wer hat einen Nutzen davon?« bringt uns jetzt weiter, und sonst keine. Und um diese beantworten zu können, kommen wir nicht umhin, erst einmal die verschiedenen Tätergruppen unter den Schrei-Banden zu analysieren.

Sechs verschiedene, weitgehend unabhängig voneinander operierende Gruppen konnte ich bisher identifizieren. Zwar schlagen sie einzeln zu und gelten als höchst autonom und unberechenbar, aber letztlich hören sie doch alle auf das Kommando des Meisters. Bis auf die Bande eines Räuberhauptmannes, der auf eigene Rechnung operiert, wenn auch mit heimlicher Billigung des Meisters, wie einst der Freibeuter Francis Drake im Geheimauftrag der Königin von England. Dieser Freibeuter im Auftrag des Meisters, der gleichwohl seine eigenen Ziele verfolgt, diese düstere Gestalt, nun endlich ist jener geheimnisumwitterte Machredsch von Mach.

Also doch! Endlich!

Ja, aber noch ist nicht die Zeit gekommen, über ihn zu sprechen, Reisender. Du wirst dich noch etwas gedulden müssen. Das ist übrigens eine gute Übung für dich, weil es eine der Haupteigenschaften ist, derer du in Kindistan bedarfst. Zunächst also zu den direkt auf Befehl des Meisters marodierenden Banden.

Da wären als Erstes einmal die – halt! Bevor wir uns den einzelnen Kombattanten zuwenden, lass mich dir eine eindringliche Mahnung mitgeben, Reisender: Vergiss nie, der Meister verfügt über große Kraftreserven und Truppenkontingente in Kindistan. Es ist sein Gebiet, und du bist nur ein Besucher! Mit Besserwisserei kommst du bei den Schrei-Banden nicht weiter, hier helfen dir keine GSG-9- oder CIA-Elitetruppen. Die Schrei-Banden sind in jedem Fall stärker als du. Versuchst du, sie mit ihren eigenen Waffen zu schlagen, ziehst du immer den Kürzeren, die Schrei-Banden lassen sich von ihresgleichen wenn überhaupt, dann nur sehr kurz beeindrucken, bevor sie deine Schreie mit ihren hohen Frequenzen mühelos niederknüppeln. Und Gewalt, zu der du dich in Extremfällen – hoffentlich nur beinahe – hinreißen zu lassen versucht sein könntest, wäre die schlimmste aller Optionen. Sie wäre ineffektiv und kontraproduktiv. Sie wäre der Nährboden für immer neue Schrei-Banden.

Rekapitulieren wir: Wer hat einen Nutzen von dem Raub deiner Nerven? Der Machredsch von Mach. Warum rauben die anderen Banden, die direkt dem Kommando des Meisters unterstellt sind, die selbst keinen Nutzen davon haben, im Gegenteil, eher einen Schaden, weil dein Geduldsfaden kürzer wird, warum rauben auch diese Banden deine Nerven? Diese Antwort ist so einfach wie verblüffend: Aus Unwissenheit. Sie wissen nicht, was sie tun. Sie sind nämlich arme, von der Not getriebene Teufel. Sie wollen dich einfach dazu bringen, diese Not zu lindern, und zwar so schnell wie möglich, nichts weiter. Dass sie bei ihren Überfällen ebenfalls deine Nerven rauben, ist gar nicht beabsichtigt. Das ist nur ein Kollateralschaden. Du hast es also mit Dieben aus Not zu tun, während die Truppen des Machredsch von

Mach deine Nerven bewusst und zielgerichtet rauben und dabei einen bestimmten Zweck verfolgen, doch zu dem …

Und der wäre?

… kommen wir später. An deiner Geduld musst du noch arbeiten, mein Freund. Hier erst mal eine kurze Übersicht über die anderen Schrei-Banden:

Da wären also zunächst die **Hunger-Arnauten**, vermutlich die erste Schrei-Bande, mit der du es zu tun bekommen wirst, denn Hunger ist die erste Not, die der Meister auf dieser Welt kennenlernt. Anfangs noch kleine Rotzlöffel mit dünnen Stimmchen, wachsen die Hunger-Arnauten bald heran zu mächtigen Großmäulern, die sich mit einem steigernden, bei Nichtbeachtung irgendwann in wütende, sehr durchdringende Quengel-Schreie mündenden Gebrüll auf dich stürzen, bis ihre Forderungen erfüllt werden. Werden sie zu lange ignoriert, besteht die Gefahr der Hyperventilation. Es kann vorkommen, dass der Protest dann einfach nicht aufhört, selbst wenn die Hunger-Arnauten endlich kriegen, was sie wollen, und der Protest zwischen jedem Bissen oder Schluck erneut aufflammt. Was dazu führt, dass das Sättigungsgefühl zu spät einsetzt, sodass das Geschrei der Hunger-Arnauten übergangslos von dem Kampfgebrüll der **Jesidi des Schmerzes** abgelöst wird, die damit auf ein unerklärliches Magendrücken hinweisen wollen und, um ihren Forderungen nach Schmerzfreiheit Nachdruck zu verleihen, den Meister möglicherweise den Brei gleich wieder ausspucken lassen.

So martialisch ihr Auftreten ist, so harmlos ist diese Bande in Wirklichkeit, weil ihre Forderung leicht zu erkennen und ebenso leicht zu erfüllen ist. In Saugland ist es ganz besonders leicht, weil du den Meister nur an die mütterliche Dockstation zu legen oder ihm die Flasche zu geben brauchst, die du natürlich vorbereitet haben solltest – was bereits die erste von vielen strategischen Leistungen darstellt, die dir im Labyrinth der Organisation abverlangt werden. Denn Wasser kochen, die nötige Anzahl an Messlöffeln des Folgemilchpulvers in die Flasche füllen, mit der nötigen Menge Wasser aufgießen und dann so abkühlen lassen, dass die entstandene Folgemilch körperwarm wird, benötigt Zeit. Zeit, die die Hunger-Arnauten für immer heftigere Angriffe nutzen werden, falls du nicht rechtzeitig mit den Vorbereitungen begonnen hast.

Die nächste Bande, mit der du es zu tun haben wirst, sind die **Schammar des Schlafes**. Sie sind schon etwas schwerer zu identifizieren, da der Meister sie nicht immer schickt, wenn er müde ist. Manchmal schickt er stattdessen auch seinen irren Doppelgänger, eine aufgedrehte Version seiner selbst, die wirkt, als habe sie unerlaubte Aufputschmittel genommen, was ebenso irritierend wie kontraproduktiv ist, denn sie bewirkt logischerweise das Gegenteil von dem, was der Meister jetzt braucht – nämlich Schlaf.

Die Schammar des Schlafes aber erkennst du an ihren Schreien, die wie ein verzweifeltes Weinen klingen. Wenn ich sage: »du erkennst sie«, dann ist das vielleicht missverständlich ausgedrückt. Die Schrei-Banden verfügen über Klang-Frequenzen, die die Kontrollfunktionen deines Verstandes glatt durchdringen wie ein Laserstrahl und sich in dein Herz bohren. Auf diese Weise erreichen sie, dass der geübte Reisende unter Umgehung des Verstandes, durch Gefühls-Identifikation, das Bedürfnis des Meisters erspürt. Die Schammar des Schlafes stürzen so den noch ungeübten Reisenden in genau dieselbe Verzweiflung, die der Meister gerade empfindet.

Dann gibt es noch zwei unterschiedliche Gruppen marodierender Chaldäer: **die Windelvoll- und die Spiel-Chaldäer.** Ihr Kriegsgeheul ist leicht zu verwechseln, was zu fatalen Folgen führen kann. Die Windelvoll-Chaldäer kommen ins

Spiel, wenn, wie der Name schon sagt, die Windel voll ist. Sie machen sich durch ein diffuses, protestierendes Meckern bemerkbar. Die Spiel-Chaldäer dagegen fordern Aufmerksamkeit in Form von spielerischer Beschäftigung mit dem Meister und kreisen dich mit einem nicht allzu intensiven, dafür aber umso hartnäckigeren und irgendwann ziemlich penetranten Wimmern ein, das ebenfalls eine leichte Protestnote enthält. Es empfiehlt sich, bei Überfällen dieser beiden Banden genau hinzuhören, weil es sinnlos wäre, beispielsweise mit dem Meister zu spielen, wenn er eine volle Windel hat. Dem Meister wäre das zwar erst einmal egal, weil die Höhenluft des Spielens so berauschend für ihn ist, dass Spielen ihn fast immer eine Weile ablenkt, aber das Ergebnis wäre langfristig gesehen ein wunder Hintern.

Als fünfte Gruppe habe ich die oben bereits erwähnten **Jesidi des Schmerzes** identifiziert, die sich mit unterschiedlich starkem, aber immer herzzerreißendem und reinem, hundertprozentig konzentriertem Heulen bemerkbar machen. Diese Bande ist die weitaus mächtigste unter den Schrei-Banden, insbesondere nachdem sie durch die Tränen-Truppen verstärkt worden sind, die kurz hinter dem Tal des Staunens auf der Hochebene der ersten zwölf Monate zu ihnen stoßen werden.

Bei einem Überfall der Jesidi des Schmerzes hast du keine Chance. Ihre Schrei-Frequenzen stoßen mit einer Intensität in dein Herz vor, die atemberaubend ist. Die Schwierigkeit besteht darin, dass der Schmerz, den du sofort wie deinen eigenen empfinden wirst, nicht so ohne Weiteres zu lokalisieren ist, da die Schrei-Banden dich ohne klar formulierte Forderungen überfallen. Bei Angriffen in Zahnistan ist es besonders schwierig, den Grund ihrer Attacken zu erahnen, da das Zahnen nicht nur zu Schmerzen in den Kiefern führt, sondern auch zu einer allgemeinen Immunschwäche, die alle möglichen anderen viralen oder bakteriellen Entzündungen, beispielsweise eine Ohrentzündung, bewirken kann.

In einer solchen Situation hilft nur ein kühler Kopf, der die Lage und die infrage kommenden Handlungsoptionen analysiert. Und zu welcher Problematik führt das, Reisender?

Hm?

Gut geschlafen?

Ich habe nicht ...

Sage nichts, dann musst du nicht lügen. Ich weiß, dass Aufzählungen ermüdend sind. Aber wenn du gewappnet sein willst, würde ich dir empfehlen, aufmerksam zuzuhören. Ich werde mich nicht wiederholen. Zum Glück gibt es ja das gedruckte Wort. Du kannst, wenn du dich ausgeschlafen hast, einfach wieder zurückblättern.

Im Ernst, Effendi, ich habe nicht geschlafen.

Nicht? Was war meine letzte Frage?

Ähm, ... gut, vielleicht habe ich ein bisschen gedöst.

Dann bin ich aber froh, dass du jetzt wieder bei uns bist, mein Freund, denn die Antwort auf die einzige Frage, die dich im Moment zu interessieren scheint, naht.

Oh ja?

Na bitte, jetzt ist er wieder wach. – Aber du brauchst immer noch etwas Geduld. Also, zu welcher Problematik führt uns die Notwendigkeit, einen kühlen Kopf zu bewahren?

Bitte?
Guten Morgen! – Um den Jesidi des Schmerzes zu begegnen, brauchst du, sagte ich gerade, einen kühlen Kopf. Dein Kopf ist aber nicht kühl, sondern im Gegenteil überhitzt, weil alle

Zellen auf Hochtouren nach der Lösung eines Problems suchen, das sie überhaupt nicht kennen, weil der Meister es ja mit Worten noch nicht so hat, wodurch naturgemäß viel Reibungsverlust entsteht. Insbesondere nachdem die Jesidi des Schmerzes durch die Tränen-Truppen verstärkt wurden, wird dein mitleidiges Herz der Problemlösungszentrale in deinem Kopf die Hölle heiß machen. Also, wie begegnen wir diesem Paradox?

Durch Distanzierung?

Bravo, Reisender, ich sehe, du beginnst, zwei ganz wichtige Eigenschaften für das Überleben in Kindistan zu entwickeln, den effektiven Kurzschlaf und das schnelle Funktionieren danach. Durch Distanzierung, genau. Es mag brutal klingen, zynisch und kalt. Aber die einzige Möglichkeit besteht darin, die Identifikation deines Herzens mit einem Mantra zu bekämpfen. Für den esoterischen Anfänger: Mantra bezeichnet im Hinduismus und Buddhismus eine kurze, aber umso effektivere Folge bestimmter Worte, die man beim Gebet oder in der Meditation vor sich hin murmelt, um den Geist für die darin verborgene Wahrheit zu öffnen. Dieses Mantra lautet: »Es sind nicht meine Tränen, es ist nicht mein Schmerz, es sind nicht meine Tränen, es ist nicht mein Schmerz, es sind nicht meine Tränen, es ist nicht mein Schmerz …«

Und jetzt kommen wir endlich zu jener geheimnisvollen Figur, die den Aufenthalt in Kindistan zu einer der größten Herausforderungen in deinem Leben machen wird. Nämlich zu wem, Reisender?

Dem Mach – äh, wie hieß er doch gleich?

Dem **Machredsch von Mach**, genau. Jeder Herrscher hat einen dunklen Gesellen, der für ihn die Drecksarbeit erledigt. In Kindistan ist es der Machredsch von Mach, des Meisters Großwesir. In einem für dich unzugänglichen Tal haust er mit seinen verwegenen Truppen, ein Tal, so weit entfernt vom Einflussgebiet des Meisters, dass du immer wieder an seiner Existenz zweifeln wirst. Aber glaube mir, es existiert! Es ist sozusagen das Wasiristan Kindistans. Zwar ist der Machredsch von Mach des Meisters Großwesir und theoretisch sein Untergebener, aber praktisch hat der Meister oft keine Ahnung, was der Machredsch gerade treibt, denn dieses Tal, in dem er haust, ist das berüchtigte Land, wo die wilden Kerle wohnen.

Zu diesem Land aber hat niemand Zutritt, nicht einmal der Meister selbst. Nur manchmal, wenn er sich sehr über Papa oder Mama ärgern muss, bricht er dorthin auf, um »niemals, nie, nie wiederzukommen«. Diese Reise ist eindrücklich in dem Kinderbuch von Maurice Sendak mit dem gleichnamigen Titel beschrieben. Er reist ins Land, wo die wilden Kerle wohnen. Die toben und brüllen und trampeln und rollen mit ihren Augen, weil wilde Kerle das eben so tun, und um jeden, der es wagt, sich ihrem Land zu nähern, in die Flucht zu schlagen. Den Meister beeindruckt das aber überhaupt nicht, weil er selbst so wütend ist, dass er noch viel besser toben, brüllen, trampeln und mit den Augen rollen kann, weswegen die wilden Kerle extrem beeindruckt von ihm sind und ihn, verblüfft über seine Chuzpe, hereinlassen und zu ihrem König ernennen. Natürlich ist er das schon längst, und es ist daher eigentlich überflüssig, ihn zum König zu ernennen, aber wilde Kerle sind extrem vergesslich, weil sie all ihre Energie fürs Wildsein benötigen. Außerdem verfolgt der Machredsch von Mach, der Kommandeur der Wilden-Kerle-Truppen, eigene Interessen, weswegen er diese Vergesslichkeit durch permanente Anstachelung zum Wildsein fördert. Denn er ist zwar des Meisters Großwesir, aber in Wirklichkeit will er selbst Meister sein anstelle des Meisters.

Die Aufgabe des Machredsch von Mach besteht, kurz gesagt, darin, die Grenzen von Kindistan zu erweitern, die dem Meister logischerweise sehr bald zu eng werden, da er ja in den ersten Jahren einen ungeheuren Wachstums-Sprint hinlegt. Die Wilde-Kerle-Truppen des Machredsch fallen deshalb, sobald der Meister es wünscht, über die benachbarten Länder Mammien und Papai her, und dort toben sie dann und brüllen und trampeln und rollen mit den Augen und sind ungeheuer wild. Es ist übrigens gar nicht notwendig, dass der Meister diesen Wunsch ausdrücklich äußert. Der Machredsch liest ihm nämlich jeden Wunsch von den Augen ab.

Manchmal steht es aber gar nicht drin, in des Meisters Augen. Manchmal ist es gar nicht im Interesse des Meisters, seine Grenzen zu erweitern. Der Machredsch interpretiert es einfach so hinein. Denn je öfter die Wilde-Kerle-Truppen die Nachbarländer verwüsten, desto wichtiger und damit mächtiger wird er selbst, der ja Meister werden will anstelle des Meisters, was der echte Meister natürlich nicht weiß. Manchmal steht er dann vor dir, der echte Meister, und stampft vor hilfloser Wut mit den Füßen auf, Tränen des Zorns spritzen seitlich aus seinen glühenden Augen, und er tobt und brüllt und trampelt und rollt mit den Augen, und du hast den Eindruck, als ob er regelrecht besessen wäre, Opfer einer fremden Macht in ihm. Und genau das ist er auch. In einem solchen Moment hat der Machredsch von Mach ihn nämlich in Geiselhaft genommen. Du erkennst es daran, dass eine Verhandlung dann nicht mehr möglich ist.

Darf ich kurz einhaken, Effendi?

Nur zu.

Warum liegt es manchmal im Interesse des Meisters, die Grenzen zu erweitern, und manchmal nicht?

Gute Frage, Reisender! – Ich sehe, jetzt bist du wieder ganz dabei! Die Antwort lautet: Weil Grenzen einen Sinn haben. Er braucht sie, um sein Land überhaupt als sein Land zu erkennen. Gäbe es keine Grenzen, befände er sich in einer endlosen, fremden Landschaft, zu der er keine persönliche Beziehung aufbauen könnte. Eines der ersten Wörter, das er in der Sprachei lernen wird, ist das Possesivpronomen der ersten Person Singular, das gebieterisch klingende »mein«. Es ist aber weniger gebieterisch gemeint, als es klingt. In Wirklichkeit benutzt er es deswegen so oft, weil er sich selbst immer wieder davon überzeugen muss, dass sein Land auch wirklich sein Land ist. Und je größer dieses Land, desto schwerer wird es ihm fallen, sich selbst davon zu überzeugen. Deswegen dürfen die Grenzen nicht zu weit gezogen sein.

Zu eng dürfen sie allerdings auch nicht sein, da das sein Wachstum verhindern würde, einschränken vielmehr, denn man ja kann höchstens den Stamm verbiegen, Wachstum verhindern dagegen nicht. Aber weder er noch der hinterlistige Machredsch von Mach sind in der Lage, beurteilen zu können, wo die Grenzen von des Meisters Kindistan zu einem gegebenen Zeitpunkt verlaufen sollten. Das ist nämlich deine Aufgabe. Und der Grenzverlauf hängt eben vom Wachstumsstand des Meisters ab. Wo genau das ist, liegt in deinem Ermessen.

Den Machredsch von Mach kümmern solche Spitzfindigkeiten nicht. Denn er ist »Teil von jener Kraft, die stets das Böse will und stets das Gute schafft«, wie sein Seelenverwandter, der unvergessliche Mephistopheles in Goethes *Faust* es formuliert. Der Machredsch von Mach will immer weiter. Für ihn können die Grenzen nicht weit genug sein. Er will heute Mammien für den Meister erobern, morgen die Papai und übermorgen die ganze Welt. Und dann will er endlich Meister sein anstelle des Meisters. Kurz, er will frei sein und herrschen.

Was ist dagegen einzuwenden, Effendi? Wollen wir das nicht alle?

Sicher wollen wir das. Aber unsere Freiheit endet eben dort, wo die der anderen beginnt. Diese im Lauf der Jahrtausende mühsam erkämpfte Grunderkenntnis der Zivilisation ist es ja gerade, die der Machredsch von Mach komplett ignoriert, um sein Ziel zu erreichen. Und dieses Ziel ist totale persönliche Freiheit und totalitäre Herrschaft. Vergleiche mal spaßeshalber Mimik und Gestik des Meisters, wenn er sich gerade wieder in Geiselhaft des Machredschs befindet, mit jener der bekannten totalitären Herrscher, und du wirst keinen Unterschied finden.

Jetzt übertreibst du aber, Effendi.

Das kann nur einer sagen, der die Reise durch Kindistan noch vor sich hat, Reisender. Glaub mir, ich übertreibe ganz und gar nicht. Ich nenne meine beiden Meister in solchen Momenten immer Adolf und Benito, und das vollkommen zu Recht. Beide haben das Zeug zum Diktator in sich. Am Anfang sind sie wilde Tiere, die Meister, gebieterische, ungebändigte, impulsive, launische, herrschsüchtige und maßlose Tiere.

Effendi! Wohin treibt es dich?

Ich korrigiere: Nicht der Meister ist ein wildes Tier, sondern der Machredsch von Mach. Ein faszinierender Gegner ist er. Du wirst ihn niemals besiegen können. Es wäre auch absolut nicht ratsam, das zu versuchen, es sei denn, du willst dem Meister die Flügel stutzen. Von jetzt an wirst du mit ihm leben müssen. Er verdient deinen Respekt für seinen Erfindungsreichtum und seine Energie, die den Meister weiterbringt, vorantreibt und die Welt erkunden lässt.

Seine Truppe nun, die **Wilde-Kerle-Truppe**, ist jene berüchtigte Schrei-Bande, die dir deine Nerven raubt, und zwar mit voller Absicht. Der Machredsch ist ein ungeheuer cleverer Bursche. Er erkennt deine Schwachstellen mit der instinktiven Sicherheit einer Löwin, die das lahme Zebra wittert. Er wird dich provozieren, bis dir die Hutschnur reißt, und wenn du dann das feine Lächeln siehst, das um seinen Mund spielt, wirst du nicht anders können, als wieder an den Teufel zu glauben.

Aber natürlich hat das alles nichts mit dem Teufel zu tun, denn es ist ja der Machredsch von Mach, der sich über die gelungene Provokation freut. Dieser ausgekochte, mit allen Wassern gewaschene Kerl befehligt also die sechste Gruppe der Schrei-Banden, die Wilde-Kerle-Truppe, einen Haufen wahrhaft barbarisch aussehender Krieger mit gelben Augen, großen Zähnen und riesigen Krallen, halb Tier, halb Mensch mit langen, wirren Rastalocken, deren Schreie sich kaum von denen echter Not gehorchender Schrei-Banden unterscheidet.

Du erkennst sie daran, dass das Gesicht des Meisters sich vor deinen staunenden Augen in Zeitlupe zu einer Grimasse verzieht, die das Nahen eines Weinkrampfes darstellen soll, und aus der dann ein Ton entweicht, der an die Feueralarm-Übungen deiner Kindheit erinnert: Er beginnt leise und tief in des Meisters Brust, schwingt sich stufenlos über sämtliche Intervalle und Lautstärke-Stufen hinauf in seine Kopf-Resonanzräume und endet in einer Art gequetschtem Quengeln, das nur das geübte Ohr des Reisenden als unecht einzustufen imstande ist.

Für Schauspieler ist dieser Vorgang überaus interessant, weil an ihm die verschiedenen Glaubwürdigkeitsstufen vorgespielter Gefühle erkennbar werden. Der Einsatz der Tränen-Truppen gehört zweifellos zu den Meisterleistungen, des Meisters, denen man als Schauspieler die Anerkennung nicht versagen kann.

Wenn ich ihn nicht besiegen kann, aber auch nicht ignorieren darf, Effendi, wie soll ich denn dann mit ihm umgehen?

Es gibt nur einen Weg: Verhandlung. Lerne frühzeitig die Kunst der Verhandlung. Überlege dir eine mögliche Belohnung bei Respektierung seiner Grenzen und eine Sanktionierung bei Nicht-Respektierung seiner Grenzen, wobei die Sanktionen im Rahmen der Glaubwürdigkeit bleiben müssen. Von entscheidender Wichtigkeit für die Wirkung dieser Sanktionen ist nämlich deine Bereitschaft und Fähigkeit, sie auch umzusetzen. Denn darin besteht der Erfahrungswert für den Meister. Worte haben wenig Gewicht in Kindistan. Was zählt, sind Taten.

Ebenso wichtig ist der angemessene Rahmen, in dem sich sowohl die Strafaktion als auch die Belohnung bewegen müssen. Sobald die Strafe ihre Wirkung entfaltet hat und der Meister zur Anerkennung seiner Grenzen bereit ist, sollte sie wieder aufgehoben werden. Denn so verschlagen der Machredsch von Mach ist, so ausgeprägt ist auch das Gerechtigkeitsempfinden des Meisters.

Marodierende Schrei-Banden sind übrigens völlig normal in Kindistan. In der Regel wirst du aber mit ihnen fertig werden. Nun gibt es allerdings immer wieder Berichte über eine überproportionale Häufung, eine Art Talibanisierung der Schrei-Banden, bei der all die oben beschriebenen Untergruppen sich zu einem riesigen Heer verbünden und dich stunden-, tage-, manchmal wochenlang terrorisieren. Und sie lassen sich weder durch Erfüllung ihrer Forderungen, sofern du sie überhaupt erkennen kannst, noch durch Verhandlung oder Sanktionierungen davon abhalten. In einem solchen Fall gibt es Hilfsangebote in Form von Literatur über sogenannte Schreibabys und Institutionen, den »Schrei-Ambulanzen«. Du solltest nicht zögern, diese Ratgeber und Einrichtungen in Anspruch zu nehmen, weil sich in einem solchen Fall die Ursache von der Wirkung bereits gelöst hat und der Umgang mit ihnen andere Strategien und gegebenenfalls die Hilfe einer schnellen Eingreiftruppe erfordert.

Im Normalfall aber würde ich mir an deiner Stelle eher Sorgen machen, wenn es ganz friedlich bliebe in Kindistan, wenn sich keine Schrei-Banden zeigten, denn sie gehören dazu. Anfangs wird dein Ohr noch kaum das Wesen der einzelnen Schrei-Banden unterscheiden können, sodass du nicht weißt, mit welchen Strategien du ihnen begegnen kannst. Aber das ist nur eine Frage der Zeit (die du anwesend bist, versteht sich). Nach einer Weile wirst du dein Ohr geschärft haben, und die Wahl der Strategie wird eine so selbstverständliche Entscheidung sein wie jene, ob der Meister eine neue Windel braucht oder nicht.

Deshalb: Angst ist kein guter Ratgeber. Die Schrei-Banden sind da, sie werden dich angreifen, und du wirst dich unterlegen fühlen, hoffnungslos unterlegen, immer wieder. Aber letztlich geht es sowohl diesen kleinen Terroristen als auch dir um Wohl und Gedeih des Meisters. Darum ist Angst nicht nur kontraproduktiv, sondern auch unangemessen. Schärfe dein Ohr und sieh die Sache sportlich.

Erkenne dabei aber deine Grenzen und überschätze dich nicht. Wenn deine Kräfte schwinden, zieh dich ruhig zurück und schicke die Dame deines Herzens an die Front. Teilt euch die Arbeit, denn die Schrei-Banden sind ernst zu nehmende Gegner, die deine volle Kraft erfordern, die bekanntlich in der Ruhe liegt. Geh aus dem Zimmer, atme tief durch, wiederhole folgendes Mantra: »Ich lass mich von so einem kleinen Scheißer doch nicht provozieren, ich lass mich von so einem kleinen Scheißer doch nicht provozieren, ich lass mich von so einem kleinen Scheißer doch nicht provozieren ...« Dann wirst du das Kind schon schaukeln. Sozusagen.

19

DAS LABYRINTH DER ORGANISATION

Rhythmus oder Blues in Saugland

Weiche Halme auf hellgrünen Wiesen, frisch vom Eise befreit, gleichsam aufatmend nach tausendjährigem Tragen einer meterdicken Gletscherdecke der Nichtexistenz, die durch den Kuss des Lebens endlich gewichen ist, und die kahlen Stellen mit Schneeglöckchen und Krokussen füllend, welche frech in die noch kühle, wenngleich von Frühlingssonne schon neu ermunterte Luft aufragen, die weichen, verletzlich wirkenden Hügel vor dir bedeckend – so liegen sie da, die Weiden Sauglands, auf denen der Meister sich bedient am Tag und in der Nacht, wann immer ihm danach ist, gehorchend nur seiner eigenen Lust und Laune und niemandem sonst. Auch hier könntest du ewig stehen bleiben, wie schon im Tal des Staunens, und diese Frühlingswiesen betrachten. Ganz Zauber sind sie (der bekanntlich jedem Anfang innewohnt), und allzu zart kommen sie dir vor, diese Wiesen, so zart, dass du am liebsten einen Zaun um sie ziehen würdest wie um ein neu bepflanztes Beet, damit kein von den Zumutungen des Lebens bereits plump und schwer gewordenes Wesen sie zertrampelt.

Aber es hilft nichts, du musst ja weiter. Das Ross der Euphorie scharrt ungeduldig mit den Hufen. Nicht nach Kontemplation ist diesem Gaul zumute, sondern nach Rennen. Jeder Muskel seines sehnigen Körpers zittert vor freudiger Nervosität. Seine nervöse Kraft ist ansteckend. Die eisklare

Luft aus den umliegenden Gletschern des Vaterstolz-Hurrahlaya tut ein Übriges, sie brennt in deinen Lungen, entzündet dein Blut und schickt es, kochend wie Lava, bis in die äußersten Enden deines Wesens, dass es platzen möchte vor Tatendrang. Und so gibst du ihm die Sporen.

Dein Gaul wiehert und bäumt sich einmal auf, und dann beginnt der Abstieg über moosige Geröllfelder. Bei jedem Schritt über die glitschigen, losen Steine rutschen sie ein Stück ab. Unsicher ist der Tritt des Pferdes, ganz neu die Umgebung für Ross und für Reiter, unsicher deswegen auch er. Aber berauscht von der Luft des Vaterstolz-Gebirges wirst du es wohl gar nicht merken, wie gefährlich dieser Abstieg wirklich ist, wie leicht der Gaul abrutschen kann. Stolz wie ein Gockel auf das Produkt deiner Lenden sitzt du hoch zu Ross, grinst jede Sorge weg und ahnst nicht die Gefahr, in der du schwebst. Kannst du dir denken, von welcher Gefahr ich spreche, Reisender?

Na, die Schrei-Banden, denke ich doch, Effendi?

Ha, die Schrei-Banden! Lästig sind sie wie Mücken, keine Frage, doch bedeutungslos und harmlos im Vergleich zu der inzwischen gut organisierten und hinterrücks operierenden Armee jener unheimlichen Helfer der Dame deines Herzens, ohne welche die Zumutungen der Geburt unerträglich wären, jener heimlichen Herrscher im frühen Kindistan, die mit ihren Unterwander-Stiefeln durch Gedanken und Gefühle der Dame deines Herzens spazieren und sie manipulieren, wie es ihnen gerade passt. Nichts sind die Schrei-Banden, sage ich, gegen die Hormone, die dich auf Schritt und Tritt beobachten, jederzeit bereit, zuzuschlagen, wenn du ihrem Gebiet zu nahe kommst.

Danke für den Hinweis, Effendi. Jetzt brauchst du mir nur noch zu sagen, wo ihr Gebiet ist. Dann meide ich es einfach, und gut ist. Ich meine, wozu Probleme? Wenn sie so streitsüchtig sind, diese

Hormone, dann lasse ich sie doch einfach in Ruhe, und allen ist gedient, oder?

Das geht leider nicht.

Und warum nicht, wenn ich fragen darf? Allmählich habe ich den Eindruck, du berichtest nicht über die Berge Kindistans, sondern die Grenzregion zwischen Afghanistan und Pakistan. Ich habe doch nicht vor, Heldentaten für die freiheitliche Grundordnung am Hindukusch zu begehen, sondern einfach nur ein Kind in die Welt zu setzen! Du meine Güte, das kann doch nicht so gefährlich sein!

Lass mich mit einer Gegenfrage antworten. Hast du schon mal einen Blick in eine Kriminalstatistik geworfen? In irgendeine beliebige?

Was hat denn das jetzt …

Das wirst du gleich sehen. Also, hast du?

Nein, wieso?

Das habe ich mir schon gedacht. Sonst würdest du nicht derart naive Fragen stellen, Reisender. Du glaubst, die Grenzregion zwischen Pakistan und Afghanistan sei gefährlich, weil sich dort ein paar fanatisierte Glaubenskrieger angesiedelt haben, die die Gegend terrorisieren, aber du hältst das Leben in einer Familie für harmlos und ungefährlich. Dabei ist das Gegenteil der Fall. Wenn du die Kriminalstatistiken kennen würdest, wüsstest du, dass die weitaus größte Zahl der Gewaltverbrechen in der Familie verübt werden, nicht etwa von Serienmördern oder Terroristen. Es verhält sich also eher umgekehrt: Die Grenze zwischen Pakistan und Afghanistan ist harmlos im Vergleich zu jener Grenze, an die Schrei-Banden und Hormon-Truppen dich regelmäßig bringen.

So habe ich das noch nie gesehen.

Natürlich nicht. Woher sollst du das wissen? Nur Kindistan-Veteranen wissen, wovon ich spreche. Aber all diese Gefahren sind immer noch harmlos, verglichen mit dem, wovon in diesem Kapitel die Rede ist.

Oje, und das wäre?

Das Labyrinth der Organisation.

Ein Labyrinth? Was soll daran gefährlich sein? Ich kann doch einfach drumherumreiten. Vermutlich bin ich jetzt wieder naiv, aber ein Labyrinth hat doch wohl einen Eingang, den man sehen und vermeiden kann. Nicht?

Doch, du hast recht, und diese Frage ist überhaupt nicht naiv. Ein normales Labyrinth steht irgendwo in der Landschaft herum, ist aus Stein oder Hecken gebaut und relativ leicht als Labyrinth zu erkennen. Das Labyrinth der Organisation aber ist kein gewöhnliches Labyrinth. Es hat eben keinen Eingang, und es ist unsichtbar. Plötzlich bist du drin, ohne dass du bemerkt hast, wie du reingekommen bist, einfach, weil das Leben weitergeht und mit tausend Forderungen an dich herantritt, mit einer unerschöpflichen Anzahl an Kleinigkeiten, die erledigt werden wollen, damit die unendlich vielen kleinen Rädchen, die es am Laufen halten, sich frei drehen können und nicht stehen bleiben. Dieses Labyrinth legt sich wie eine unsichtbare Haut um dich, und je mehr Kleinigkeiten unerledigt bleiben, desto enger zieht sich dieses Gewebe und nimmt dir die Luft zum Atmen.

»Ich verstehe nicht, warum es Labyrinth heißt, wenn es ein Gewebe ist, Effendi«, wirst du nun vermutlich einwerfen.

Wir bewegen uns durch Kindistan, müsste ich dann antworten, hier gibt es vieles, dass nicht zu verstehen ist. Das Labyrinth der Organisation sieht nicht aus wie ein klassisches Labyrinth, das ist richtig. Es heißt aber trotzdem so, weil es wirkt wie ein Labyrinth. Von der Erscheinung her ist es eher einem Luftdruckgebiet zu vergleichen. Es ist überall, wie die Luft, die wir atmen, wie die Strahlung, die uns umgibt. Es ist unsichtbar, aber allgegenwärtig. Und wie in einem Hochdruckgebiet verdichten sich mit jeder Kleinigkeit, die unerledigt bleibt, die vielen Organisations-Partikel um dich herum, bis du glaubst zu ersticken.

Aber vom Wesen her ist es ein Labyrinth. Umgeben von zu vielen Notwendigkeiten wird es dir nicht mehr gelingen, den Weg zu finden, also Prioritäten zu setzen. Du wirst unweigerlich in die Situation kommen, dass du beim Essenkochen eine stinkende Windel wechseln musst, weil die Windelvoll-Chaldäer dir und noch jemandem gerade die Hölle heiß machen. Wer war das noch, ach ja, deine schmerzende Schulter erinnert dich daran, dass du auch noch ein Telefon zwischen Kopf und Schulter eingeklemmt hast, und die Stimme darin nicht mehr hörst wegen des Crescendos der Schrei-Bande, die dich gerade überfällt. Die Stimme im Telefon wiederum gehört der Arzthelferin des Kinderarztes, mit der du dringend gerade noch einen Termin für eine der obligatorischen Gesundheitsuntersuchungen ausmachen musst, weil die Praxis mit den schwer zu merkenden Öffnungszeiten gleich schließt. Und dann wirfst du, Kochlöffel in der einen Hand, schreiendes Kind mit Stinkewindel im anderen Arm und Telefonhörer zwischen Kopf und Schulter, einen Blick in deinen Terminkalender, um den von der Arzthelferin vorgeschlagenen Termin abzugleichen, und stellst plötzlich erschreckt fest, dass du gerade einen Termin beim Arbeitsamt verpasst hast, den du irgendwann nachholen musst. Fragt sich nur wann. Und weil alles gleichzeitig passiert, blockieren all diese Vorgänge sich gegenseitig. Mit anderen Worten: Hier führt der Weg nicht weiter, dort auch nicht, und da hinten schon gar nicht. Aber stehen bleiben geht auch nicht, weil sonst das Fleisch in der Pfanne verbrennt, der Meister einen wunden Hintern und du einen Hörsturz bekommst, der Arzttermin wegen der langen Wartezeiten zu spät stattfinden und der Termin beim Arbeitsamt dir noch mehr deiner wertvollen Zeit stehlen wird.

Davon habe ich schon gehört, Effendi, das nennt man »Multitasking in engen Zeitfenstern.«

Ah ja. Gut. Aber wie immer man es nennt, es ist eine ziemlich blöde Situation. Und sie ist entstanden, weil du nicht gewohnt bist, dein eigenes Leben vorausschauend und so zu organisieren, dass alles, was stattfinden muss, genügend Platz hat, sich zu entfalten, und auch noch ausreichend Raum für das Unerwartete übrig zu lassen, das in Kindistan der Normalfall wird. Bisher haben andere dein Leben strukturiert, deine Eltern, die Schule, dein Arbeitgeber, die Zeiten deiner Hobbys, die Öffnungszeiten von Kinos, Theatern, Bibliotheken und Schwimmbädern. Und verschob sich einer deiner Termine – kein Problem, ein Anruf, und die Sache war erledigt. Das Essen verschiebt sich oder fällt aus? Kein Problem, an jeder Ecke gibt es einen Imbiss, bei dem du dir irgendetwas zwischen die Beißer schieben kannst.

Zu deinen eigenen Terminen und Bedürfnissen kommen jetzt aber noch die des Meisters hinzu. Oder vielleicht sollte ich sagen, sie werden von ihnen weitgehend verdrängt. Und die Bedürfnisse und Termine des Meisters lassen sich im Gegensatz zu deinen eigenen nicht so einfach verschieben, vom Ausfallenlassen ganz zu schweigen. Du wirst also nicht umhin können, dein Leben zu strukturieren. Je besser es strukturiert ist, desto mehr Platz lässt dir das unsichtbare Gewebe zum Atmen, desto weniger empfindest du diese vielen, vielen kleinen Erledigungen als Last, desto leichter findest du deinen Weg durch das Labyrinth der Organisation.

»Na gut, das kann ja nicht so schwer sein, Effendi«, wirst du, Ahnungsloser, vermutlich sagen. »Da setze ich mich einmal mit der Dame meines Herzens zusammen und entwerfe einen Wochenplan, und dann ist die Sache geritzt.«

Du willst einen Plan machen, Reisender?

Ja. Keine gute Idee?

Mit der Dame deines Herzens?

Mit wem denn sonst?

Hast du vergessen, wer die Dame deines Herzens in Saugland noch beherrscht?

Äh – die Hormone?

Richtig, Reisender, die Hormone, die machtbesessenen, die heimtückischen Hormone. Und kannst du dir vorstellen, was diese Hormone dir sagen, wenn du versuchst, einen Plan zu machen, noch dazu mit der Dame deines Herzens?

Nein, Effendi, was sagen mir die Hormone?

Na, dass du dich verpissen sollst, ist doch klar.

Was haben die Hormone gegen eine Struktur?

Alles. Sie hassen Strukturen, die ihre Arbeit in irgendeiner Weise einschränken. Was in Saugland passiert, soll allein ihrer Herrschaft unterworfen sein. Die Hormone versuchen es mit Zuckerbrot und Peitsche. Sie schmachten dich an und säuseln: »du bist doch der Mann, du musst raus in die Welt gehen, Mammuts jagen. Versorge die Familie und kümmere dich nicht um den Wirkkreis des Weibes. Das steht dir nicht, stattlicher Mann, der du bist.«

Und hilft das nicht, dann werden sie deutlicher: »Verschwinde aus unserem Gebiet, und zwar schnell. Was das Baby braucht, was es will, das weiß allein die Mutter. Sie spürt es, sie allein. Bleib weg mit deinem Organisationszwang, sonst gibt's tagelang schlechte Laune, die sich gewaschen hat!«

Gut. Also keinen Plan, Effendi?

Doch. Natürlich einen Plan! Ohne Plan kannst du dir gleich schon mal einen Scheidungsanwalt suchen. Aber besteh nicht darauf, diesen Plan mit der Dame deines Herzens zu machen. Allerdings empfiehlt es sich auch nicht, sie zu übergehen. Die Hormone sehen alles und sind diesbezüglich überaus empfindlich. Aber sei darauf gefasst, standhaft sein zu müssen, wenn du das Gerüst eines Tagesrhythmus entwirfst und aufbaust. Dieses Gerüst wird sozusagen die Takelage sein, die die Segel des Tages hält, die gebläht werden von den wechselnden Winden Kindistans. Aber wer das Segeln kennt, weiß, dass auch eine fachkundig aufgeriggte Takelage keine Sicherheit vor plötzlichen Fallwinden wie jenen des Entwicklungsschubes bietet. Wenn du nicht rechtzeitig die Segel des Tages reffst, können sie reißen. Selbst wenn du also ein funktionierendes Gerüst für deine Tage gefunden hast, wirst du es ständig verändern müssen.

Es ist eine Metamorphose deiner gesamten Umgebung, die im hinteren Teil von Saugland beginnt, irgendwo zwischen dem sechsten und neunten Monat. Das hängt – wie übrigens auch die Ausdehnung Sauglands – vom Entwicklungsstand des Meisters ab. Als Faustregel kann man vielleicht sagen, dass Saugland endet, wo Zahnistan beginnt, auch wenn es Berichte über eine viel weitere Ausdehnung von Saugland gibt. Aber in der Regel wird selbst die Mama spätestens dann ein Einsehen haben, wenn sich der mit Zähnen bewaffnete Meister auf ihre Brüste stürzt und in kannibalistischer Weise traktiert, ohne wirklich satt zu werden von dem, was sie unter seinen wütenden Attacken noch herzugeben bereit sind.

Hormone hin oder her, sie wird irgendwann sagen: »Schluss jetzt. Von nun an gibt's Brei und Folgemilch!«

Wie bemerke ich denn rechtzeitig, dass ich im Labyrinth der Organisation bin, Effendi?

Wenn der Leidensdruck durch Schlafentzug und nicht bewältigten Alltag so groß geworden ist, dass die Macht der Hormone und ihre Deutungshoheit über deine Wahrnehmung nachlässt, dann wirst du es merken. Plötzlich stellst du dir Fragen wie: »Wie lange muss ich mich diesem strukturlosen Sumpf von einem Tagesablauf noch unterwerfen? Muss der Meister wirklich jede Stunde etwas essen? Ist es sinnvoll, dass er tagsüber schläft, wo und wie es ihm passt, und dafür die Decke unseres nächtlichen Schlafes in einen zerlöcherten Flickenteppich verwandelt?« Wenn diese Fragen als Flammenschrift an den Wänden deiner Wohnung auftauchen, dann weißt du: du bist mittendrin im Labyrinth der Organisation, und es wird gerade immer enger.

Und wie komme ich da wieder raus, Effendi?

Jaha! Genau, das ist die entscheidende Frage! Deine Tage sind wie ein Sumpf, bestehend aus immer wiederkehrenden Vorgängen, deren Zeitpunkt aber nicht vorhersehbar ist. Du bist sozusagen der Erfüllungsgehilfe meisterlicher Bedürfnisse und drohst, langsam, aber unaufhaltsam in diesem Sumpf zu versinken. Klare Ansagen sind es daher, nach denen du dich im Labyrinth der Organisation sehnst wie der Verdurstende nach Wasser. Ansagen wie die Folgenden: Alle vier Stunden braucht der Meister etwas zu essen, alle drei Stunden muss er schlafen, jeweils eine bis eineinhalb Stunden, möglichst nur zwei Mal am Tag, damit er in der Nacht halbwegs durchschläft (circa elf Stunden), unterbrochen nur von einer Gutenacht-Flasche Folgemilch, solange er noch keine feste Nahrung zu sich nehmen kann, und das alles zu festen Zeiten, an die er sich gewöhnen kann, die auf diese Weise ein verlässliches, strukturelles Zuhause für ihn werden.

Wenn er zwischendurch quakt oder eine seiner Schrei-Banden schickt, finde heraus, was er wirklich braucht, und gib es ihm. Gehe nicht den Weg des geringsten Widerstandes, indem du ihm eine Flasche zwischen die Kiemen rammst, wenn es nicht Essenszeit, oder ihn einfach einschlafen lässt, wenn es nicht Schlafenszeit ist. Stattdessen beschäftige dich mit ihm, gib ihm Körperkontakt, wechsle seine Windel, was immer er gerade braucht, aber halte dich an das einmal etablierte Zeitgerüst.

Wenn solche Ansagen dich durchatmen lassen und du denkst: »Hach, wie schön wäre das!«, dann bist du mittendrin im Labyrinth der Organisation. Dann wird es deine Aufgabe sein, die Familie dort wieder hinauszuführen. Denn die Dame deines Herzens könnte das nur unter Aufbringung übermenschlicher Kräfte leisten, weil sie sich – wir erinnern uns – im festen Griff der Hormone befindet. Höchstwahrscheinlich wird sie unter deren Einfluss sogar die Existenz des Labyrinths der Organisation schlichtweg leugnen. Vielleicht nicht der erste, aber ein zentraler Konflikt mit ihr ist also vorprogrammiert. Weiche ihm nicht aus. Jeder Konflikt trainiert dich für alle, die in Kindistan noch folgen, und das werden nicht wenige sein.

Zum Beispiel mit dem Machredsch von Dings, nicht wahr? Wie hieß er doch gleich?

Von Mach. Machredsch von Mach.

Von Mach?

Von Mach.

Wieso eigentlich »von Mach«?

»Machredsch von Wilde-Kerle-Land« wäre vermutlich zu lang gewesen. Keine Ahnung. Ich habe ihm diesen Namen nicht gegeben. Vielleicht hat sein Vater in der Schlucht der Namensfindung nicht aufgepasst? Vielleicht ist es auch ein Künstlername? Ich vermute, es klang einfach gut, kräftig und irgendwie arabisch. Außerdem weckt es Assoziationen, die etwas mit Machbarkeit zu tun haben. Das ist ja das Credo des Machredsch: Alles ist machbar, lasst mich nur machen!

Klingt doch gut. Und so positiv.

Oh, er ist positiv, durch und durch. Er ist eines der zuversichtlichsten, dynamischsten und lebensgierigsten Wesen, die ich je getroffen habe, und, wie gesagt, eine der faszinierendsten Figuren in Kindistan. Ohne ihn würde der Meister sich nicht weiterentwickeln. Sein Verhalten hat mithin immer eine Berechtigung, auch wenn er dir mit seiner Renitenz zeitweilig gewaltig auf den Zeiger geht. Und Gleiches gilt eben auch für das Verhalten der marschierenden Hormon-Truppen, denn in den ersten sechs Monaten, dem Kerngebiet von Saugland, wäre jeder Versuch einer Strukturierung von außen sinnlos, denn es handelt sich um eine Übergangszeit. Der Meister weiß noch nicht so genau, wo er sich gerade befindet. Den größten Teil seiner bisherigen Existenz hat er ja im Vorgebirge der Schwangerschaft als nachtaktives Wesen verbracht. Tagsüber schlief er selig in der schaukelnden Gondel seiner Mama und nachts erkundete er das still gewordene Paradies, in dem er schwebte. Hatte er Hunger, pumpte ein Schlauch Nährstoffe in seinen Bauch, hatte er Durst, machte er einfach nur seinen Mund auf und schlürfte den Fruchtwasser-Cocktail-Mix, in dem er schwamm. Dass es jetzt so etwas wie Schwerkraft gibt, man bei Hunger selbst saugen muss und auch das Atmen ihm jetzt nicht mehr abgenommen wird, dass all das für ihn Schwerstarbeit bedeutet, von der man sich immer wieder durch Schlaf erholen muss, ist ein Schock, dessen Verarbeitung mindestens dieser sechs Monate bedarf. Aber wie bei jeder Provinzgrenze in Kindistan, die – es sei noch einmal betont – immer eine fließende ist, gilt auch hier: Das angemessene Verhalten von heute kann zur schlechten Angewohnheit von morgen werden, wenn du im Labyrinth der Organisation die falsche Abzweigung nimmst. Denn je mehr der Meister sich in der neuen Welt zu Hause fühlt, desto stärker braucht er eine Orientierung in ihr. Sie ist ja viel zu groß und noch ungeheuer fremd für ihn. Sobald er kann, wird er jede wache Minute dafür verwenden, sie auf der Suche nach Kategorien und Ordnungsprinzipien zu erforschen und zu durchkämmen. Staunend, mit unbeugsamem Willen und unendlicher Neugier wird er, was in seine Nähe kommt, betasten, in den Mund nehmen, durch Klopfen auf Haltbarkeit prüfen, den Klang erforschen, den es erzeugt, wenn es der Schwerkraft auf den Küchenboden folgt und dort zerschellt. Er wird den vertrauten und doch fremden Lauten lauschen, die aus deinem Mund auf ihn herniederregnen, sich über sie kaputtlachen, sie vielleicht auch andächtig in sich aufnehmen, und er wird aus allem versuchen, ein Prinzip abzuleiten.

Aber es wird noch lange dauern, bis die Bedeutung, die die Erscheinungen für ihn haben, sich auch nur annähernd mit denen decken, die sie für dich haben. Dass Nacht Schlaf bedeutet, Tag dagegen Wachsein und nur zu bestimmten Zeiten auch Schlaf, dass Essen nicht immer verfügbar ist, sondern nur zu bestimmten Zeiten, und das nicht nur, weil du auch noch andere Dinge zu tun hast, als ihn zu füttern, sondern auch, weil das Essen ja irgendwann verdaut werden muss – vom Verdient-werden-müssen ganz zu schweigen – das sind Bedeutungen, die er nur durch dich erfahren kann. Denn der Meister sieht mit deinen Augen, hört mit deinen Ohren, erfährt mit deinen Sinnen. Sobald er deine Sprache lernt, wird das Ausmaß dich erstaunen, vielleicht auch erschrecken, in dem er dich kopiert. Je klarer strukturiert sein Umfeld, desto mehr kann der Meister sich deshalb entspannen und sich seiner Forschungsarbeit widmen. Wie jeder Forscher, der sich in unbekanntes Gebiet vorwagt, braucht er klare Rituale, weil er den ganzen Tag nichts anderes tut als zu forschen. Und forschen bedeutet Unsicherheit. Die Forschungsergebnisse des Meisters nun sind in der Regel extrem leicht anfechtbar, was eine permanente Unsicherheit in seine Beziehung zur Welt bringt. Darum sind klare Rituale die einzige Sicherheit, die er hat. Wenn du also zu jenen jungen Menschen gehörst, die ihr bisheriges Leben seit der Pubertät damit verbracht haben, gegen alles zu rebellieren, was Festlegung bedeutete, gegen Regeln, Rituale und Traditionen, dann wird spätestens im Labyrinth der Organisation deine Aufgabe darin bestehen, allmählich ein eigenes Gebäude aus Regeln, Ritualen und Traditionen zu bauen, in dem der Meister sich zu Hause fühlt. Nicht zuletzt deshalb, damit er später auch etwas hat, wogegen er rebellieren kann.

Der Teufel steckt natürlich im Detail. Je mehr der Meister seine bisherigen Gewohnheiten schon als allgemeingültige Regeln, Rituale und und Traditionen begreift, desto mehr wird er sich gegen eine Veränderung dieser Gewohnheiten wehren, weil man in seiner Lage eine einmal gewonnene Erkenntnis, die Sicherheit verspricht, nun mal mit Zähnen und Klauen verteidigt. Deshalb empfiehlt es sich, frühzeitig einen Rhythmus einzuführen, der sinnvoll und tragfähig ist.

»Ich will dir ja nicht in die Suppe spucken, Effendi«, wirst du nun sagen, »aber nach dem, was ich bisher gehört habe, ist das alles andere als einfach.«

Du hast richtig gehört, Reisender. Es ist deswegen schwierig, weil du herausfinden musst, was der Meister wirklich braucht. Aber unmöglich ist es nicht. »Jedes Kind kann schlafen lernen«, versprechen z.B. die Autoren Kast-Zahn und Morgenroth des gleichnamigen Buches, das die sogenannte Färber-Methode propagiert. Darin wird dem Reisenden empfohlen, dem Alter entsprechende Schlafzeiten einzuführen, indem sie den Meister zu diesen Zeiten, und zwar genau diesen Zeiten und jeden Tag auf dieselbe Art in immer dasselbe Bett legen und dort selber einschlafen lassen, und zwar möglichst ohne Einschlafhilfe, wie Fläschchen geben, Schaukeln, Singen, Streicheln und so weiter. Im zu erwartenden Fall lautstarken Protestes soll man in immer größer werdenden Zeitintervallen zu ihm gehen, um ihm zu zeigen, dass man da ist, dass er nicht allein ist, ihm aber seine lieb gewonnenen Einschlafhilfen verweigern und stattdessen beruhigende und motivierende Worte zu ihm sagen, damit er die Chance hat, das Einschlafen selbst zu lernen.

Das Prinzip dahinter ist so einfach wie bestechend. Aber in der Umsetzung gibt es doch eine Reihe Dinge zu beachten: Kann es sein, dass er einfach Hunger hat und deswegen schreit? Wird sein Tümpel gerade von den Fallwinden des Entwicklungsschubes verwüstet und braucht er deswegen mehr Körperkontakt und Bestätigung als sonst? Wenn er nachts aufwacht und nicht wieder einschlafen kann: Hat er vielleicht schlecht geträumt und braucht er deswegen deine Nähe? Um nur ein paar Fragen aufzuwerfen, die auftauchen können. Die Autoren dieses hilfreichen Ratgebers, den man aber nicht als Bibel missverstehen darf, haben sich, so geht das Gerücht in Kindistan, mittlerweile selbst von der Rigorosität ihrer Thesen distanziert. Und das wäre auch sinnvoll. Denn es gibt nur eine Figur in ganz Kindistan, die wirklich ununterbrochen versucht, dich auszutricksen, und der du deswegen getrost andere Motive unterstellen darfst als jene, die sie behauptet zu haben. Diese Figur ist der Machredsch von Mach. Nur wenn er gerade wieder einmal versucht, des Meisters Grenzen auszuloten und ihn deswegen z. B. vom Schlafen abhält, ist es sinnvoll, ihm das zu verweigern, was er behauptet zu brauchen, um einzuschlafen. Denn diesem Bedürfnis, wenn es befriedigt ist, folgt garantiert ein neues. Der Meister hat in diesem Fall ja kein echtes Bedürfnis außer dem Spüren seiner Grenzen. Alle anderen Schrei-Banden versuchen aber, dir echte Bedürfnisse zu kommunizieren. Und ein echtes Bedürfnis, das ihn möglicherweise vom Schlafen abhält, solltest du ernst nehmen. Aber all das ändert nichts an der Tatsache, dass das Labyrinth der Organisation real ist und den Atem Eures Zusammenlebens abschnüren kann, wenn du keinen Weg herausfindest.

Du musst das Gebäude aus Regeln, Ritualen und Traditionen nicht auf einmal bauen. Lass dir Zeit damit herauszufinden, wie es aussehen und was darin sein soll. Ist es erst einmal errichtet, liegt es in deinem Ermessen, wie rigoros die Regeln befolgt, mit welcher Regelmäßigkeit die Rituale wiederholt und mit welchem Ernst die Traditionen gelebt werden. Ist es erst einmal errichtet, kann darin auch getanzt und improvisiert, können seine Räume auch zweckentfremdet und die Nacht zum Tag gemacht werden. Denn ist es errichtet, dann gehört es dir, und du musst dir nicht mehr überlegen, wo du als Nächstes ein Dach über dem Kopf herbekommst. Aber bauen musst du es, wenn du nicht willst, dass jemand anders es für dich tut, und dann nach seinen Vorstellungen.

Zum Beispiel der Machredsch von Mach, Effendi?

Zum Beispiel der, genau. Der Tag, an dem das neue Gebäude Eurer Regeln, Rituale und Traditionen eingewohnt ist und die Bedürfnisse aller Bewohner ihren Platz darin haben, das wird der Tag sein, an dem die Organisationspartikel sich auflösen und das Labyrinth dich wieder freigibt.

Alles im Leben hat seinen Rhythmus: Vom Schlagen deines Herzens über das zyklische Auftauchen deiner Bedürfnisse bis zum Verrichten deiner Arbeit. Der Meister wird die Umstände, in denen er lebt, als den Rhythmus seines Lebens begreifen, ob du an der Gestaltung dieser Umstände beteiligt warst oder nicht. Wenn der Musiker in dem alten Witz auf die Frage, welche Art Musik er denn so macht, also behaupten kann: Beide – Rhythm and Blues, so heißt es für den Kindistan-Reisenden im späten Saugland:

Rhythmus oder Blues.

20

DURCHMARSCH DER MILCH-ZAHNITSCHAREN

Wer Zähne hat, kann fordern

Du reitest auf deinem schon etwas ermatteten Euphorie-Gaul über die staubige Landstraße des Alltags, die sich durch die lieblichen Hügel Sauglands schlängelt. Abgesehen von einigen Überfällen der Schrei-Banden war es einigermaßen ruhig die letzten Tage. Ein warmer Wind streicht durch die Mähne deines Pferdes und trocknet die Milchflecken auf deinem Hemd. Aber auch deine Lippen trocknet er aus. Du denkst: Ich könnte was zu trinken vertragen, was ist das für ein seltsamer warmer Wind? Deine Augenlider hängen auf halb zwölf, von Müdigkeit schwer, die zu deiner zweiten Natur geworden ist, aber auch, um die Augen vor dem aufgewirbelten Staub zu schützen. Seltsamer Staub, denkst du, sehr grobkörnig, fast wie Sand. Aber hier, in den Hügeln Sauglands, gibt es keinen solchen Sand. Wo kommt der bloß her, denkst du noch, bevor deine Gedanken, von Schläfrigkeit getrieben, sich weiterschleppen, um angenehmere Themen zu streifen, wie etwa deine bisherigen Erfolge.

Das Labyrinth der Organisation hast du glücklich hinter dich gebracht, denkst du, du hast das – wie nanntest du es gleich, Reisender? »Multitasking in engen Zeitfenstern?« – zu meistern gelernt, einige Fallwinde des Entwicklungsschubes überstanden und eine gewisse Routine im Umgang mit den Schrei-Banditen erlangt. Momentan aber ist alles friedlich. Alles soweit in Ordnung also. Und so treiben deine

Gedanken weiter dahin im schläfrigen Tempo der warmen Mittagszeit. Die wirklich sehr warm ist. Außergewöhnlich warm, man könnte fast sagen heiß. Und windig. »Was ist das nur für ein eigenartiger heißer Wind?«, fragst du dich noch, da reißen dich plötzlich dumpfe Schläge aus deinen Gedanken.

Pumm – Pumm – Pumm! Dann eine Pause.

Mit einem Mal bist du hellwach. Was ist das? Wo kommen diese Schläge her?

Wieder: Pumm – Pumm – Pumm. Pause.

Eine heiße Böe weht dir Sand in deine vor Schreck geweiteten Augen. Du zuckst zurück, fluchst wüst und versuchst, ihn abzuschütteln. Der Sand ist ja ganz rot, denkst du, wo kommt der bloß her? Was ist das für ein Wind? Und was zum Teufel pocht da?!

Wieder ist alles still. Aber nur für einen winzigen Moment. Dann fällt eine Kohorte jaulender Schmerzens-Jesidi über dich her. Herzerweichend klingen ihre Schreie. Wütend schlagen sie um sich, geblendet von diesem eigenartigen roten Sand auch sie, ziellos, verzweifelt. »Mach, dass das weggeht, was immer es ist, das tut so weh! Das soll weggehen!«, bedeuten ihre Schreie übersetzt. »Es juckt so sehr!«, schreien da einige. »Es soll aufhören zu jucken!« – »Quatsch, jucken!«, antworten andere, »weh tut es, und wie, die Schmerzen machen uns irre!« – »Egal, was es ist!,« rufen wieder andere, »das soll aufhören, und zwar sofort!«

Du siehst in die Augen des Meisters. Glasig starren sie dich an. Du fühlst ihm die Stirn. Sie ist heiß. Jetzt weißt du endlich, woher diese Winde kommen, die hier alles durcheinanderfegen. Es sind die berüchtigten Fieber-Winde aus den Fieber-Wüsten, und sie sind es auch, die den roten Wüstensand im Gepäck führen, der sich als feine, rote Schicht auf die Hügel verteilt und in alle Ritzen und Löcher kriecht, die er finden kann. Solange die Fieberwüsten-Winde den Wüstensand hierherwehen, wird jeder deiner Schritte knirschen, wird alles, was du anfasst, mit dieser Sandschicht bedeckt sein. Nichts mehr wird vorangehen.

Immer heißer werden die Winde. Der Meister scheint zu glühen. Unter den heißen Winden, die sich schnell zu einem Sandsturm ausweiten, wird des Meisters Widerstand schon bald brechen, die Schrei-Banden werden ermatten und nur noch jämmerlich wimmern. Aber das ist viel schlimmer als die Schreie. Dieses Wimmern bricht dir das Herz.

Jetzt willst du aber endlich wissen, was hier los ist. Du reibst dir den Sand aus den Augen, blickst dich um – und erstarrst! Vor dir erhebt sich majestätisch, unüberwindlich, mächtig, eine Mauer von Horizont zu Horizont. Es ist die große Mauer Zahnistans. Doch genau genommen ist es nicht eine Mauer, sondern zwei, eine oben und eine unten. Vor dir steht die zahnlose Kauleiste des Meisters. Mitten in Saugland steht diese Mauer, mittendrin in den weichen Ausläufern des Vorgebirges der Schwangerschaft, das erst hier allmählich wahrhaftig zu Ende geht. Wie ein riesiges, zahnloses Maul steht sie vor dir. Zwei gigantische, elliptisch geschwungene Mauern, und in der Mitte, wo der Schwung den größten Abstand zwischen ihnen erreicht, werden sie von zwei massiven Säulen gehalten. Dazwischen türmt sich das prächtigste und höchste Tor, das du je gesehen hast. Und natürlich ist es verschlossen. Starr vor Ehrfurcht stehst du davor, während der rote Wüstenwind eine hauchfeine Decke aus Sand auf Ross und Reiter bläst und die Schmerzens-Jesidi wimmern, leise und verzweifelt.

Wieder diese Schläge, als ob jemand von außen gegen eine Tür donnert. Aber sie kommen nicht von außen, nein, sie kommen von innen. Jemand oder etwas rennt immer wieder gegen dieses gigantische Tor an, das durch die Schläge erzittert. Pumm – Pumm – Pumm! Es mag erzittern, doch es wankt nicht. Noch nicht. Fest verschlossen steht es da, verschlossen für die Ewigkeit, wie es scheint. Pumm – Pumm – Pumm. Und plötzlich wird dir klar: Solange dieses Tor verschlossen bleibt, kann deine Reise nicht weitergehen. Allein mit den Schmerzens-Jesidi, die in ihren Angriffen nicht nachlassen, sondern sie im Gegenteil immer mehr verstärken werden, wirst du vor diesem Tor warten und hoffen, dass die Schläge endlich, endlich irgendwann einmal aufhören.

»Und wann wird das sein?«, fragst du bang. »Wie lang wird das dauern?«

Tage, vielleicht Wochen oder gar Monate. Das hängt von der Wucht ab, mit der die Milch-Zahnitscharen gegen das Tor anrennen, und von der Stärke des Widerstandes der Fremdenpolizei. Denn die Schläge hören erst auf, wenn es den Pionieren der Milch-Zahnitscharen gelingt, das Tor aufzustoßen, damit ihre Kollegen nachrücken und die Kauleiste besetzen können.

Pardon, Effendi, ich glaube, ich kann dir nicht mehr folgen, und dieses Mal habe ich garantiert nicht geschlafen. Milch-Zahnitscharen? Fremdenpolizei? Was habe ich gerade verpasst?

Du hast recht, Reisender, ich war zu schnell. Verzeih. Bevor wir uns also deiner weiteren Reise zuwenden, lass mich dir die Geschichte eines kleinen, tapferen Nomadenvolkes erzählen, das sein Quartier in der entlegendsten Gegend Kindistans hat, einer Gegend, die noch kein Mensch je gesehen hat noch jemals sehen wird, weiter noch, viel weiter als das Land, wo die wilden Kerle wohnen: Die Weidegründe der Zahnitscharen.

Fremde sind sie und werden es immer bleiben. Die Zahnitscharen sind älter als alle anderen Bewohner Kindistans.

Sie waren schon immer da, egal wer das Land gerade beherrschte. Fossile Funde ihrer Knochen haben ergeben, dass sie schon vor Urzeiten in dieser Gegend lebten und ihr freies Nomadenleben führten. Denn sie haben eine unwiderstehliche Überlebensstrategie entwickelt, die bereits ihre Vorfahren im Kambrium (vor ungefähr 500 Millionen Jahren) bei den damaligen Herrschern, den Dinosauriern, anwandten. Dank dieser Strategie, die auf gegenseitigem Nutzen basiert, haben sie es immer verstanden, sich unabkömmlich zu machen. Kein Herrscher, wer immer es sein mochte, konnte es sich je leisten, auf ihre Dienste zu verzichten, es sei denn, er wäre eine Qualle oder ein Vogel. Wer immer gerade das Land beherrscht, die Zahnitscharen stellen ihm einen Teil ihres Nachwuchses zur Verfügung wie einst die entlegenen Balkanvölker dem Sultan des osmanischen Reiches einen Teil ihrer männlichen Jugend als Tribut übergab, mehr oder weniger freiwillig, zugegeben, was aber am Effekt nichts änderte. Die Janitscharen nämlich, so hießen diese aus ihren familiären und kulturellen Zusammenhängen gerissenen und damit bindungslos gemachten Jungen im osmanischen Reich, wurden zu den loyalsten und mutigsten Kriegern des Sultans.

Ich möchte dir, Reisender, Waldemar Junior vorstellen. Waldemar Junior ist der erste der Milch-Zahnitscharen des Meisters. Waldemar durchstreifte einst mit seiner Zahnitscharen-Familie jene entlegenen Weidegründe Kindistans, die niemand je gesehen hat noch je sehen wird, außer natürlich den Häschern des Meisters, die ja regelmäßig vorbeikommen, um ihren Tribut zu fordern. So kam eines Tages einer dieser Häscher auch zu Waldemar Junior, der gerade mit seinem Papa, dem ehrwürdigen Waldemar Senior, Klötzchen-zu-Türmen-aufbauen-und-wieder-zerstören spielte. Er ritt auf seinem Rappen daher und zeigte stumm auf ihn, mit seiner Reitgerte. Einer jahrtausendealten, nie hinterfragten Tradition gehorchend, nickte Papa Waldemar ebenfalls stumm, mit undurchdringlicher Miene, und der Häscher griff sich

Waldemar Junior, schwang ihn hinter sich auf seinen Rappen und preschte mit ihm nach Zahnistan davon, das seinen Namen, wie du dir denken kannst, diesem tapferen Volk in den fernsten Winkeln Kindistans verdankt, und das, wie wir sehen werden, aus gutem Grund.

Dort bekam Waldemar seine Nahkampf-Ausbildung, um ihn fit für das stehende Heer des Meisters, die berüchtigten Beißer, zu machen. Da Waldemar Junior aber ein zwar zarter, aber ungeheuer mutiger, man kann schon fast sagen tollkühner Junge war, wurde er der Vorhut zugeteilt, den draufgängerischen Milch-Zahnitscharen, und dort gleich zum Chef der Pioniere ernannt. Ihre Aufgabe ist es, immer und immer wieder gegen das Tor anzurennen, bis es endlich ein winziges Stück nachgibt und die Milch-Zahnitscharen, einer nach dem anderen, hinter Waldemar durch das riesige Tor ins Freie treten können, wobei sich dieses mit jedem Durchmarsch ein Stückchen weiter öffnet. Einmal draußen, stellen sie sich auf ihre Positionen an der großen kindistanischen Mauer und treten ihren Dienst an, der im Wesentlichen darin besteht, sich auf alles zu stürzen, was sich der großen Kauleiste des Meisters nähert.

Sobald der tapfere Waldemar Junior seine endgültige Position erreicht und dort Wurzeln geschlagen hat, beginnt grausamerweise auch schon sein Verfall, der bei eben diesen Wurzeln anfängt, und ungefähr sechs Jahre später wird er, nun seiner Wurzeln beraubt, fallen, vermutlich im Kampf mit einem Brötchen, und Platz machen für das nachrückende Heer der von allen Nahrungsmitteln dieser Welt gefürchteten Beißer, bestehend aus den restlichen Zahnitscharen, den etwas robusteren, aber auch schwerfälligeren, die nun bereits ein offenes Tor vorfinden. Sie werden also kaum noch mit Widerstand der Schmerzens-Jesidi zu rechnen haben. Das ist auch besser so, denn es handelt sich um die Arbeitsregimenter. Gut sind sie, ausdauernd und zäh, aber nicht für Heldentaten gemacht, wie sie von den Milch-Zahnitscharen erwartet werden. Sie begeben sich treu und behäbig auf ihre Position und verrichten bei guter Pflege dort ihren Dienst solange der Meister lebt, oder besser gesagt, bis Alter und die Sorgen um des Meisters eigene Kinder ihnen später den Garaus machen.

Aber wie sehr Waldemar sich auch bemüht, ein guter Untertan des Meisters zu sein, er ist und bleibt nun mal ein Fremdling. Hart ist er und durchtrainiert, und zu allem entschlossen. Doch die Fremdenpolizei Kindistans, das Immunsystem, und ihr äußerst effektives Spitzelnetz, das Nervensystem, sind es auch. Wann immer nämlich Fremdlinge in Kindistan einfallen, alarmieren sie die Wetterzentrale, die daraufhin die Winde der Fieberwüsten in Aufruhr versetzt. Sodann erheben sich deren Sandstürme und versuchen, die Fremdlinge aus dem Land zu fegen.

Das verstehe ich nicht, Effendi. Waldemar Junior ist also ein Held im Dienste des Meisters, richtig?

So könnte man ihn nennen, Reisender.

Warum will der Rest von Kindistan ihn dann loswerden?

Du kannst Fragen stellen, Reisender! Er ist ein Fremder! Er sieht anders aus und ist anders beschaffen als alles Bisherige in Saugland. Saugland ist weich, Waldemar ist hart. Saugland besteht aus den letzten Ausläufern des Vorgebirges der Schwangerschaft, Waldemar und seine Mannen streben mit Macht und frischem Mut der Zukunft entgegen, die sich wesentlich von Saugland unterscheidet. Darum erregen diese Zahnitscharen Misstrauen, wo immer sie auftauchen, und machen das hochsensible Spitzelnetz der Nerven auf sich aufmerksam, die daraufhin sofort bei der Fremdenpolizei Alarm schlagen, die ihrerseits sofort die Schmerzens-Jesidi in die Schlacht schicken und häufig sogar, wie in unserem Fall, noch die Fieberwüsten alarmieren.

So wirst du Zeuge des Dramas mit dem Titel »Durchmarsch der Milch-Zahnitscharen«. Der Erste der Milch-Zahnitscharen hat es am schwersten: Waldemar. Bei ihm schlagen die Spitzel den größten Alarm, schickt die Fremdenpolizei das massivste Aufgebot an Schmerzens-Jesidi in die Schlacht. Meistens landet der Erste der Milch-Zahnitscharen auf der Pole-Position, einer der unteren Schneidezahn-Positionen, der zweite daneben und die nächsten zwei auf den oberen Schneidezahn-Positionen. Sind diese vier Milch-Zahnitscharen auf ihren Plätzen, geht das Tor der großen Kauleiste endlich so weit auf, dass die restlichen Milch-Zahnitscharen nach und nach hindurchspazieren und grimmig ihren Dienst antreten können.

In dieser Zeit wirst du unter dem Dauerbeschuss der Jesidi des Schmerzes stehen und dich immer wieder genötigt fühlen, dein Mantra vor dich hin zu murmeln: »Es ist nicht mein Schmerz, es sind nicht meine Tränen.« Um kühlen Kopf zu bewahren. Nun musst du eines wissen, Reisender.

Ich bin ganz Ohr, Effendi.

Die Fremdenpolizei, also das Immunsystem des Meisters, ist noch ein Haufen von blutigen Anfängern. Bisher hat diesen Job nämlich die Feldgendarmerie der Besatzungstruppe aus Mammien erledigt. Bisher stand der Meister ja unter dem Schutz des Fremdimmunsystems der stillenden Mama. Das mag ebenfalls einer der Gründe sein, weshalb sie sich so trottelig benehmen wie die Polizei von St. Tropez in den alten Filmen mit Louis de Funès und sich so konsequent auf die falschen Gegner stürzen.

Und weil diese vollkommen unerfahrene Fremdenpolizei Kindistans sich auf die falschen Gegner stürzt, können andernorts Keime und Viren aller Art ganz unbehelligt in Kindistan einfallen. Aber lange bleiben sie natürlich nicht unbemerkt.

Auf diese Weise entsteht ein Teufelskreis. Die echten Eindringlinge schwächen die Fremdenpolizei, die nun überhaupt nicht mehr weiß, gegen wen sie vorgehen soll, immer mehr, sodass irgendwann sogar Bakterien eindringen, gegen die die Fremdenpolizei komplett machtlos ist, wodurch der Meister vielleicht seine erste Bekanntschaft mit Antibiotika machen wird.

So wirst du mehr oder weniger hilfloser Zeuge der ersten großen Binnenschlacht im wilden Kindistan, einer Art Bürgerkrieg sozusagen, bei der du mehr oder weniger zu hilflosem Zuschauen verdammt bist. Außer dem Auftragen irgendwelcher Öle, die den Schmerz lindern, oder dem Verabreichen homöopatischer Kügelchen, die denselben Effekt haben sollen, abgesehen von Paracetamol-Zäpfchen für Babys, die du übrigens erst zu geben brauchst, wenn die Winde aus der Fieber-Wüste eine Temperatur von über 39 Grad Celsius erreicht haben, kannst du nur ohnmächtig zusehen, wie die Jesidi des Schmerzes und die Winde des Fiebers ihren sinnlosen, selbstzerstörerischen Zermürbungskrieg gegen etwas führen, das sie weder verhindern können noch sollten. Ein Trost mag dir sein, dass das Immunsystem des Meisters, die Fremdenpolizei, in dieser schwierigen Zeit Erfahrungen für künftige, echte Verteidigungskriege gegen Eindringlinge sammeln dürfte.

Überhaupt wird dein gesammeltes medizinisches Halbwissen zusammen mit der allgegenwärtigen Sorge um den Meister dir immer wieder arg zusetzen. Impfen ja oder nein? Milchprodukte ja oder nein, und wenn ja, ab wann? Antibiotika ja oder nein? Fiebersenkende Mittel oder lieber Wadenwickel? Solche Fragen werden dich immer wieder plagen, weil sie niemand für dich beantworten kann. Du wirst dich bei der Beantwortung wohl auf die Informationen stützen, die dir zur Verfügung stehen, die Entscheidungen aber letztlich aufgrund einer Haltung dem Leben gegenüber treffen, die dich bisher auch mehr oder weniger unversehrt durch dieses gebracht hat. Und du wirst unbewusst das Verhalten deiner eigenen Eltern kopieren, sofern du nicht versuchst, es eben gerade ganz anders zu machen.

Und das ist auch in Ordnung so. Denn es gibt ganz sicher nicht den einen richtigen Weg und Millionen anderer, falscher. Wenn das so wäre, wäre die Menschheit längst ausgestorben. Dieser Gedanke hilft dir vielleicht beim Ertragen dieser ersten von vielen wüsten Schlachten im wilden Kindistan. Sowohl Kinderkrankheiten als auch Wachstumsschmerzen aller Art gehören zu Kindistan wie Wetterumschwünge im Gebirge. Natürlich gibt es immer noch eine gewisse Kindersterblichkeit. Du wirst immer wieder vom geheimnisumwitterten plötzlichen Kindstod und tragischen Geschicken aller Art hören, die Kinder in den ersten Provinzen Kindistans dahinraffen oder für ihr Leben schädigen. Aber es wäre sinnlos, sich davon verrückt machen zu lassen, weil der weitaus größte Teil der Kinder hierzulande ihre Kindheit relativ gut überlebt. Außerdem beeinträchtigt es deine Fähigkeit, Entscheidungen zu treffen. Angst ist kein guter Ratgeber.

Und, um endlich deine unstillbare Sehnsucht nach guten Nachrichten zu befriedigen, hier ist sie, die gute Nachricht in der Geschichte über Waldemar Junior: Es wird ihm irgendwann gelingen, das Tor aufzustoßen, das ist sicher, wenn auch nur einen Spalt. Den Rest erledigen dann seine Kollegen. Und dieser Tag, das garantiere ich dir jetzt schon, Reisender, wird eine Art zweite Geburt für den Meister und ein wilder Freudentag für dich sein. Aber wenn ich dir einen Rat geben darf: Zeige deine Freude nur anderen Kindistan-Reisenden, wenn du nicht möchtest, dass man dich für gaga hält. Diesen unbändigen Stolz auf einen kaum sichtbaren Milchzahn können nur Mitreisende und Veteranen verstehen. Selbst wenn du also bereits ein Virtuose der Horstisierung geworden bist, bedenke immer, dass ein Durchbruch von Milchzähnen von dem überaus größten Teil deiner Umwelt nicht als das bahnbrechende Ereignis verstanden wird, das es für dich ist. So sehr es dich also auch reizt: Halte dich in der Öffentlichkeit ein wenig zurück und fordere nicht jeden Fremden auf, mit dem Finger mal die Kauleiste des Meisters zu berühren, um die scharfen Kanten von Waldemar Juniors Kopf zu fühlen, auch wenn man ihn noch nicht sehen kann. Ich weiß, es ist hart, aber finde erst heraus, ob der Fremde auch Kinder hat, bevor du es tust!

Der Anblick des Meisters ist von nun an – wie soll ich sagen – gewöhnungsbedürftig. Eine zaghafte Raubtierhaftigkeit schummelt sich in sein Antlitz, mit dem die Dame deines Herzens vielleicht heimlich – oder auch weniger heimlich – hadert. Denn diese Zähne, die da plötzlich wie übrig gebliebene Häuser nach einem Flächenbombardement in den zarten Rachen des Meisters ragen, erinnern sie daran, dass nun bald das definitive Ende von Saugland erreicht sein wird, was in der Folge auch das Ende der Herrschaft der famosen Hormone und damit das Ende der Gratis-Glücksgefühle bedeutet, die der Dame deines Herzens in der Stillzeit von ihnen gewährt wurden.

Aber auch für dich wird der Anblick anfangs fremd sein. Plötzlich schleicht sich so etwas wie Bewusstsein in den Gesichtsausdruck des Meisters. Ein Teil seiner reizvollen Fremdartigkeit verschwindet und macht Platz für eine Art Basis-Persönlichkeit, die sich von nun an immer mehr verfeinern, aber nicht mehr fundamental verändern wird. Die Tore der großen Kauleiste stehen weit offen. Neugierig reitest du hindurch.

Was dich nun erwartet, ist eine Miniversion, eine Art Legoland deiner eigenen Welt. Von nun an wird vieles dich an deine eigene Kindheit erinnern. Auch viele vergessen geglaubte Erinnerungen, die möglicherweise gar nicht deine eigenen sind, sondern durch Erzählungen deiner Eltern oder Fotos aus deiner Kindheit in Gang gesetzte Fantasien werden auf deinem weiteren Weg durch Kindistan aus dem Boden schießen wie Pilze in Zauberland.

Ab jetzt werden die gemeinsamen Mahlzeiten allerdings Prüfsteine für deine Geduld werden. Bisher war eine Mahlzeit eine Mahlzeit. Der Meister aß, was du ihm in den Mund schaufeltest – mal mehr, mal weniger. Von nun an aber wird alles anders. Er wird ständig etwas wollen, ohne dass du verstehst, was. Das ist nicht weiter verwunderlich, denn er wird es selbst nicht wissen. Er weiß nur, dass er etwas will. Er wird sozusagen etwas wollen wollen, denn er sagt sich: »Ich habe Zähne, ich kann beißen, jetzt will ich auch meinen Teil vom Kuchen, und zwar pronto!«

Und so wird er wollen, wollen, wollen, aber mit nichts zufrieden sein, was du ihm anbietest. Mit großen, imperialen Gesten wird er auf irgendetwas auf dem Tisch zeigen, einen wenig artikulierten, dafür umso lauteren und, dem Klang nach zu urteilen, eindeutig fordernden Laut ausstoßen, was sage ich, nicht einen, sondern viele. Genau genommen wird er eine Salve von Lauten abfeuern, die so lange andauert, bis du ihm irgendetwas gibst, beispielsweise einen Zwieback. Den wird er mit einem triumphalen Kiekser nehmen, einmal hineinbeißen, auf den Tisch legen, ihn mit einer Bewegung vom Tisch fegen, deren frische Unverschämtheit dich sprachlos macht. Dann wird er auf irgendetwas anderes zeigen und das Spiel beginnt von vorne.

Es mag eine Weile dauern, bis du begreifst, dass er nicht etwas Bestimmtes will, sondern die ganze Welt. Denn jetzt hat er Zähne. Und wer Zähne hat, kann fordern. Das kapiert der Meister sehr schnell. Später wird dieses Verhalten sich verfeinern. Später werden seine Forderungen spezifischer sein, sodass du mit ihm handeln kannst. Gut, können klingt zu sehr nach zivilisiertem Umgang, und davon wird dein Verhältnis zum Meister noch lange Zeit sehr weit entfernt sein. Müssen, das trifft es mehr, du wirst handeln müssen. Dein

Leben wird bald ein einziger arabischer Basar sein. Aber einstweilen ist sein Wollen noch roh und stürmisch und ungezielt. Er entdeckt das Wollen an sich, und zwar mit einer ungeheuren, wilden Freude, die du dir auch mal wieder in deinem Leben wünschen würdest. Mein Gott, denkst du, sich einmal wieder so über eine Entdeckung freuen können! Wahnsinn!

Aber das geht natürlich nicht. Das ist vorbei. Du kannst dich in noch so gefährliche Situationen begeben, um dir selbst einen Adrenalinkick zu verschaffen, die Entdeckerfreude des ersten Mals ist einmalig und unersetzlich. Aber die Freude des Meisters ist immerhin ansteckend. Und das ist schon die zweite gute Nachricht in diesem Kapitel, Reisender. Es wird dir nicht gelingen, in Anwesenheit des Meisters schlechte Laune zu kriegen, Aggressionen ja, weil du dir sehr schnell vorkommen wirst wie der Sklave eines extrem launischen Herrn, der ziemlich ungemütlich wird, wenn du das Ich-schmeiße-etwas-auf-die-Erde-und-du-hebst-es-auf-Spiel nicht mehr mitspielen willst.

Aber schlechte Laune? – Nein. Niemals.

21

FÜNFTES INTERMEZZO:
SCHICK DIE MAMA WEG!

I ch weiß, was du denkst. Und ich nehme es dir nicht übel. Allmählich fragst du dich ernsthaft, ob dieser ganze Aufwand sich überhaupt lohnt, nicht wahr? Nein, sag nichts, ich weiß, wie du dich fühlst, Reisender, ich kenne diese Zweifel. Das ist normal. Zweifel ist unsere zweite Natur in Kindistan. Es fängt ja schon damit an, dass nur die Mama sich bekanntlich sicher sein kann, dass sie auch wirklich die Mama ist. Argwöhnisch wirst du immer wieder nach Spuren deiner Gesichtsmerkmale in des Meisters Antlitz suchen. Wieso hat der keine Segelohren, wirst du etwa denken, oder: Wieso ist er blond, obwohl sowohl die Dame deines Herzens also auch du selbst doch dunkle Haare haben?

Vielleicht ist es ein Trost zu wissen, dass die ersten Jahre in Kindistan Jahre totaler, ungebremster und wilder Kreativität sind. Der Meister wirft sich von einem Experiment ins nächste. Das betrifft auch sein Aussehen. Es mag wie Unentschlossenheit wirken, aber in Wirklichkeit probiert er mit Gesichtsmerkmalen und Haarfarben herum wie ein Schönheitschirurg. Kurz nach der Geburt sieht er häufig dem Papa tatsächlich sehr ähnlich, eine Vorsichtsmaßnahme der Natur, wie es heißt, damit dessen Zweifel nicht zur Ablehnung des Meisters führen. Nach ein paar Wochen ist er dann aber meistens kaum wiederzuerkennen. Wenn du diese kurze Phase, in der der Meister dir mit großer Wahrscheinlichkeit ähnelt, also nicht verpassen möchtest, ist es schon aus diesem Grund empfehlenswert, vom Gipfel der Geburt an mit dabei zu sein.

Aufgrund dieser banalen Tatsache der männlichen Unsicherheit in Bezug auf die Vaterschaft wurde jahrhundertelang angenommen, dass der Papa erst später einmal und auch nur aufgrund gegenseitiger Vereinbarungen wichtig wird, also nur insofern und insoweit es in der jeweiligen Gesellschaft kulturell üblich ist. Im Gegensatz zur Mutter, die eine tiefe, archaische, quasi biologisch legitimierte, symbiotische Beziehung zum Baby hat, basiert die Vaterbindung dieser Theorie zufolge nur auf gesellschaftlichen Gepflogenheiten.

Diesem Glauben wurden bis vor Kurzem sogar die Weihen der Wissenschaft verliehen. Titanen der Psychoanalyse wie Jacques Lacan betonten immer wieder, dass im frühen Stadium der Kindheit der Vater eigentlich eine nahezu überflüssige Beigabe und die Mutter die wichtigste und genau genommen auch einzige Bezugsperson sei, die den Vater überhaupt erst in seine Rechte einsetze, ihn sozusagen inthronisiere. Er spricht vom »symbolischen Vater«, dessen Aufgabe später sein wird, das Gesetz zu verkörpern, die Symbiose zwischen Mutter und Kind zu lösen und dem Kind so zu Selbstständigkeit und der Möglichkeit zu verhelfen, seinen Platz in der Gesellschaft zu finden. Er ging sogar so weit zu behaupten, dass dieser Vorgang und damit die Funktion des Vaters frühestens nach dem siebten Lebensjahr des Kindes möglich sei, weil das Kind erst dann einen Begriff von Vernunft habe. Einig war man sich bis vor Kurzem aber auf jeden Fall darin, dass der Papa ruhig wegbleiben kann, solange das Kind noch nicht zu sprechen imstande ist.

Wenn du das hier liest, Reisender, hast du bereits einen Gutteil deiner Lebenszeit mit der Lektüre über ein Land verbracht, das nicht existiert, über Abenteuer, die nur in der Fantasie stattfinden, weil sie Metaphern sind für Herausforderungen im wirklichen Leben, um einen neuen, frischen

Blick auf diese zu ermöglichen. Und wozu das alles? Um dich davon zu überzeugen, dich von Anfang an bei Pflege und Erziehung deines Babys zu engagieren? Aber wenn es für die Entwicklung des Babys in diesem Stadium völlig egal ist, ob du da bist oder in China ein Sack Reis umfällt, weil es doch vor allem die Mutter ist, die das Baby braucht, warum sollte das dann wichtig sein? Meine Lebenszeit ist begrenzt, wirst du vielleicht denken, der Kampf ums Dasein wird immer härter, da kann ich keine Zeit verschwenden für ein Engagement mit zweifelhaftem Sinn, wenn in der Zwischenzeit jemand anders meine Karriere macht, die meiner Familie letztendlich mehr nützen wird als die Verdoppelung der Mutterrolle im frühen Entwicklungsstadium meiner Kinder, für die die Mutter besser ausgerüstet ist und die ich ihr nun mal nicht abnehmen kann.

»Das Leben ist zu kurz für schlechte Weine«, lautet andererseits das Credo weiser Genießer, dem ich mich nur anschließen kann. Es ist zu kurz für alles, was uns davon abhält, es voll und ganz zu erleben und zu genießen. Deshalb ist es auch zu kurz für Glaubenssätze, die – indem sie uns im Bann vermeintlicher Wahrheiten halten, die wenig mit der Wahrheit, aber viel mit der Ideologie des Zeitgeistes zu tun haben –, uns daran hindern zu erfahren, was das Leben für uns bereithält.

In einer Zeit, in der es undenkbar war, dass Männer bei der Geburt anwesend waren und Windeln wechselten, in der es als unmännlich galt, zu viel Zeit mit einem Baby zu verbringen und ihm die Flasche zu geben, in der sogar »zu viel« Körperkontakt zwischen Papa und Kind tendenziell als anrüchig galt, wäre es für einen Psychologen nicht möglich gewesen, eine diesen Glaubenssätzen komplett entgegengesetzte These zu vertreten.

Nun ist diese gesellschaftliche Realität Gott sei Dank dabei, sich radikal zu verändern. Und mit ihr verändert sich auch die wissenschaftliche Basis, mit der sie sich legitimiert. Inzwischen vertreten immer mehr Psychologen die Auffassung, dass ein Engagement des Vaters von Anfang an einen positiven Einfluss auf die Entwicklung des Kindes hat, wie beispielsweise der französische Psychologe Jean Le Camus in seinem Buch *Väter* nachweist. Dabei wird durchaus die Unterschiedlichkeit zwischen dem Engagement von Müttern und Vätern gewürdigt. Inzwischen geht man, um es auf den Punkt zu bringen, also davon aus, dass Mütter und Väter sich bei der Erziehung des Kindes von Anfang an ergänzen und dass die aktive Präsenz beider Elternteile von Anfang an einen positiven Einfluss auf die Entwicklung des Kindes hat.

Große Überraschung!

Diese Einsicht dürfte jeder Papa instinktiv haben, der sein gerade geborenes Baby in Händen hält, spätestens aber, nachdem er sich ein paar Monate als aktiver Papa engagiert hat. Dafür bedarf es für ihn keiner wissenschaftlichen Untersuchungen. Aber um jenen Lobbyisten in der Politik den Wind aus den Segeln zu nehmen, die immer noch von einer Art gottgegebenen Arbeitsteilung bei der Kindererziehung ausgehen und diese als Begründung für das Verhindern des Baus von Kindertagesstätten und die Sabotage eines echten Erziehungsurlaubs für Väter hernehmen, sind diese Untersuchungen sehr wichtig. Ebenso wichtig mögen sie für dich sein, edler Reisender, dessen zweiter Name in Kindistan »Zweifel« ist.

Dir lass also gesagt sein: Es handelt sich nicht nur um dein Privatvergnügen, wenn du Zeit mit deinem Kind verbringen möchtest. Das Kind braucht dich, und zwar von Anfang an. Du verschwendest nicht deine Zeit mit ihm. Eher würdest du deine Zeit mit dem Versuch verschwenden, vermeintlichen gesellschaftlichen Erwartungen an dich gerecht zu werden, die sich irgendwann sozusagen als schlechte Weine entpuppen könnten, weil du feststellen musst, dass Undank der Welt Lohn ist. Und das Leben ist nun mal zu kurz für schlechte Weine.

Diese Erkenntnis verdanke ich übrigens meinem eigenen Vater, der sich zwar nicht von Anfang an gleichberechtigt in der Pflege und Erziehung seiner Kinder engagiert hat, weil der Zeitgeist und die Zwänge des Lebens ihn gar nicht auf diese Idee kommen ließen, der aber nie einen Zweifel daran ließ, was in seinem Leben das Wichtigste war, nämlich die Familie. Durch ihn konnte ich einen Begriff von Freiheit entwickeln, die darin besteht, dass man seine eigenen Prioritäten definiert und danach lebt, statt sich von gesellschaftlichen Erwartungen treiben zu lassen.

Ich gehe aber noch einen Schritt weiter. Gleichberechtigung beim Umgang mit dem Baby ist schön und gut, aber eine Illusion. Die Mama hat einen naturgegebenen Vorsprung, den es einzuholen gilt, wenn es wirkliche Souveränität im Lande Kindistan ist, die du anstrebst. Und diese anzustreben lohnt sich, das kann ich dir aus eigener Erfahrung bestätigen.

Es gibt aber nur einen Weg, diesen Vorsprung einzuholen, nämlich allein verbrachte Zeit mit dem Meister. Wirkliche Souveränität kannst du nur erlangen, wenn du viel Zeit mit ihm allein verbringst, am besten ganze Tage oder gar Wochen, und den gesamten Tagesablauf mit ihm selbst organisierst und durchführst. Erst wenn du diese Prüfung bestanden hast, weißt du, dass du es zur Not auch alleine schaffen kannst. Und diese Erkenntnis verleiht dir eine ungeheure Autorität vor dir selbst, die sich auf den Meister und die Dame deines Herzens überträgt und wiederum ihnen die Sicherheit gibt, dass du im Notfall den Laden auch alleine schmeißen kannst.

Das ist keine wissenschaftlich fundierte Erkenntnis, aber ein gelebter Erfahrungswert. Denn es gibt, Reisender, und damit erzähle ich dir sicher nichts Neues, neben den Erwartungen der Gesellschaft und denen der Familie, noch eine geheime Forderung von dir selbst an dich, und die lautet: Meisterschaft des Lebens. Das Leben zu meistern bedeutet, den Herausforderungen, die dieses Leben für dich bereithält, entspannt und kompetent zu begegnen. Denn das Leben ist zu kurz für schlechte Weine, und Verkrampfungen aller Art gehören zu den allermiesesten Weinen. Echte Meisterschaft aber erfordert Übung, und die wiederum erfordert Zeit.

Nur, wenn du eigene Erfahrungen mit dem Meister sammelst, die ohne Vermittlung durch die Dame deines Herzens auskommen, kannst du eine ganz eigene und direkte Beziehung zu ihm aufbauen. Du brauchst deine eigenen kleinen Geheimnisse mit dem Meister. Die Mama hat sie schließlich auch. Ihr braucht Euer eigenes Gebiet in Kindistan, zu dem nur ihr Zutritt habt.

Natürlich könnt ihr euch diese Gebiete auch später erobern, wie es jahrhundertelang üblich war, zumindest in solchen Fällen, in denen ein einigermaßen inniges Verhältnis zwischen Vater und Kind herrschte, was ja – trotz Zeitgeist-Ideologie – auch möglich gewesen sein wird. Aber sowohl der Meister als auch du werden davon profitieren, wenn Ihr es schon in dem ganz frühen Stadium tut. Es erleichtert den Umgang einfach ungemein und macht ihn selbstverständlicher für euch beide. Warum die Zeit verschwenden, die, um bei dem Bild zu bleiben, dem Wein die letzte Reife gibt?

Vielleicht ergibt es sich auf ganz natürliche Weise für dich, Zeit mit dem Meister allein zu verbringen, weil du zu den Glücklichen gehörst, die es sich leisten können, Elternzeit zu nehmen, während die Dame deines Herzens arbeiten geht. Vielleicht seid ihr auch beide Freiberufler und in der privilegierten Lage, dass ihr euch eure Zeit einigermaßen einteilen könnt. Sollte das aber nicht der Fall sein und die

Dame deines Herzens sich unter dem Einfluss der Hormone, der fürchterlichen, mit Händen und Füßen dagegen wehren, euch auch nur einen Fußbreit Territorium von Kindistan zu überlassen, dann gibt es nur einen Weg: Schick die Mama weg!

Lass dir was einfallen! Schenk ihr ein Wellness-Wochenende allein, mach es ihr schmackhaft mit dem großen Verständnis, das du für die Mühen der Mutterschaft aufbringst. Sag ihr, sie sähe zwar toll aus, könne aber nach einem solchen Wochenende noch toller aussehen. Oder schick sie zu einer Freundin, die in einer anderen Stadt wohnt, damit sie ihre sozialen Kontakte pflegt. Wie du es machst, ist letztlich egal. Wichtig ist nur, dass du sie eine Weile loswirst.

Günstigenfalls wird sie es auch genießen, mal wieder die Luft der Freiheit zu schnuppern. Vielleicht wird ihr durch eine solche Zwangsabwesenheit auch klar, dass echte Gleichberechtigung nicht nur möglich, sondern auch für sie gut ist. Ein bisschen Abstand wirkt oft Wunder, und es dürfte eine große Erleichterung für sie sein, zu wissen, dass sie sich diesen Abstand verschaffen kann, wenn es mal sein muss.

Außerdem ist es schließlich nicht von Nachteil, noch toller auszusehen, als es ohnehin schon der Fall ist.

Nun gibt es aber ein Problem bei der Sache, allerdings von ganz anderer Seite, als du wahrscheinlich vermutest. Je länger die Abwesenheit nämlich dauert, je länger also der Zeitraum beschaffen ist, in dem du mit dem Meister allein bist, desto leichter wird es dir fallen. Schwierig wird es erst, wenn die Mama zurückkommt. Denn plötzlich musst du wieder alles mit ihr abstimmen. Sie wird eine Weile eine Art Fremdkörper sein und sich auch so fühlen, denn die Entwöhnung passiert schnell. Schnell verlernt man die Handgriffe und vergisst den Rhythmus. Schnell lebt man wieder wie vor der Elternschaft.

Aber eben so schnell kommt alles auch wieder zurück. Verliebe dich also nicht allzu sehr in die alleinige Sorge um den Meister. Am besten ist es nämlich schon, wenn ihr alle zusammen seid, für den Meister, für die Mama und für dich letztlich auch. Schließlich hast du ja auch noch ein Leben außerhalb von Kindistan. Aber ...

Habe ich das, Effendi?

Äh – bitte? Hast du was?

Ein Leben außerhalb von Kindistan?

Das weiß ich doch nicht.

Aber du hast es doch gerade behauptet.

Richtig. Das habe ich. Hm. Nun ja.

Du zögerst?

Lass es mich so sagen: Im Prinzip ja. Es versteckt sich nur ziemlich gut. Aber dazu kommen wir später. – Wo war ich stehen geblieben? Herrje, ich war grad so schön in Schwung! Da kommst du mit deiner Ängstlichkeit und kloppst mir meinen schönen Rhythmus kaputt!

Tut mir leid, aber nach allem, was du bisher gesagt hast, liegt die Frage doch nahe, oder?

Mann, war ich gerade in Schwung! So müssen Prediger sich fühlen. Durchdrungen von einer Mission, sicher in dem, was sie sagen wollen, zufrieden mit sich und der Welt, weil sie sich auf der richtigen Seite wähnen. Und jetzt weiß ich nicht mehr, worauf ich hinaus wollte.

Es ist besser, wenn wir zusammen sind.

Bitte?

Das sagtest du gerade.

Ah, richtig. Das ist es wohl. – Ja. – Es ist besser, wenn ihr zusammen seid. Das ist besser, äh, als allein zu sein, nehme ich an, oder?

Vermutlich schon.

Ja, vermutlich schon, vermutlich schon. Obwohl, es kommt natürlich auf eure Beziehung an. Aber in der Regel ist es wohl besser. Aber … aber … ähm … Abwechslung ist auch nicht schlecht. Oder?

Sicher nicht, nein.

Eben. Abwechslung ist für das Zusammensein, was der Sauerstoff für den geöffneten Wein ist: Sie verleiht ihm die letzte Geschmacksvollendung. Siehste, jetzt hab ich ihn wieder, den Faden.

Glückwunsch, Effendi.

Danke, Reisender. Allerdings verlangt diese Gemeinschaft auch nach ununterbrochener Kommunikation, ja, dahin geht's, das wollte ich sagen, sie benötigt Verständigung. Verständigung ist das tägliche Brot Eurer Beziehungen und der tägliche Kitt der Familie. Dieses permanente Quatschen mag manchmal mühselig sein, aber Reden ist nun mal wichtig, unerlässlich auch für die Entwicklung des Meisters. Denn er soll ja lernen, Probleme durch Nachdenken und Kommunizieren zu bewältigen, statt stumm und finster seine Interessen durchzuprügeln, nicht wahr?

Ich denke schon, Effendi, besser wär's schon.

Das will ich meinen, Reisender. Aber da es in Kindistan – bei allem Gequatsche – Erfahrungen sind, die zählen, betone ich noch mal: Die Zeit, die du allein mit dem Meister verbringen kannst, ist Gold wert! Darum zögere nicht und schick die Mama weg!

Alles klar, Effendi, mach ich.

Aber nicht zu lang.

22

DER FLUSS DER FORTBEWEGUNG

Ja, mach nur einen Plan …

Langsam fließt er dahin, ruhig, behäbig, schlammig, an den grasbewachsenen Ufern leise gurgelnd, der große, alte Mann Kindistans: Der Fluss der Fortbewegung. Doch bevor er das tut, hat er eine aufregende und ereignisreiche Reise über die Stromschnellen des Strauchelns und die Wasserfälle des Stürzens hinter sich, nachdem er aus den vielen Quellen des Zappelns, den Rinnsalen des Rollens, den Bächen des Robbens, den Seitenarmen des Krabbelns und den kristallklaren Seen der puren Bewegungsfreude gespeist und zu der großen, Leben spendenden, alles beherrschenden Wasserader wurde, die er nun ist. Ohne ihn würde kaum etwas wachsen in Kindistan. Die meisten Bäume mit Geistesfrüchten werden gespeist aus seinen Wassern.

Ich unterbreche ungern so früh, Effendi, aber Geistesfruchtbäume sollen durch das Wasser aus dem großen Fluss der Fortbewegung gespeist werden?

Aber ja.

Wie das?

Ist das eine ernsthafte Frage?

Allerdings. Was hat Fortbewegung mit geistiger Tätigkeit zu tun?

Nun, einmal abgesehen davon, dass beispielsweise von Goethe berichtet wird, er habe seine besten Einfälle beim Spazierengehen gehabt, abgesehen auch davon, dass es mir genauso geht – selbstverständlich, ohne damit eine unziemliche Verbindung zwischen dem Dichterfürsten und mir herstellen zu wollen –, abgesehen davon, sage ich, dass viele Menschen, nicht nur Goethe und ich, sondern auch andere, ihre Einfälle haben, während sie sich bewegen, ist es wissenschaftlich erwiesen, dass des Meisters Fortbewegung direkten Einfluss auf die Entwicklung seines Gehirns hat. Je mehr er sich bewegt, desto besser für die Entwicklung seines Gehirns. Klar genug?

Voll und ganz.

Darf ich dann weitererzählen?

Sehr gern.

Und ich werde nicht gleich wieder unterbrochen?

Wenn es sich irgend vermeiden lässt, nicht.

Ich frage nur, weil es dem Fluss der Erzählung über den Fluss der Fortbewegung nicht gerade dienlich ist, wenn er ständig unterbrochen wird.

Wie gesagt, ich bin still und höre zu.

Und unterbrichst nicht?

Wie gesagt, nicht, wenn es sich irgend vermeiden lässt.

Gut. Also: dein Ross der Euphorie stapft, müde geworden, durch das hohe Steppengras und den dichten, bis nah ans Ufer heranreichenden, über weite Strecken undurchdringlichen Wald des Alltags voll der Bäume deiner Erfahrung, der weite Teile der Hochebene der ersten zwölf Monate bedeckt. Es trottet zielgerichtet auf das Wasser zu, bleibt am Ufer stehen, schüttelt seine Mähne, um die Zügel zu lockern, schnaubt einmal kräftig und stößt seinen Kopf dann in Richtung Wasser, um zu saufen. Es säuft und säuft und scheint nie wieder damit aufhören zu wollen. Du hast es dir verdient, altes Haus, denkst du, und steigst ab. Zum ersten Mal seit dem Gipfel der Geburt im Vorgebirge der Schwangerschaft stehst du wieder auf eigenen Füßen. Euphorie kann ja kein Dauerzustand sein, nicht wahr, sondern immer nur ein kurzer Moment in den unendlichen Weiten eines Universums voller Mühsal, ein Moment, in dem sich eine lang aufgebaute Spannung entlädt. Darum lass es getrost stehen, dein treues Ross der Euphorie. Es wird alleine seinen Weg zurück ins Vorgebirge der Schwangerschaft finden.

Wie schade, Effendi, ich hatte mich gerade an diesen Gaul gewöhnt.

Hatten wir nicht gerade eine Vereinbarung getroffen, Reisender?

Wenn es sich irgend vermeiden lässt, hatte ich gesagt.

Und diese Bemerkung jetzt war unvermeidbar, ja?

Ich mochte diesen Gaul wirklich sehr! Immerhin haben wir monatelang zusammengelebt, Tag und Nacht, wenn ich deiner Erzählung glauben darf. Da wird man doch wohl noch bedauern dürfen, ihn so mir nichts dir nichts verlassen zu müssen! Gefühle sind doch nicht verboten, oder? Muss ich mich jetzt dafür rechtfertigen, wenn mir ein Pferd ans Herz gewachsen ist? Ist es jetzt schon so weit? Muss ich mich für zärtliche Gefühle entschuldigen? Was ist das für eine kalte Welt, in der –

Schon gut, Reisender, du musst dich für gar nichts rechtfertigen. Entspann dich, es ist alles nicht so dramatisch. Von nun an wirst du seiner nicht mehr bedürfen, das ist alles. Andere brauchen es jetzt mehr, Neuankömmlinge in Kindistan, die gerade über den sturmumtosten Gipfel der Geburt steigen. Und der Vorrat an Rössern der Euphorie ist nun mal begrenzt.

Ist er das?

Ich denke doch.

Warum?

Warum? Hm. Gute Frage. Na ja, stell dir mal eine Welt vor, in der es nicht so wäre!

Ha! Haha! Stimmt.

Du lachst?

Die Welt wäre eine einzige Castingshow.

Kein schlechter Vergleich, Reisender.

Ja. Eine Dauer-Castingshow mit dem ewig gleich begeisterten Publikum.

Klingt nach einer modernen Form der Hölle.

Der Hölle, Effendi? Übertreibst du nicht wieder ein bisschen?

Ich glaube nicht. Denn Dauereuphorie ist nicht nur unnatürlich, sondern auch ungeheuer nervtötend. Die echten Rösser der Euphorie sind ein begrenztes und damit kostbares Gut, die künstlich gezüchteten dagegen sind an jeder Ecke zu haben, aber es sind gedopte, bis unter die Nüstern mit erzwungener Begeisterung vollgepumpte alte Klepper, die bei der geringsten Belastung zusammenbrechen. Die braucht kein

Mensch. Was du dagegen von jetzt an ganz sicher brauchst, ist ein anderes Fortbewegungsmittel.

Und das wäre? – Nein, lass mich raten!

Nur zu.

Ein Boot?

Sehr gut, Reisender! Du machst dich! So etwas Ähnliches. Ein Floß, und zwar das Floß der Hilfestellung. Du siehst deinen treuen Gaul noch einmal an, der dich schnell an dieses Ufer gebracht hat, so schnell, dass du froh über jede mit dem Meister verbrachte Minute sein kannst, weil keiner seiner Entwicklungsschritte wiederkommen wird. Und die Zeit wird so irrsinnig schnell vergangen sein, dass du dich ernsthaft fragst, ob du die Reise nicht gleich noch einmal machen solltest, um nächstes Mal alles besser mitzukriegen –.

Und?

Was und?

Sollte ich? Die Reise ein zweites Mal unternehmen, meine ich?

Eins nach dem anderen, Reisender. Dazu kommen wir im nächsten Kapitel. Hör mal, wenn du mich noch einmal unterbrichst, dann, dann … äh, tja dann … Ja, siehst du, jetzt weiß ich nicht einmal, womit ich drohen soll! Das ist übrigens auch eine Erfahrung, die du in Kindistan immer wieder machen wirst: deine Worte sind schneller als deine Gedanken, weil der Meister es eben auch ist und dir nichts anderes übrig bleibt, als dich seinem Tempo anzupassen. Eine wiederholte Provokation des Machredsch von Mach bringt dich auf die Palme. Du versuchst es mit einem freundlichen Hinweis. Der wird ignoriert. Dann versuchst du es mit Verhandlung – erfolglos. Und ehe du dich versiehst, hast du dich zu einer Drohung emporgeschwungen, die in der Luft hängen bleibt, weil dir partout nicht einfällt, womit du jetzt drohen sollst, sodass die Drohung droht, eine leere Drohung zu werden. Der Meister schaut dich erwartungsvoll an – und jetzt viel Spaß beim Erfinden irgendeiner Strafe, die durchführbar, angemessen und sinnvoll ist! Aber ich schweife ab. Da siehst du, wohin dieses ständige Unterbrechen führt!

Tut mir leid. ich bin jetzt still. Ehrlich.

Gut. Na, wir werden sehen. Wir waren bei dem neuen Fortbewegungsmittel stehen geblieben. Du klopfst deinem treuen Begleiter der letzten Monate also noch einmal freundschaftlich auf seinen Hals, stapfst dann in den dichten Wald davon, beginnst, dir Holzstämme von den Bäumen deiner Erfahrung für den Bau des Floßes der Hilfestellung zu suchen und dein Floß zusammenzuzimmern.

Du wirst mit diesem Floß im Strömungstempo auf dem Fluss treiben und deinen Blick auf das Ufer gerichtet halten. Der Meister, der heimliche Herrscher Kindistans, taucht nämlich auf, wann es ihm passt, rollt, robbt, krabbelt und stolpert am Ufer des großen Flusses der Fortbewegung entlang, und deine Aufgabe wird darin bestehen, zur Stelle zu sein, wenn er von den Schlingpflanzen des Scheiterns zu Boden gezogen wird. Von nun an werden wieder deine Geduld und das Reaktionsvermögen eines Jägers gebraucht – Fähigkeiten, ohne die du niemals bis hierher gekommen wärest. Also weiß ich auch, dass du sie hast. Denn du weißt nie, wann der Meister auftaucht, und solltest reagieren können, wenn er fällt.

Doch nicht nur deine Jäger-Qualitäten werden hier gebraucht. Auch deine Intuition wird nötig sein, da du immer wieder entscheiden musst, ob eine und wenn ja welche Hilfestellung überhaupt nötig ist. Und um das beurteilen zu können, ist es vielleicht ganz hilfreich, die ungefähre Abfolge der Bewegungsarten zu kennen.

Sobald er sich vom Rücken auf den Bauch drehen kann, besteht bereits die Möglichkeit der Fortbewegung, und zwar durch Rollen. Nun sind die Rinnsale des Rollens in der Regel zwar wirklich noch kleinste Bächlein, die keine erhöhte Reaktionsfähigkeit von dir verlangen. Einige Meister perfektionieren allerdings diese Methode in erstaunlicher Weise. Sie sehen am anderen Ende des Raumes ein Spielzeug, das sie begehren, ihre Augen leuchten entzückt auf, und dann kullern sie in affenartiger Geschwindigkeit durch den Raum, bis sie beim Objekt ihrer Begierde angekommen sind.

Das Rinnsal des Rollens wird dann zum Bach des Robbens. Auch diesen Bach kannst du getrost noch sich selbst überlassen, natürlich ohne den Meister aus den Augen zu verlieren, aber einschreiten wirst du eher selten müssen, zumal am Anfang, weil er da noch rückwärts robbt, obwohl er eigentlich vorwärts möchte. Diese kontraproduktive Art der Fortbewegung führt oft zu verständlichen Anfällen von Wut und Verzweiflung, bis der Leidensdruck so groß wird, dass er eines Tages einfach die Richtung ändert, als hätte er es nie anders gemacht. Lass einfach mal einen anderen Meister zielstrebig auf ein Spielzeug zurobben, das er haben will, und du wirst sehen, wie schnell sie plötzlich die Richtung ändert, die gierige kleine Robbe!

Die Bäche des Robbens gehen über in die Seitenarme des Krabbelns. Doch nicht jeder Bach nimmt diesen Umweg. Einige münden auch direkt in den Strom des aufrechten Ganges. Je mehr der Meister nämlich die gegenwärtige Fortbewegungsmethode perfektioniert hat, desto länger kann es unter Umständen dauern, bis er sie wechselt. Auch die Beschaffenheit des Fußbodens in deiner Wohnung kann eine Rolle dabei spielen. Auf einem glatten Parkettboden etwa wird er robbend bald so schnell auf dem Boden entlangrutschen können, dass er keinen Sinn darin sieht, sich auf alle viere zu begeben, nur um wieder auf die Nase zu fallen, weil der Boden zu glatt ist und seine Beinmuskulatur den aufrechten Stand noch nicht unterstützen kann. Und so kann es passieren, dass er beginnt, sich an jedem geeigneten oder ungeeigneten Objekt hochzuziehen und auf zwei Beinen gehen zu wollen, bevor er überhaupt die Krabbelphase hinter sich gebracht hat.

Auch der Zeitpunkt der jeweiligen Entwicklungsschritte variiert stark. Manchmal taucht die Mauer Zahnistans erst nach den ersten Krabbelversuchen auf, manchmal davor, manchmal vor den ersten Gehversuchen, manchmal danach. Manche Meister können bereits sitzen, ohne immer mit ihrem unendlich schweren und großen Schädel voran umzukippen wie die Besoffenen in Slapstick-Filmen. Manche können es noch nicht. Einen Moment bist du abgelenkt. Plötzlich macht es: Klonk! Pause. Klonk?, denkst du, was hat denn da gerade Klonk gemacht? Und schon schwärmen die Jesidi des Schmerzes aus und beantworten deine Frage. »Whaaaaaaaaaaaaaaaaaaaahahahaooouuu!«, lautet die Antwort, was übersetzt in etwa Folgendes bedeutet: Des Meisters Kopf natürlich, du Dödel, der hat gerade »Klonk« gemacht, weil er so schwer ist und sein Körper noch nicht kräftig genug, ihn da oben zu balancieren! Und jetzt mach, dass dieser Schmerz weggeht, und zwar ein bisschen plötzlich!

Hat der Meister erst einmal eine neue Möglichkeit der Fortbewegung entdeckt, lässt er sich von nichts und niemandem mehr abhalten, sie zu trainieren. Hat er erst einmal verstanden, dass es möglich ist, an all die leckeren Dinge heranzureichen, die höher liegen, indem man sich an einem Stuhlbein hochzieht, kann keine Macht der Welt ihn mehr davon abhalten, es auch zu tun.

Du legst ihn auf den Boden, und noch bevor er diesen erreicht, zuckt sein Körper wie eine Kaulquappe, die du ins Wasser legst. Wie diese verliert er keine Zeit, sobald er sein Bewegungselement, den Boden, erreicht hat, und robbt unverzüglich los, auf direktestem Weg auf das erwähnte Stuhlbein zu, um sich an diesem hochzuziehen. Da seine Beine aber noch nicht die zum Stehen nötigen Muskeln entwickelt haben, grätschen sie immer wieder zur Seite weg. Bevor er nun langsam und unaufhaltsam in den Spagat rutscht, hält er sich jedoch mit eisernem Willen so lange am Stuhlbein fest, wie seine Kräfte es erlauben. Sein Gesicht verfärbt sich dunkelrot, und er beginnt kurze, wütende Schreie auszustoßen wie ein Gewichtheber beim Reißen der 125-Kilogramm-Hantel. Am Ende unterliegt er leider immer, solange er sich noch nicht beim Strom des aufrechten Ganges befindet.

Dein Floß wirst du erst in den Seitenarmen des Krabbelns zu Wasser lassen müssen. Vorher sind seine Bewegungsversuche zwar auch schon verletzungsintensiv, aber noch nicht lebensgefährlich. Sobald er aber krabbelt und insbesondere, wenn er versucht zu gehen, wird deine permanente Anwesenheit auf dem Floß der Hilfestellung nötig sein. Spätestens jetzt nämlich wird der große Fluss der Fortbewegung immer wieder durch die Stromschnellen des Strauchelns aus dem Gleichgewicht gebracht werden und über die Wasserfälle des Stürzens in die Tiefe fallen. Halte dich gut an dem Mast deines Floßes fest, Reisender! Aber keine Sorge, in der Regel übersteht es derartige Stürze ganz gut, das Floß.

Wer sie hingegen weniger gut übersteht und immer wieder mit gefährlich aussehenden Hämatomen bezahlt, ist der Meister. Du kannst diese Stürze hin und wieder vielleicht abfangen – verhindern kannst du sie nicht. Und selbst wenn du es könntest, wäre es gar nicht ratsam, das zu tun. Wie sonst soll der Meister verstehen, was Schwerkraft ist? Vergiss nicht, Reisender, das Urerlebnis des Meisters war das der Schwerelosigkeit. Er wird sich, wenn er später nicht total abstumpft, sein Leben lang nach dieser Erfahrung zurücksehnen, aber in der Realität muss er nun einmal lernen, mit der Schwerkraft zu leben, so wie du es lernen musstest.

Irgendwelche Fragen soweit, Reisender?

Nein, alles klar, Effendi.

Sicher?

Absolut sicher.

Keine Kommentare, Gefühlsausbrüche oder Verständnisschwierigkeiten?

Mmmhm, na ja, wenn du so direkt fragst.

Ich habe es gewusst. Also?

Die ganze Zeit? Ich muss ununterbrochen aufpassen?

Ja. Du oder ein Mensch deines Vertrauens.

Das ist aber schon ziemlich anstrengend dann, oder?

Das ist es wohl, keine Frage.

Und einschränkend auch, oder?

Auch das, sicher.

Könnte man also sagen, Effendi, dass in dem Maße, in dem des Meisters Möglichkeiten, sich zu bewegen, wachsen, meine Möglichkeiten, mich zu bewegen, schrumpfen?

Ich bin beeindruckt, Reisender. Ich hätte es nicht besser ausdrücken können. Genau so ist es. Denn kannst du auch nicht die Wasserfälle des Stürzens aufhalten, beaufsichtigen musst du sie doch, und zwar, ich betone es noch einmal, ununterbrochen, damit der Meister nicht zu tief fällt, etwa eine Treppe hinab. Kinderschädel sind zwar hart, wie der Volksmund sagt, aber unzerstörbar sind sie nicht. Und die Möglichkeit, die eigene Bewegung unter Kontrolle zu haben, wächst nicht proportional zu den neuen Fähigkeiten, sondern etwas verspätet mit. Großer Stolz über diese neuen Fähigkeiten liegt also unmittelbar neben tiefster Frustration über das wiederholte Fallen, das dem Meister wie eine Strafe des Himmels erscheinen muss, und zwar für ein Vergehen, von dem er nichts weiß.

Nichtsdestotrotz treiben des Meisters schier unbegrenzte Neugier und sein Wille, auch die Welt jenseits der Stuhlgrenze zu erforschen, den großen Fluss der Fortbewegung immer wieder an. Alles, was in seine Nähe kommt, wird mit dem Mund getestet. Und so wirst du deine Wohnung nach und nach zu einer Art Festung umbauen müssen, in der alle Gegenstände, die nicht in des Meisters Rachen verschwinden sollten, ab Höhe deines Bauches aufwärts aufbewahrt werden. Und die Treppen, sofern vorhanden, müssen vergittert werden.

Innerhalb dieser Festung wird das Leben irgendwann wieder einem halbwegs funktionierenden Rhythmus folgen können. Außerhalb deiner Burg aber, da draußen in der feindlichen Welt, wird jeder Schritt das Ergebnis höchster Koordinationskunst sein. Wenn du nicht gerade das Glück hast, in einer Landidylle zu leben, in der man gefahrlos vor die Tür gehen kann, ohne vom Straßenverkehr umgenietet oder von genervten Mitmenschen angepöbelt zu werden, wird es von nun an eines einigermaßen großen logistischen Aufwandes bedürfen, wenn du dich irgendwohin bewegen möchtest. Deshalb wirst du es dir gut überlegen, ob das Ziel diesen Aufwand rechtfertigt.

Du warst bisher ein Mensch, der gerne reiste und sich fröhlich den Erlebnissen hingab, die spontane Fortbewegung und die Segnungen der Mobilität ihm ermöglichten? Das wird sich, wie du gerade selbst so trefflich formuliertest, nun ändern. Es sei denn, du bist bereit, deine Erwartungen immer wieder den Gegebenheiten anzupassen und steigenden logistischen Aufwand in Kauf zu nehmen. Nirgends die Weisheit, nach der man sich auf jede Reise selbst mitnimmt und damit eben auch seine Idiosynkrasien und Macken, wahrer als in Kindistan.

Wenn du dich also dennoch nicht davon abhalten lassen willst, zu reisen, und auch nach den anfänglichen, vermutlich desaströsen Erlebnissen mit dem Messer zwischen den Zähnen, wie man so sagt, dein Recht auf Mobilität zu verteidigen gewillt bist, stelle dich darauf ein, deinen halben Haushalt und den gesamten Tagesablauf mitzunehmen. Reist du mit dem Auto, wird sich ein Zeitfenster in diesem Tagesablauf herauskristallisieren, in dem es am ratsamsten ist, zu fahren, weil der Meister dann schläft. Reist du mit Bahn oder Flugzeug, lerne, mit einem Minimum an persönlichem Gepäck auszukommen. Und vor allem: Lerne planen!

Du musst alles planen. Alles. Spontaneität ist von nun an das alleinige Vorrecht des Meisters. Deine Spontaneität wird sich darauf beschränken müssen, die permanente Zerstörung deiner Pläne durch den Meister nicht als Störung deines mühselig dem Labyrinth der Organisation abgetrotzten Tagesablaufes zu verstehen, sondern als Ausdruck seiner Lebensfreude zu begrüßen. Denn so sehr ein geregelter Tagesablauf ihn entspannt, so wenig kümmert sich der Meister darum. Für ihn zählt nur die Gegenwart. Der Tagesablauf, die Rituale, die Notwendigkeiten des Alltags und beispielsweise einer Reise sind für ihn immer nur ein neuer Rahmen für sein spielerisches Erforschen der Welt. Du dagegen bist für die Befriedigung seiner Bedürfnisse verantwortlich, die für ihn nur lästige Unterbrechungen in seinem unbändigen

Drang sind, die Welt zu erkunden. Aber wehe, du vergisst mal eines dieser Bedürfnisse. Das wird sofort mit einem Überraschungsangriff der schreienden Horden geahndet.

Hinzu kommt, dass die Welt, in der wir leben, sich von Kindistan in einer Weise entfremdet hat, die eine Berührung der beiden Welten zunehmend problematisch macht. Wirklich entspannen wirst du dich in Zukunft nur noch mit anderen Kindistan-Reisenden können, weil sie dieses Land und seine Eigenheiten kennen und deshalb instinktiv wissen, wie sie sich darin zu verhalten haben.

Gehörst du also zu den verwegenen Freibeutern der Mobilität, die sich von ihrem kleinen Scheißer nicht diktieren lassen wollen, ob sie noch reisen können oder nicht, dann hast du meine Hochachtung. Aber erwarte nicht zu viel und denke an den alten Brecht-Song aus der *Dreigroschenoper:*

> Ja, mach nur einen Plan
> Sei nur ein großes Licht!
> Und mach dann noch 'nen zweiten Plan
> Geh'n tun sie beide nicht.

23

SECHSTES INTERMEZZO: EIN ZWEITER MEISTER – JA ODER NEIN?

Da dir diese Frage ja vorhin wichtig genug war, um mich zu unterbrechen, Reisender, leite ich sie gleich an dich weiter. Was meinst du?

Tja.

Keine leichte Frage, nicht wahr?

Nein.

Eben. Aber eins ist sicher: Sie wird auftauchen. Wenn du sie nicht stellst, stellt sie die Dame deines Herzens. Stellt sie sie nicht, tun es vermutlich eure Freunde und Bekannten, ganz sicher aber eure Eltern. Ihre Beantwortung obliegt aber nur dann Eurem freien Willen, wenn du dich extrem vorsichtig der Dame deines Herzens gegenüber verhältst. Du verstehst, was ich meine, Reisender?

Warme Öfen backen gut?

So ist es.

Den Spruch habe ich mir gemerkt. Der gefiel mir.

Ja, nicht wahr? Kurz und prägnant. Und ungeheuer wahr.

Solltest du also die Reise durch Kindistan vor allem als Zumutung begreifen und dich wieder in die bekannte Tiefebene deiner Bequemlichkeitszone zurücksehnen, sei auf der Hut. Dieses ist die Zeit der Trittbrett fahrenden Seelen, die sich in einem unbeobachteten, möglicherweise sogar extrem unwahrscheinlichen Moment zwischen dich und die Dame deines Herzens drängen, wenn ihr die »Sexualis Post-Schwangerschaftensis« zufälligerweise irgendwo zwischen Pflichterfüllung und dem tiefen Erschöpfungsschlaf in der dünnen Luft des kindistanischen Hochgebirges doch einmal findet und auch tatsächlich genug Energie vorhanden ist, sie zu pflücken.

Sie tun dieses mit gutem Grund, die Seelen. Denn freiwillig wird sich die Dame deines Herzens, wenn sie bei klarem Verstand ist, kaum für eine Wiederholung der gerade überstandenen Strapazen entscheiden. Und auch du wirst den Gedanken an eine Verdoppelung der ohnehin schon unendlich erscheinenden Anzahl an Dienstleistungen für den Meister vermutlich nicht sehr sexy finden. Eure Körper aber interessiert das nicht. Denn sie werden gesteuert von dem uralten Programm der Arterhaltung, und es wird – wenn ihr nicht aufpasst wie die Schießhunde – dafür sorgen, dass der Meister nicht allein bleibt. Aber freiwillig, nach diesen Strapazen – nein.

Da habe ich aber ganz andere Sachen gehört, Effendi! Ich habe Mütter kennengelernt, die mir mit leuchtenden Augen versicherten, dass sie gerne noch ein Kind hätten, ja, nicht nur eins, noch zwei, drei, viele Kinder! Wie erklärst du das, Effendi?

Nun, Reisender, wenn du aufmerksam gewesen bist, wirst du diese Frage selbst beantworten können. Sieh in die Augen jener Mütter, die dir solches erzählen, und versuche zu verstehen, weswegen sie so leuchten!

Weil sie sich freuen?

Freuen? – Das ist die krasseste Untertreibung, die ich je dazu gehört habe! Erinnerst du dich an die Fackeln der marschierenden Hormon-Truppen? Sieh noch einmal genauer hin. Ist es wirklich nur ein Leuchten, das du dort in ihren Augen siehst? Oder ist es nicht vielmehr das Flackern von Fackeln?

Nein, nein, sie leuchten, die Augen dieser Mütter. Sie freuen sich und ihre Augen leuchten.

Sicher?

Aber ja doch.

Sieh ganz genau hin! Hast du noch nie Menschen unter dem Einfluss bewusstseinserweiternder Drogen gesehen?

Was hat das denn jetzt mit den Müttern zu tun?

Hormone können genau diese Wirkung erzielen, wenn sie wollen.

Ach ja? Und die wäre?

Grundlose Freude über alles und jeden, mildes, entrücktes Lächeln, komplette Persönlichkeitsveränderung. Kommt dir das bekannt vor, Reisender?

Ja, wenn das so ist …

Es ist so. Genau so. Nun machte ich ja bereits die Einschränkung, dass die Dame deines Herzens bei klarem Verstand sein müsse, um sich gegen einen zweiten Meister zu entscheiden. Unter Hormonen kann von klarem Verstand, wie wir inzwischen wissen, aber keine Rede sein. Nur der klare Verstand aber, oder vielleicht sollte ich präzisieren, der eisklare Verstand, der zu Kosten-Nutzen-Rechnungen in der

Lage ist, der planend und vorausschauend operieren und euch auf den schieren Wahnsinn hinweisen kann, den ein zweites Kind für euch bedeuten würde, wird dem Drängen Eurer Körper, dem Meister Gesellschaft zu bescheren, widerstehen können.

Es gibt so viele Gründe, die dagegensprechen, und sie sind so offensichtlich, dass ich dafür nur ungern Papier verschwende. Aber der klare, der eisklare Verstand braucht Unterstützung in dieser von irrationalen Emotionen erhitzten Welt. Lassen wir ihn also sprechen: Dass ein Kind in etwa die Kosten eines kleines Einfamilienhauses verursacht, bevor es endlich auf eigenen Füßen steht, ist ja mittlerweile bekannt. Ein zweites Kind in die Welt zu setzen, ist allein schon in dieser Hinsicht fahrlässiger Unsinn. Und da die Kosten-Nutzen-Relation eine der wenigen Prinzipien ist, die noch von den meisten Menschen verstanden und akzeptiert wird, könnte man eine Entscheidung für ein zweites Kind – vom Standpunkt des Gemeinwohls aus betrachtet – sogar als asozialen Egoismus bezeichnen. Kindergeld, Erziehungsgeld, Kindertagesstätten, Schulen und Spielplätze, Belastung der Nerven unserer kinderlosen Mitbürger, wer könnte sie nennen, all die Kosten der Gemeinschaft für diesen folgenreichen Wahnsinn?

Gut, die Demografie, die Demografie! Politiker versuchen immer wieder, uns davon zu überzeugen, dass wir mehr Kinder brauchen, weil sonst das gesamte Rentensystem zusammenbricht, aber die demografische Entwicklung dürfte dich am Ende einer schlaflosen, von den Fallwinden des Entwicklungsschubes durchpeitschten Nacht herzlich wenig interessieren. Dich dürften eher Fragen bewegen wie: Werden die Nächte dann noch kürzer? Wer soll all die Windeln wechseln? Um wie viel lauter wird es dann? Verdoppelt sich der Lärmpegel? Potenziert er sich womöglich?

Und?

Er potenziert sich, fürchte ich.

Oha.

Eben. Aber hören wir noch eine Weile dem eisklaren Verstand beim Analysieren dieses Themas zu. Zugegeben, sagt der eisklare Verstand, eine Meister**in** wäre vielleicht noch ganz reizvoll, als Ergänzung zum Meister, sozusagen, um die komplette Modellserie zu haben, aber wer garantiert mir, dass es nicht wieder ein Meister wird? Das Risiko, wieder ein Modell desselben Geschlechts zu produzieren, ist relativ hoch. Und was dann passiert, das wissen wir ja aus eigener Erfahrung. Oder wenn nicht, dann doch zumindest aus dem Alten Testament, das bekanntlich mit dem Mord Kains an seinem Bruder Abel beginnt und mit nicht minder blutigen Familienkonflikten weitergeht. Geschwister sind schließlich immer Konkurrenten um die Gunst der Eltern und insofern die schärfsten Konkurrenten, die man sich denken kann. Und bei Geschwistern gleichen Geschlechts verschärft sich diese Konkurrenz aufgrund der direkten Vergleichbarkeit noch.

Sieh dich um, Reisender, sagt der eisklare Verstand, leidet der eine Teil der Menschheit etwa nicht sein Leben lang unter dem übermächtigen Bruder oder der alles besser wissenden Schwester und der andere unter den ewigen Unterstellungen, es immer leichter gehabt zu haben als er, der unterdrückte Bruder, oder als sie, die bevormundete Schwester? Belegen Studien nicht, dass Einzelkinder es später leichter im Leben haben, weil sie der gesamten Aufmerksamkeit der Eltern sicher sein konnten und sie nicht teilen mussten? Spielen nicht die meisten Tragödien der Weltliteratur, zumindest die der bürgerlichen Epoche, genau aus diesem Grund auch in kinderreichen Familien und entlarven diese als Urgrund jeglichen menschlichen Unglücks?

Nenne mir ein vernünftiges Argument für einen zweiten Meister, fordert die eisklare Vernunft dich auf.

Mich?

Wen sonst? Du bist der Leser dieser Zeilen.

Ehrlich gesagt, fällt mir nach dieser Breitseite der eisklaren Vernunft keines mehr ein.

Aber die eisklare Vernunft lässt das nicht gelten. Sie hat die Energie eines Kettenhundes. Das muss sie auch in dieser Welt, die von Leidenschaften und Gedankenlosigkeit regiert wird. Denk also nach, Reisender, es muss welche geben! Schließlich gibt es immer noch Familien mit zwei und mehr Kindern. Die können ja nicht alle verrückt sein. Also, was könnte sie zu diesem irrationalen Schritt bewogen haben?

Mit mehreren Kindern erhöht sich die Wahrscheinlichkeit eines Stammhalters!?

In welchem Jahrhundert lebst du denn, Reisender? Stammhalter? Wer braucht so etwas noch außer der Klatschpresse?

Stimmt. Aber vielleicht Gesellschaft für den Meister?

Ach komm, es laufen doch genügend Kinder herum!

Sicher. Aber mit Geschwistern lernt man soziales Verhalten.

Soziales Verhalten? Was soll das sein?

Na, Teilen und so weiter.

Lernt er auch im Kindergarten. Vermutlich sogar besser, weil da Gleichaltrige sind.

Schon, aber, aber – ah, ich weiß, später wird's auch für mich einfacher, weil sie sich miteinander beschäftigen. Sie halten sich sozusagen gegenseitig in Schach.

Sie halten sich in Schach?

Ja. – Nicht?

Sie stiften sich gegenseitig an! Das trifft es eher.

Ach so.

Ja. Noch mehr Lärm, noch mehr Anarchie, noch mehr Scherben und vor allem, ein noch verzweigteres Labyrinth der Organisation. Warum also, bellt die eisklare Vernunft jetzt ungeduldig, »lässt dir diese Frage immer noch keine Ruhe?«

Tut sie nicht. Ehrlich, Effendi. Dein Kettenhund, die eisklare Vernunft, kann aufhören zu bellen, du kannst ihn wieder in seinen Käfig sperren. Sollte ich je gezweifelt haben: Jetzt bin ich von diesem Zweifel geheilt. Danke für diese Klärung. Warum sollte ich nach allem, was du gesagt hast, auch nur eine Sekunde noch an der Sinnlosigkeit einer solchen Unternehmung zweifeln? Eine Kindistan-Reise reicht nun wirklich. Nein nein, versteh mich nicht falsch. Eine Reise ist sicher schön und gut. Das ist ja eine Herausforderung! Es ist wohl, wie du sagst, das letzte Abenteuer, und vermutlich auch das größte, das wir in unserem Leben bestehen können, aber eine zweite muss nun wirklich nicht sein. Das riecht ja schon irgendwie schlecht, irgendwie abgestanden, nach Wiederholung und so. Nee, nee, alles klar. Der Meister bleibt allein.

Sicher?

Hundertpro.

Blödsinn.

Wie bitte?

Was du sagst, ist Blödsinn und das Papier nicht wert, auf dem es steht.

Das musst du erklären, Effendi. Es ist doch vernünftig, wie du mir gerade eisklar nachgewiesen hast!

Das ist es.

Warum ist es dann Blödsinn?

Ich sage nicht, dass die Argumentation Blödsinn wäre, sondern deine Beteuerung, jetzt »geheilt« zu sein, wie du es nennst.

Ah ja? Und warum?

Weil das nur jemand sagen kann, der noch nicht in Kindistan gewesen ist.

Kommt jetzt wieder der Sermon über die Hormone?

Dafür braucht es keine Hormone, Reisender. Diese Reise wird dich verändern. Am Ende wirst du ein anderer Mensch sein. Wer einmal ein echtes Abenteuer erlebt hat, wird dieses Erlebnis immer wieder suchen. So ging es unseren Vätern, Vorvätern und Vorvorvätern mit ihren Abenteuern, so wird es dir mit diesem gehen. Hat die eisklare Vernunft sie davon abgehalten, die ihnen die Gefahren eines neuen Abenteuers vorrechnete und mit den Möglichkeiten des langsamen und stetigen Vorwärtskommens, des Wachsens und Gedeihens an einem Ort und mit einem soliden Beruf verglich? Hat das nicht von der Hand zu weisende Argument, dass diese Gefahren ihr Leben bedrohte, sie davon abgehalten, sie auf sich zu nehmen?

Wohl nicht, wenn du schon so fragst.

Nicht nur das, Reisender, gerade das potenziell Lebensbedrohliche, die Gefahr war es, die sie gesucht haben, unsere Väter. Und warum?

Sag du es mir, Effendi, ich habe von diesem Frage-Antwort-Spiel die Nase voll.

Einmal noch, Reisender, sei so lieb.

Aus Langeweile?

Könnte man meinen, ja. Aber das würde nur die Oberfläche kratzen. Denn warum langweilt man sich überhaupt? Ich will dich nicht länger quälen und es dir sagen, Reisender: Wer einmal etwas Schönes sieht, wird dadurch für immer verändert. Er wird es immer wieder suchen, das Schöne. Und das Schöne sehen ist immer gefährlich. Warum das so ist, weiß ich nicht. Aber es ist so. Es kann gar nicht anders sein, denn ohne Gefahr, ohne eigene Arbeit und Anstrengung bleibt es verborgen, das Schöne. Wer bequem im Auto sitzt, nimmt die vorbeiziehenden Berge nur als Verkehrshindernis wahr. Nur der Wanderer, der die Mühsal des Aufstiegs auf sich nimmt, empfindet deren Schönheit. Genauso ist es auch in Kindistan. Je tiefer du vordringst, je vollständiger du dich auf dieses Land einlässt, desto mehr wirst du ihm verfallen.

Schön und gut, Effendi, aber Schönheit ist ja noch kein Argument. Es gibt viel Schönes, nicht nur in Kindistan. Dafür muss ich diese Reise nicht noch einmal auf mich nehmen.

Richtig. Und jetzt verrate ich dir auch endlich, warum ich dich so lange mit diesem didaktischen Frage-Antwort-Quatsch quälen musste.

Das war wirklich ermüdend, Effendi.

Genau. Das ist der Punkt. Denn Vernunft ist zwar notwendig, aber auf Dauer ermüdend. Erst die Schönheit macht sie erträglich. Du sagtest, Schönheit sei kein Argument. Du hast vollkommen recht. Nicht nur das. Schönheit ist das Gegenteil von Argumenten, sie verschließt sich allen Argumenten und jedem Gedanken an Kosten-Nutzen-Relation. Im Angesicht der Schönheit verstummen die Argumente. Im Angesicht der Schönheit verstummt alles. Versucht man, über Schönheit zu sprechen, sie zu begründen oder zu erklären, entsteht Kitsch. Darum werde ich es gar nicht erst versuchen. Aber eines ist sicher: du wirst sie schauen, die Schönheit Kindistans, denn am Anfang, heißt es, sind wir alle Könige.

Willst du damit sagen, alle Meister sind schön?

Ja.

Ach komm, Effendi, jetzt gehst du aber zu weit. Wenn alle Meister schön wären, dann gäbe es keine Schönheitschirurgie!

Ich rede nicht von Ebenmäßigkeit und Konformitätsdruck, sondern von echter, wilder Schönheit, die im Auge jenes Betrachters liegt, der Gefahren und Mühsal auf sich nimmt, um sie zu schauen. Am Anfang wird dir dein Meister möglicherweise gar nicht schön vorkommen. Aber glaub mir, nach ein paar durchwachten Nächten wird er. Die Kinder der anderen dagegen werden dich einigermaßen kaltlassen. In dieser Hinsicht wird sich für dich auch in Kindistan nicht viel ändern. Nur der Meister wird dir in einer Weise ans Herz wachsen, die dich langsam, aber sicher süchtig macht.

Sagtest du »süchtig«?

Allerdings. Du wirst süchtig nach dem Geruch, dem kleinen Körper in deinen Armen, seiner Bewegung, seiner Stimme, seinen Ansichten, sobald er sie äußern kann, kurz, nach jeder Zelle seines Daseins.

Um also die Frage zu beantworten, die ich in der Kapitelüberschrift aufgeworfen habe: Wenn du bereit bist, deine Grenzen noch weiter auszudehnen, wenn du bereit bist, für die Schönheit, die du in Kindistan schauen wirst, alles zu riskieren, was bisher dein Leben ausgemacht hat, wenn du dir dieses gesundheitlich auch leisten kannst, wenn du bereit bist, deine Liebe zu der Dame deines Herzens auf eine zweite, noch schwerere Probe zu stellen und, wenn du eine Abenteurer-Seele hast, dann lautet die Antwort, entgegen aller Vernunft, eindeutig ja: Ein zweiter Meister muss her!

24

DIE SPRACHEI 1:
DER MÖMMELMANNSBERG

Vom Urlaut zur Sprache

Die Reise entlang des großen Flusses der Fortbewegung ist die Zeit der Schmerzen, denn der Arten zu fallen und sich wehzutun sind viele, unter ihnen solche, die du dir nie hättest ausdenken können. Er wird wollen und wollen, der Meister, wollen den ganzen Tag, stehen wollen, klettern wollen, ein Spielzeug auf der Fensterbank, auf dem Tisch, im Regal erreichen wollen, doch immer wieder nicht können, und deswegen fallen. Fallen auf die Nase, die Stirn, das Ohr, das Auge oder knapp daneben, fallen auf die Schwelle des Kinderstuhls, die Kante der Treppenstufe, den harten Boden der Küche. Bekanntschaft machen wird sein Schädel, der harte, der leidgeprüfte, mit der Kante des Tisches, des Stuhls und der Wand. Kanten werden ihn anziehen wie Nektar die Bienen, und kennenlernen wird er sie alle, scharfe Kanten, runde Kanten, kleine Kanten, große Kanten. Kanten über Kanten, gegen die er stolpert, ausrutscht und stößt. Kanten dieser Welt, ihr ruft den Meister, und der Meister hört euch und kommt. Und dann wird anheben ein großes Geheul voller Schmerz und Frustration ob der Ungerechtigkeit des Lebens, und er wird beweinen sein Schicksal, das harte, das ungerechte. Dann wird er rufen Kohorten von Schrei-Banden, grimmige Jesidi des Schmerzes. Sie werden auschwärmen in die grausame Welt und sie erfüllen mit ihrem Geheul, sie, die so wenig weiß von dem Leben der Zwerge.

Hör genau hin, Reisender, der du dich treiben lässt auf dem Floß der Hilfestellung, und du wirst sie bereits vernehmen, zwischen den Schreien der Schmerzens-Jesidi, unartikuliert noch am Anfang, kaum als solche zu erkennen, und doch immer mehr sich formend zu dem, was zu sein ihre Bestimmung ist: Worte! Kaum wahrnehmbar werden sie anfangs strömen aus dem Munde des Meisters, der, dem nach Mückenlarven schnappenden Maul des Karpfens gleich, Laute von sich stößt wie der Ertrinkende dem Menschen entgegen, der ihn retten will. Es sind dies Versuche, sich der Ungerechtigkeit des Lebens entgegenzustemmen und sie in Begriffe zu fassen, die wuchernden Schlingpflanzen des Scheiterns zu packen und aus dem Boden zu reißen mit Stumpf und mit Stiel.

So wird er wimmern und heulen, er wird dort liegen, ganz Mund und Tränen, und mitten im sirenengleichen Geheul hörst du Laute, die klingen wie: »Mömmömmömmömmömm!« Du nimmst ihn auf den Arm, den trostreichen, doch er wird sich nicht beruhigen lassen, jedenfalls nicht sofort, und stattdessen bei seiner Aussage bleiben, die da klingt wie: »Mömmömmömmömmömm!« Auch die Hunger-Arnauten werden sich fortan dieser Laute bedienen und statt nur, wie früher, in sich steigernde Blökerei zu verfallen, ihrem Anliegen Nachdruck verleihen mit dem neu gefundenen Universallaut für: »Ich will, dass Schmerz und Hunger aufhören, und zwar sofort!«, der da klingt wie: »Mömmömmömmömmömm!«

Hörst du diesen Laut, Reisender, dann befindest du dich bereits am Fuße des Mömmelmannsbergs, dem Beginn der Sprachei. Sie erstreckt sich vom jenseitigen Hang dieses Berges über das Tal der Fragen bis ans Ende Kindistans und weit darüber hinaus ins Leben des Heranwachsenden, durch jenes des Erwachsenen und des Greises hindurch bis an die Ufer des Flusses des Vergessens, wo dereinst die Worte wieder zu jenem Urlaut verschmelzen werden, der da klingt wie: »Mömmömmömmömmömm!« Die Höhlenlandschaft der Sprachei ist von nun an überall. Ohne sie ist das Leben der Menschen nicht denkbar. Legende oder nicht, jener grausame Versuch Friedrichs des Großen, Säuglinge in totaler Stille, ohne menschliche Sprache aufwachsen zu lassen, um eine vermeintliche Ursprache sich entwickeln zu sehen – und der bekanntlich damit endete, dass die Säuglinge an fehlender Zuwendung starben –, gibt davon wahrhaft beredtes Zeugnis.

Kindistan und jedes andere Menschenland wird durchzogen von den Höhlen der Sprachei. Sie sind immer da, unter uns, unter dem Grund, auf dem wir uns bewegen. Ab und zu klaffen Höhleneingänge in den Bergen. Doch das sind nur die offensichtlichen Zugänge, aus denen Worte und Sätze zu uns strömen, wenn wir eine neue Sprache lernen oder die eigene, ein neues Lied oder Dichtung hören oder auch nur die Zeitung lesen. Durch die Maulwurfshügel täglicher Kommunikation, die das platte Land durchsieben – das Land jenseits von Kindistan, wo der sogenannte Ernst des Lebens regiert –, dringt sie unaufhörlich nach oben. Und selbst wo die Maulwürfe des Austauschs nicht ihre tägliche Wühlarbeit verrichten, steigt sie durch das endlose Gequassel der Welt hinauf in die Kulturpflanzen des Lebens und dampft von dort gasförmig auf in die Wolken des Geistes. Von dort wird sie kommen, wieder herniederregnen auf die Welt und einsacken in die Höhlenlandschaft unter uns.

Wer, Effendi?

Die Sprache, Reisender. Das Transportmittel der Verständigung, des Ausdrucks und der Manipulationskunst. Die Sprache.

Ah ja.

Der Urgrund der Sprache aber ist der Schmerz. Auch ohne das menschenverachtende friderizianische Experiment kannst du das Entstehen der Sprache täglich bei dem Meister beobachten. Stumm war er ja nie. Fehlende Artikulation wurde bisher durch Lautstärke und Tonhöhe wettgemacht, aber geäußert hat er sich schon immer, seit du ihn auf dem sturmumtosten Gipfel der Geburt in deine Arme nehmen durftest. Dabei reichte sein Ausdrucksrepertoire von leisen Glucksern des Vergnügens über das kehlige Lachen, wenn du ihn durchkitzeltest, bis zu den Trompetenstößen der wilden und totalen Lebensfreude, von zufriedenem Murmeln über fragende Laute der Aufmerksamkeitssuche bis hin zu dem bereits beschriebenen Kampfgebrüll der Schrei-Banden.

Doch erst der Schmerz erzeugt die Notwendigkeit, den Ausdruck zu präzisieren. Schmerz ist sozusagen des Meisters Meister. Der Schmerz weist ihm den Weg, denn der Schmerz sagt zu ihm: Hier geht es nicht weiter, hier gibt's Backenfutter. Der Schmerz zwingt uns, einen Ausdruck für ihn zu finden, und somit verdanken wir dem Schmerz auch die Sprache.

Warum zwingt uns der Schmerz, einen Ausdruck für ihn zu finden, Effendi? Was hat er davon?

Der Schmerz?

Ja. Was hat der Schmerz davon, dass wir einen Ausdruck für ihn finden?

Warum sollte er etwas davon haben?

Du sagtest, er zwinge uns, einen Ausdruck für ihn zu finden.

Ja. Und?

Wenn er uns dazu zwingt, tut er das doch aus einem bestimmten Grund. Was ist das für ein Grund?

Den Grund, Reisender, kenne ich nicht. Aber wenn wir keinen Ausdruck für ihn finden, wird er immer stärker und zwingt uns immer mehr in die Knie.

Verstehe ich nicht.

Vielleicht hilft ein Beispiel. Ich kann dir eines aus meinem Leben erzählen.

Au ja, eine Geschichte, eine Geschichte!

Ich war gerade dabei, einen Kumpel von mir beim Klettern zu sichern. Er kam an der Schlüsselstelle der Kletterroute nicht weiter und kündigte an, sich ins Seil fallen zu lassen, um sich etwas auszuruhen und es dann von Neuem zu versuchen. So fielen 80 Kilogramm Lebendgewicht ins Seil, das Seil zerrte am Karabiner, der Karabiner zerrte an meinem Klettergurt, der Klettergurt zerrte an mir – und ich zerrte an meiner rechten Hand, weil der Daumen dieser Hand in den Knoten geraten war. Zu perplex zum Schreien, in dem Bemühen, die Sache ruhig und überlegt zu regeln, rief ich ihm zu: »Äh, hör mal, kannst du mal bitte, äh, geh bitte wieder in die Wand, ja, mein, äh, mein – na – wie heißt er noch mal, mein, äh …!«, stotterte ich mit zunehmendem Stress in der Stimme, weil mir dummerweise das Wort »Daumen« nicht einfiel. »Was?!«, fragte mein Kumpel zerstreut zurück, während er die Wand anstarrte und überlegte, wie er diese verdammte Schlüsselstelle nun knacken sollte. »Na, mein … mein … Verfluchte Scheiße, mein, wie heißt der noch mal, mein … ist … äh … Mann, geh einfach zurück in die Wand, vertrau mir, es muss sein, weil mein … jetzt sag schon!« Aber das verdammte Wort fiel mir einfach nicht ein. Irgendwann ahnte mein Kumpel, dass irgendetwas nicht in Ordnung war, er hörte es an meinem Tonfall, wenn auch nicht genau, was, und ging netterweise zurück in die Wand.

Und dann?

Nichts dann. Das war die Geschichte. Schmerz zwingt zum Ausdruck. Erstens, um sich Luft zu machen, und zweitens, um die Ursache des Schmerzes zu finden und zu eliminieren. Kurz: Präzision des Ausdrucks kann Schmerzen verhindern.

Worte entstehen, um auf die Ursache des Schmerzes hinweisen zu können und diese zu entfernen. Aus dem Urlaut »Mömmömmömmömmömm!« wird nach der Vokalverschiebung von »ö« zu »a« irgendwann »Mama!«, was zwar hoffentlich nicht die Ursache des Schmerzes ist, dafür aber dessen mögliches Ende bedeuten kann. Der Labiallaut »m« wird allerdings auch oft mit dem Labiallaut »b« oder »p« gekoppelt oder sogar durch ihn ersetzt. Insofern ist es genauso gut möglich, dass der Urlaut »Mömmömmömmömmömm!« zu »Mbömmbömmbömmbömmbömm!« und dann zu »Böbböbböbböbböbb!« wird und, nach erfolgter Vokalverschiebung, das erste Wort »Papa« heißt. Auch das allseits bekannte »«Mammamm!« lässt sich darauf zurückführen, was so viel bedeutet wie: »Habe Hunger!« Oder: »Schmeckt gut!« Wenn du mit dem Füttern zu lange wartest, und er beim Essen nicht aufhört, »Mammamm!« zu sagen, kann es auch beides gleichzeitig bedeuten.

Zu einer entwickelten Sprache ist es zwar noch ein langer und steiniger Weg, aber die beiden Grundprinzipien Verständnis und Ausdruck, die das Wesen der Sprache ausmachen, liegen den ersten Lauten jenseits, aber auch bereits diesseits des Mömmelmannsberges zugrunde. Denn auch in den vorsprachlichen Gebieten findet natürlich schon Kommunikation statt. Wenn du dich vor dem Meister zum Horst machst, lacht er, wenn du seinen Namen rufst, reagiert er, wenn du mit ihm redest, hört er zu, egal, was du sagst (ein einmaliger Zustand, den du unbedingt genießen solltest, solange er andauert).

Und vor allem: Wenn du lächelst, lächelt er zurück. Diese

vorsprachliche Ausdrucksform beherrscht er bereits unmittelbar nach der Geburt, auch wenn du sie vielleicht erst später an ihm wahrnimmst, weil es am Anfang nur aus einem unmerklichen und meistens auch schiefen Heben der Mundwinkel besteht. Entgegen einem weitverbreiteten Vorurteil hierzulande ist Lächeln nämlich eine angeborene Fähigkeit, die nicht erst mühsam erlernt werden muss. Im Gegensatz etwa zum Kackamachen auf dem Topf, was die Tatsache umso seltsamer macht, dass so viele Menschen sie später wieder verlernen, das Kackamachen auf dem Topf dagegen nicht – jedenfalls nicht bis ins hohe Alter, in dem viele alte Gewohnheiten aus Kindistan wieder auftauchen. Sie wird lange Zeit die einzige Ausdrucksmöglichkeit für Zufriedenheit und Freude sein und in den vorsprachlichen Gebieten Kindistans irgendwann von allerlei leise gurrenden bis hell quietschenden Geräuschen flankiert werden. Diese Geräusche aber stellen bereits eine Kulturleistung dar. Bevor das passiert, kann Zufriedenheit nämlich nur negativ, also durch Abwesenheit der Schrei-Banden oder eben nonverbal durch Lächeln ausgedrückt werden, während die verschiedenen Arten des Schmerzes sich bereits frühe und vergleichsweise differenzierte Ausdrucksmöglichkeiten geschaffen haben.

Die erstaunlichste Entdeckung, die du rund um den Mömmelmannsberg machen wirst, ist allerdings, dass Sprache eine ungeheuer sinnliche und physische Angelegenheit ist. Umgeben von den Wortungeheuern der Bürokratie, den Pöbeleien schlecht gelaunter Rechthaber im Straßenverkehr, den Lügen und taktischen Wortverdrehungen der Politik sowie der Vergewaltigung der Sprache durch die Medien, wirst du dir die Augen reiben vor Überraschung angesichts der leidenschaftlichen Freude, mit der der Meister seine Sprachorgane entdeckt und ausprobiert. Sprache, wirst du erkennen, ist eben nicht nur eine mühselig zu erlernende Kompetenz, voller Stolpersteine für den Uneingeweihten, voller Schwierigkeiten für den Ungeübten. Nein, sie zu produzieren ist eine große, sinnliche Freude! Hat der Meister erst einmal eine neue Ausdrucksmöglichkeit entdeckt, wird er sie üben, üben, üben, bis sie für ihn selbstverständlich geworden ist.

Eine der ersten Entdeckungen wird wahrscheinlich die Tatsache sein, dass er die Lippen flattern lassen kann, während er einen Laut produziert, der wie ein Furz klingt. Vermutlich wirst du ungläubig lachen und ihn damit anspornen, diesen Laut immer wieder zu produzieren. Dieser Vorgang dürfte einer der ersten einer langen Reihe von Geräusch-Nachahmungen jeder Art sein. Aber nicht nur Geräusche wird er nachahmen, auch Mimik und Gestik, Bewegungen, Verhaltensweisen. Nachahmung ist die geistige Nahrung, von der der Meister gierig zehrt. Er wird alles nachahmen, was er wahrnimmt. Nichts wird vor seiner Nachahmungswut sicher sein, und am allerwenigsten du selbst, lieber Reisender. Also überlege gut, was der Meister von dir lernen soll!

In den vorsprachlichen Gebieten versteht der Meister zwar noch nicht die Bedeutung einzelner Worte, ist aber durchaus in der Lage, den Tonfall und die die Worte begleitende Mimik intuitiv zu erfassen. Jede Art der Liebesäußerung versteht er instinktiv. Auch auf jede Grobheit reagiert er extrem sensibel. Die Gefühle liegen auf der Oberfläche seines Daseins wie Schaumkronen auf den Wellen. Er wird ansatzlos weinen, wenn er sich plötzlich allein gelassen fühlt, und ebenso ansatzlos wieder lächeln, wenn du ihn auf den Arm nimmst, die funkelnde Träne noch im Auge. All deine Liebesbezeugungen werden in ihn fallen wie Wasser auf ein Blumenbeet. Sie sind seine emotionale Nahrung.

Du wirst regelrecht zusehen können, wie deine Liebesbezeugungen ihn aufrichten. In den ersten drei Jahren seines Lebens ist es erwiesenermaßen vor allem deine Liebe, deine Zuwendung und Aufmerksamkeit, die die Synapsen seines Hirns sich verbinden lässt. Sie ist das Fruchtwasser seines neuen Lebens. Er liegt darin wie die berüchtigte Rose von Jericho, ein braunes, verschrumpeltes Wüstengewächs, das sich im Wasser deiner Liebe dunkeloliv verfärbt und seine eingerollten Ästchen und Blätter entfaltet.

Die tatsächliche Bedeutung der Wörter dagegen wird für ihn lange Zeit zweitrangig sein, auch in den ersten Provinzen der Sprachei noch. Er wird sie in den Mund nehmen, schmecken, den Klang testen, den Tonfall, mit dem sie von dir geäußert werden, nachahmen und an verschiedenen Versuchskaninchen ausprobieren – an seinen Stofftieren, an anderen Kindern und an dir selbst. Außerdem wird er sie neu zusammensetzen und in andere Sinnzusammenhänge stellen. Im Grunde bedient der Meister sich einer hochassoziativen, experimentierfreudigen Technik, die postmodernen Dekonstruktionstechniken nicht unähnlich ist. Oder der von Papageien. Es wird ein besonderes Erlebnis für dich sein, das von Selbsterkenntnis bis Peinlichkeit jede Menge Erfahrungen für dich bereithält, wenn du den Meister plötzlich jene Phrasen wiederholen hörst, die er täglich von dir hört, und zwar in genau deinem Tonfall.

Durch diese spielerische Erkundung baut der Meister sich nun nach und nach sein eigenes Verständnis für die Bedeutung der Wörter. Eins der ersten Wörter, das er dieser Technik unterziehen wird, ist das Allzweckschwert unter den Erziehungswerkzeugen des elterlichen Wortschatzes, das ungeheuer nützliche Wörtchen »nein«, mit dem man allerdings vorsichtig umgehen sollte, weil es rasch abstumpfen kann. Er wird es wahrscheinlich relativ schnell zu seinem eigenen Lieblingswort erwählen. Es ist mir allerdings immer noch ein Rätsel, wie jemand, dessen Lieblingswort »nein« ist, dessen Bedeutung nicht erfasst, wenn Mama oder Papa es verwenden.

Dieses »Nein« scheint eine ungeheure Faszination auf den Meister auszuüben, vielleicht, weil es seine erste eigene

Waffe ist, die es ihm ermöglicht, sich von der Fremdbestimmung durch Mama und Papa für einen Moment zu befreien. Sie ist so stark, diese Faszination, dass er möglicherweise jede Frage grundsätzlich erst mal mit diesem Wort beantworten wird. »Ist dein Lieblingswort ›nein‹?«, wirst ihn du beispielsweise fragen. »Nein«, wird er dann antworten. Das wäre zwar gelogen, aber da er sich gerade in fundamentaler Opposition befindet, geht es auch nicht um den Wahrheitsgehalt, sondern um die Geste.

Dieses »Nein« wird zu einer regelrechten Gewohnheit, die vor dem Denken stattfindet, sodass man ihm beim Denkvorgang zusehen kann, der ihn bei einer Frage, deren einzig logische Antwort »Ja« wäre, wie etwa: »Möchtest du noch ein Gummibärchen?«, mitten im Sprechen des zur Gewohnheit gewordenen »Nein« seine Meinung ändern lässt, sodass die Antwort klingt wie: »Neija.«

Das zweite Lieblingswort des Meisters dürfte eine Alliteration von »nein« sein, nämlich das herrische »Mein«. Es ist durchaus auch möglich, dass diese Wörter in der umgekehrten Reihenfolge adaptiert werden. Aber in jedem Fall werden sie zu den ersten im Wortschatz des Meisters gehören, die er in jedem nur erdenklichen Zusammenhang und in jeder nur erdenklichen Tonlage, Konnotation und Betonung durchspielen wird. Denn sobald die sinnlichen Freuden der sinnoffenen Lautproduktion auf der jenseitigen Hangseite des Mömmelmannsberges, am Anfang der Sprachei, ihr erstes Bedeutungsgepäck umgehängt bekommen, sobald der Meister also entdeckt, dass Ausdruck nicht nur Spaß macht, weil es so schön im Kopf vibriert, wenn man mit dem Mund furzt und Papa so lustig lacht, sondern es auch eine Reaktion hervorruft, wenn man bestimmte Wörter auf eine bestimmte Weise ausspricht. Sobald er also den Zusammenhang zwischen Sprache und Bedeutung ahnt, wird er auch erkennen, dass die Sprache ein Herrschaftsinstrument ist, das sich vielfältig einsetzen lässt.

Und das ist der Moment, auf den der verschlagene Machredsch von Mach gewartet hat. Jetzt schlägt seine Stunde. Er ist nie weit weg, davon kannst du ausgehen. Er reist mit dir, bewegt sich mit seinen Truppen durch die umliegenden Berge, jederzeit bereit für einen Überraschungsangriff.

Bislang standen ihm nur die verhältnismäßig stumpfen Krummsäbel der Schrei-Banden zur Verfügung. Wie viel zielgenauer aber sind die Pfeile der Worte, besonders so klarer, einfacher und klangvoller Worte wie »nein« und »mein«! Der Machredsch von Mach erkennt instinktiv alles, was ihm als Manipulationswerkzeug dienlich sein könnte, und die Sprache ist nun mal, geschickt angewendet, das effektivste von allen. Darum sei auf der Hut, Reisender, wenn du auf dem Floß der Hilfestellung die Stromschnellen des großen Flusses der Fortbewegung am Rande des heiteren Mömmelmannsberges in die Sprachei hinabdonnerst. Hier in der Sprachei wächst der Einfluss des Machredsch mit jedem neuen Wort, das der Meister lernt. Ab hier werden seine Täuschungsmanöver raffinierter, seine Vorstöße komplexer.

Anders ausgedrückt: Sobald der Meister die Sprache entdeckt, beginnt auch gleich die berüchtigte Trotzphase. Wohlmeinende Pädagogen haben zwar vorgeschlagen, sie »Selbstfindungsphase« zu nennen, weil das Erstürmen der Grenzen der Selbstfindung diene. Aber ich halte diesen Begriff für eine unzulässige Verharmlosung und darüber hinaus für relativ ausdrucksschwach, weil er zwar das Ziel beschreibt, nicht aber die Methoden, mit denen es angestrebt wird, und damit den Reisenden in geradezu fahrlässiger Weise in einer falschen Sicherheit wiegt.

»Selbstfindung?« Du meine Güte. Und was ist, wenn er sich selbst gefunden hat? Hört er dann etwa auf mit seiner Bockerei? »Selbstfindungsphase!« So ein Quatsch. Es geht dem Machredsch von Mach in keiner Weise darum, irgendetwas zu finden, weder sich selbst noch den Meister, sondern um

Eroberung, nicht mehr und nicht weniger. Dem Meister dagegen geht es darum, etwas zu erleben, und das natürlich an sich selbst, an wem sonst!? Aber sich selbst finden? Das kleine Krokodil, das will er finden, den Dinosaurier und das Auto aus dem Überraschungsei. Wenn diese Dinge verloren gehen, dann ist Holland in Not, dann wird Himmel und Hölle in Bewegung gesetzt, um sie zu finden. Aber sich selbst? Sich selbst braucht der Meister nur als zentrale Erlebniserfassungsstelle. Was die Pädagogen sich alles einfallen lassen, um die Dinge nicht beim Namen nennen zu müssen, ist schon abenteuerlich. »Selbstfindungsphase!« Ich glaube, es hackt!

Ist ja gut, Effendi, ich habe es begriffen. Du bist ja ganz außer dir! Willst du dich ein bisschen ausruhen?

Ich war nie mehr bei mir als jetzt, Reisender, und ausruhen kann ich, wenn ich tot bin. Jetzt bin ich richtig in Fahrt und lasse mich nicht bremsen durch wohlmeinenden Pädagogenquatsch. Reden wir Tacheles, nennen wir die Dinge beim Namen, reden wir über den gefährlichen, den großartigen, den allgegenwärtigen Machredsch von Mach!

Na, der hat es dir aber angetan, oder?

Allerdings. Man muss seine Gegner lieben oder wenigstens gut kennen. Dann wird alles leichter. Wann genau er also zuschlagen wird, ist nicht vorhersehbar. Dass er es tut, dagegen schon. Wie lange die Trotzphase dauert, wann sie beginnt und endet, ob sie überhaupt endet oder nicht vielmehr eine Trotzphase die andere ablöst, bis sie schließlich im Meister aller Trotzphasen, der berüchtigten Pubertät aufgeht, hängt nicht nur von individuellen Faktoren des Meisters und des Machredsch ab, sondern auch von deinem Geschick, gezielt Deeskalationsstrategien einzusetzen. Aber dass am Anfang der Sprache auch gleich ihr Missbrauch stattfindet, steht außer Zweifel.

Aber nicht nur der Missbrauch der Sprache durch den Machredsch von Mach wird dir in der Sprachei das Leben schwer machen. Auch die fehlerhafte Aussprache wird dir zu schaffen machen. Der Meister erwartet, dass du ihn verstehst, und hat kein Verständnis dafür, wenn du es nicht tust. Du wirst zwar lernen, durch Deduktion, Induktion und dem Verfolgen von Spuren, die der Meister legt, die Bedeutung des Gesagten herauszufinden. Aber das kostet Zeit. Und Zeit ist, wie wir wissen, Mangelware in Kindistan.

So wird der Meister dich beispielsweise fragen: »Wo ist die Necke?«, während du gerade dabei bist, den zweiten Meister zu wickeln, eine Frage, die du nicht sofort verstehst. Aber auch auf mehrmaliges Nachfragen wird er sie nicht umformulieren, damit du sie besser verstehst, sondern nur immer wiederholen. Und zwar jedes Mal auf dieselbe Weise, und er wird dabei immer verzweifelter, weil er sich unverstanden fühlt, bis er fußstampfend, mit Tränen der Wut vor dir steht und schluchzend das fragliche Wort in Endlosschleife wiederholt. Und du verzweifelst auch immer mehr, weil du dir einfach keinen Reim auf die Frage machen kannst.

»Necke«, was soll da sein? Warum will er wissen, wo sie ist, und wo zum Teufel könnt sie sein? Selbst wenn du, was in diesem Fall noch relativ einfach ist, irgendwann folgerst, dass vermutlich eine »Schnecke« gemeint ist, bist du noch immer nicht am Ziel, weil es ein Rätsel bleibt, was wiederum mit »Schnecke« gemeint ist. Hat er eine Schnecke gefunden, irgendwohin gelegt und weiß nicht wo? Hast du also eine Schnecke im Haus, die irgendwo fröhlich ihre Schleimspur zieht? Oder handelt es sich vielleicht um eines jener Hartplastik-Tiere der Firma Schleich, auf die alle Kinder, alle, alle, alle, so stehen? Bis dir einfällt, dass er den Schnürsenkel meint, den er vor zwei Wochen aus einem alten Schuh gezogen hat, und der seither wechselweise als Schlange oder eben als Schnecke dient, hast du selbst zwei heulende Schnecken im Raum: den Meister, der sich angesichts deiner

Begriffsstutzigkeit unverstanden und allein gelassen fühlt, und der kleine Meister auf dem Wickeltisch, der deinen wachsenden Stresspegel spürt und auf sich bezieht, wie alles, was du tust oder sagst. Außerdem will er sich nicht mit der Tatsache abfinden, dass du seine Beine in der Luft hältst, aber noch immer nicht geschafft hast, das Kacka von seinem Hintern zu wischen.

Gut, jetzt kann der Meister zwar sagen, was ihm fehlt, wenn er Schmerzen hat oder traurig ist, aber den kindistanischen Dialekt musst du erst einmal erlernen, um auch zu verstehen, was er sagt. Das reicht von Eigenarten der Aussprache bis zur Umformung ganzer Wörter. »Pikapaka« z. B. oder »Rindräde«, ja, was könnte das wohl sein? Oder auch der beliebte »Flubbablon«? Klar, irgendwann weißt du, dass damit eine Paprika, die faszinierenden Windräder und der Luftballon gemeint sind. Aber bis es so weit ist, fließen viele Tränen den großen Fluss der Fortbewegung herab.

Und selbst wenn du irgendwann die kindistanischen Worte verstehst, heißt das noch lange nicht, dass du auch verstehst, was er damit sagen will, denn er benutzt sie unter Umständen in ähnlich bildhafter Weise wie die Indianer bei Karl May. Wenn der Buckelwal auch die Mandarine essen und nicht »heia« machen soll, kann es bedeuten, dass er nur bereit ist, sich an den Tisch zu setzen und zu frühstücken, wenn der Hartplastik-Buckelwal der berüchtigten Firma Schleich neben seinem Teller liegen und zuschauen darf, statt zurück in die Spielkiste zu wandern.

So donnerst du also mit deinem Floß der Hilfestellung auf dem Fluss der Fortbewegung die Stromschnellen am Fuße des Mömmelmannsberges hinab. Zwischendurch bist du aber immer wieder gezwungen, das Floß ans Ufer zu ziehen, um den Meister vom Boden der Realität aufzuheben, auf den er ein ums andere Mal von den Schlingpflanzen des Scheiterns gezogen wird.

Dabei wirst du dich selbst immer wieder in den Fallstricken der Sprache verheddern, bis du an deiner eigenen Sprachkompetenz zweifelst. Wenn du vor einem Zweijährigen das Stottern anfängst und plötzlich nicht mehr weißt, wie du einen angefangenen Satz zu Ende bringen sollst. Weil du gar nicht weißt, was du eigentlich sagen wolltest, oder dir mitten in einer Drohung nicht einfällt, womit um Himmels willen du denn drohen könntest. Dann weißt du: du hast eine ernst zu nehmende Herausforderung vor dir. Und jetzt hör genau hin, Reisender. Was hörst du?

Das Rauschen in meinem Kopf?

Das auch. Aber wenn du noch genauer hinhörst, dann wird dir ein leises Kichern nicht entgehen, das fröhliche Kichern des Machredsch von Mach.

So ein Teufelskerl.

Ja, nicht wahr? Der Meister dagegen sieht dich einfach nur erwartungsvoll an mit seinen großen, unschuldigen Augen, gespannt auf deinen nächsten Zug in diesem seltsamen Spiel.

25

Siebtes Intermezzo: Rückzugsgefechte an der Spiesserfront

Mein Gott, hast du dich verändert!« So werden deine Freunde zwar vielleicht nicht sprechen, dafür sind sie in der Regel zu feinfühlig, aber so werden ihre Blicke sprechen. Falls sie sich überhaupt mal blicken lassen. Die meisten – ich rede hier natürlich von den kinderlosen unter ihnen – werden nach dem Antrittsbesuch kurz nach dem Gipfel der Geburt aber ohnehin immer seltener bis gar nicht mehr kommen. Was soll ich dort, werden sie denken, ich bin da überflüssig, ich stehe nur im Weg herum und kann nichts helfen. Und die sabbernden Kinder anderer sieht man nun mal mit anderen, kälteren Augen, besonders, wenn man keine eigenen hat. Sie würden schon gerne Zeit mit dir verbringen, deine kinderlosen Freunde, so wie früher, aber alleine bist du eben nicht mehr zu haben.

Die sensibleren unter ihnen dagegen mögen sich fragen, warum der Tagesablauf plötzlich mit dem ihren überhaupt nicht mehr kompatibel ist. Wenn sie dich sehen wollen, müssen sie sich komplett nach deinem neuen Tagesablauf richten. Das ist irritierend für sie, zumal du in deinem früheren Leben so etwas wie einen Tagesablauf vielleicht überhaupt nicht gekannt oder sogar rundweg abgelehnt hast. »Abends so mal eben ein Bier in der Kneipe« verliert seinen Charme, weil nichts mehr »so mal eben« funktioniert, sondern immer einer logistischen Meisterleistung bedarf und im Zweifelsfall gleich Babysitterkosten verursacht, sodass das Bier ganz schnell nicht mehr 3,50 Euro, sondern zwischen 10 und 20 Euro kostet, je nachdem, wie lange du damit zubringst, es zu trinken, denn Zeit ist in Kindistan teurer als Bier.

Du wirst allmählich zu deinem eigenen Zeitmanager werden, wobei die gute alte Dagobert-Duck-Weisheit: »Zeit ist Geld – und Geld allein zählt«, sich umdreht. »Geld ist Zeit – und Zeit allein zählt«, steht nun über deiner Tür. Zeit wird also zu deiner wertvollsten Währung, die du dir günstigenfalls mit Geld erkaufen kannst. Allerdings kaufst du sie nicht nur mit Geld, sondern auch mit Leid. Denn deine Abwesenheit vom Meister wird Leid erzeugen, ob es dir passt oder nicht, und zwar nicht nur bei dem Meister, der sich plötzlich ganz verloren fühlen wird in den weiten Steppen Kindistans, sondern auch bei dir selber, weil die Zeit, die du nicht mit ihm verbracht hast, nie wiederkommt.

Nirgendwo ist der Satz, nach dem du nie zweimal in den selben Fluss steigen kannst, so wahr wie im Leben von Kleinkindern. Ihr Lebensfluss fließt schnell dahin und wechselt täglich seine Erscheinung. Täglich entwickeln sie neue Fähigkeiten und Eigenarten. Schon nach einer Woche Abwesenheit mögt ihr euch gegenseitig fremd vorkommen. Schon nach einer Woche Abwesenheit wird der gesamte Tagesablauf plötzlich anstrengender und weniger selbstverständlich sein. Deine Zeit ist dein wertvollstes Gut geworden, und du wirst spüren, dass sie, wie alles Beste von dir, dem Meister gehört. Und wenn ich dir einen guten Rat geben darf, Reisender: Auch wenn es ziemlich anstrengend ist, lass dir nicht zu viel von dieser Zeit abkaufen. Es gibt eigentlich wenig, was man ein ganzes Leben lang bereuen muss; aber nicht mit dem Meister verbrachte Zeit gehört zweifellos dazu.

Deine kinderlosen Freunde werden das vielleicht verstehen, also intellektuell, aber natürlich nicht wirklich begreifen können. Wenn sie dich doch mal zu Hause besuchen, werden diese Besuche in der Regel anstrengender sein als die Besuche deiner Freunde, die selbst Kinder haben, weil sie dir keine der vielen kleinen Tätigkeiten abnehmen können, die du währenddessen zu verrichten hast. Sie wissen nicht, wie viel Löffel Breipulver in den Brei gehören, wie hoch die Temperatur des Breis sein darf, den du dich nach den ersten, desaströs verlaufenen Versuchen hüten wirst, sie verfüttern zu lassen, können in der Regel keine Windeln wechseln und haben unter Umständen recht naive pädagogische Ansätze. Sätze wie: »Lass ihn doch die Tomaten auf die Erde werfen! Es macht ihm ja Spaß«, können langjährige Freundschaften beenden.

Auch die gemeinsamen Themen werden erschreckend schnell erschöpft sein. Wenn du ehrlich bist, werden dir die Ergebnisse der Fußball-Bundesliga oder die Kritiken des neuesten Films mittlerweile herzlich egal sein. Sollte Politik zu Euren gemeinsamen Interessengebieten gezählt haben, wird hier zwar noch ein gemeinsames Thema vorhanden sein, aber sehr bald wirst du feststellen, dass du ganz neue Schwerpunkte für dich entdeckt hast, dass Familienpolitik bei deinem kinderlosen Freund aber auf absolut kein Gegeninteresse stößt.

Andererseits werden deine Freunde, die selbst Kinder haben, genauso wenig Zeit übrig haben wie du, sodass auch die Treffen mit ihnen immer seltener werden. Und schneller noch, als du vielleicht befürchtet hattest, sitzt du abends allein mit der Dame deines Herzens vor der Glotze oder am Esstisch, während die Kuckucksuhr deiner schlimmsten Spießer-Albträume die schwerfällige Stille zwischen euch zertickt.

Plötzlich befindest du dich in deinem persönlichen Vater-Mutter-Kind-Albtraum, vor dem du bisher erfolgreich geflohen bist. Die Leberwurst-Abendessen zu Hause, die zähen

Sonntagnachmittage, die verlogenen Sätze verlogener Erwachsener, Details einer längst überwunden geglaubten Welt, klopfen plötzlich wieder an und verbinden sich vor deiner Tür zu einem Bild, das du nicht magst. Du fragst dich, ob die Liebe zu der Dame deines Herzens die Spießigkeit überleben kann, die nun unweigerlich in Eurem Leben Einzug halten wird. Denn dass sie es wird, dass sie sich über dein Leben legen wird wie der zu süße Zuckerguss für den Zitronenkuchen, den du bald gezwungen sein wirst, für die anstehenden Kindergeburtstage zu backen, steht für dich außer Frage.

Du erkennst dich ja selbst kaum wieder. Es ist schmerzlich zu sehen, wie höflich deine Freunde versuchen, ihre Langeweile angesichts der Themen, die dich derzeit brennend interessieren, zu verbergen. Du kommst dir selbst extrem langweilig vor. Aber abends auf die Piste zu gehen, kann nun mal dein Interesse kaum noch wecken, abgesehen davon, dass du die Energie dafür einfach nicht mehr aufbrächtest. Wie also wäre der Triumphzug der guten alten Spießigkeit, die bisher noch alle Moden überlebt hat, jetzt noch aufzuhalten?

Darf ich mich kurz einmischen, Effendi?

Seit wann fragst du vorher?

Ich spüre einen Gedanken in mir wachsen und brauche Zeit, ihn beim Reden entstehen zu lassen.

Verstehe. Nur zu, Reisender.

Wäre es nicht besser, gleich zu kapitulieren, sich in das Unvermeidbare zu schicken und, statt das bisschen, was ich an Energie noch übrig habe, wenn ich deinen Ausführungen glauben kann, in einen sinnlosen Kampf zu investieren, lieber die positiven Aspekte im Leben des Spießers zu finden?

Und die wären?

Stabilität, Verlässlichkeit, Sicherheit, Regelmäßigkeit, Vermeidung von Schmerzen, Ignorieren der Komplexität der Dinge, Konzentration auf das Offensichtliche, Vermeidung von Grübeleien und Radikalität, der Tennisverein, das sonntägliche Kaffeetrinken, ist das alles etwa nichts? Das sind doch auch irgendwie Kulturleistungen, die man sich aneignen und als Tradition weitergeben kann, oder etwa nicht?

Gut gesprochen, Reisender, wie ein wahrer Weiser aus dem Morgenland. Im Amerikanischen gibt es einen schönen und, wie meist im Amerikanischen, knappen Begriff dafür: »Rolling with the punches.« Das heißt so viel wie: »mit den Schlägen rollen«, was wiederum so viel bedeutet wie: »Keinen Widerstand leisten, wenn das Schicksal auf dich einprügelt, sondern lieber geschickt abrollen, also das Prinzip der defensiven ostasiatischen Kampfsportart Aikido verinnerlichen.«

Das setzt allerdings die Existenz solcher Schläge, also die tatsächliche Unvermeidbarkeit dessen voraus, was es zu akzeptieren gilt. In dem Moment, in dem du diese Unvermeidbarkeit aber bezweifelst, fällt das Gebäude der Konsequenzen, also der notwendigen Akzeptanz des Spießertums in deinem Leben, in sich zusammen. Spießigkeit ist, wie wir bereits festgestellt haben, die Vermeidung von Wachstum und Veränderung. Dein tägliches Umfeld aber befindet sich in einer permanenten Bewegung, sodass du manchmal das Gefühl hast, der Boden, auf dem du dich bewegst, bestehe aus Millionen winzig kleiner Lebewesen, sagen wir Kakerlaken, die in unterschiedliche Richtungen krabbeln. Aus diesem Grund sehnst du dich nach einem festeren Rahmen, als es früher der Fall gewesen ist. Das ist so weit verständlich und vollkommen normal. Wie wir ebenfalls bereits festgestellt haben, ist das aber ein vorübergehender Zustand und erfordert, nüchtern betrachtet, nicht solch drastische Maßnahmen wie das Akzeptieren von Spießigkeit, sondern vor allem Geduld und geistige Wachheit.

Ich glaube, ich kann dir nicht mehr folgen, Effendi. Bei theoretischen Ausführungen schalte ich irgendwann immer ab. Tut mir leid, ich kann nichts dagegen tun.

Ich weiß.

Woher weißt du das?

Das geht allen so.

Gut zu wissen.

Ich wollte auch gerade überleiten zur Praxis.

Ah, gut. Na dann.

Der Ausweg aus der Vater-Mutter-Kind-Hölle kann meiner Erfahrung nach in der Praxis nur die Öffnung nach außen sein. Und die wiederum setzt das Bewusstsein voraus, von freundlich gesinnten Seelen umgeben zu sein. Kinder lieben Menschen. Je mehr Menschen sich um sie kümmern, desto besser für sie. Es gibt kein Zuviel an Liebe, es gibt kein Zuviel an Aufmerksamkeit. Mag die viel zitierte ländliche Großfamilie in der Praxis auch sicher kein ideales Konstrukt gewesen sein, sie hatte aber zumindest den Vorteil, dass immer jemand da war und sich um die kleinen Meister gekümmert hat. Der Rahmen, in dem sich das Leben dort abgespielt hat, dürfte zugleich Festigkeit und Großzügigkeit geboten haben.

Spießigkeit dagegen ist das Ergebnis von Enge, von innerer und äußerer Enge. Je eher du die Tür nach außen aufstößt und andere Menschen an Eurem Leben teilhaben lässt, desto weiter werden die Landschaften Kindistans. Darum rate ich dringend, das allmähliche Verenden alter Freundschaften nicht als unvermeidbare Realität zu akzeptieren, sondern um sie zu kämpfen. Integriere deine Freunde in Euer neues Leben! Das fehlende Interesse ist häufig nichts weiter als Scheu und Angst, den Herausforderungen nicht gewachsen zu sein, vor die der Meister sie stellt. Ermutige deine Freunde, traue ihnen etwas zu, weise sie ein, lass sie mitmachen, hol sie in Euer neues Leben.

Um den Meister indes musst du dir keine Sorgen machen. Je eher er die Anwesenheit anderer Menschen in Kindistan kennenlernt, desto mehr wird er sie lieben. Andere Menschen sind immer ein potenzielles Publikum, Klettergerüst, ein Liebes- und Spielobjekt. Voraussetzung ist allerdings, dass er sich sicher fühlt und seine Grenzen kennt. Wenn du deinen Job, sie ihm erfahrbar zu machen, angemessen erledigt hast, dann steht der modernen »Großfamilie« nichts mehr im Weg.

Und wie sieht diese moderne Großfamilie aus, Effendi?

Sie besteht aus den Menschen, die in der Nähe und bereit sind, sich zu engagieren. Schotte dich und deine Kernfamilie nicht ab, sondern öffne dein Haus für diese Menschen. Das können Nachbarn sein, Freunde, Geschwister, Eltern. Der Verwandtschaftsgrad spielt für das tägliche Leben der modernen Großfamilie keine Rolle.

Willst du damit sagen, die Familie im klassischen Sinn mit Stammbaum, Blutsverwandtschaft, Ahnenforschung und so weiter hat ausgedient?

Nein, das will ich keineswegs. Sie spielt nur für das tägliche Leben keine Rolle. Das Interesse an der eigenen Herkunft wird beim Meister sicher irgendwann erwachen. Deine Aufgabe wird sein, dieses Interesse wachzuhalten und ein einigermaßen verständliches Bild Eures Stammbaumes zu malen. Je klarer das Bild, desto einfacher ist es, dieses Interesse zu befriedigen und wieder zur Tagesordnung überzugehen.

Die Familie ist nur eine Formalie, Effendi? Nur eine Frage des Bewusstseins von Herkunft? Also nichts weiter als ein Stammbaum?

Nein, das wollte ich damit nicht sagen, Reisender. Blut ist immer noch dicker als Wasser. Blutsbande sind und bleiben stark. Es ist für den Meister sehr hilfreich, wenn er seine Verwandtschaft nicht nur auf dem Papier als Stammbaum, sondern auch im Leben kennt. Was ich mit dem Begriff der »modernen Großfamilie« verdeutlichen wollte, ist lediglich der Umstand, dass im täglichen Leben die Menschen, die darin vorkommen, wichtig sind, unabhängig von Verwandtschaft, und dass ich vermute, dass eine offene Struktur der Familie auch zu einem offenen Charakter des Meisters führen wird. Weltoffenheit, Gastfreundschaft, das sind die Stichworte.

Es lohnt sich, Strukturen zu schaffen, die diese Eigenschaften zulassen, sich mit Menschen zu umgeben, die in einer ähnlichen Situation sind wie du oder zumindest gerne eine Rolle in Eurem neuen Familienleben spielen möchten. Wenn sie das möchten, dann lass sie, auch wenn sie, genau wie du, erst noch lernen müssen, wie man das macht. Ihr seid die Kapitäne, die Dame deines Herzens und du, ihr bestimmt, wo es langgeht, aber wie viel Passagiere permanent oder zeitweise mit an Bord sind, das hängt von Eurer Großzügigkeit ab.

Verstanden, Effendi. Aber was bedeutet das konkret?

Zieh in eine Gegend, in der es Kinder und Einrichtungen für Kinder gibt, also Kindergärten, Läden für Kinder, Spielplätze und so weiter. Oder tut euch mit anderen jungen Eltern zusammen und schafft euch diese Strukturen. Wenn ihr die Möglichkeit dazu habt, baut euch mit ihnen zusammen nebeneinanderstehende Häuser, gründet mit ihnen zusammen einen Kindergarten, wenn es keinen guten in Eurer Nähe gibt.

Das sind alles nur Beispiele. Es gibt viele Möglichkeiten und keine richtigen oder falschen. Wichtig und allen diesen Möglichkeiten gemeinsam ist die Offenheit nach außen. Denn ihr werdet oft das Bedürfnis haben, euch abzuschotten, ganz einfach, weil jede Berührung mit der Welt da draußen anstrengend ist. Das ist auch oft nötig und in Ordnung. Aber es kann zu einer schlechten Gewohnheit werden, die dazu führt, dass ihr beginnt, die Welt um euch herum zu fürchten. Und dann fängt es drinnen irgendwann an, muffig zu riechen.

Sieh dir an, mit welcher Leichtigkeit und Selbstverständlichkeit der Meister Bekanntschaften schließt. Das ist die Welt, in der er lebt, eine Welt voller vielversprechender Möglichkeiten, gemeinsam Spaß zu haben und diese Welt zu entdecken. Strukturen, die das ermöglichen, sind hilfreich; solche, die es verhindern, sind weniger hilfreich. Das ist gemeint mit der afrikanischen Weisheit: Es braucht ein Dorf, um ein Kind großzuziehen.

Spießer fürchten die anderen in diesem Dorf. Darum bewachen sie ihren Jägerzaun mit dem Luftgewehr. Die meisten Menschen verlieren aber in dem Moment jede Bedrohlichkeit, in dem sie zum Spielen aufgefordert werden, so wie der Meister es tut. Vom Meister lernen heißt in diesem Fall, den Spießer in dir besiegen lernen.

26

DIE SPRACHEI 2:
DAS TAL DER FRAGEN

Umgeben von der Höhenluft des Spielens

Der Meister sieht dich immer noch an und wartet auf deinen nächsten Zug in diesem Spiel.

Was denn für ein Spiel, Effendi?

Ja, was für ein Spiel. Wenn man das immer so genau wüsste. Du bewegst dich hier auf ziemlich fremdem Gelände, einer längst vergessenen Landschaft, die du aber einst kanntest wie deine Westentasche.

Ich habe sie gekannt?

Und wie. Du hast drin gelebt.

Wann?

Als du so alt warst wie der Meister. Du befindest dich gerade im Tal der Fragen, jenem frühen Teil der Sprachei, in dem der Meister gerade genug Wörter kennt, um ununterbrochen vor sich hinzubrabbeln und dich mit Fragen zu löchern, die dir echtes Kopfzerbrechen bereiten werden. Wie du aufgrund deiner eigenen Erfahrung ahnst, wird er die Antworten, die du ihm gibst, nie mehr vergessen. Lass dich von dem vielen Gefrage aber nicht täuschen, Reisender, er fragt nicht nur, weil er etwas wissen will, sondern auch, um etwas, das er schon längst weiß, noch einmal von dir zu hören. Mach spaßeshalber mal den Test und frag einfach zurück. Du wirst überrascht sein, wie oft er die Antwort selber weiß. In Wirklichkeit geht es nämlich gar nicht um die Beantwortung von Fragen.

Nicht? Worum dann?

Wenn du dich so umsiehst, fällt dir etwas auf?

So ad hoc? Nein. Alles normal.

Und was heißt das: normal?

Na, normal halt. Wie immer. Keine besonderen Vorkommnisse.

Schon mal was von selektiver Wahrnehmung gehört?

Klar. Ich nehme nur wahr, was einen Bezug zu dem hat, was mich gerade beschäftigt.

So ist es. Deine Wahrnehmung wird bestimmt von der Luft, die du atmest, und die Luft, die du atmest, ist die Luft der Zwänge, denen du glaubst, gehorchen zu müssen. Wir hinterfragen diese Zwänge nämlich nicht, sondern versuchen meistens lediglich, innerhalb dieser Zwänge Oasen zu finden, um ab und zu die frische Luft der Freiheit zu atmen, damit wir nicht ersticken. Wir tun dies in der Regel, indem wir auf Mallorca unseren Bauch in der Sonne braten lassen und uns abends mit möglichst viel Bier den Schädel spalten. Diese Oasen der Freiheit nennen wir Urlaub.

Das mag auf den ersten Blick irreführend sein, weil das Wort »Urlaub« sich vom altmittelhochdeutschen Wort für »erlauben« herleitet. Ritter fragten ihren Lehnsherren beispielsweise um »Urlaub«, um in die Schlacht ziehen zu dürfen. Ursprünglich diente der Urlaub deshalb nicht dazu, uns selbst den Schädel zu spalten, sondern dem Feind, und zwar möglichst ohne Bier. Der Begriff hat also eine ziemlich weite Reise hinter sich, bevor er dort ankam, wo er heute steht, wenn auch das Ziel dasselbe gewesen sein dürfte, nämlich Freiheit.

In den Bergen Kindistans aber gibt es keine Zwänge, jedenfalls nicht für den Meister. Denn was wir hier einatmen, ist die Höhenluft des Spielens. Der Meister kennt nur sie, es ist die Luft, die er immer atmet, die Luft, die seine Zellen pulsieren lässt. Für ihn ist alles nur mit der Logik des Spiels begreifbar. Deshalb sind auch Fragen und Antworten Teil dieses großen Spiels, des Spiels seines Lebens. Natürlich will er etwas wissen, wenn er eine Frage stellt, aber es ist nicht notwendigerweise die korrekte Antwort, die er wissen will, sondern ob du mit deiner Aufmerksamkeit bei ihm bist, ob du mitspielst, ob er also nicht allein ist.

Er wird zeitweilig für irgendetwas ein so starkes Interesse entwickeln, dass es an Fanatismus grenzt – für ein bestimmtes Tier, für Tiere im Allgemeinen, für deine Uhr, für bestimmte Körperteile und so weiter –, und er wird alles darüber wissen wollen, alles und ununterbrochen. Mit dem erfragten Wissen wird er in seinem Inneren wieder und wieder ein Bild davon malen, bis er irgendetwas damit anfangen kann, bis es einen Platz in seiner Welt gefunden hat, das es danach zwar immer wieder verändern, aber nicht mehr verlieren wird.

Diese Art der spielerischen Wissensaneignung betreibt er schon lange vor seiner Ankunft in der Sprachei. Er beginnt damit, sobald er einigermaßen gerade aus seinen Augen gucken und etwas wahrnehmen kann. Der Meister kann nicht anders als spielen, er ist der geborene Spieler, ein Genie des Spiels.

Zu dieser Erkenntnis gelangst du spätestens, wenn du das

zweite Mal durch Kindistan reist und beobachtest, wie die beiden Meister spielend miteinander kommunizieren, lange bevor die Höhlenlandschaft der Sprachei erreicht ist. Lange bevor sie sich mit der Sprache verständigen können, übernimmt nämlich jeder von ihnen eine Rolle. Sie sprechen sich nicht ab, sie übernehmen sie einfach, als wäre es das Natürlichste der Welt. Und dann fangen sie an zu spielen. Stan Laurel und Oliver Hardy, denkst du, oder Don Quichote und Sancho Pansa, oder auch Kara Ben Nemsi und Hadschi Halef Omar (dessen voller Name, wie Karl-May-Kenner wissen, natürlich Hadschi Halef Omar Ben Hadschi Abul Abbas Ibn Hadschi Dawuhd al Gossarah ist), letztlich also die komischen Archetypen Weißclown und dummer August. Sie übernehmen diese Rollen und spielen, spielen, spielen, ohne Text, ohne Drehbuch, ohne Netz und doppelten Boden, ohne Absprachen.

Sie spielen, und du schaust fasziniert zu. Der eine weiß alles besser, der andere macht alles falsch. Der eine nimmt dem anderen jedes Spielzeug weg, das dieser in seine zu langsam zugreifenden Patschhändchen bekommt, was dieser ihm aber nicht übel nimmt. Stattdessen himmelt er ihn weiterhin an wie einen Popstar. Du bist gebannt von ihrer Intensität, von ihrer Hingabe, von ihrem Ausdruck. Du ahnst den Fall voraus, du weißt: Jetzt haut der Weißclown dem dummen August gleich die Holz-Lokomotive auf den Kopf, jetzt pikst er ihm gleich den Finger ins Auge, wie es weiland Oliver Hardy bei Stan Laurel tat. Du weißt, der dumme August wird nicht gleich weinen, sondern eine Weile verdutzt aus der Wäsche gucken und vielleicht sogar in deinem Gesicht nach Anzeichen dafür suchen, ob das jetzt gut war oder schlecht, bevor die Jesidi des Schmerzes diese Frage lautstark für ihn beantworten. Alles das weißt du im Voraus, und trotzdem schaust du weiterhin gebannt zu, würdest es zumindest gerne tun, aber natürlich wirst du den nervigen Weißclown stattdessen davon abhalten, deinem kleinen Schatz, dem dummen August, wehzutun – falls du es rechtzeitig bemerkst. Aber du wirst dich dem Unterhaltungswert dieser permanenten Improvisation schwer entziehen können. Sie sind so pur, ihr Spieltrieb so ungebrochen, ihre Fantasie so grenzenlos; sie wären der Traum eines jeden Theaters.

Willst du damit sagen, sie sind die geborenen Komiker?

Ich will damit sagen, Komiker sind gut beraten, bei dem Meister in die Schule zu gehen. Was glaubst du, warum man ihn den »Meister« nennt? Er ist der Meister des Spiels. Und alles Handeln ist Spiel. Erwachsene Komiker dagegen haben schon ein halbes Erwachsenenleben unsere durch Zwänge verpestete Luft geatmet. Deshalb sind sie gut beraten, wenn sie wirklich gut werden wollen, noch einmal bei diesem Meister des Spiels in die Schule zu gehen.

Und was können sie bei ihm lernen? Was ist so meisterhaft an des Meisters Spiel?

Zum Beispiel die Unbedingtheit, mit der er etwas will. Denn eines der Gesetze des Spiels lautet, dass etwas tun wollen und es tun eins ist. Der Meister denkt nicht darüber nach, ob er das, was er will, auch wollen soll, ob es »objektiv« betrachtet begehrenswert ist, ob es gesellschaftlich opportun ist, es zu wollen. Er will es. Punkt. Und er hinterfragt es nicht, sondern krabbelt mit der gesammelten Intensität seines Wollens darauf zu. Hindernisse werden beiseitegefegt, es gibt kein Rechts, kein Links, kein Wenn und kein Aber. Die Katastrophe, die hinter der Stufe lauert, nimmt er nicht wahr. Der Zuschauer aber, der nimmt sie wahr. Und aus dieser unterschiedlichen Wahrnehmung ein und derselben Realität entsteht Komik.

Der wichtigste Aspekt bei der Sache ist aber die Tatsache, dass die Kommunikation der beiden Meister anfangs ohne Sprache auskommt. Die elementaren Fakten des Lebens sind alle schon da, bevor wir sie benennen können. Und bevor wir der Sprache mächtig sind, gehen wir mit ihnen um, indem wir mit ihnen spielen. Erreichen wir dann die Höhlenlandschaft der Sprachei, von der uns die ersten Sprachwolken anwehen, dann hören wir natürlich nicht plötzlich auf zu spielen, bloß um die Sprache der Vernunft zu sprechen, sondern betrachten die Sprache erst einmal vor allem als ein neues Spielzeug. Deshalb gehorcht hier die Sprache auch noch den Regeln des Spiels und nicht jenen der Vernunft. Der Meister wird die Sprache, die er von dir lernt, mit seiner eigenen Fantasiesprache und mit Lautmalereien mischen, die ihm einfach Spaß machen, weil sie so schön dahinperlen. »Guck mal, Pappion, da krabbt eine Spinnnion motoattapa.«

Das wird eine Weile so gehen und ändert sich auch im Tal der Fragen nicht. Der Meister will keinen Vortrag über das Essverhalten von Großfischen hören, wenn er fragt, ob große Haie auch kleine Haie fressen, er will in erster Linie wissen, ob er, weil er gerade der große Hai ist, seinen kleinen Bruder, der natürlich der kleine Hai ist, jetzt gleich beißen kann, oder ob er ihn vorher noch in eine Robbe verwandeln muss. Er stellt seine Fragen mit demselben Ernst, mit derselben Hingebung und derselben Wichtigkeit, mit der er spielt. Und er will Antworten, die genau diese Qualität haben.

Wenn du also zu jenen Abenteurern gehörst, die den anstrengenden, aber auch interessanteren Weg über den Gipfel der Geburt gewandert sind und nicht den Grenzübergang der Traditionalisten gewählt haben, der sich nämlich genau hier befindet, im Tal der Fragen, dann wirst du jetzt einen großen Vorsprung vor den Greenhorns haben, die erst hier nach Kindistan einreisen, weil sie der Meinung sind, erst dann eine Vaterfunktion übernehmen zu müssen, wenn der Meister sprechen kann. Du hast diesen Vorsprung, weil du schon eine ganze Weile bei dem Meister in die Lehre gegangen bist.

Was denn für eine Lehre, Effendi?

Die Lehre des Spielens.

Kann man das lernen?

Und ob!

Ich dachte immer, spielen kann man schon, Ernst muss man lernen.

Stimmt, aber in der Regel schießen wir damit weit übers Ziel hinaus und verlernen dabei das Spielen komplett, kennen nur noch den Ernst und müssen dann das Spielen erst wieder lernen. Das wirklich Interessante aber ist, dass das Lernen selbst ursprünglich eine Art Abfallprodukt des Spielens ist. Spielen ist eine so komplexe Angelegenheit, dass sie nicht leicht zu verstehen ist, zumal für uns, deren Vorfahren Urlaub nehmen mussten, um sich in der Schlacht verheizen lassen zu dürfen. Für uns, die wir die Luft der Zwänge atmen, sind diese auch leichter zu verstehen als die seltsame Logik des Spiels. Spielen setzt Hingabe, Sensibilität und Erfahrung voraus. Mit diesen Eigenschaften kannst du das Spielen, das wirkliche, das – wie soll ich es nennen – ergebnisoffene Spielen, durch Nachahmung wieder vom Meister lernen.

Die Art, in der der Meister spielt, unterscheidet sich nämlich von allem, was unser Erwachsenenleben ausmacht. Und erst, wenn du dich bedenkenlos zu ihm auf die Erde wirfst, mit ihm grunzt, weil du jetzt das große Schwein bist, auf allen vieren hinter dem kleinen Schwein herkrabbelst, das kreischend vor dem großen Schwein flieht und sich dabei in den großen »Tyranno Allosaurus Rex« verwandelt, um den Spieß umzudrehen, sich dann aber doch, dreckig lachend, von dir durchkitzeln lässt, erst, wenn du an den Punkt gelangst, an dem du selbst keine Ahnung mehr hast, wie das

Spiel jetzt weitergehen soll, erst wenn du dich selbst von dem, was passiert, überraschen und inspirieren lässt, mit einem Wort, erst, wenn du wieder begreifst, was Spaß ist, erst dann atmest du dieselbe Luft wie er, die Höhenluft des Spielens.

Nun gibt es inzwischen jede Menge Ratgeber, die dir Tipps geben, wie man durch Spiele pädagogische Ziele erreichen kann, die zweifellos sehr nützlich sind. Aber sie fragen nicht nach dem eigentlichen Wesen des Spiels. Sie betreiben keine Grundlagenforschung. Bevor du aber eigene Zwecke mit dem Spiel verfolgst, solltest du erst einmal lernen, was das Spiel eigentlich ist, sonst kannst du gegen den Meister nur verlieren. Es geht bei diesem Spiel allerdings weder ums Gewinnen noch ums Verlieren. Es geht vielmehr um eine Art des Daseins, einen »way of life«, der dir, wenn du ihn erst einmal wiederentdeckt hast, als der einzig wahre erscheinen wird.

Darum hier die **zehn goldenen Regeln**, die du beim Spielen – und dazu gehören eben auch die Antworten im Tal der Fragen – beachten solltest.

1. Dein Spielpartner hat immer recht.

Diese goldene Regel der Improvisation lässt sich bedenkenlos auf das Spiel in Kindistan übertragen. Wenn der Meister gerade der große Leopard ist, versuche nicht, ihn zu einem Dinosaurier zu machen, sondern finde heraus, was du in dem Fall bist, um zu wissen, wie du dich zu verhalten hast.

2. Jedes Spiel hat einen Anfang, eine Mitte und ein Ende.

Es zeugt von fehlender Musikalität, ein Spiel vorzeitig abzubrechen. Oder von Zeitdruck, klar, aber in dem Fall versuche wenigstens, eine Fermate im Spiel zu finden, eine natürliche Zäsur, nach der du unterbrechen kannst.

3. Es gibt zwei Arten von Regeln im Spiel, die speziellen und die allgemeinen. Die speziellen solltest du festlegen, die allgemeinen haben universelle Gültigkeit.

Wenn du die speziellen Regeln des Spiels, also die Rahmenbedingungen, nicht festlegst, macht es der Machredsch von Mach. Dazu gehören die Dauer des Spiels, der Rahmen, in dem es gespielt werden darf, und die Grenzen, die eingehalten werden müssen. Was aber die allgemeinen Regeln betrifft, also das eigentliche Wesen des Spielens, die kennt der Meister vermutlich besser als du. Wenn du aufmerksam bist, kannst du sie aber von ihm lernen.

4. Spiel ist Dialog.

Es besteht aus Geben und Nehmen, aus Aufnehmen und Abgeben von Impulsen. Weder kann es darum gehen, dem Partner alles abzunehmen, noch darum, ihm alles zu überlassen und nur Zuschauer zu sein. Insofern ist es eine ideale Übungsmöglichkeit für das, was später im Leben die Kunst der Konversation genannt wird.

5. Den Inhalt des Spiels könnt ihr gemeinsam entwickeln.

Das hat den Vorteil, dass du dabei nicht nur den Meister, sondern auch dich selbst besser kennenlernst. Das ist ein Geben und Nehmen. Wenn du keine Lust hast, immer nur die Fragen zu beantworten, stelle einfach mal selber welche. Du wirst überrascht sein, was für Antworten du bekommst. Eine reizvolle Variante, den Inhalt eines Sprachspiels zu erfinden, ist übrigens, dem Meister abends im Bett einfach mal eine Geschichte zu erzählen, statt immer nur eine vorzulesen. Wenn ihr gemeinsam die Höhenluft des Spielens atmet, brauchst du keine falsche Scheu vor dramaturgischen Fehlern zu haben. Du kannst einfach wild drauflosspinnen und dabei alles mit einbeziehen, was in dein Blickfeld gerät: Die

Stofftiere auf dem Bett, das Bilderbuch, die Gegenstände im Schlafzimmer des Meisters, das Schlafzimmer selbst, die Erfahrungen des Tages, den letzten Streit zwischen euch, einfach alles. Es gibt keine Grenzen der Fantasie. Nichts ist zu blöd oder zu unrealistisch. Wenn du mir nicht glaubst, mach einfach mal das Experiment und stelle nach ein paar Tagen, Wochen oder Monaten Fragen zum Inhalt deiner Geschichte. Du wirst überrascht sein, an was er sich noch alles erinnert. Möglicherweise möchte er auch von sich aus eine Fortsetzung der Geschichte hören und erinnert dich an Details dieser kruden Geschichte, die du selbst schon längst vergessen hast.

6. Jedes Spiel existiert für sich selbst und zugleich als Teil des großen Spiels des Lebens.

Dieses große Spiel des Lebens erfindet der Meister zusammen mit dir, während ihr es spielt. So entsteht Euer gemeinsames Spiel, das euch immer verbindet, auch wenn du mal nicht da bist.

7. Verführung ist immer besser als Zwang.

Manchmal geht es aber nicht anders.

8. Ablenkung ist im Fall eines akuten Wut- oder Verzweiflungsanfalls effektiver als der Versuch zu erklären, warum alles gar nicht so schlimm ist.

Der Meister reagiert stärker auf Reize als auf Erklärungen.

9. Sollte er sich nicht ablenken lassen, liegt es möglicherweise an der Energie, mit der du es versucht hast.

Der Meister reagiert stärker auf Energie als auf Inhalt.

10. Sollte er auch auf verstärkte Energie nicht reagieren, brauchst du Geduld.

Zeit ist ein wichtiger Faktor. Vorgänge, also auch Spiel- und Emotionsvorgänge, brauchen ihre Zeit. Was zu einem Zeitpunkt funktioniert, kann zu einem anderen Zeitpunkt ganz falsch sein.

Das sind sie, die zehn goldenen Regeln. Wenn du diese Regeln beherzigst, bist du gerüstet für das Tal der Fragen. Denn im Tal der Fragen wird der Meister dich immer wieder in ein Frage-Antwort-Spiel verwickeln, dessen Regeln du nicht kennst. Diese Regeln offenbaren sich dir nämlich nur, wenn du dich diesem Spiel ganz hingibst und dir Zeit dafür nimmst. Schnelle, korrekte Antworten, für die du in der Schule eine Eins bekommen hättest, nützen dir hier gar nichts. Es kommt nicht wirklich auf die Richtigkeit der Antworten an. Es kommt auch nicht wirklich auf die Regeln an, die sich im Laufe des Spiels ohnehin ständig verändern.

Es kommt darauf an, dass du mitspielst. Er will nicht nur Antworten, sondern auch Fragen von dir, du sollst sozusagen sein musikalisches Thema nicht nur beantworten, sondern auch variieren und sogar ein eigenes anbieten. Kurz gesagt, der Meister will mit dir musizieren.

Denn am Anfang sind wir alle nicht nur Könige, sondern auch Musiker.

27

ZAUBERLAND IN MEISTERHAND

Das Sediment des Lachens

Wenn du es bis in die Provinz des zweiten Jahres geschafft hast, Reisender, hast du die unwegsamsten Gebiete Kindistans hinter dich gebracht. Von nun an wird die Reise einfacher. Denn nun betrittst du das märchenhafte Zauberland. Und von nun an wirst du dich einigermaßen selbst zurechtfinden, davon bin ich überzeugt. Wenn du bis hierher nicht gekniffen hast, wirst du jetzt relativ sicher im Sattel sitzen und deinen Weg finden, zumal Zauberland sich in Meisterhand befindet und du in dem Meister den besten Reiseführer hast, den du dir vorstellen kannst. Niemand kennt Zauberland besser als er. Und er wird dich an die Hand nehmen und es dir zeigen, wenn du ihn lässt. Er hat damit kein Problem, er teilt gern – solange es nicht seine Spielzeuge sind, die er teilen muss.

Zauberland befindet sich zwar in Meisterhand, aber das weiß der Meister noch nicht. Er denkt, er wäre nur einer von vielen Bewohnern Zauberlands. Er geht davon aus, dass die Monster, die ihn von der Zimmerdecke aus anglotzen, für jeden sichtbar sind, und dass die Figuren aus den Geschichten, die du ihm erzählst, Einwohner mit denselben Rechten sind wie er. Und wenn er dich an die Hand nimmt, um dir die Sehenswürdigkeiten von Zauberland zu zeigen, glaubt er, dass du es bist, der ihn führt.

Von dir wird also das Kunststück erwartet, dem Meister das

Gefühl zu geben, dass du ihn führst, obwohl es in Wahrheit umgekehrt ist. Aber keine Sorge, ab den Anfängen der Spracheⁱ zeigt er dir immer mehr seine Welt. Er kann gar nicht anders. Bei allen Unterschieden der individuellen Landschaften hat die Provinz Zauberland eines jeden Kindistans eines gemeinsam: Sie wird immer lieblicher. Es ist schon verständlich, warum so viele Männer immer noch behaupten, dass sie erst dann mit dem Meister etwas anfangen können, wenn er anfängt zu sprechen, denn Zauberland wird immer fantastischer, je mehr der Meister sich mitteilen kann.

Ich sehe schon, du brennst darauf, zu hören, was nun das Zauberhafte an Zauberland ist, mein Freund, habe ich recht? Stimmt's?

Hm? Ja. Sicher.

Klingt wenig überzeugend.

Doch doch, sicher. Durchaus. Wie sieht's dort aus?

Etwas anderes beschäftigt dich gerade, das ist offensichtlich. Was beschäftigt dich?

Du hast recht, Effendi, mich beschäftigt etwas. Schon eine Weile. Eine Frage.

Bitte.

Sie ist mir ein bisschen peinlich.

Muss sie nicht. Wir sind unter uns. Schieß los.

Du wirst mich nicht unterbrechen?

Warum sollte ich?

Und mich auch nicht auslachen?

Was wäre daran so schlimm?

Genau darum geht es ja. Ich frage mich Folgendes: Nun habe ich mein Leben lang daran gearbeitet, einigermaßen cool zu werden ...

Haha! Tatsächlich? Hast du das?

Du hattest versprochen, mich nicht zu unterbrechen, Effendi!

Pardon. Kommt nicht wieder vor.

Ja, habe ich. Du doch auch, wenn du ehrlich bist. Ist Coolness nicht immer das Ergebnis harter Arbeit?

Stimmt. Gut beobachtet. Nur dass das keiner merken darf, nicht wahr? Sonst schmilzt sie dahin, die Coolness »like ice in the sunshine« ...

Genau. Also, was mich bewegt, ist Folgendes. Was passiert damit?

Mit der Coolness?

Ja. Davon war bisher noch überhaupt nicht die Rede. Stattdessen hast du ganz am Anfang mal beunruhigenderweise angekündigt, dass genau das Gegenteil passiert.

Das Gegenteil, Reisender? Das Gegenteil wovon?

Von Coolness, Effendi.

Und das wäre?

Na, dass ich mich zum Dingsbums machen muss, wie hieß der noch?

Horst?

Genau, zum Horst machen sollte ich mich, und ich weiß noch immer nicht, warum.

Ja, das wird nicht zu umgehen sein, allerdings. Je eher du es lernst, desto besser.

Aber wozu denn?

Weil alles andere lächerlich wäre.

Lächerlicher, als mich zum Deppen zu machen? Das musst du mir erklären.

Du hast recht, Reisender, diese Erklärung schulde ich dir noch. Deine Geduld soll belohnt werden, und es gibt keinen günstigeren Zeitpunkt dafür als diesen, wie du sehen wirst. Denn das Zauberhafte an Zauberland ist die Beschaffenheit des Bodens.

Des Bodens?

Des Bodens. Denn der Boden einer Landschaft bestimmt, wie es auf ihm aussieht, nicht wahr? Auf fruchtbaren Böden wächst und gedeiht es, alles grünt und blüht.

Was, bitte, hat das mit Coolness zu tun, Effendi?

Geduld, Reisender, dazu kommen wir noch. Felsige Böden dagegen formen die Landschaft wie das Knetgummi von des Meisters Händen geformt wird, und lassen sie nackt. Kalksteine, Sand- und Tonsteine, Granite, wie auch immer die Sedimente beschaffen sind, sie alle sind in Jahrmillionen entstanden durch den langsamen Atem der Erde.

Der Boden Zauberlands dagegen ruht auf dem Atem des

Meisters, auf seinem Zwerchfell genauer gesagt, und dieses Zwerchfell befindet sich in ständiger Bewegung, denn sein Sediment ist die Sedimentation des Lachens. Die Hügel Zauberlands sind dessen Pegel. Durch diesen Teil Kindistans zu wandern, ist wie der Gang über ein großes Trampolin, das von den zyklisch auftretenden Lachsalven des Meisters in Schwingung versetzt wird.

Das hat unmittelbaren Einfluss auf deine Aufgabe, dem Meister seine Grenzen erfahrbar zu machen. Denn jeder Erziehungsversuch wird für den Meister, der die Höhenluft des Spielens zu atmen gewohnt ist, zuallererst einmal als ein Spielangebot und somit als willkommener Anlass zum Lachen verstanden werden. Für dich, den Zwängen des Labyrinths der Organisation ausgesetzter Reisender, der du bist, mag es daher so scheinen, als würde er dich auslachen, dich und deine so oft zum Scheitern verurteilten Erziehungsversuche.

Das aber wäre ein großes Missverständnis, Reisender. Er lacht schlicht und einfach, weil er nicht anders kann, weil er sich auf dem schwingenden Boden des Lachens bewegt. Eure gemeinsame Reise wird ab hier zu einem permanenten Hüpfen und Hopsen und Springen. Und du wirst deine Strategien diesem neuen Boden anpassen müssen.

Warum muss ich meine Strategien anpassen, Effendi? Ich dachte, Erziehung bestünde darin, ihm seine Grenzen zu zeigen und nicht umgekehrt?

Richtig, Reisender, aber unter Beachtung der Verhältnismäßigkeit der Mittel.

Wie? Ich soll also meine Erziehungsmethoden seinen Launen und Macken anpassen?

Nein, das nicht, aber da er in der Regel deine Erziehungsmethoden überhaupt erst ab einer gewissen Dringlichkeit im Ton als eine Grenzziehung begreift, vorher aber als ein Spielangebot, ist es überaus hilfreich, wenn du vor einem solchen Erziehungsversuch einen tiefen Atemzug von der Höhenluft des Spielens nimmst und diesen dann tatsächlich als Spiel verkleidest.

Und das funktioniert?

Manchmal. Manchmal auch nicht, aber es hat einen entscheidenden Vorteil, und der hat nun endlich etwas mit deiner Frage zu tun. Du bleibst cooler.

Ach ja? Wie das?

Gegenfrage: Schon mal versucht, würdig über ein Trampolin zu spazieren? Das ist eine Clownsnummer, mein Freund! Nichts reizt mehr zum Lachen als der Versuch, geraden Schrittes durch Zauberland zu marschieren und dabei mit jedem dieser gerade gedachten Schritte tief in das elastische Zwerchfell des Meisters einzusacken, das dich wieder in die Luft wirbelt. So etwas nennt man unfreiwillige Komik. Und nichts ist uncooler, als in einem solchen Fall nicht über sich selbst lachen zu können. Nichts wäre auch unnötiger. Denn es gibt weniges, das glücklicher macht als das Lachen des Meisters. Sich dagegen zu wehren, würde eine verpasste Gelegenheit zum Glücklichsein bedeuten. Und das Einzige, was noch uncooler ist, als nicht über sich selbst lachen zu können, ist eine Gelegenheit zum Glücklichsein vorbeiziehen zu lassen, ohne sie zu ergreifen.

Du siehst, Coolness ist auch in Kindistan das Ergebnis harter Arbeit. Nur wer gelernt hat, sich zum Horst zu machen und das auch noch zu genießen, hat in Kindistan eine Chance, irgendwann wieder so etwas wie Souveränität zu erlangen, nur wer sich zum Deppen machen kann, wird irgendwann wieder cool. Frage beantwortet?

Voll und ganz.

Gut. Dann ist hier meine Aufgabe als Reiseführer beendet, Reisender. Ab hier wird der Meister dich weiterführen. Es war mir eine Freude und eine Ehre, dich bis hierher begleiten zu dürfen. Ich wünsche dir weiterhin viel Spaß und toi toi toi.

Wie, schon vorbei? Du wolltest mir doch noch erzählen, wie es in Zauberland aussieht.

Wie es dort aussieht?

Ja, woran erkenne ich Zauberland?

Na, am Lachen, das hatte ich doch schon gesagt.

Am Lachen? Aber gelacht hat er doch auch schon vorher, auf der Hochebene der ersten zwölf Monate, im Tal der Fragen, oder nicht, Effendi?

Da hast du allerdings recht. Aber das Lachen in Zauberland wird immer differenzierter. Neben den Schrei-Banden ist das Lachen hier die vielgestaltigste Ausdrucksform des Meisters geworden. Im Lachen ist er ein Virtuose. Es gibt viele unterschiedliche Arten zu lachen, und er kennt sie alle. Es gibt das vergnügliche Glucksen, das abwartende Lachen der Vorfreude, das dreckige Lachen beim Durchgekitzeltwerden, das übermütige Lachen mit dem befreundeten Meister, wenn sie beide gerade eine neue Möglichkeit entdecken, sein Zimmer zu verwüsten, das Unheil versprechende Lachen, während sie dieses dann tun, das verlegene Lachen, wenn er eine Frage nicht beantworten kann, das lauernde Lachen, wenn er gerade eine Grenze überschreitet, es weiß und neugierig auf deine Reaktion ist, das ungläubige Lachen, wenn plötzlich etwas klappt. Es gibt für jede Situation des Lebens eine Lach-Antwort.

Zauberland ist also ein äußerst fröhlicher Landstrich. Die kleinen Meister lernen hier die ersten Grundlagen ihres Zauberhandwerks, mit dem sie die Herausforderungen des Lebens meistern werden. Alles scheint möglich für sie, die ganze Welt ein Füllhorn von Möglichkeiten und Überraschungen. Sie reagieren mit derselben fröhlichen Selbstverständlichkeit auf alles Neue, sofern es ihnen nicht Angst macht, weil es noch allzu neu ist. Aber ob sie das Öffnen eines Schraubverschlusses lernen oder das Fliegen, es würde für sie keinen Unterschied bedeuten. Sie kennen keine Grenzen des Möglichen. Alles ist ja Zauberei, weil alles eine Erweiterung der Grenzen ihrer bisher bekannten Welt bedeutet.

Wenn du bis hierher durchgehalten hast und nicht ausgewichen bist, wenn du also gut im Training bist, wenn deshalb der Alltag kein wesentlicher Stressfaktor mehr für dich ist und das Labyrinth der Organisation kein unüberwindliches Hindernis mehr für dich darstellt, dann wartet hier endlich die Belohnung für all deine Mühen. All die Segnungen der guten Zauberei warten hier auf dich, von denen du als Kind immer geträumt hast und von denen du als Erwachsener sehnsüchtig gewünscht hast, sie einmal bewusst erleben zu dürfen. Du gehst durch den Zauberwald und triffst auf die gute Fee. »du hast drei Wünsche frei«, sagt diese Fee. Wie oft hast du dir dieses Szenario als Kind vorgestellt! Und was hast du dir dann gewünscht?

Darf ich nicht sagen, Effendi, sonst trifft es nicht ein.

Ah! Genau, lieber Reisender. Ich sehe, du bist mir schon ins Zauberland gefolgt. Es geht auch nicht um die einzelnen Wünsche, sondern um das Lebensgefühl, aus dem sie hervorgehen. Jeder Stein, den du umdrehst, jede Ecke, hinter der etwas sein könnte, jeder Mensch, dem du begegnest, ist ein Versprechen. Die ganze Welt ist dir freundlich gesonnen und wartet nur darauf, dass du sie entdeckst und mit ihr spielst. So empfandest du als Kind. So empfindet jetzt der Meister. Und so kannst du jetzt auch wieder empfinden, wenn du es zulässt.

Selbst die starken Obsessionen, die der Meister ständig für irgendetwas entwickelt, ein Stofftier, ein Paar Schuhe, einen Stock, den er auf einem verwunschenen Pfad gefunden hat und der ganz bestimmt ein Zauberstab ist, selbst diese starken Fixierungen auf einen Gegenstand oder ein Thema sind so leicht wie der Lichtreflex auf der Wand, den der Meister bestaunt. »Was ist das?«, fragt er dann im Tal der Fragen. »Da reflektiert die Sonne«, antwortest du und ärgerst dich im selben Moment über deine Unfähigkeit, ihm eine Erklärung zu liefern, mit der er etwas anfangen könnte. »Wenn wir wiederkommen, ist der Litelex noch da?«, fragt er weiter. »Nein, dann ist die Sonne weitergezogen. Also nicht wirklich die Sonne, sondern eigentlich die Erde. Die hat sich ein Stück weitergedreht. Nicht, dass die Sonne stillstehen würde, die bewegt sich auch. Aber eben nicht um die Erde, verstehst du, obwohl es von hier so aussieht.« Der Meister sieht dich mit seinen unergründlichen Augen an. »Nicht so wichtig«, sagst du, »jedenfalls ist der Lichtreflex nachher weg.« Er sieht dich weiter an, blickt auf den Lichtreflex, nuckelt am Daumen, dreht seine Haare und denkt nach. Dann fragt er: »Aber aber aber, wenn wir wiederkommen, ist der Litelex noch da, der Litelex?«

Das Hirn des Meisters nimmt alles auf und verarbeitet es. Es arbeitet auf Hochtouren, des Meisters Hirn, auch nachts. Dann kommen die Träume, in denen es das Aufgenommene in Schubladen einordnet. Manchmal sind es auch Albträume. Dann wird das Aufgenommene in die falschen Schubladen eingeordnet, und zwar in solche, die schon voll sind, die quellen dann über, und der gesamte Inhalt ergießt sich auf den Meister. Der weint dann natürlich, logisch, und ruft nach Papa oder Mama. Dann wird aus dem kleinen Marienkäfer, den er heute am Tag auf der Eingangsstufe gesehen hat, plötzlich eine ganze Armee, die seinen gesamten Körper bedeckt. Dann steht er plötzlich in Eurem Schlafzimmer, schüttelt sich, versucht sie von sich zu streifen und ruft: »Nein! Die sollen weg, die Marienkäfer, die sollen weg!«

Oder der Bambus vor dem Haus, dessen Schatten er am Abend an der Decke gesehen hat und der ihn seit einiger Zeit ungeheuer fasziniert. Nachts wird aus ihm eine Monsterpflanze, die auf einmal platzt. Der Meister erwacht, er schreit, es ist schwer, ihn zu beruhigen. So ein geplatzter Bambus ist eine schwerwiegende Sache. Auch dieser Albtraum der Extraklasse verfällt zwar bei Anbruch des Tages zu einer bloßen Erinnerung an vergangene Schrecken, aber er wird sich ihrer noch lange entsinnen. »Weißt du noch«, fängt er immer wieder mit verschwörerischer Miene an, »als der Bambus geplatzt ist?«

Das sind nur zwei Beispiele für die Art, wie er dir seine Welt zeigt. Und hier nun beginnt die Herausforderung für dich, Reisender. Wie auch immer du auf diese Herausforderung reagierst, Antworten wie: »Da sind doch keine Marienkäfer, was redest du da!« Oder: »Bambus platzt nicht, das ist Quatsch« – Solche Antworten sind so fantasie- wie nutzlos. Der Meister steht da und erwartet von dir, dass du die Marienkäfer wegmachst oder den geplatzten Bambus heilst, nicht, dass du deren Existenz leugnest. Der Gedanke wäre ja auch zu albern, sodass er vermutlich nicht mal darauf reagieren würde. Das wäre für ihn so, als ob du sagen würdest, die Sonne existiere nicht. Die Sonne nämlich, das sieht man doch, ist eindeutig da, und sie ist, das ist ebenso klar, der Sammelplatz für all die vielen Monde, die man tagsüber manchmal sieht. Die treffen sich nämlich alle in der Sonne, wenn sie verschwinden. »Wer trifft sich in der Sonne?«, fragst du nach. »Die Mönde«, antwortet er, weil es das Selbstverständlichste der Welt ist.

Er erwartet von dir also Antworten und Führung in dieser

zauberhaften Welt von Zauberland. Aber um diese Antworten geben zu können, musst du erst mal wissen, wie es dort aussieht. Und das wiederum kann dir nur der Meister sagen. Höre also genau hin, was er sagt, und dann wird dir nichts anderes übrig bleiben als zu improvisieren. Du wirst von Marienkäfer-Mamas erzählen, die die ganzen Marienkäfer jetzt »heia« schicken, sodass sie alle plötzlich weg sind, und Engel schicken, die den platzenden Bambus wieder reparieren. Du wirst dich selbst über Dinge reden hören, über die frei zu reden du dir niemals zugetraut hättest, mit einer Ernsthaftigkeit, über die du bei anderen Eltern bislang vielleicht heimlich gelacht hast.

Und in dem Moment, in dem dir diese Welt so normal geworden ist wie deine Erwachsenenwelt, wirst du ein zartes Stimmchen in deinem Hinterstübchen hören, das leise kichert und »Willkommen daheim in Zauberland« flüstert.

Wessen Stimme ist das, Effendi?

Na, wessen wohl!

Wie soll ich das jetzt wissen?

Oh, wir haben viel über diesen Gesellen gesprochen, Reisender.

Nein, doch nicht …

Doch, genau der!

Die Stimme des Machredsch von Mach?

So ist es.

Aber ich dachte, der will immer provozieren und neue Gebiete erobern?

Der Machredsch des Meisters will das.

Und von welchem sprechen wir hier?

Von deinem eigenen.

Wie, den gibt es noch?

Natürlich, warum nicht?

Und wo war er die ganze Zeit?

Er hat vermutlich geschlafen oder sich die Zeit in den Bergen deines eigenen Kindistans vertrieben. Aber jetzt, wo du mal wieder zu Besuch kommst, wäre es unhöflich, dich nicht zu begrüßen. Also sagt er: »Willkommen in Zauberland, alter Meister, schön, dich mal wieder zu sehen. Meister geworden bin ich zwar noch nicht anstelle des Meisters, aber los wirst du mich auch nicht so schnell.«

28

DURCHS WILDE KINDISTAN

Das koloniale Erbe

Am anderen Ende der Welt, hinter den sieben Bergen bei den sieben Zwergen, da liegt es also, das sagenumwobene Land Kindistan. Du hast nun eine relativ genaue Landkarte an die Hand bekommen, mit der du den Weg finden dürftest. Alles Weitere wirst du selbst in Erfahrung bringen. Und ich bin sicher, du wirst genau den Weg finden, der dir angemessen ist. Denn das Schöne an Kindistan ist: Es gibt keinen richtigen und keinen falschen Weg. Fehler wirst du viele machen. Jeder macht sie. Fehler sind nicht das Problem. Ein Problem entsteht erst, wenn du nicht in der Lage bist, sie zuzugeben und dich für sie zu entschuldigen, auch beim Meister. Vergiss nicht: du bist hier nur zu Besuch. Auch wenn der Meister Führungsstärke von dir erwartet, das hier ist sein Land. Du bist der bestellte Verwalter, nicht der Herrscher von Kindistan.

Es wäre allerdings nicht fair, dir eine ziemlich wichtige Information über Kindistan vorzuenthalten. Bisher haben wir nur über die geografischen Besonderheiten dieses Landes gesprochen und die historisch-politische Dimension außen vor gelassen. Es dabei zu belassen, wäre fahrlässig.

Kindistan nämlich ist ein Land mit einer großen kolonialen Vergangenheit. Und wie bei vielen Ländern mit einer großen kolonialen Vergangenheit – ich denke da etwa, wenn schon nicht an die Mongolei, von der hier an anderer Stelle die Rede war, so doch an China – ist diese keineswegs vergangen, sondern sozusagen eine Gefahr auf Abruf, jederzeit bereit, wieder ihre dunklen Flügel auszubreiten und der Welt ihren Willen aufzuzwingen. Das muss so deutlich gesagt werden, weil dem Suchenden, der an den Regalen der Ratgeberliteratur zum Thema Kinder entlangflaniert und dessen Blick auf lauter süße, rotwangige und lachende Babygesichter fällt, nichts ferner liegt, als hinter diesem lieblichen Landstrich, in den zu reisen er im Begriff steht, eine koloniale Großmacht zu vermuten.

Aber es ist so. Die Frage, die sich dir, Reisender, irgendwann in Zauberland stellen dürfte, ist: Wie komme ich hier wieder raus? Abenteuer schön und gut, Reisen ist ja eine feine Sache, aber ich bin hier schließlich nur zu Besuch. Mein eigenes Kindistan liegt lange zurück und ist in den Schatzkisten meines Herzens beziehungsweise den Folterkammern meiner Erinnerung gut verstaut. Wo also, bitte schön, ist hier eigentlich der Ausgang? – Nur um schon mal Bescheid zu wissen, falls ich das Bedürfnis verspüren sollte, bei mir zu Hause nach dem Rechten zu sehen.

Die Antwort auf diese Frage muss ich dir, lieber Reisender, leider schuldig bleiben, denn ich schreibe diesen Reiseführer durchs wilde Kindistan, während ich selbst dort weile. Die Wahrheit ist: Ich habe keine Ahnung, wie ich hier wieder herauskomme – ob ich hier wieder herauskomme. Jemals. Ich befinde mich gerade in der Provinz des dritten Jahres. »Bald bin ich drei«, antwortet mein Meister auf die Frage nach seinem Alter. Und neben allen möglichen, nie gekannten Glücksgefühlen kriecht ab und zu auch eine dunkle Ahnung in mich wie Kälte im November, eine Ahnung, dass ich hier nie wieder herauskommen werde, selbst wenn ich den Ausgang finden sollte – was keineswegs sicher ist.

Denn die Arme des großen und immer größer und mächtiger werdenden Machredsch von Mach reichen weit. Kurze

Fluchten wird er mir vielleicht gestatten, aber wo immer ich auch bin, er wird sicher Wege finden, mich seine Präsenz fühlen zu lassen. »Kleine Kinder, kleine Probleme«, sagt man, »große Kinder, große Probleme.« Ich befinde mich demnach noch in jenen ersten und lieblichen Provinzen, in denen die kleinen Probleme zu Hause sind. Kleine Probleme, denke ich, wie um alles in der Welt soll ich denn dann die großen Probleme meistern?

Karawanen von Spielzeugen bahnen sich ihren Weg durch unser Haus, ich stolpere über große Legosteine (die sogenannten »Duplos«), Lavaflüsse von Puzzleteilen und kleinteiligem Zubehör des Kaufmannsladens (eins der überflüssigsten Spielzeuge, die ich kenne) quellen aus dem nie versiegenden Vulkan der Spielzeugindustrie über verborgene unterirdische Kanäle in die Räume unseres Hauses und setzen sich dort ab wie Taubenkot auf dem Markusplatz. Sie zu ordnen, gelingt mir nicht. Ein System zu finden, wie dieser gesammelte Schrott – der für den Meister natürlich keiner ist, sondern eine Bedeutung hat, die ich nicht kenne und nicht ahnen kann –, wie diese Schutthaufen von bunter Dreidimensionalität nachvollziehbar verstaut werden könnte, gelingt mir nicht. Das Gefühl der Machtlosigkeit gegen diese endlose Flut von nutzlosen Gegenständen, die unmöglich eingedämmt werden kann, egal, wie oft ich einige von ihnen entsorge und den Rest – zumal auf unbefriedigende Weise – aufräume, gibt mir einen Vorgeschmack auf das noch viel größere Gefühl von Machtlosigkeit angesichts des künftigen Schicksals meiner beiden kleinen Meister.

Wenn die Erinnerung an das eigene Kindistan durch diese Reise immer wieder geweckt und aufgefrischt wird, wie es ja bisher der Fall war, denke ich weiter, dann warten noch einige sehr unangenehme Erinnerungen auf mich. Denn in meinem persönlichen Kindistan hatte ich viele Erlebnisse, die mich an den Rand des Abgrunds gebracht haben, zumindest habe ich es so empfunden. Und wenn es mir so ging, warum sollte es dann meinen beiden kleinen Meistern anders gehen?

Frage dich selbst, Reisender, wie alt du werden musstest, um deinem eigenen Vater zu verzeihen. War es mit dreißig? Mit vierzig? Bist du überhaupt schon an diesen Punkt gelangt?

Warum sollte ich meinem Vater verzeihen müssen, Effendi, und wofür? Woher willst du wissen, was für ein Verhältnis ich zu meinem Vater habe?

Nun, Reisender, die Gegenden dieser Welt mögen sich in vielem unterscheiden, aber eines haben sie alle gemeinsam: Das Gesetz von Werden und Vergehen. Nichts ist ewig. Alles wird geboren, lebt und stirbt, selbst Gebirge und Landschaften. Wie auch immer dein eigenes Kindistan ausgesehen haben mag, dein Vater war der erste Reisende, dem du begegnet bist – selbstverständlich neben deiner Mutter, die aber nicht als Reisende zählt. Deine Mutter ist ja eher Teil des Landes, in dem die Quelle deines Lebens entspringt, irgendwo dort oben im Vorgebirge der Schwangerschaft.

Dein Vater aber ist die Person, die dich von deinem ersten Atemzug an begleitet hat, erst Gott, dann Besatzungsmacht – gegen die du dich aufgelehnt hast, ob heimlich, ob offen, spielt dabei keine Rolle; die Person, die du so gerne beeindrucken wolltest und vor deren Urteil du doch solche Angst hattest – und schließlich Besiegter. Denn die Lebenden triumphieren immer über die Toten, egal wie mächtig diese im Leben gewesen sein mögen. Die Jugend besiegt immer das Alter.

Aber bevor sie das tut, erlebt sie die Qualen der Selbstfindung, die Kämpfe des Erwachsenwerdens, beim Ringen um ihren Platz im Leben, und sie erlebt diese Qualen unter den Augen des Vaters, den sie in der Regel, weil er mal Gott war, für all diese Qualen verantwortlich macht. Aber selbst wenn sie ihn nicht dafür verantwortlich macht, verstärkt der Blick des Vaters die Qualen. Er hat gut Gucken, er ist ja schon an jenem Punkt im Leben, zu dem die Jugend erst noch einen Weg finden muss. Und von dort aus, von diesem sicheren Adlerhorst der Lebenserfahrung aus sieht er alle Niederlagen. Wenn er gut ist und Fantasie hat, kann er sich vielleicht den Schmetterling vorstellen, der einmal aus der unförmigen Raupe Nimmersatt hervorgeht, die der Meister Kindistans noch sehr lange sein wird. Aber selbst dann hat er zuvor die Raupe gesehen. Und diesen Blick zu verzeihen, den Blick des Vaters, das braucht Zeit.

Gleichzeitig braucht der Meister diesen Blick, so wie der Fisch das Wasser zum Schwimmen braucht. Jede Lebensäußerung, angefangen vom ersten Rülpser nach dem Trinken an Mamas Brust, wird begleitet von der hoffentlich entzückten Anerkennung des Vaters, die das ungeheuer wonnige Gefühl, geliebt, gewollt und geschätzt zu werden, beim Meister auslöst. Diese Anerkennung ist das Benzin, das sein Motor zum Laufen braucht, zugleich das Öl, das ihn schmiert, und der Zündfunke, der ihn anspringen lässt.

Er wird vielleicht auch ohne diesen Treibstoff Ziele entdecken und Interessen entwickeln, er wird seinen Treibstoff dann eben woanders tanken, bei Freunden und anderen Erwachsenen (die das allerdings unter Umständen bald als lästige Aufmerksamkeitshascherei empfinden könnten), aber Papas Blick ist der beste Treibstoff, den es gibt. Damit läuft sein Motor besser und länger und mit jenem zufriedenen Brummen, das Papa so an seinem Lieblingsspielzeug, dem Auto, schätzt.

Papa befindet sich also in einer klassischen Zwickmühle. Er muss Gott sein und dann Besatzungsmacht, muss die Autorität verkörpern, deren Blick des Meisters Motor anspringen lässt, und sollte gleichzeitig darauf achten, dass dieser Blick weich und durchlässig bleibt und bei aller Kompetenz nicht zu stechend wird. Das ist keine leichte Aufgabe, denn faule Komplimente stinken zehn Meilen gegen den Wind, und der Meister hat eine feine Nase.

Es nützt nichts, immer wieder nur: »Toll hast du das gemacht«, zu sagen. Der Meister will ja etwas lernen. Und wie er etwas lernen will! In den Kapillaren seines Gehirns herrscht gewissermaßen Unterdruck, und sie saugen alles auf, was ihre Umgebung zu bieten hat. Er ist wie eine Pflanze im Frühling, die Licht und nährstoffreiches Wasser in schnelles Wachstum verwandelt. Mama ist, um bei diesem Bild zu bleiben, das nährstoffreiche Wasser, und Papa die Sonne, deren Licht sie aufsaugt.

Aber blöd ist er eben nicht, der Meister, er weiß schon, ob das, was er tut, gut ist oder nicht. Er will Bestätigung, aber keine Lügen. Und da beginnt dein Problem, Reisender. Denn du musst ihn fordern, ohne ihn zu überfordern, du musst das Wachstum dessen, was in ihm angelegt ist, unterstützen.

Darf ich kurz, Effendi?

Aber ja, nur zu, Reisender, melke mich, solange ich noch da bin.

Woher weiß ich, was in ihm angelegt ist?

Auf diese Frage habe ich erwartet. Genau das ist nämlich das Problem. Du weißt es nicht. Und wenn du dich nicht lächerlich machen willst, wie so viele andere Eltern, die ihr Kind für hochbegabt halten – einfach, weil es nervt (»ganz klar: Aufmerksamkeits-Defizits-Syndrom, ein sicheres Anzeichen für Hochbegabung!«) –, dann muss dein Blick in beide Richtungen offen sein. Das funktioniert nur, indem du viel Zeit mit ihm verbringst. Dann hast du eine Chance, die Tendenzen seiner wahren Berufung vorurteilsfrei, also frei von eigenen Wünschen, zu erahnen (Blick nach innen) und sie zu fördern (Blick nach außen).

Ein kleiner Test: Warst du aufmerksam genug, im letzten Absatz die Einfallschneise für die Truppen Kindistans zu bemerken, durch die sie nach und nach die Nachbarländer Mammien und die Papai besetzen und dauerhaft kolonisieren werden, wenn du nicht aufpasst?

Die Zeit, Effendi?

Genau, Reisender! »Das hast du toll gemacht!«, bin ich versucht zu sagen. Je mehr Zeit du mit dem Meister verbringst, desto tiefer wirst du in die inneren Angelegenheiten Kindistans verwickelt. Der Meister wächst und gedeiht prächtig unter deinem zweigleisigen Papa-Blick, und du merkst gar nicht, wie in der Zwischenzeit die farbenfrohen und fröhlichen kindistanischen Truppen dein eigenes Heimatland, die Papai, besetzen.

Eines schönen Tages wachst du auf, der Meister ist nicht da, vielleicht im Kindergarten oder eine Weile bei Oma und Opa, auch die Dame deines Herzens ist weg, vielleicht bei einer Ayurveda-Kur, oder sie klettert auf ihrer Karriereleiter herum, und du beschließt, mal wieder bei dir zu Hause nach dem Rechten zu sehen. Und was findest du dort vor? Neben deinen Hanteln, auf denen inzwischen Spinnen leben (wer braucht Hanteln, wenn er täglich Meister stemmt?), liegen Fingerpuppen, in deinem Regal stehen zwischen deinen Büchern nicht nur *Die Raupe Nimmersatt* und der Band des *Grüffelo*, den du so lange gesucht hast, sondern auch zwei kaputte Spielzeugautos und fünf Schleich-Tiere. Du gehst zu deiner CD-Sammlung. *Ritter Rost* und *Jazz for Kids* grinsen dich an. Was ist mit der Sammlung von Vinyl-Platten, die du durch die Jahre besinnungslosen Glaubens an die Digitalisierung gerettet hast? Zerrissene Plattenhüllen stecken zwischen nackten Singles, und wiederum daneben eine

undefinierbare, irgendwie pelzige Fingerpuppe. Für Spät-
geborene: Mit nackten »Singles« sind natürlich nicht unbe-
kleidete Partnersucher gemeint, sondern hüllenlose, kleine
Vinyl-Scheiben – wenngleich etwa doppelt so groß wie heu-
tige CDs –, die nur einen Song pro Seite enthielten.

Nun gut, das sind Gegenstände, denkst du dir, Manifestati-
onen der Leidenschaften deiner Vergangenheit, die auf derartig respektlose Weise entweiht wurden. »Häng dein Herz
nicht an Dinge«, heißt es. Also wanderst du weiter, in dein
Inneres, um dort eine Bestandsaufnahme zu machen. Du
wandelst durch das Stadion deiner einstigen Leidenschaften
und die Katakomben deiner Obsessionen von früher und
findest sie verlassen. Wo sind sie hin, die Themen, über die
du dich nächtelang mit deinen Kumpels streiten konntest?
Wo sind die Songs und Filme, die dich in mentale Rausch-
zustände versetzten? Wo sind deine Träume von Grenzüber-
schreitungen und Radikalität, wo deine Utopien einer besseren Welt, wo deine Hybris, dein Größenwahn?

Du setzt dich auf eine der leeren Bänke im Stadion deines inneren Welttheaters und sinnst über diese Fragen nach. »Wo
bin ich?«, fragst du dich, »wo ist all das geblieben, was zu
mir gehörte, was mich ausmachte?«

»Ja, wo denn?«, höre ich dich ängstlich in die entstandene
Stille fragen, Reisender.

Geflohen vor den kindistanischen Truppen sind sie, deine
Leidenschaften, mein Freund, die mit Rasseln und Pfeifen
und Luftballons und Konfetti durch die Tore der mit dem
Meister verbrachten Zeit eingefallen sind und alles durch-
einandergewirbelt haben. Nach und nach haben sie jeden
Raum in dir besetzt, in jedem Winkel die Spuren ihrer ver-
dreckten Patschhändchen hinterlassen. Vor nichts haben sie
haltgemacht. Wie ein Computervirus haben sie deine Fest-
platte verseucht und selbst die Programme, die sich weiger-

ten, sie hereinzulassen, gezwungen, zumindest mit ihnen zu kommunizieren.

Wieder einmal hat das wilde Kindistan es geschafft, die angrenzenden Länder zu kolonialisieren, während diese dachten, ihrerseits das scheinbar so kleine und wehrlose Land mit ihren Besatzungstruppen zu kontrollieren. Aber während deine Besatzung einem klaren Verfallsdatum unterworfen ist, das irgendwann nach zwanzig bis dreißig Jahren eintreten wird (in einigen Fällen auch später, aber dann wird's irgendwann einmal tragisch), wird der kindistanische Imperialismus nie aufhören, fürchte ich. Hoffe ich. Weiß ich.

Und während du in dem verlassenen Stadion deiner Leidenschaften sitzt und über dein Leben nachgrübelst, fällt dir plötzlich auf, wie viel freundlicher es darin aussieht, seit die Truppen Kindistans dort eingefallen sind. Der Gedanke an die neuen Machthaber hat so gar nichts Beängstigendes, eher etwas Befreiendes. Die Besatzer sind in Wirklichkeit Befreier. Sie haben dein Land von deinen Gespenstern der Vergeblichkeit befreit, die es lange beherrscht hatten. Du suchst nach ihren Spuren, nach den Schatten der Vergangenheit, und spürst etwas in dir, das du nicht einordnen kannst, weil es ein Zustand ist, den du bisher nur als kurze Verschnaufpause zwischen den Kämpfen deines Lebens erlebt hast, jetzt aber zu einem permanenten Grundton deiner Befindlichkeit geworden ist.

Du fragst dich, ob es wirklich sein kann, was du nicht zu glauben wagst. Angenehm fühlt es sich an, stabil, friedlich und heiter. Kann es wirklich sein, dass die Truppen Kindistans die Schwerkraft ausgetrickst und die unumstößlich geglaubten Gesetze des Lebens auf den Kopf gestellt haben? Haben sie wirklich diese kurze Belohnung für die Mühen der Ebene, über die du so viele Theorien hattest, die aber alle das zwingend Flüchtige dieses Zustandes betonten, in einen Dauerzustand verwandeln können?

Ganz entspannt sagt etwas in dir so einfach und direkt, wie es nur Kinder können: Ja. So ist es. Es ist tatsächlich: Glück. In den Stadien deines Inneren, den Katakomben, den Prachtstraßen und auf den Feldern, auf den weiten Fluren deines eigenen Landes herrscht nun – das Glück.

Genieße diesen Zustand des heiteren Friedens, Reisender, denn gleich wacht der Meister auf und verlangt den Tribut für seine Herrschaft, die dich von dir selbst befreit hat. Er wird wieder deine volle Aufmerksamkeit verlangen, seine Entdeckerlust mit dir teilen, dich provozieren, von dir Impulse fordern, mit dir spielen und von dir Trost erwarten. Er wird nichts weniger als dein gesamtes Leben von dir haben wollen. Du musst selbst entscheiden, wann welcher Teil davon ihm nützt und wann deine Gaben eher schaden.

Plötzlich gesellt sich ein altbekanntes Gefühl neben dieses neue Dauerglück, wie ein Schatten, wie der ehemalige, zurückgelassene dunkle Gefährte, der sich nicht so leicht abschütteln lässt. Er sitzt da mit seinem zerbeulten, vom Leben gezeichneten Gesicht, schweigt eine Weile und verbreitet allein durch seine Anwesenheit ein Gefühl der Anspannung, das überhaupt nicht zu der glänzenden Heiterkeit passt, die eben noch alles überstrahlt hatte. Da sitzt er also, der dunkle Geselle, die Sorge.

»Was wird aus dem Meister werden?«, fragt er dich. »Wie wird die Welt ihn aufnehmen? Was für eine Welt wird er vorfinden, wenn die kleine Raupe Nimmersatt sich ein Loch in ihren Kokon knabbern und als wunderschöner Schmetterling in diese hineinflattern wird? Wirst du in der Lage sein, ihm immer das zu geben, was er braucht? Wie kannst du verhindern, dass er sich von dir erdrückt fühlt? Wird es dir gelingen, den Kontakt zu ihm nicht abreißen zu lassen, auch später in der Pubertät, in der die Türen zu ihm so oft mit einem lauten Knall vor deiner Nase zugeschlagen werden?«

Versuche nicht, sie zu verjagen, diese Sorge, es hätte keinen Sinn. Sie wird wiederkommen. Gewöhne dich an sie. Diese beiden Gesellen werden von nun an deine permanenten Begleiter sein: Das Glück und die Sorge. Sei gut zu ihnen, dann werden sie auch gut zu dir sein. Auch die Sorge ist schließlich zu etwas gut. Du wirst sie brauchen als Spürhund künftiger Gefahren.

Nun steh auf, Reisender, und verlasse das leere Stadion. Du musst noch den Brei machen für den Meister. Gleich wacht er auf. Geh durch die Säulengänge hindurch und – was ist das? Steht da jemand im Schatten der Säulen? Hat sich da nicht gerade etwas bewegt? War das nicht eine deiner geflohen geglaubten Obsessionen, der Zipfel einer früheren Leidenschaft in den Taschen des dicken Onkel Welt? In der Tat, mein Freund. Flüsternd stehen sie im Verborgenen und zischen dich an. »He, Kumpel! Wo warst du so lange? Komm rüber auf 'ne Runde Poker, lass uns zusammen ein bisschen die Welt erobern, so wie früher!«, säuseln sie von allen Seiten dir zu.

Denn natürlich sind sie alle noch da, die Begleiter deiner Vergangenheit. Sie werden immer da sein und in den unzugänglichen Bergen deiner eigenen Landschaften ein Partisanenleben führen. Geh sie ab und zu besuchen, sauf mit ihnen, ballere wild in der Gegend herum, mache mit ihnen die Nächte durch – am besten, wenn der Meister mal weg ist und dich nicht wieder am nächsten Morgen um halbsieben weckt – spiele Fußball mit ihnen, mach Musik, geh Kart-Fahren, mach, was immer dir einen Kick gibt, folge deinen Obsessionen, Träumen und Leidenschaften. Und vergiss auch nicht, bei deinem alten Großwesir vorbeizuschauen, dem verschlagenen Machredsch von Mach, auch wenn der immer noch Meister werden will anstelle des Meisters. Aber inzwischen ist ihm das nicht mehr so wichtig. Denn auch er ist älter geworden. Inzwischen hat er sich nämlich eine Art Parrallelwelt gebaut, in der er tatsächlich Meister ist anstelle des Meisters. Eine ziemlich interessante Gegend ist das übrigens, die Parrallelwelt des Machredsch von Mach, aber darüber zu berichten würde hier zu weit führen. Lassen wir es dabei, dass alle deine alten Kumpels einfach mal wieder ein bisschen Spaß mit dir haben wollen, und der Machredsch ist definitiv dein ältester Kumpel.

Der Meister ist übrigens ein toleranter Herrscher. Ein glücklicher Papa ist ihm lieber als ein frustrierter. Anfangs wird es zwar scheinen, als hätte er absolut kein Verständnis für jede Sekunde, die du ohne ihn verbringst, aber später wird er alles über deine ständigen Begleiter wissen wollen. Wenn du sie zu sehr vernachlässigst, was willst du ihm dann erzählen? Es würde ihn enttäuschen, wenn du keine Geschichten mehr für ihn hättest.

Und enttäuschen wollen wir den Meister ja nun ganz sicher nicht, oder?

Das geheime Schreibtagebuch

»Wer das hier liest, soll vom nächsten LKW überfahren werden und bis in alle Ewigkeiten in der Hölle schmoren.«

Mit diesem Satz schützte meine Schwester einst ihr Tagebuch vor der Neugier ihres kleinen Bruders. Und so erfuhr ich nie, was sie damals im Innersten bewegte. Das war zwar extrem ungerecht, aber inzwischen verstehe ich sie, denn Tagebücher sind in der Regel nicht dazu bestimmt, dass andere sie lesen.

Aber bei dir, Reisender, mache ich eine Ausnahme. Ich kann mich ja in dich hineinfühlen, in deine Fragen und Zweifel. Wie konnte dieses Buch entstehen, wo doch alle sagen, dass junge Eltern keine Zeit haben, schon gar nicht, um Bücher zu schreiben? Hat der Autor diese Reise überhaupt selbst gemacht? Hat er sie sich einfach aus den Fingern gesogen? Ehrlich gesagt, kommen mir diese Zweifel zuweilen selbst. Deswegen habe ich die Entstehung des Manuskripts auch in einem Tagebuch dokumentiert.

Sollten dich allerdings weder solche Zweifel plagen, noch die Neugier, brauchst du hier nicht weiterzulesen. Vielen Dank für die ungeteilte Aufmerksamkeit und alles Gute auf deiner Reise, Reisender! Andernfalls, und jetzt spricht der Kleine-Bruder-Versteher in mir, bist du herzlich eingeladen, weiterzulesen. Und sollte dich hinterher ein LKW überfahren, hat es sicher nichts damit zu tun, dass du mein Tagebuch gelesen hast.

Großes Kleiner-Bruder-Ehrenwort!

3.12.08 Abenteuer

Erstes Treffen mit meinem Lektor, Vater von drei Kindern. Nach einem netten Plausch über Erziehungsfragen – und nachdem ich meinen derzeitigen Alltag geschildert habe –, fragt er: »Und wann können Sie schreiben?«

Die Frage ist mehr als berechtigt. Ich stelle sie mir täglich. »Noch kannst du umkehren«, flüstert mein vernünftiger innerer Schweinehund mir zu. »Was du vorhast, ist Wahnsinn!«, flüstert er weiter. »Mag sein, aber es ist aufregend und macht Spaß!«, flüstere ich zurück.

Der Lektor sieht mich freundlich abwartend an, das Gesicht ein Fragezeichen. Ist der Blick nun eindringlich oder besorgt? Oder beides? Er hat mehr Erfahrung in solchen Dingen, weiß, wie viel Zeit die Familie frisst und wie lange es dauert, ein Buch zu schreiben. Auch er hat sich Elternzeit genommen, aber vermutlich in dieser kein Buch geschrieben.

»Es ist ein Abenteuer«, sage ich zu meinem inneren Schweinehund.

»Wie bitte?«, fragt der Lektor. Offenbar habe ich es laut ausgesprochen. Solche Dinge passieren mir in letzter Zeit öfter. Bei stillenden Müttern heißt das »Stilldemenz« – das umgangssprachliche Wort »Stillblödheit« ist zwar nicht sehr nett, trifft die Sache aber ganz gut. Nun stille ich aber nicht – vermutlich das Einzige, was mich derzeit von einer echten Mutter unterscheidet –, aber wenn man Tag für Tag! immer! mindestens! drei Dinge gleichzeitig tut, setzt das Hirn eben auch hin und wieder aus. Und dann passiert es, dass ich beispielsweise jemanden anrufe und während des Klingeltones panisch überlege, wen ich da eigentlich gerade anrufe und warum.

»Ein Abenteuer«, wiederhole ich, ohne mir etwas anmerken zu lassen. Diese Technik zu üben habe ich in den letzten zwei Jahren viel Gelegenheit gehabt. Ich stelle mir vor, dass Pegelalkoholiker eine ähnliche Technik verwenden, um nüchtern zu erscheinen. »Ich habe keine Ahnung, was dabei herauskommt«, sage ich weiter, »und wie ich es schaffen will, aber ich betrachte es als ein Abenteuer.«

Alles, was ich weiß, ist, dass mich das Thema Väter und Söhne gerade sehr beschäftigt. Um keine weiteren kritischen Fragen aufkommen zu lassen, erzähle ich von der gesellschaftlichen Umbruchsituation, in der wir uns meiner Meinung nach gerade befinden, von klischeehaften Vorstellungen, die viel zu viele Köpfe hierzulande vernageln, und von meinem Vater, der in diesem Jahr gestorben ist.

Sicherlich ist meine Situation gerade eine außergewöhnliche für einen Mann. Ich kümmere mich derzeit alleine um die beiden Kinder, weil die Dame meines Herzens vier Wochen lang mit einem Theaterstück auf Tournee ist. Sie vermisst die beiden schmerzlich, besonders den Kleinen, der sieben Monate alt ist. Was ich gut verstehen kann. Sie tut mir auch aufrichtig leid. Aber den Alltag bewältigen muss ich trotzdem alleine. Dafür ernte ich auch überall große Anerkennung und ungläubige Bewunderung. Was, die Mutter ist vier Wochen lang weg? Ohne die Kleinen? Und du machst alles alleine?

Na ja, na klar. – Umgekehrt hat sie vor zwei Monaten ja auch alles allein gemacht, als ich vier Wochen gedreht habe. Wir haben nun mal beide einen Beruf, der periodische Abwesenheit erfordert, wenn man nicht gerade das Glück hat, vor Ort Theater spielen oder drehen zu können. Umgekehrt hat sie dafür keine besondere Anerkennung geerntet. Bei ihr wurde es als natürlich angesehen, dass sie zu Hause bleibt und den Laden schmeißt.

Diese Kleinigkeit ist eine der sichtbaren Spitzen des riesigen Eisberges gesellschaftlicher Vorurteile im familiären Rollenverständnis, die mich stören, weil sie zum Teil handfeste politische Entscheidungen mit großer Tragweite zur Folge haben, zum Teil auch nur für ärgerliche, ideologisch motivierte Verlautbarungen in den Medien sorgen. Da wird dann beschrieben, wie diese Rollenverteilung bitte schön zu sein habe, damit sie irgendwelchen eingebildeten, von der Natur angeblich so und nicht anders vorgesehenen, gar genetisch vorherbestimmten Gegebenheiten entsprechend Rechnung trage. Und für die Kinder die einzig zu verantwortende Lösung sei.

Von biologischen Gegebenheiten auf menschliches Verhalten zu schließen, war immer schon problematisch bis gefährlich. Dass es aber gerade auch Frauen sind, die diese Kurzschlüsse öffentlich ziehen, macht mich ratlos. Und wenn folgendes Argument gegen den Ausbau des Angebots von Kindertagesstätten es in den öffentlichen Diskurs schafft, frage ich mich, ob diejenigen, die dieses Argument vorbringen und ernst nehmen, sich seit ihrer eigenen Kindergartenzeit überhaupt mental entwickelt haben. Dieses Argument lautet: Ein Ausbau des Angebots von Kindertagesstätten beleidigt (und benachteiligt) jene Mütter, die »zu Hause bleiben möchten«.

Wenn mein großer Sohn meinem kleinen Sohn ein Spielzeug wegnimmt mit dem Argument »meins!«, dann versuche ich ihm so geduldig wie möglich zu erklären, dass es zwar in der Tat seins ist, was aber nicht zwingend bedeutet, dass es niemand anders benutzen darf. Im Umkehrschluss bedeutet es natürlich, dass, wenn mein kleiner Sohn sich entscheiden würde, nicht damit zu spielen, er genau so in Ordnung wäre. Ein Spielzeug ist ein Angebot zum Spielen und darf geteilt werden. Man kann es nutzen oder auch nicht. Wenn das Angebot ungenutzt bleibt, wird niemand beleidigt oder benachteiligt.

Muss man diesen Gemeinplatz auch erwachsenen Menschen geduldig erklären?

Denn es ist zwar ein Gemeinplatz, muss aber vielleicht doch immer wieder betont werden: Jedes Kind ist anders. Unser erster Sohn hat sich mit eineinhalb Jahren zu Hause mit uns alleine dermaßen gelangweilt, dass der Kindergarten für ihn eine neue, große, auf- und anregende Welt darstellte, die seine Entwicklung enorm beschleunigte. Für andere Kinder mag es zu früh sein. Es hängt auch von der jeweiligen Umgebung ab. Genauso unterschiedlich sind naturgemäß auch die Erwachsenen. Der eine arbeitet gerne in seinem Beruf, die andere hasst ihn, der eine kann es sich leisten, nicht zu arbeiten, die andere nicht, der eine hat einen Job mit regelmäßigen Zeiten, die andere arbeitet im Schichtdienst oder projektbezogen in prekärer, selbstausbeuterischer Art mit 24-stündiger Bereitschaft.

Wir tendieren vermutlich alle dazu, unsere eigenen Erfahrungen aus der Kindheit zu verabsolutieren und entweder daraus zu schließen, dass es genau so auch bei unseren eigenen und allen anderen Kindern zu sein hat, oder gerade im Gegenteil, dass es auf keinen Fall so sein sollte, wie es in unserer Kindheit war. Vielleicht hängt das damit zusammen, dass Kinder sich als den Nabel der Welt betrachten und etwas von diesem Egozentrismus an dem Thema hängen bleibt. Vielleicht ist es aber auch eine typisch deutsche Eigenschaft, einen für sich als gut erkannten Weg als den einzig richtigen zu sehen.

Woher auch immer diese Engstirnigkeit kommt, sie bedient sich starker, archetypischer Bilder, um sich als Vernunft zu tarnen. Die stärksten dieser Bilder dürften jene sein, die uns einen Begriff von Männlichkeit und Weiblichkeit ermöglichen. Was ist männlich, was ist weiblich? Diese Frage legitimiert die Existenz Dutzender Frauen- und Männerzeitschriften, die dieser Frage in meist oberflächlicher und erstaunlich monotoner Weise auf den Grund gehen. Beziehungsweise eben gerade nicht auf den Grund zu gehen, sondern durch Behauptung der immer gleichen Klischees den Konsum geschlechtsspezifischer Produkte ankurbeln.

Meine Erfahrungen sind andere. In unserer Familie, die man getrost als altmodisch bezeichnen kann – mein Vater wurde mitten im Ersten (!) Weltkrieg geboren und stammte mental sogar noch aus dem vorvorletzten Jahrhundert –, purzelten die Eigenschaften, die im Familien- und Erziehungskontext als typisch männlich oder typisch weiblich bezeichnet werden, munter durcheinander und ergaben seltsame Konstellationen, auf die ich später noch eingehen werde. Und ich würde heute nicht auf die Idee kommen, meine Männlichkeit durch das Wechseln von Windeln oder das Schieben eines Kinderwagens verletzt zu sehen.

So höre ich mich also reden. Ein ungeordneter Schwall von Gedanken, Betrachtungen, Behauptungen, Erinnerungen bricht aus mir hervor, die mich seit der Geburt meines ersten Kindes und ganz besonders in diesem Jahr durch die Verdichtung freudiger und trauriger Familienereignisse beschäftigen. Innerhalb eines Jahres kam mein zweiter Sohn zur Welt, feierten meine Eltern goldene Hochzeit, und dann starb erst mein Vater und fünf Wochen darauf meine Mutter.

Der Nächste in der Generationenfolge werde ich sein. Meine Kinder werden meine Eltern nicht als Großeltern erleben. Diese beiden Erkenntnisse sind mit brutaler Klarheit plötzlich in mein Leben gerammt und stehen täglich vor mir. »Geh damit um«, fordern sie mich auf. »Was machst du daraus?«, fragen sie mich in Momenten, die mir ein Minimum an Reflexion erlauben, also beim Flaschenzubereiten, Windelnwechseln, Einkaufen, Essenzubereiten, immer dann, wenn meine Kinder nicht meine volle Aufmerksamkeit fordern. Es kommt selten genug vor. Und gegen deren Forderung von Aufmerksamkeit kommt kein Gedanke an.

5.12.08 Hindernisse 1

Wann, bitte, soll ich schreiben? Nachts geht nicht, weil sie zuverlässig um 6 Uhr 30 zu Ende ist und in der Regel einige Male unterbrochen wird. Tagsüber geht es nur mit Babysitter. Das muss am Ende jeder Woche generalstabsmäßig für die nächste Woche geplant werden. Mindestens vier Stunden am Tag werde ich brauchen, und zwar am Stück, nicht eine Stunde hier und eine da. Das wird teuer. Und ich brauche die kostbaren kinderfreien Stunden ja auch noch für andere Verrichtungen des täglichen Lebens. Wir wohnen in einem neu gebauten Haus auf einer Baustelle, nur mal so zum Beispiel. Und da … nein! Du darfst nicht auf die Tastencx m.m. ahauen, ioch habe gesagt nein, kannst du nicht hööööööre8bn? In Anwesenheit der Kinder – ich habe gesagt: Nein! Und nein heißt nein, kannst du nicht – lass deinen Bruder in Ruhe, nein, es ist nicht in Ordnung, ihm deinen Zeigefinger ins Auge zu bohren! In Anwesenheit der Kinder ist es äußerst schwierig, sich zu konzentrieren – weg von der Tastatur habe ich gesachvkgveh9üov , meine Güte, wie oft muss ich das noch sakdläbhv8vwefasdgkcxv-… so geht das noiiiiichöt0ßer'389hgr…bmvnka

8.12.08 Hindernisse 2

Ja, wann, bitte, soll ich schreiben? Die kommende Woche war perfekt organisiert. Jeden Tag vier Stunden mittels Babysitter freigeschaufelt.

Heute war ich beim Zahnarzt wegen einer kleinen Füllung. Er guckt in meinen Mund, guckt genauer, greift rein, wackelt an einem exponierten Zahn und murmelt: »Scheiße.« Er greift wieder rein, murmelt wieder, diesmal mit mehr Nachdruck: »Scheiße!« Er geht raus, kommt wieder mit einem Kollegen, der greift in meinen Mund, guckt meinen Zahnarzt an und nickt ihm ernst und kaum merklich zu, worauf mein Zahnarzt wieder »Scheiße« murmelt, eine Spritze mit irgendeiner Flüssigkeit füllt und sie mir in den Gaumen rammt.

Ich schreie kurz auf vor Schmerz. Der Zahnarzt sagt: »Das tut jetzt weh, das muss so sein, das ist in Ordnung, hier den Wattetupfer in den Mund nehmen!«, zerrt mich vom Stuhl und in sein Arztzimmer. »Ich mach jetzt meine Pause!«, ruft er einer Schwester zu, schließt die Tür, steckt sich eine Zigarette an, kippt sich eine Tasse Kaffee ein, atmet einmal tief durch und hebt an zu sprechen. Versucht er etwa, aufkommende Tränen zu unterdrücken? Oder ist es nur der Rauch in seinen Augen und unterdrückter Husten in der Stimme? Er fängt sich jedenfalls wieder und sagt mit vom unterdrückten Husten oder unterdrückter Tränen belegter Stimme: »Das ist der Super-GAU!« Ich will etwas sagen, kann aber nicht wegen des Tupfers. Außerdem fährt er gleich mit seinen Ausführungen fort.

Hier die Kurzversion: Ein Zahn muss weg, weil der Kieferknochen, der ihn hält, vermutlich rott ist. Wann? Sofort. Wie lange dauert die Behandlung? Jeden Tag in dieser Woche. Wie ich das machen soll? Meine Sache. Die kostbaren Babysitterstunden werden dafür herhalten müssen.

Wann, zum Teufel, soll ich also schreiben?!

9.12.08 Hindernisse 3

Der Zahn muss doch nicht raus. Noch nicht. Der Zahnarzt betäubt den Oberkiefer auf bewährt brutale Art (»nicht abhauen« – er rammt mir die Spritze in den Gaumen, ich zucke zurück, ohne etwas dagegen tun zu können – »ich leg das alles lahm« – er bohrt sie an eine andere Stelle, ich unterdrücke ein Stöhnen – »weil das jetzt kein Spaß wird« – und noch mal ins vordere Zahnfleisch, ich ergebe mich in mein Schicksal), ergreift dann mit einem Werkzeug, das aussieht wie ein Foltergerät oder ein Spatel aus der Rechtsmedizin, meinen Zahn. Was jetzt folgt, kann ich nur in Geräuschen beschreiben. Es klingt wie der zuschnappende Bolzen eines Revolvers in einem amerikanischen Blockbuster. Mein Kiefer zittert, mein Kopf dröhnt.

Aber der Zahn wackelt nicht.

Er wiederholt die Prozedur.

Nichts.

Noch mal und noch mal und noch mal und noch mal. Er sagt nicht: »Scheiße«, denkt es aber. Er geht raus, kommt mit einem Kollegen zurück. Der greift wieder in meinen Mund, wackelt am Zahn, sieht meinen Zahnarzt an, schüttelt ernst und kaum merklich den Kopf. Mein Zahnarzt verlässt das Zimmer. Ist er beleidigt? Wütend? Enttäuscht? Egal. Solange er ein guter Zahnarzt ist, kann er so skurril sein, wie er will.

Sein Kollege erklärt mir, dass man auf dem Röntgenbild nicht erkennen kann, wie verfault der Knochen wirklich ist.

Tatsache ist aber, dass der Zahn noch ziemlich fest sitzt und es deswegen sinnlos wäre, ihn zu ziehen.

Also zwar jeden Tag ein Termin, aber ein kurzer.

Glück im Unglück. Aber die langen Rendezvous mit mir selbst, in denen ich hoffte, tiefer in die Materie vorzudringen, erfordern trotzdem deutlich mehr Zeit, als ich habe.

10.12.08 Mitmenschen

Kurz entschlossen nach B. gefahren, wo die Dame meines Herzens eine Vorstellung hat, damit sie nach drei Wochen die Kinder mal wieder sieht. Jetzt sitze ich im Hotelzimmer, die Kinder schlafen. Ich hätte jetzt – na – sicherlich eineinhalb Stunden, um zu schreiben.

Ich sitze da und überlege wieder, was ich zu dem Thema zu sagen habe. Und warum ich überhaupt etwas darüber erzählen möchte. Es ist ja nicht so, dass es nicht schon genug Bücher über das Thema Väter oder gar »Neue Väter« gäbe. Warum also noch eins schreiben?

Zunächst ist da mal das gesellschaftliche Klima, in dem Kinder zu Kampfbegriffen in politischen Sonntagsreden verkommen sind. Die Selbstverständlichkeit im Umgang mit Kindern ist abhanden gekommen. Ich bemühe ungern Klischees, aber es ist wirklich auffällig, dass, sobald man die Grenze nach beispielsweise Italien überschreitet, jeder Mensch, der mit dir redet, sobald er dein kleines Kind sieht, seine Rede unterbricht und dieses Kind leuchtenden Auges mit Komplimenten überhäuft. Mag ja sein, dass Italien mittlerweile zu den Ländern mit der niedrigsten Geburtenrate gehört. Aber der Umgang mit Kindern ist immer noch von liebevollem Interesse geprägt.

In meiner geliebten Wahlheimatstadt Berlin dagegen kannst du dich, einen Kinderwagen hinter dir herziehend und noch ein Kind auf den Schultern, eine U-Bahn-Treppe hinaufschleppen, ohne dass einer der vielen vorbeihechtenden Passanten auf die Idee käme, dir zu helfen.

Noch ein paar Beispiele? Bitte, gern: Heute parke ich in einer engen Parklücke (weite Parklücken gibt es nicht in Berlin) neben einem alten Mercedes, in dem ein junger Mann und eine junge Frau sitzen, rauchen und sich unterhalten. Ich pelle mich mühsam aus der Fahrertür, gehe um meine Familienkutsche, einen wenig schnittigen, dafür ungeheuer praktischen Lieferwagen, öffne auf der Seite des Mercedes, also der Beifahrerseite, die hintere Tür – zum Glück eine Schiebetür –, schäle den Großen aus seinem Kindersitz, öffne ächzend die vordere Tür, stemme die Babyschale (warum sind diese Dinger eigentlich so furchtbar schwer?!) mit dem Kleinen durch den engen Spalt, frage mich, ob es zu viel verlangt wäre, wenn der junge, kräftige Mann in dem Mercedes mich fragen würde, ob er mir helfen kann oder einfach seinen Wagen freundlicherweise kurz zurücksetzen würde, da öffnet sich tatsächlich sein Fenster. Na endlich, denke ich, es gibt doch noch hilfsbereite Menschen, und lächle ihn dankbar an. Da fragt der Kerl: »Wie oft woll'n Se eigentlich noch mit Ihrer Tür an meinen Wagen kommen?!«

Oder vor einigen Tagen: Ich gehe, den Kinderwagen schiebend, in dem der Kleine liegt, und mit dem Großen auf dem Kiddyboard (einer an den Kinderwagen angehängten, rollenden Plattform), einem Rucksack auf dem Rücken und einen Rollkoffer hinter mir her ziehend, die Straße hinunter und habe es eilig, weil ich den Zug nach Hamburg schaffen muss. Ich höre die Straßenbahn hinter mir und beginne zu rennen, denn zur Straßenbahnstation ist es zwar nicht mehr weit, aber mein großstadtverkehrerprobtes Auge erkennt sofort, dass es knapp wird. Die Straßenbahn fährt an mir vorbei, hält an der Station. Ich schaffe es gerade noch zur letzten Tür und drücke den Knopf, um diese zu öffnen. Nichts passiert. Ich drücke noch mal. Wieder nichts. Ich blicke Hilfe suchend Richtung Fahrer, der mich doch im Rückspiegel sehen müsste und mich ohnehin sicher hat rennen sehen. Ich drücke wieder – da fährt die Straßenbahn los. Fassungslos stehe ich mit der Karawane mitten auf der Straße.

Die Straßenbahn hält zehn Meter weiter vor einer roten

Ampel. Ich renne hinterher, erreiche sie, drücke wieder den Knopf. Nichts. Die Ampel steht immer noch auf Rot. Wieder drücke ich und wieder und wieder und wieder. Die Ampel springt auf Gelb, die Straßenbahn fährt los.

Bei dieser Geschichte darf allerdings nicht verschwiegen werden, dass sie auch kinderlosen Fahrgästen passiert. In Berlin werden Fahrgäste von den Straßenbahnschaffnern offenbar grundsätzlich als Feinde betrachtet. Vielleicht gibt es aber auch eine Art sportlichen Wettkampf, wer von ihnen die meisten Fahrgäste stehen lässt.

Oder die Schaffnerin der Deutschen Bahn, die auf die Frage der Dame meines Herzens, ob sie ihr helfen könne, den Kinderwagen in den Zug zu heben, lapidar erwidert, das sei nicht ihre Aufgabe, womit sie streng genommen zwar recht hat, aber recht haben allein macht ja nun auch nicht glücklich. Und wenn sie plötzlich einen Ohnmachtsanfall erleiden würde, wäre ihr schließlich auch nicht damit gedient, wenn die lieben Mitmenschen auf ihre fehlende Zuständigkeit verweisen würden.

Ich habe noch viele solche Episoden in meinem Repertoire, will aber weder mich noch den Leser mit deprimierenden Erlebnissen langweilen. Natürlich gibt es auch immer wieder hilfsbereite Menschen und solche, die Kinder lieben. Meistens sind es Eltern, deren Babybetreuungzeit noch nicht allzu lange zurückliegt.

Es geht mir hier nicht um eine Aufrechnung, sondern um das Wahrnehmen einer zunehmenden Verkrampfung im Umgang mit Kindern und dem Thema Erziehung. Einerseits ist da dieses frappierende Desinteresse. Einer Bekannten aus der Schweiz, die sowohl mit einem Kinderwagen, als auch mit einem kleinen Hund in Berlin unterwegs war, fiel auf, dass niemand in den Kinderwagen geschaut, aber alle den Hund bewundert haben. Andererseits die Aufrüstung des Themas Kinder mit falschen Erwartungen.

Vielleicht gab es in Wirklichkeit noch nie so etwas wie entspannte Normalität im Umgang der Generationen untereinander, zwischen Müttern und Töchtern, Vätern und Söhnen,

Eltern und Kindern, Gesellschaft und Einzelnen. Auch in unserer Familie gab es viel Konfliktpotenzial und Dauerverkrampfungen, solange meine Eltern lebten. Aber durch die glückliche Fügung, dass sie zusammengeblieben sind, und weil der Kontakt zwischen allen Familienmitgliedern durch die verschiedenen Lebenskrisen und Verwerfungen hindurch bis heute nie abgerissen ist, ist der Glaube an und das Vertrauen in dieses kompliziert strukturierte Kraftfeld Familie in mir zu einer selbstverständlichen Gewissheit gereift.

Ich habe zum Beispiel in schwierigen Entscheidungssituationen immer das Bild meines Vaters vor Augen und frage mich: Wie würde er sich entscheiden? Dabei bin ich mir im Klaren darüber, dass er alles andere als perfekt war und mein Bild ein selbst erschaffenes Ideal ist, das durch meinen realen Vater sozusagen inspiriert und mit dichterischer Freiheit ausgebaut ist. Aber ich spüre ihn, seine Lebenskraft hinter und sein liebevolles Auge auf mir. Das ist gelebte Erfahrung. Und die sehe ich, wenn ich mich so umsehe, immer seltener.

14.12.08 Drecksarbeitsteilung

Es gibt immer wieder kleine Zeitfenster im Alltag. Die sind aber so klein, dass sie gerade für mechanische Verrichtungen reichen. Schreiben ist eine geistige Tätigkeit, die längeren »Vorglühens« bedarf. Es müssten tatsächlich mindestens vier Stunden am Stück sein, sonst kommt nur oberflächlicher Quatsch zustande, der hinterher komplett verändert werden muss. Diese vier Stunden durchzusetzen, wird meine schwierigste Aufgabe in den nächsten Wochen sein. Jeder in der Familie wird versuchen, das zu verhindern, nicht aus Bosheit, sondern weil ich schließlich der Horst der Familie bin.

Vorgestern ist die Dame meines Herzens von ihrer Tournee zurückgekommen und war erst einmal vollkommen überfordert mit der geballten Energie, die ihr hier entgegenschlug. Diese Erfahrung haben wir jetzt also auch gemeinsam. Gut so. Jeder sollte eine Weile in den Schuhen des anderen gehen (wobei das Bild in unserem Fall nicht stimmt, weil wir, um das Bild weiter zu bemühen, ja ganz ähnliche Schuhe tragen: Wir wechseln sie nur ab und zu und tragen oft nicht die gleichen Schuhe zur gleichen Zeit). Nur so entsteht echtes gegenseitiges Verständnis. Bei aller Fantasie, die unser Beruf erfordert, ist es seltsamerweise nahezu unmöglich, sich vorzustellen, wie ein anderer Mensch den Tag erlebt, auch wenn es der eigene Lebenspartner ist. Gerade, wenn es der eigene Lebenspartner ist. Ob die Verfechter biologischer Erklärungsmuster für menschliches Verhalten eine Erklärung für die simple Tatsache haben, dass in einer Beziehung jeder glaubt, er mache die ganze Drecksarbeit?

Warum noch ein Buch zum Thema Väter? Diese Frage stelle nicht nur ich mir selbst. Neulich war eine Bekannte zu Besuch, eine Journalistin, die sie mir ebenfalls stellte. Nun, ich hoffe, dass das Buch selbst die Antwort sein wird. Wenn ich sie in einem einzigen, knackigen Satz geben könnte, bräuchte es das Buch ja nicht. Mag sein, dass auf dem begrenzten Markt der Aufmerksamkeit die kurzen, prägnanten, fetten Überschriften immer die Sieger sind. Aber mich persönlich interessiert es überhaupt nicht, ein Buch zu lesen, das eine pfeilgenaue Aussage hat, die bereits im Titel enthalten ist und in 250 Seiten systematisch, Punkt für Punkt belegt werden soll.

Seit ich selbst Kinder habe, mache ich immer wieder Erfahrungen, die mich einerseits über den Zustand unserer Gesellschaft in Bezug auf das beunruhigt, was Dieter Thomä in seiner wunderbar erhellenden Abhandlung *Väter: eine moderne Heldengeschichte* über die Geschichte des Vaterbildes seit der Französischen Revolution den »Fackellauf der Generationen« nennt (also der Verfall familiärer Strukturen inklusive Verwirrung der Väter, was denn noch ihre Aufgabe ist, heutzutage). Des Weiteren verwundert mich die Hartnäckigkeit gesellschaftlicher Vorurteile über familiäre

Arbeitsteilung. Wir leben in einer sehr widersprüchlichen Zeit. Einerseits verschwimmen die Grenzen zwischen den Geschlechtern bis zur kategorischen Leugnung apriorischer Unterschiedlichkeit, sodass im soziologischen Fachjargon nicht mehr von »sex« (biologisch geprägtes Geschlecht), sondern von »gender« (gesellschaftlich geprägtes Geschlecht) gesprochen wird, andererseits aber halten sich gesellschaftliche Vorurteile über die geschlechtsspezifische Natur familiärer Arbeitsteilung mit wunderlicher Hartnäckigkeit selbst bei sogenannten »aufgeklärten« Geistern.

Ein Beispiel. Bei einer jener Preisverleihungen, zu denen ich aus beruflichen Gründen hin und wieder gehen muss, traf ich einen Journalisten, der mir sofort die in unserer Branche übliche und von allen Schauspielern gefürchtete Frage stellte: »Was machen Sie gerade?« Er bekam von mir folgerichtig auch die branchentypische Nichtantwort: »Nichts, worüber ich sprechen könnte.« Dummerweise fügte ich noch hinzu: »Ansonsten kümmere ich mich um meine beiden Kinder.«

Er sah mich mit dieser mir inzwischen sattsam bekannten Mischung aus mitleidiger Herablassung und schwer zu versteckender Bewunderung an. Ungläubig fragte er nach: »Und wechseln Sie auch die Windeln?«

Den immer durchdringenderen Geruch der Windeln meines »großen« und leider immer noch nicht trockenen Sohnes sehr präsent in der Nase und die Windelwechselvermeidungsstrategien meiner Frau noch im Kopf (»Ich kann gerade nicht aufstehen, kannst du das machen?« – Keine Angabe von Gründen, einfach: »Ich kann gerade nicht aufstehen«), brauchte ich eine Weile, um zu kapieren, dass er diese Frage tatsächlich ernst gemeint hatte.

Bei Journalisten bin ich mittlerweile darauf gepolt, möglichst originelle Antworten zu geben. Gedruckt wird etwas, weil es gut klingt, nicht, weil es wahr ist. Aber mir fiel absolut nichts Originelles ein. Mit der Schlagfertigkeit ist es ohnehin so eine Sache. Ich glaube, von Mark Twain stammt die treffende Definition: »Schlagfertigkeit ist, was mir auf dem

Nachhauseweg einfällt.« Aber in diesem Fall wäre mir – angesichts der aus meiner Sicht empfundenen Unangemessenheit dieser Frage – wohl auch auf dem Nachhauseweg nichts Originelles eingefallen.

Also untersuchte ich ihn nach versteckten Mikros. Als ich keine fand und er mir etwas konsterniert auf meine Finger blickte, die sein Revers befummelten, sagte ich, ganz unoriginell, aber wahrheitsgemäß: »Natürlich.« – »Wer denn sonst?«, war ich noch versucht hinzuzufügen, verkniff es mir aber.

»Sie sind also im Moment ...« (und jetzt kam es, das Wort, das auch mir, meinem Selbstverständnis als aufgeklärtem, auf Gegenseitigkeit und Gleichberechtigung achtenden Mann zum Trotz, immer noch quer im Schädel steckt) »... Hausmann?«

Gut, dachte ich, er hat vielleicht keine versteckten Mikros, aber möglicherweise ein gutes Gedächtnis, und so setzte ich zu einem längeren Monolog darüber an, dass dieser Begriff gesellschaftlich negativ konnotiert sei und ich den von dem amerikanischen Soziologen John Snarey eingeführten Begriff »Väterarbeit« dem Begriff »Hausmannstätigkeit« vorziehen würde. Denn Arbeit ist es zweifellos. Seit ich Kinder habe, empfinde ich meine schauspielerische Tätigkeit vor der Kamera oder auf der Bühne als Urlaub, im Wortsinn eben als Spiel. Wirkliche Arbeit hingegen ist, was zu Hause auf mich wartet.

Und dazu gehört alles, was an Tätigkeiten anfällt. Vom Windelwechseln übers Wäschewaschen bis zum Kochen. Die Erziehungsarbeit inklusive Fahrten zum Kindergarten, zum Kinderarzt, zur musikalischen Früherziehung sowieso. Natürlich könnte man Aufgabenbereiche definieren. Aber da meine Frau und ich denselben Beruf ausüben und deshalb mal der eine, mal der andere tage- oder sogar wochenlang nicht da ist, würde dann alles zusammenbrechen, weil in dieser Zeit ganze Aufgabenbereiche unerledigt blieben. Ich will damit nicht sagen, dass jeder alles machen muss. Das wäre unökonomisch. Aber je mehr Kompetenzen jeder hat, desto souveräner ist er, wenn er den Laden mal alleine schmeißen muss.

Aber das ist nur die offensichtliche und auf unsere spezielle Situation bezogene Erklärung. Der wahre Grund, warum ich dieses Modell trotz der damit verbundenen Mühen empfehlen kann, ist, weil es – tja, wie sage ich das jetzt – lebendig hält. Denn die Frage ist doch nicht, ob wir Männer uns irgendwelchen feministischen Forderungen beugen oder »verweiblichen«, wovor einige alte Haudegen im Krieg der Meinungen nicht müde werden zu warnen, die Frage ist vielmehr: Mit wem möchten wir leben?

Möchten wir mit einer Frau leben, die sich selbst auf Haus- und Erziehungsarbeit beschränkt, die uns diese Tätigkeiten ganz abnimmt, aber dann auch nicht zulässt, dass wir uns »einmischen«? Wollen wir die Frau, die uns, zugespitzt formuliert, die Pantoffeln bringt und dann das Essen auf den Tisch stellt? Mal abgesehen davon, dass diese Frau dann eine verdammt gute Köchin sein sollte – ist mir persönlich diese Vorstellung ein Graus, weil es mir peinlich wäre, von dem Menschen, mit dem ich mein Leben teile, bedient zu werden, wenn ich nicht die Chance hätte, es umgekehrt auch zu tun.

Oder wollen wir Gemeinsamkeiten über die äußerlichen Familienbande hinaus? Wollen wir auch andere Gesprächsthemen? Wollen wir nicht vielmehr eine anregende, spannende, auf Gegenseitigkeit basierende, unterstützende und verständnisvolle Partnerschaft? Eine andere als eine partnerschaftliche Beziehung auf Augenhöhe erscheint mir auf Dauer unwürdig. Und darüber hinaus auch wenig unterhaltsam.

Damit will ich selbstverständlich nicht die Sachzwänge der unterschiedlichen Lebensentwürfe leugnen. Jeder Mensch, der einen Beruf ausübt, der ihm Karriere- und Aufstiegschancen ermöglicht, weiß, dass dieser Beruf ein immer größeres Stück aus dem zur Verfügung stehenden Kuchen an persönlicher Zeit und Energie frisst und dass eben diese Karriere- und Aufstiegschancen in der Regel in dem Maße schwinden, in dem man versucht, das Kuchenstück familiengerecht zu begrenzen. Anders ausgedrückt: Je verantwortungsvoller der Job, desto weniger Zeit für die Familie. Wie soll man einen solchen Job machen, wenn einem nicht der Rücken freigehalten wird? Und wie soll das gehen ohne klare Arbeitsteilung zu Hause?

Man muss allerdings nicht extra die Ergebnisse diverser Umfragen zum Thema allgemeine Arbeitszeitwünsche bemühen, um zu erkennen, dass dieser verantwortungsvolle Job nur so lange einen entscheidenden Beitrag zur Lebenszufriedenheit leistet, solange genug Qualitätszeit für die Familie übrig bleibt. Man muss sich nur im Bekanntenkreis umsehen. Es ist ein überholtes Vorurteil, dass nur die Familie unter der väterlichen (oder mütterlichen) Abwesenheit leidet. Der oder die Abwesende selbst leidet genauso.

Es ist ein ebenso überholtes Vorurteil, dass der Vater als reiner Ernährer, der die Details der Erziehungsarbeit der Mutter überlässt, weil er ohnehin nie zu Hause ist, gerade durch seine Abwesenheit über eine besondere Autorität verfügen würde, die seine Kinder, neben der praktisch orientierten der Mutter, so dringend bräuchten. Dieses Vorurteil versucht, aus der Not der Abwesenheit eine Tugend zu machen nach dem Motto: Zur Identifizierung (vor allem für Jungs) taugt nur ein Mann, der da draußen im Leben die Kämpfe desselben besteht. Wirkliche Autorität hat bei einem Kind aber nur, wer Zeit mit ihm verbringt und in dessen Leben so verwoben ist, dass er ein verlässlicher und im täglichen Leben vorkommender Bezugspunkt ist.

17.12.08 Hindernisse 4

Wie ich vermutet hatte, stößt mein Wunsch, vier Stunden am Stück zu schreiben, wenngleich durchaus auf Verständnis, so doch auf praktischen Widerstand. Weihnachten steht vor der Tür. Der Große schläft plötzlich nicht mehr durch und scheint mit dem daraus resultierenden Schlafdefizit sehr viel souveräner umzugehen als wir.

20.12.08 Das Adam-Prinzip

Vermutlich hatte mein Vater recht. Es kommt bei allem im Leben auf die richtige Balance an. Übertreibung in welche Richtung auch immer war in seinem Kosmos nämlich abzulehnen. Und er hatte sicher recht. Es ist bestimmt gesünder, immer das richtige Maß zu halten.

Warum bin ich dann, wie ich bin? Warum nur habe ich mir so ein Leben ausgesucht? Warum so eine Frau? Nach einer dieser unausweichlichen Auseinandersetzungen, die das Leben mit Kindern uns aufzwingt (nicht, dass es vorher nicht auch schon Auseinandersetzungen gegeben hätte, aber die waren vergleichsweise harmlos), fragte ich sie, warum es so schwer ist, sich zu verstehen. Sie druckste eine Weile herum. Dann gab sie sich einen Ruck und sagte tatsächlich folgende Worte: »Seit der Geburt unseres ersten Kindes hast du dich verändert. Es heißt doch immer, Frauen würden zu Glucken, aber in unserem Fall bist du die Glucke.«

Das saß. Ich ließ es eine Weile wirken und fragte dann meinen Bruder, ob ich eine Glucke geworden wäre. Er druckste nicht herum. Er grinste mich auf diese hinterhältige Art an, die ich seit über vierzig Jahren kenne und fürchte. »Na ja«, sagte er, und schmeckte die Worte, in die er die folgende Gemeinheit kleiden würde, genüsslich ab, bevor er sie aussprach. »Lass es mich so formulieren: du bist ein hundertfünfzigprozentig verantwortlicher Vater.«

Eigentlich ja eine positive Aussage. Aber was er natürlich sagen wollte, war: Junge, wirklich, bei allem Respekt, du übertreibst ein wenig.

Ich übertreibe also. Übertreibe ich wirklich? Ist es nicht vielmehr so, dass Männer dazu tendieren, eine Aufgabe, die sie übernehmen, besonders gründlich zu erledigen? Und präzise? Und systematisch? Mein Bruder hat eine Stieftochter, aber bisher kein eigenes Baby. Sollte er sich in dem Fall, dass er eines bekommt, entscheiden, von Anfang an vollständige Verantwortung zu übernehmen, wäre er sicher ähnlich gründlich wie ich. Und wenn andere das als fanatisch bezeichnen, verstehen sie eben nicht, dass es uns darum geht, die Mission, die wir übernehmen, vollständig durchzuführen und nicht nur halb. Und wenn der Job erledigt ist, dann übergeben wir und sagen: »Mission accomplished.«

So sind Männer nun mal. Zweifel? Bitte: Gestern fand ich in der *Süddeutschen Zeitung* (SZ Wissen, 19. 12. 2008) einen Artikel zu Erkenntnissen von Wissenschaftlern im Fachmagazin *Science*, der meine Vermutungen bestätigt. Die Aufzucht des Nachwuchses wurde demnach schon bei den Dinosauriern zwischen beiden Eltern geteilt. Aber nicht nur das. Ursprünglich war er sogar allein Sache des Vaters! Wie heute noch bei einigen Vogelarten, die ja bekanntlich von den Dinosauriern abstammen.

Ich zitiere aus der SZ: »Das Team hatte fossile Knochen und Gelege von Dinosaurier-Arten untersucht, die eng mit den heutigen Vögeln verwandt sind. Die Muttertiere waren demnach in erster Linie für das anstrengende Eierlegen zuständig. Die Forscher (um David Varricchio von der Montana State University) untersuchten Fossilien, die zu drei Dinosauriern aus der Gruppe der Theropoden gehören. Fossile Überreste dieser Saurier wurden direkt auf versteinerten Gelegen gefunden, einige in typischer Brutposition. Die Wissenschaftler stellten fest, dass es sich bei den Sauriern sehr wahrscheinlich um männliche Tiere handelt. Auch das Verhältnis der Größe des Geleges zur Körpermasse der erwachsenen Tiere entspreche eher dem solcher Vogelarten, bei denen das Männchen die Brutpflege übernimmt.« Und jetzt kommt es. »Die väterliche Alleinfürsorge sei wahrscheinlich sogar die ursprüngliche Variante elterlicher Fürsorge«, berichten die Wissenschaftler weiter. »Die gemeinschaftliche Brutpflege vieler heutiger Vogelarten sei später entstanden.«

Mit anderen Worten: Das Eierlegen war so anstrengend, dass die Männchen in ihrer großen Güte und Ritterlichkeit zu der Dame ihres Herzens sagten: »So, jetzt hast du erst mal genug getan. Den Rest erledige ich.« Vielleicht dachte der eine oder andere auch, natürlich ohne es auszusprechen:

»Das kann ich sowieso besser, denn ich mache alles mit System und nicht irgendwie nach Gefühl wie du. Verstehe mich nicht falsch, Schatz, dafür liebe ich dich ja. Aber wenn es um unsere Kinder geht, ist mir das einfach zu wischi-waschi.«

Sicher, man sollte von Erkenntnissen aus der Biologie nicht auf menschliches Verhalten schließen. Das wäre ganz verkehrt und tendenziell sogar gefährlich.

Trotzdem.

Die dumpfe Ahnung, die mich oft auf dem Spielplatz oder in der Krabbelgruppe beschleicht, wenn ich sehe, wie einige Mütter mit ihren Babys umgehen, findet in dieser Erkenntnis endlich ihre geistige Heimat: Mädels, sagt diese Ahnung, das ist eigentlich nicht euer Ding. Macht, was ihr wirklich könnt: Leitet PR-Agenturen, führt Unternehmen oder Staaten, kommuniziert, kommuniziert, kommuniziert, und überlasst die Aufzucht des Nachwuchses (und bitte auch das Kochen) den Männern. Dabei kommt es nämlich auf Systematik und Genauigkeit an. Und nicht auf Gefühl und das Kommunizieren dieses Gefühls.

Jawoll. Ich werde dieses Buch »Das Adam-Prinzip« nennen und mich in Talkshows mit Eva Herman kloppen.

Gut, vielleicht übertreibe ich wirklich. Ein bisschen. Ehrlich gesagt bin ich auch richtig froh, kein Dinosaurier zu sein, der die gesamte Drecksarbeit alleine machen muss, während seine gepanzerte Braut da draußen die leckeren, weichen, kleinen Säugetiere klarmacht. Aber eine gewisse Genugtuung ist es doch zu wissen, dass es für Männer nicht immer so exotisch war, sich um ihre Kinder zu kümmern, wie es heute oft scheint.

24.12.08 Glückshysterie

Vater sein bedeutet ständig überfordert zu sein, aber eben auch über sich selbst hinauszuwachsen. Es beschert einem Momente unbändigen Stolzes, das alles zu schaffen, und schwärzester Verzweiflung beim Gedanken an das, was noch alles auf einen zukommt. Man fühlt sich vollwertig in den ewigen Kreislauf der Natur eingebunden und ist froh, endlich schöpferischer Teil davon zu sein. Das wiederum führt zu momentanen wilden, nahezu ekstatischen Glücksmomenten, die für all den Stress entschädigen, den man zweifellos hat.

Oder ist es bloß eine Art inneres hysterisches Lachen, weil man zu lange zu wenig geschlafen hat?

25.12.08 Ratgeberbücherkritik

Ein Gedanke zu den Ratgeberbüchern. Zweischneidiges Schwert. Sie geben einerseits Orientierung, entfremden andererseits von dem realen Baby. Man sieht durch eine Brille und denkt schematisch. Das kann den Instinkt eintrüben.

27.12.08 Ratgeberbücherkritik 2

Plötzlich wacht der Kleine wieder nachts auf. Wir waren doch schon mal weiter. Er hatte doch schon durchgeschlafen! Jetzt wacht er wieder regelmäßig um 4 Uhr auf und schläft nicht mehr ein, es sei denn, wir geben ihm Milch. Pure Erpressung, der ich natürlich auf keinen Fall nachgeben darf! Also gehe ich immer wieder hin und stecke ihm den Schnuller in den Mund, den er jedes Mal wieder verliert, weil man mit vollem Mund schlecht protestieren kann. Dieses Ritual wiederholt sich über die Dauer einer nervenaufreibenden Stunde ungefähr zehn Mal, bis ich schließlich frustriert nach- und ihm die verdammte Milch gebe.

Darüber geraten J. und ich folgerichtig wieder in Streit, weil sie diese ganze Schlafprogrammiererei mehr oder weniger ablehnt und nicht einsieht, warum man gegen sein eigenes Gefühl sein Kind schreien lassen soll.

An diesem Beispiel lässt sich gut das Dilemma mit den Ratgeberbüchern verdeutlichen. Dass es (frühestens) nach den ersten sechs bis acht Lebensmonaten eines Babys sinnvoll ist, ihm einen gewissen Rhythmus beizubringen, damit sowohl das Baby als auch die Eltern zu ihrem dringend benötigten Schlaf (und wenigstens den täglichen Verrichtungen, wenn schon nicht zu großen geistigen Höhenflügen) kommen, dürfte wohl niemand bezweifeln, der Kinder hat. Die heftig umstrittene Frage ist: wie.

Der Ratgeber mit dem verheißungsvollen Titel *Jedes Kind kann schlafen lernen*, das die sogenannte »Färber-Methode« propagiert, hat einen Siegeszug durch die Regale verzweifelter Eltern hinter sich und auch meinen sich nach Struktur sehnenden Kopf erobert. Nach dieser Methode ist es von essenzieller Notwendigkeit, das Kind nach einem festen Zeitplan in seinem eigenen Bett einschlafen zu lassen und die sogenannten Schlafhilfen wie Milch trinken, in den Armen wiegen, Schnuller geben, Streicheln, bis es einschläft, et cetera nach und nach wegzulassen. Das zu erwartende Gebrüll des Babys soll nach dieser Methode mannhaft ertragen werden und, solange es anhält, also bevor das Kind endlich vor Erschöpfung einschläft, lediglich dazu führen, dass man in immer länger werdenden Zeitabständen ins Zimmer geht und ein paar beruhigende und motivierende Worte spricht. Der sicherlich richtige Gedanke dahinter ist, dass Einschlafen eine Kompetenz ist, die ein Kind lernen muss. Die Möglichkeit, diese zu erlernen, würde man ihm nehmen, wenn man dem Kind die »Einschlafarbeit« dauerhaft abnähme.

Der Teufel steckt, wie immer, im Detail, etwa in der Frage nach dem Grund, warum das Kind nicht einschlafen oder, wie in unserem Fall, in der Nacht nicht wieder einschlafen kann. Protestiert es, weil es nicht auf die lieb gewonnenen Einschlafhilfen verzichten möchte? Oder hat es tatsächlich Hunger? In unserem Fall hatte es offenbar tatsächlich Hunger, weil wir ihm die letzte Mahlzeit um 19 Uhr gegeben hatten. Das Ratgeberbuch, das ich, wie all die anderen Ratgeberbücher, nur quergelesen und auf konkrete und verwertbare Tipps abgeklopft hatte – wer hat schon die Zeit, sie ganz zu lesen! –, hatte zu diesem Thema nur lapidar vermerkt, dass nach dem sechsten Monat kein Kind mehr nachts eine

Mahlzeit bräuchte. Wann aber beginnt und wann endet die Nacht? Gemeint war offenbar die Mahlzeit in der Zeit zwischen 23 und 6 Uhr. Wir aber hatten auch schon die letzte Mahlzeit davor, also um 23 Uhr gestrichen, weil der Kleine da bereits gnädigerweise tief und fest schlief.

Ratgeberbücher sind insofern eine Hilfe, als sie uns einen Bezugsrahmen geben, innerhalb dessen wir die Problemstellungen einordnen können, die unser Kind uns aufgibt, also Antworten auf Fragen wie: Wie viel Schlaf braucht ein Kind in welchem Entwicklungsstadium durchschnittlich? Wie viele Mahlzeiten? Wie viel Zeit dazwischen, um wieder hungrig bzw. müde zu werden?

Aber genau dieser Bezugsrahmen wird wieder zu einem Problem in dem Moment, in dem er den Blick auf das eigene Kind verstellt, in dem man es sozusagen durch die Rasterbrille dieses Bezugsrahmens und damit als nicht normgerechten Problemverursacher sieht. Jede Mutter und jeder Vater, der sich von Anfang an engagiert, hat einen Instinkt dafür, was das Kind braucht. Dieser Instinkt wird durch das theoretische (Halb)Wissen, das wir uns durch die Lektüre von Ratgeberbüchern aneignen, infrage gestellt. Die naheliegende Schlussfolgerung, dass ein Kind, das aufwacht und nach Milch schreit (erkennbar am Klang des Schreis, der deutlich anders, nämlich dringlicher und intensiver ist als der nölige »Ich kann und will nicht einschlafen«-Schrei), tatsächlich Hunger hat, wird nicht gezogen, weil »nicht sein kann, was« laut Ratgeberbuch »nicht sein darf«.

Hinzu kommt das unangenehme Gefühl, als Eltern ständig zu versagen, weil das eigene Kind nicht den Normen entspricht, die in den Ratgeberbüchern aufgestellt werden. Jedes dieser Bücher, das ich in der Hand hatte, landete irgendwann mit Wut geschleudert in der Ecke. Fairerweise muss ich hinzufügen, dass ich für viele durch Ratgeberbücher verursachte Probleme dann doch wieder Lösungen in anderen Ratgeberbüchern fand. Für das oben angesprochene Hungerproblem fanden wir die Lösung in dem Buch mit dem schönen Titel *So beruhige ich mein Baby*. Für wiederkehrende, irritierende Veränderungen im Verhalten unseres Babys fanden wir Lösungen in dem Buch über das Thema Entwicklungsschübe mit dem etwas albernen Titel *Oje, ich wachse*. Und das wiederum war sehr hilfreich. Denn es gibt kaum etwas Beunruhigenderes als nicht zu wissen, was mit dem Baby los ist, wenn es schreit, nicht isst oder schlecht schläft. Hat man dann endlich einen Rhythmus für die Bedürfnisse des Kindes gefunden, ist das wie ein Sechser im Lotto. Man denkt: Jetzt weiß ich, was ich tun muss, wenn es dem Kind schlecht geht. Aber plötzlich funktioniert es nicht mehr, und man wird wieder in tiefste Verzweiflung gestürzt. Was ist passiert? Seit diesem wunderbaren Buch wissen wir: Es ist ein – tadaaa! – Entwicklungsschub. Seitdem ist dieses Wort zum Schlüsselbegriff für jede Krisensituation geworden.

Der Gedanke ist so einfach, dass man alleine nicht auf ihn kommt. Wachstum und Entwicklung vollziehen sich demnach nicht ruhig und gleichmäßig, sondern in bocksprungartigen Schüben. Plötzlich erweitert sich der Horizont des Babys, der Vorhang der Wahrnehmung geht ein Stück weiter auf, das Baby bekommt mehr mit und ist zugleich begeistert und irritiert – begeistert aufgrund der vielen neuen bunten Möglichkeiten, irritiert, weil die Welt, die eben noch überschaubar und bekannt war, plötzlich unbekannt, schwer einzuordnen und potenziell bedrohlich geworden ist. In der Folge greift das Baby auf alte Verhaltensmuster zurück, weil die wenigstens bekannt und damit vertraut sind. Plötzlich klebt es wieder an Mamas oder Papas Bein, nuckelt wie verrückt Daumen oder Schnuller, braucht seine Einschlafhilfen, isst weniger oder mehr, schläft unregelmäßiger und so weiter.

Das zu wissen, löst zwar nicht das jeweilige Problem, das man dadurch mit dem Kind hat, aber es beruhigt ungemein zu wissen, dass es eine vorübergehende Reaktion auf eine so wunderbare Sache wie Wachstum ist.

1.1.2009 Exzesse

Das neue Jahr fängt gleich wieder mit der totalen Überforderung an. Früher war der 1. Januar ein Katertag, den wir uns durch ehrliche Exzesse am Vorabend verdient hatten. Er begann frühestens um 12 Uhr und traf uns trotzdem verkatert, schlecht gelaunt und unausgeschlafen an. Heute dagegen beginnt er, wie jeder Tag, pünktlich um 6 Uhr 30, weil der Kleine, zuverlässiger als jeder Wecker, um genau diese Zeit seine Milch einfordert und der Große kurz danach am Bett steht und seinen Monolog startet, der erst wieder am Abend aufhören wird, und mit der Frage: »Bittu wach?«, beginnt.

Der gestrige Abend kann von sich nun wirklich nicht behaupten, ein Exzess gewesen zu sein. Mit Mühe haben wir uns mit einem befreundeten Elternpaar, deren Kinder in demselben Alter sind wie unsere, über die Mitternachtsgrenze geschleppt und sind, nachdem wir während der Höflichkeitsstunde im jungfräulichen Jahr mitten im Gespräch mehrfach eingeschlafen waren, endlich ins Bett gefallen. Ich würde gern schreiben, dass wir dort unseren wohlverdienten Schlaf gefunden hätten und am nächsten Morgen müde, aber glücklich von einem kleinen Schreihals geweckt worden wären. Aber durchzuschlafen ist ein Luxus, den die kleinen Tyrannen uns derzeit nicht gewähren. Dem Elternteil mit dem leichter zu störenden Schlaf, also mir, obliegt die Aufgabe, zu trösten und Schnuller zu geben, damit aus der kurzen keine lange Schlafunterbrechung wird. Und das geht schon seit Wochen. Würde man die Schlafpausen addieren und mir schenken, wäre das vermutlich eine sehr erfolgreiche Schlaftherapie.

Aber auf diese fantastische Idee kommt niemand. Und so sitze ich jetzt übermüdet in einer Ferienwohnung an der Ostsee, wohin wir über Silvester vor dem Alltag zu Hause geflohen sind. Die beiden Jungs krabbeln, spielen und streiten sich auf dem Boden, es ist im Grunde genau wie zu Hause, und ich frage mich, warum wir überhaupt weggefahren sind und – zum wiederholten Mal – wie meine Mutter das damals mit drei Kindern hinbekommen hat, die mit dieser Aufgabe mehr oder weniger allein war und noch nicht mal Wegwerfwindeln hatte.

Überhaupt vergeht kein Tag, an dem ich nicht an meine verstorbenen Eltern denke. Sie werden mir mit zunehmendem Abstand immer mehr zum Geheimnis. Was kann ich überhaupt über sie wissen? Was werden meine Söhne mal über mich wissen? Wie werden sie mich wahrnehmen? Meine Eltern sind tot, aber meine Wahrnehmung von ihnen verändert sich täglich. Bei der Auflösung ihres Hauses (und damit unserer Kindheit) fallen mir Fotos und Texte von ihnen und ihren Zeitgenossen in die Hände, Briefe, Erinnerungen, die meine Sicht auf sie mehr verändern, als es in den letzten zehn, zwanzig Jahren ihres Lebens der Fall gewesen ist, in denen ich zu sehr mit meinem eigenen Leben beschäftigt gewesen war, um diese Bewusstseinsarbeit aufbringen zu können.

Und wieder stelle ich mir die Frage, warum ich dieses Buch schreibe. Ein Ratgeber kann und soll es nicht sein. Abgesehen von meiner begrenzten Sicht – ich habe ja nur mein Leben und das meiner Bekannten als Anschauungsmaterial – würde es mir fernliegen, die Pose dessen einzunehmen, der behauptet zu wissen, wie es geht. Ich versuche lediglich, wie alle, die Herausforderung des Lebens mit Kindern zu meistern – was sage ich –, sie zu überleben. Federn lasse ich, wie jeder andere auch. Fehler mache ich, wie jeder andere auch, Zweifel habe ich, wie jeder andere auch.

Jeder Tag ist der Versuch, eine Balance zwischen den Bedürfnissen der anderen Familienmitglieder und den eigenen zu finden, der, wenn ich ehrlich bin, meistens scheitert. Jeder Tag ist eine Überforderung. Und da soll ich mich hinsetzen und jungen Vätern erzählen, wie es geht?

6.1.09 Hindernisse 5

Letzte Nacht wieder katastrophal. Die Hälfte damit verbracht, auf den Durchbruch des Fiebers zu warten (der

Kleine hat mich wohl angesteckt), die andere, abwechselnd den beiden Kinder wieder beim Einschlafen zu helfen. Entwicklungsschub?

Morgens fuhr die Dame meines Herzens wieder auf Tournee. Das wird ein harter Übergang. Ich frage mich, was Alleinerziehende machen, wenn sie krank sind. Meine Hochachtung für sie steigt ins Unermessliche. Das gibt mir aber auch nicht die Zeit zum Schreiben, die ich wirklich dringend brauche.

7.1.09 Seltsame Freiheit

6 Uhr morgens

Die Sache mit dem Schlafen lerne ich wohl in diesem Leben nicht mehr.

Die Jungs haben diesmal großartig geschlafen. Wie die Profis. Der Große hat sich sogar, als er um 2 Uhr zu mir ins Bett gekrochen kam, wieder anstandslos in das seine tragen lassen, nachdem er nicht wieder einschlafen konnte. Normalerweise probt er dann den Aufstand, obwohl er doch eh meistens nur in seinem Bett schlafen kann. Aber mit Vernunft hat sein Verhalten eben noch nichts zu tun. Ein Konzept von dem, was wir Vernunft nennen, bekommen Kinder anscheinend erst mit sieben Jahren, behaupten zumindest einige Psychoanalytiker.

Und Schlafen findet er ja sowieso doof.

Ich dagegen finde Schlafen nicht doof, konnte aber trotzdem nicht schlafen, obwohl ich die Nacht zuvor bereits im Fieber verschwitzt hatte.

Warum?

Nach einem überstandenen Infekt (und anscheinend hat die kurze Schwitzerei gereicht, ihm den Garaus zu machen) durchströmt mich zwar in der Regel eine Art körpereigene Euphorie, die mir enorme Energie gibt. Aber als Erklärung für eine komplett durchwachte Nacht reicht das nicht. Ich glaube, es ist etwas anderes, Irritierenderes.

Es waren der erste Tag und die erste Nacht allein mit den Jungs. Ein seltsames Gefühl von Freiheit hatte sich meiner bemächtigt. Jetzt habe zwar ich wieder das volle Programm und die volle Verantwortung, ich vermisse die Dame meines Herzens auch sehr, die Jungs werden ihre Mama vermissen, zumindest der Große – dem Kleinen ist es noch relativ egal, wer ihm die Windeln wechselt – es wird wieder eine sehr harte Zeit werden, aber trotzdem ist da dieses eigenartige Gefühl von – ja nun – Freiheit, und ein ungeheurer Tatendrang. Ich weiß jetzt, dass ich mich alleine um sie kümmern kann, dass zwar die Hütte brennt, aber nicht zusammenfällt, fühle mich stark und der Herausforderung gewachsen. Außerdem habe ich jetzt endlich wieder Zeit zum Schreiben, theoretisch zumindest, sofern mit der Betreuung alles klappt und nicht wieder irgendwas dazwischenkommt.

Ein ähnliches Gefühl erlebe ich auch immer wieder seit dem Tod meiner Eltern: Plötzlich allein in der Welt – eine ganz neue Erfahrung. Aber in den tiefen Schmerz über den Verlust – denn wir hatten ein gutes Verhältnis – mischt sich manchmal auch eine eigenartige, schwer zu akzeptierende – tja – Erleichterung. Wie eine leise Dissonanz.

Eine Erleichterung? Ja, es ist mir unangenehm, es so auszudrücken zu müssen, nahezu peinlich, aber so ist es nun einmal. Besonders nach der Verabschiedung meines Vaters, die ich bewusst und präsent erlebt habe – denn wir waren alle da, als er starb, meine Mutter und meine beiden Geschwister –, hat sich immer wieder auch das Gefühl eingemischt, erst jetzt zu vollkommener innerer Freiheit fähig zu sein. Nun fühle ich mich in geistiger Hinsicht niemandem mehr verpflichtet als mir selbst. Nun kann ich endgültig von dem, was er mir vorgelebt und beigebracht hat, nur das annehmen, was mich überzeugt und – bei allem Respekt für sein gelebtes Leben – das andere hinter mir lassen, um meinen ganz eigenen Weg zu finden.

Ich habe schon von einer solchen Erleichterung von der Bürde des Vaters gehört, den man angeblich ja immer auf dem Buckel mit sich herumträgt, bin aber immer davon ausgegangen, dass dieser Vorgang im Falle eines strengen Übervaters eintritt, eines autoritären Monstrums, das einem die Luft zum Atmen genommen hat. Mein Vater aber war alles andere als streng. Zwar war er theoretisch ein überzeugter Verfechter der Erziehungsmethoden, die zu seiner Zeit geherrscht hatten, also die von vorvorgestern. Aber praktisch war er der sanftmütigste, Neuem gegenüber aufgeschlossenste und neugierigste Mensch, den man sich vorstellen kann. Streng war eher meine Mutter. Musste sie sein, denn sie schmiss den Laden in Alleinregie. Doch auch sie war zunehmend aufgetaut, hatte ihren Humor und ihre Gelassenheit gefunden.

Aber mein Vater hat mir »Leben, Energie, intellektuelle Neugier« geschenkt, »die er selbst bekommen hat und mit denen das Kind sich auf den Weg machen und sein eigenes Abenteuer beginnen kann«, wie Jean Le Camus es formuliert. Ich spüre seinen liebevollen und stolzen Blick auf allem, was ich mache. Ich spüre die Unterstützung meiner Eltern und bilde mir sogar ein, jene meiner Ahnen zu spüren. Während ich das hier schreibe, spüre ich meinen Vater hinter mir stehen, mir auf die Finger gucken, auf seine unnachahmliche Weise in sich hineinkichern, wie er sich schließlich mit auf dem Rücken gekreuzten Armen abwendet und sagt: »Nun ja.« Ihm war es immer wichtig gewesen, dass ich meinen eigenen Weg finde. Er war immer neugierig gewesen, wie der aussehen würde. Nie hat er mir Steine in den Weg gelegt oder versucht, mir seine Meinung aufzuzwingen.

Aber er hatte sie natürlich, seine Meinung und seine Weltsicht. Oft haben wir uns auch darüber auseinandergesetzt, weil ich in vielem eine andere Meinung habe. Einen achtundvierzig Jahre älteren Mann kann man allerdings schwer überzeugen, besonders, wenn er allen Argumenten mit seinem gelassen heiteren Humor begegnet. Den benötigt man auch dringend, wenn man davon ausgeht, dass nichts sich je großartig verändert oder gar verbessert und trotzdem alles irgendwie gut ist.

Aber seine Person war im Ganzen so überzeugend, dass

ich mich seiner Weltsicht in gewisser Weise immer verpflichtet gefühlt habe. Sie war ein wichtiges Referenzsystem für mich, auch um mich davon abzusetzen, gewiss, aber eben von Gültigkeit. Sein Blick, den ich immer auf mir gespürt habe, hatte deswegen für mich trotzdem jederzeit etwas Beurteilendes, Abwägendes, obwohl er eigentlich immer einverstanden war mit dem, was ich machte.

Nun ist er nicht mehr da, und ich spüre keine Begrenzung mehr, nur noch diese unbegrenzte Unterstützung. Da stellt sich natürlich die Frage, wie ich verhindern kann, dass die eigenen Söhne auch erst nach meinem Tod ihre vollständige innere Freiheit erlangen.

Diese und andere Gedanken gingen mir also letzte Nacht durch den Kopf und raubten mir auf angenehmste, weil anregende Art den Schlaf. Um kurz vor 6 Uhr hatte ich genug, dachte, das wäre doch jetzt mal eine gute Gelegenheit zu schreiben, und ging nach unten zum Rechner. Auf dem Weg dorthin hörte ich jedoch den Kleinen, der verdienten Hunger hatte, gab ihm zu trinken und nahm ihn mit. Da sitze ich nun also, er zu meinen Füßen. Er ist weder einverstanden damit, zu meinen Füßen zu liegen, noch, dass ich schreibe. Also hebe ich ihn auf meinen Schoß und versuche es einhändig. Das geht so leidlich, aber auch er findet die Tassteb intERRESANT UND – NEIN NIMM DIE FINGER WEG DA – JIL Äuzn jilh ih bjo klö…

11.1.09 Pustekuchen

Ja, Pustekuchen. Die Betreuung klappt zwar – ab morgen habe ich eine Tagesmutter für den Kleinen, die mir theoretisch vier Stunden am Tag den Rücken freihält – aber praktisch ist er krank. Eigentlich schon seit Silvester hatte er mal mehr, mal weniger Fieber. Morgen also wieder zum Arzt mit ihm, statt Schreiben.

Allmählich wird die Frage, wann ich einen Schreibrhythmus finde, zu einem Krimi.

12.1.09. Notarzt

Gestern Abend kletterte das Fieber noch auf über 40, eine Marke, die auch erfahrene Hardcore-Eltern wie mich allmählich nervös machen. Ich rief also den kassenärztlichen Notdienst an, beschrieb, dass der Kleine seit fast zwei Wochen mehr oder weniger Fieber hat, und dass ich mir langsam anfange Sor…

»Seit zwei Wochen?!«, unterbrach mich die Dienst habende Ärztin.

»Mehr oder weniger, ja. Die letzten Tage hatte er nur morgens Fieber, tagsüber dage…«

»Und er ist wie alt?«

»Neun Monate.«

»Dann sollten Sie sofort ins Krankenhaus kommen.«

»Hm. Das ist nicht ganz einfach. Gibt es keinen Notarzt, der zu uns kommen kann? Ich habe nämlich …«

»Nein, Sie müssen schon selbst ins Krankenhaus,« fiel mir die forsche Ärztin wieder ins Wort.

»Wie soll ich das machen, ich habe noch einen zweieinhalbjährigen Sohn, der gerade schläft.«

»Wo ist denn die Mutter?« Das klang jetzt eindeutig inquisitorisch.

»Bei der Arbeit.«

»Dann muss sie eben kommen.«

»Geht nicht, sie ist im Süden der Republik.«

Schweigen.

»Bei der Arbeit«, wiederholte ich, etwas unsicher.

Schweigen. Ich hörte es regelrecht rattern in ihrem Kopf: Die Mutter lässt ihren Mann mit dem neun Monate alten Säugling und einem älteren Sohn allein, um irgendwo im Süden der Republik zu arbeiten? IN DER NACHT?! Was ist das für eine Arbeit?! Was sind das für Verhältnisse?! Möglicherweise spielte sie bereits mit dem Gedanken, das Jugendamt zu benachrichtigen. Ob sie ähnlich verwirrt gewesen wäre, wenn ich nicht der Vater, sondern die Mutter gewesen wäre?

»Tut mir leid«, sagte sie nur.

»Verstehe. Danke«, sagte ich und legte auf.

Dann rief ich unsere Nachbarin an, deren Mann mit meiner Frau zusammen auf Tournee ist und die ebenfalls zwei Söhne im Alter unserer Söhne hat und bat sie, ob ich den Großen kurz vorbeibringen kann, um mit dem Kleinen ins Krankenhaus zu fahren, was für sie, im Unterschied zum ärztlichen Notdienst, kein Problem war.

In der kinderärztlichen Notaufnahme war es rappeldickevoll. Eine nette, erfahren wirkende Schwester maß gleich sein Fieber, stellte fest, dass es hoch war, und bat uns, im Wartezimmer Platz zu nehmen. Im Wartezimmer? In dem bereits etwa zwanzig andere Patienten warteten? Um 10 Uhr abends? Mit welchem Ziel?

Ich fragte, ob ich nicht kurz mit dem Arzt sprechen könne, ich wolle ja nur wissen, ob es überhaupt sinnvoll sei, jetzt hier mit einem neun Monate alten Säugling zu warten, der ins Bett gehört.

Das würden die zwanzig anderen Patienten auch wollen.

Ich gab zu bedenken, dass es sich dabei aber nicht um Säuglinge handele.

Doch, die Säuglinge würde ich nur nicht sehen, weil die in anderen Zimmern warten würden.

Ich fragte, was heute Nacht überhaupt gemacht werden könne.

Blut abnehmen und fiebersenkende Maßnahmen.

Ich stellte anheim, dass ich zu Hause genauso gut ein Paracetamol-Zäpfchen geben und morgen bei der Kinderärztin Blut abnehmen und untersuchen lassen könne …

Sie gab mir recht.

… und dass es für den neun Monate alten Säugling sicherlich besser wäre, bis dahin im eigenen Bett zu schlafen als auf einem überfüllten Krankenhausflur herumzulungern.

Sie gab mir recht.

Ich fuhr nach Hause und beglückwünschte mich zu dieser komplett sinnfreien Aktion, die zur Folge hatte, dass der Große, der natürlich inzwischen aufgewacht war, nicht wieder einschlafen konnte.

Heute also war ich beim Kinderarzt. Der Kleine bekam Antibiotika verschrieben.

Wieder nicht geschrieben. Morgen wohl auch nicht.

Wie machen es Schriftsteller, die Kinder haben? Bin ratlos. Und total übermüdet. Und trotzdem glücklich. Auf diese Weise habe ich immerhin das Glück, sehr viel Zeit mit den Jungs zu verbringen. Der Große überrascht mich ständig mit irgendwelchen interessanten Sichtweisen, und der Kleine rührt mich unendlich mit seinem hohen Fieber, das ihn nicht davon abhält, immer wieder unglaublich freundlich zu lächeln. Es ist beglückend, für die anstrengende Erziehungsarbeit, also das permanente Grenzen setzen und Neinsagen, immer wieder belohnt zu werden mit den Fortschritten, die die Kinder machen, und dem Vertrauen, das sie aufbauen, wenn man so viel Zeit mit ihnen verbringt.

Ich bin mir vollständig im Klaren über meine privilegierte Situation. Es ist ja leicht, zu fordern, dass Väter mehr Zeit mit ihren Kindern verbringen sollen. Für einen Freiberufler wie mich, der die Projekte, die er zusagt, selbst aussucht (sofern er sich leisten kann, überhaupt Nein zu sagen), ist es natürlich viel einfacher, diese Zeit freizuschaufeln, als für Festangestellte. Die zwei Monate Extra-Elternzeit, die man bekommt, wenn der Mann (oder die Frau, je nachdem) sich entscheidet, auch Erziehungsurlaub zu nehmen, sind ja ein Tropfen auf dem heißen Stein. Kinder entwickeln sich derartig rasant, dass man schon bei einer einwöchigen Abwesenheit so viel verpasst, dass es für ein lebenslanges Bedauern reicht.

14.01.09 Pustekuchen 2

Es kam, wie es kommen musste. Der Kleine ist wieder gesund. Dafür ist der Große jetzt krank.

15.01.09 Beide wieder gesund

Beide wieder gesund.

16.01.09 Frau mit Patarre

Schon zwei Tage hintereinander geschrieben. Große Zufriedenheit auf meiner Seite, die dazu führt, dass ich auf dem Rückweg vom Kindergarten beim Hören der neuen Emmylou-Harris-CD laut mitsinge, wogegen der Große lautstark protestiert, der zurzeit jeweils eine extreme Obsession für eine CD entwickelt und im Moment eben gerade für Emmylou Harris, die für ihn nur »Frau mit Patarre« ist. »Nein! Du nit singen!«, brüllt er mit beleidigender Heftigkeit.

17.01.09 Mitmenschen 2

Kinder eingesackt und zur Dame meines Herzens nach S. gefahren, damit sie nicht vergessen, wie Mama aussieht.

Das sagt sich so einfach, in Wirklichkeit dauert der Vorgang, zwei Kinder und das dazugehörige Gepäck in ein Auto zu verfrachten, mehrere Stunden, weil man im Prinzip den gesamten Haushalt mitnimmt. Die Babyschale muss mit, genügend Windeln, genug Glasnahrung, Milchpulver, Brei, Thermoskanne für heißes Wasser (für die Folgemilch), Löffel, Lätzchen, Klamotten für beide Kinder, Spielzeug für beide Kinder, Bücher zum Vorlesen, Milchflaschen, Lieblingsstofftiere, Schlafsack für den Kleinen, Reisebett für den Kleinen und so weiter. Dann natürlich noch die eigenen Sachen. Wenn man sich stark reduziert, kommen so drei Koffer plus Kinderwagen zustande.

Und dann muss alles ins Auto verfrachtet werden. (Bahn fahren ist eine Herausforderung ganz anderer Art, der ich mich nicht immer gewachsen fühle.) Nun haben wir jetzt das Glück, in einem Haus zu wohnen und keine Treppen mehr steigen zu müssen. Davor jedoch haben wir im fünften Stock in einem denkmalgeschützten Haus gewohnt, in dem es keinen Fahrstuhl gab. Dafür gab es aber Mieter, die offenbar nicht das Glück einer guten Erziehung gehabt hatten. Folgende Anekdote hatte ich bei der Liste der kinderfeindlichen Berliner Mitmenschen nämlich noch vergessen. Die Dame meines Herzens kam einst mit dem Großen auf dem Arm und etwa vier prall gefüllten Einkaufstaschen nach Hause. Ein schneidiger Mitbewohner des schönen, denkmalgeschützten Hauses, in dem wir damals noch wohnten, kam hinter ihr schwungvoll durch die Haustür und fragte gut gelaunt: »Brauchen Sie Hilfe?«, während er sein Leichtmetall-Mountainbike federnd an ihr vorbeitrug. Dankbar wollte sie gerade antworten: »Ja, bitte, das ist sehr nett von Ihnen.« Da gab er sich die Antwort bereits selbst: »Aber das sind Sie ja gewohnt, ne!« Und war mit zwei, drei Schritten in seiner schicken Single-Wohnung im ersten Stock verschwunden.

Das Problem haben wir jetzt zum Glück nicht mehr.

Die Fahrt nach S. dauert über vier Stunden. Aber zu sehen, wie der Große sich über seine Mama freut, ist die Sache mehr als wert. Endlich habe ich auch wieder etwas Hilfe, kann mich mal ausschlafen und – jawoll – schreiben!

19.01.09 Pustekuchen 3

Wäre ja auch zu schön gewesen! Gleich in der ersten Nacht mussten wir den Notarzt rufen, weil eine Kollegin aufgrund starker Blutungen ohnmächtig geworden war und ins Krankenhaus musste. Während in sämtlichen Theatern der Republik nach einem Ersatz für sie gesucht wurde, was relativ schnell gelang, weil das Stück derzeit in vielen Theatern gespielt wird, stellte die Dame meines Herzens an ihrer Stimme fest, dass sie gerade dabei war, sich zu verabschieden. Der Arzt, zu dem sie daraufhin ging, stellte seinerseits eine Kehlkopfentzündung fest und beschied ihr, dass sie mindestens eine Woche nicht mehr spielen dürfe.

Aber für sie war so schnell nun kein Ersatz zu bekommen. Und eins der ehernen Gesetze des Theaters lauten: »Der Lappen (theaterinterner Terminus technicus für den Vorhang) muss hoch!«, besonders bei einem privat finanzierten, auf Einnahmen angewiesenen Theaterbetrieb.

Die Theater- und die Tourneeleitung bettelten also und flehten, stellten einen Ersatz für den nächsten Tag in Aussicht und wedelten mit einem »body mic«, mit dem sie spielen könne, um ihre Stimme zu schonen. Und der erfahrene Theatergaul, der sie ist, ließ sich natürlich erweichen. Und der Vater ihrer Kinder, erfahrener Theatergaul auch er, hatte volles Verständnis für die Situation und musste dafür in Kauf nehmen, nun trotzdem wieder Tag- und Nachtdienst mit den Kindern zu haben, damit der müde Klepper zu Schlaf und täglichem Besuch beim Arzt kommt, der ihr die nötige Medizin gibt, damit sie in der Arena nicht zusammenbricht.

Der Running Gag läuft also weiter: Adé Schlaf und Schreiben!

30.1.09 Hindernisse 6

Morgens

Dame meines Herzens wieder da. Schreiben bleibt aber unwahrscheinlich.

Nachdem gestern alles geklappt hatte, kann der Kleine heute wieder nicht zur Tagesmutter, weil er Durchfall hat. Dann kommt der bestellte Handwerker auch noch zu spät, um die bisher ziemlich schlampig durchgeführten Arbeiten zu beenden. Ich muss ihn also beaufsichtigen und die üblichen Bauherr-Handwerker-Kämpfe mit ihm ausfechten. Vielleicht heute Nachmittag?

Nachmittags

Der Handwerker musste kurz weg. Kurz, sagte er. Das ist jetzt drei Stunden her. Ich warte also, den quengelnden Kleinen zwischen den Füßen, und komme wieder mal zu nichts. Kann mich auch auf nichts konzentrieren, weil die permanente Schlaflosigkeit ihren Tribut fordert. Also gebe ich nach, lege mich einfach zu dem Kleinen auf den Boden, um ein bisschen mit ihm zu quaken, und schlafe dabei ein.

1.2.09 Jede Sekunde

Gestern versucht, eine circa 500 Meter lange Strecke in der Millionenmetropole Berlin (in Mitte) mit öffentlichen Verkehrsmitteln und einem Kinderwagen zu überbrücken. Da diese Strecke sich aber im ehemaligen Grenzland zwischen Ost- und Westberlin befindet, folgen die Verbindungen mit öffentlichen Verkehrsmitteln noch den irrationalen Gesetzmäßigkeiten des Kalten Krieges, sodass ich auf dieser kurzen Strecke von U-Bahn auf Bus umsteigen muss. Währenddessen droht der Kleine im Kinderwagen einzuschlafen, was es zu verhindern gilt, weil ich mich auf dem Weg nach Hause befinde, wo er Mittag essen soll. Wenn er jetzt einschläft, schläft er danach nicht mehr und wird stattdessen vor seiner Schlafenszeit am Abend müde. Also nehme ich ihn aus dem Kinderwagen heraus und trage ihn. Als mir im Bus klar wird, dass der auf der geraden und verhältnismäßig kurzen Strecke auch nicht weiterfährt und ich noch einmal umsteigen muss, und zwar in die Straßenbahn, entschließe ich mich stattdessen, die restlichen 250 Meter zu Fuß zu gehen und schicke mich an, den Kleinen wieder zurück in den Kinderwagen zu legen, wogegen dieser laut protestiert. Der Busfahrer dreht sich um und sagt: »Na, willer nich?«

»Nee«, sage ich, »offenbar nicht.«

»Ich sage Ihnen eins«, sagt der Busfahrer. »Genießen Sie jede Sekunde mit dem Kleinen.«

»Mach ich«, sage ich.

»Jede Sekunde«, wiederholt der Busfahrer.

»Alles klar.«

»Ich habe auch zwei solche Knirpse. Und ich sehe sie so gut wie nie. Darum genießen sie jede Sekunde.«

Die Tür geht auf. Ich stoße geübt den Kinderwagen mit einer Hand die hohe Schwelle hinab, währen ich den Kleinen auf dem Arm balanciere.

»Jede Sekunde!«, ruft der Busfahrer mir hinterher, während ich mit dem Kleinen in die Kälte hinaussegle.

2.2.09 Erholung

Heute nach Hamburg gefahren, wo ich drei Wochen lang Theater spielen werde. Jeden Abend bis auf Montag. Es erwartet mich also eine ziemliche Tour de Force. Hinzu kommt, dass der Kleine mich offenbar angesteckt hat und ich eigentlich ins Bett gehöre.

Bin gerade in dem vom Theater angemieteten Appartement angekommen. So ruhig, so viel Platz, so allein! Es ist fast beängstigend.

Die Dame meines Herzens verabschiedete mich mit den Worten: »Erhol dich gut!«, als ob ich auf die Malediven fliegen würde!

3.2.09 Zeit

Ich fühle mich wie ein Quietscheentchen, auf dem die letzten Monate ein sehr dicker Hintern gesessen hat, der nun gerade aufgestanden ist. »Quiiiiiiiiiiiiiiiieeeeeeeeeeck«, mache ich, blähe mich auf und schwebe durch die Straßen Hamburgs, diesen sauberen Straßen, den Straßen meiner Heimatstadt. Eine irrsinnige Euphorie ergreift mich und bläst mich aus den Resten meiner vom Kleinen eingefangenen Krankheit.

Was es alles gibt! Saubere, frisch verputzte alte Stadtvillen in Hamburgs gut situierten Bürgervierteln, freundliche Menschen, Wind in den Haaren, Menschen, die arbeiten, eine Bühne, die gerade eingerichtet wird, Kollegen, mit denen man Spaß auf derselben haben kann, ein Publikum, das uns die Bude einrennt (schon vor der Premiere sind alle Vorstellungen ausverkauft), vielleicht sogar das eine oder andere Bier nach der Vorstellung in einer – fast wage ich nicht das nach süßem Verderben klingende Wort auszusprechen – Bar?!

Es ist schön, tief durchatmen und mit freien Händen durch die Straßen flanieren zu können, auf niemandes Bedürfnisse Rücksicht nehmen und Luxustätigkeiten wie Zeitung lesen nachgehen zu können. Und so sitze ich in einem freien Moment in der Garderobe, lese die Zeitung, und meine Gedanken schweifen ab.

Hin zu meinen Söhnen.

Nee, oder?

Was soll denn das jetzt? Das ist ja wie in der allerersten Anfangszeit, als wir nach einem anstrengenden Tag im Tal des Staunens mit dem ersten Kind nicht genug hatten und noch ein Video ansahen, auf dem wir den Meister anglotzten, um nur mal eben zu sehen, wie er vor ein paar Tagen aussah.

Ich habe zu tun! Ich würde gern an etwas anderes denken, meine Zeit effektiver nutzen, zumal sie so knapp ist.

Aber es hilft nichts. Hinter meiner Stirn sehe ich deutlich das Bild des Kleinen, wie er, halb irre vor Freude, den kleinen Oberkörper auf und ab wippt, während er auf dem Bauch liegt, sehe die ernsthaften Augen des Großen, der mir gerade wieder eine seiner erstaunlichen Weisheiten beibringen will, und dabei erschreckend präzise meinen eigenen Tonfall und meine Wortwahl kopiert, und ich spüre, wie es unwillkürlich in meinen Mundwinkeln lächelt.

Ich kann nichts dagegen tun. Ein Moment des Glücks hat mich gekapert. Ist das ein Widerspruch? Die heftig empfundene Freiheit, wenn plötzlich alle Fesseln des Alltags gelöst sind und gleichzeitig das Glücksgefühl beim Gedanken an das, was mich im Alltag fesselt?

Ich glaube, das ist kein Widerspruch, denn sowohl Glück als auch Freiheit sind nur in Momenten und immer nur vor einer Kontrast-Folie erlebbar, also im Gegensatz zu etwas anderem. Glück ist, wenn der Schmerz nachlässt. Das mag zynisch klingen oder pessimistisch, aber Tatsache ist nun einmal, dass Glück eine spontane Empfindung ist, die wenig mit den äußeren Lebensumständen zu tun hat, dafür umso mehr mit der Haltung, die wir den Ereignissen in unserem Leben gegenüber einnehmen. Das bestätigen auch sämtliche Ergebnisse der Glücksforschung.

Was in diesen Tests untersucht wird, ist allerdings eher das, was ich Zufriedenheit nennen würde. Worüber ich hier rede, ist der Moment des besinnungslosen Glücks, in dem das Herz seine Größe verdoppelt und du vor Übermut sogar einen Straßenbahnschaffner auf seine verdutzte Stirn küssen könntest.

Nachts, 2 Uhr

Ich sollte jetzt schlafen, die dafür vorgesehene Zeit effektiv nutzen. Das wäre vernünftig, da ich morgen Generalprobe und Premiere habe. Aber ich bin nicht müde. Und bevor ich mich wieder bis zum Sonnenaufgang stumm mit mir selbst unterhalte, nutze ich diesmal lieber die Zeit, um zu schreiben.

Die Zeit lässt sich offenbar nicht so gerne »effektiv nutzen«. Das scheint ein Irrtum der Vernunft zu sein. Die Zeit hat wohl auch ihre eigenen Gesetze und lässt sich nicht so einfach instrumentalisieren. Man sagt: »Es gibt eine Zeit für alles im Leben.« Und das ist zweifellos ein weiser Satz. Es gibt eine Zeit für die Kindheit, eine für die Jugend, das Erwachsensein, das Alter. Jede Zeit stellt ihre eigenen Anforderungen und für diese jeweils ein Zeitkontingent zur Verfügung.

Warum nur scheint mir dieses Zeitkontingent im Moment immer zu klein und nie zu groß zu sein? In der Kindheit war es genau anders herum. Da zogen sich die Stunden hin: In der Schule, an Heiligabend, wenn die Erwachsenen Mittagsstunde halten wollten. Aber unmerklich wurden sie schneller. Und jetzt lebe ich auf der Überholspur einer Autobahn und frage mich, ob und wie ich auf eine langsamere Spur hätte wechseln können, um etwa meine Eltern vor ihrem Tod besser kennenzulernen, mehr Zeit mit ihnen zu verbringen, mehr Ruhe mit ihnen zu haben.

Wie mag es für sie gewesen sein im Alter? Einerseits heißt es, dass die Zeit immer schneller vergehen wird. Andererseits werden die Pflichten weniger, und glücklich sind jene älteren Menschen, die überhaupt noch eine Aufgabe haben und ihre Tage nicht in gleichförmiger Bedeutungslosigkeit fristen müssen.

Und wenn der Körper nach und nach so hinfällig wird, dass man allmählich keine Lust mehr hat, irgendetwas zu tun oder zu erleben, dehnen sich dann die Stunden nicht wieder wie Teer in der Sonne?

Im Moment jedoch sehne ich mich danach, Zeit ohne Verpflichtungen im Nacken zu erleben. Es geht alles viel zu schnell. Gerade scheint die Generation meiner Eltern in einem Tempo wegzusterben, das mich am Zufall zweifeln lässt. Der Tod mäht sie gerade mit großer Geste dahin. Erst mein Vater, dann meine Mutter, dann die Schwiegermutter meines Bruders, wer ist der Nächste? Alte Lehrer, zu denen ich sporadischen, aber kontinuierlichen Kontakt hatte, werden gerade extrem hinfällig, und ich sollte sie besuchen, solange ich in Hamburg bin. Ich weiß ja jetzt, wie schnell es zu spät für einen solchen Besuch ist.

Düstere Gedanken einer schlaflosen Nacht, mag sein. Aber wer mir das Rätsel löst, wie die Zeit wieder langsamer vergeht, der kriegt von mir einen Lolli.

5.2.09 Hamburg. Der Lappen muss hoch!

Die Premiere war ein rauschender Erfolg. Aber was mein Zeitkontingent betrifft, hatte ich mich wieder zu früh gefreut. Denn ich liege wieder auf der Nase. Vielleicht war das Virus auch nicht wirklich weg. Oder es ist ein neues da. Wie auch immer, ich habe Fieber und müsste ein paar Tage krank im Bett liegen. Was natürlich nicht geht.

Also heute Abend Paracetamol und rauf auf die Bühne, denn: »Der Lappen muss hoch!«

6.2.09 Hindernisse 7

Vorstellung überlebt. Nachts wieder viel geschwitzt. Geht mir etwas besser, aber noch nicht hundertprozentig. Und heute Nachmittag Pressetermin beim NDR. Kein Schreiben.

7.2.09 Väter und Söhne

Ich muss zu einem Empfang auf der Berlinale. Zuvor Kurzbesuch zu Hause. Der Moment des Wiedersehens entschädigt für die gesamte Woche Krankheit. Wie der Kleine auf mich zurobbt und der Große sich in einem Anflug von Wiedersehens-Schüchternheit verlegen die Strumpfhose hochzieht, hat sich in mein Herz gebrannt. Für meine Söhne bin ich im Moment wohl tatsächlich noch eine Art Gott. Ich kann in ihren Augen nichts falsch machen. Alles, was sie wollen, ist, in meiner Nähe zu sein. Das ist einerseits so berührend, dass ich weinen könnte, andererseits eine tonnenschwere Verantwortung, die mir schlagartig klar wird. Jede Abwesenheit kommt mir wie eine Grausamkeit vor, die sie nie werden verstehen können.

Auf dem Rückweg an meinen Vater gedacht und daran, wie ich jetzt die Erfahrungen mit meinen Söhnen mache, die er mit uns gemacht haben muss in einer Zeit, die vor meiner Erinnerung liegt – die ja irgendwo um das dritte Lebensjahr beginnen soll –, Erfahrungen, die sein Verhältnis zu mir geprägt haben müssen, das für mich etwas Immer-schon-da-Gewesenes war. Natürlich war das nicht der Fall, und jetzt erfahre ich also, wie es entstanden ist.

Durch diese Erfahrungen lerne ich meinen Vater täglich besser verstehen. Wie schade, dass ich es ihm nicht mehr sagen kann. Es macht mich traurig, an ihn zu denken. Er wird auch immer unwirklicher, ferner. Es ist, als ob er sich immer weiter von meinem Leben entfernt. In dem Maße, in dem meine Söhne mir vertrauter werden, entfernt sich mein Vater von mir.

Das ist ein sehr trauriger Gedanke. Zugleich sind meine Söhne aber so voller Leben, dass die Traurigkeit dieses Gedankens hinweggesogen wird wie von einem starken Staubsauger. Einer der letzten Sätze meines Vaters fällt mir ein, den er zwar über den Großen gesagt hat, als der bei einem unserer Besuche im Krankenhaus wieder seine Zimmernachbarn, die Pfleger und Krankenschwestern unterhielt, der aber inzwischen genauso für den Kleinen gilt: »Toll, wie der das Leben nimmt.«

Als mein Vater starb, hat er seinen Blick solange es ging auf seinen Enkeln ruhen lassen. Es war, als ob er sich an ihnen festhielt und als ob sie es ihm zugleich leichter machten, zu gehen. Diesen Blick werde ich nie vergessen. »Wie schön, dass es weitergeht«, schien er zu sagen, und er leuchtete dabei genauso kindlich wie der Blick meiner Söhne.

Die wachen Momente wurden weniger. Aber immer suchte er ihren Blick. Wenn sie nicht da waren, ruhte sein Blick auf ihren Fotos an der Wand. Dieser Blick ist für mich eine eindrückliche Illustration des Begriffs »Fackellauf der Generationen« geworden. Er hatte auch seine Hand nach ihnen ausgestreckt. So expressiv und einfach geht es zu am Ende des Lebens.

Dieser Gedanke wiederum ist mir ein großer Trost. Wenigstens hat er sie noch kennengelernt, meine Söhne, und sie haben ihm den Abschied leichter gemacht. So kam es mir zumindest vor.

12.2.09 Kosten der Freiheit

Zweiter Tag in Folge, an dem ich schreiben kann. Ich lebe wieder wie ein Junggeselle. Endlich Zeit und Raum. Ich schaffe etwa vier bis fünf Seiten am Tag.

Berlin ist weit, die Kinder auch. Ich sehne mich nach ihnen

und nach der Dame meines Herzens, die jetzt den Laden alleine schmeißen muss, so wie ich vor drei Wochen, aber nebenher auch noch probt. Der Gedanke daran, dass es für meine Kinder vollkommen unverständlich ist, warum ich plötzlich weg bin, ist schwer zu ertragen. Offenbar stimmt der Satz, dass nichts im Leben umsonst ist.

13.2.09 Kreative Missverständnisse

Es war wieder mein Bruder, der den Begriff missverstanden hatte. Ich erzählte ihm von der Idee, parallel zum Haupt-Erzählstrang ein Schreibtagebuch zu führen. Er lachte, fand das eine gute Idee und fragte: »Und, wie haben sie heute geschrien?«

Eigentlich eine gute Idee, die verschiedene Arten des Schreiens festzuhalten, also ein »Schrei-Tagebuch« zu führen. Warum ist bisher keiner darauf gekommen? Ich glaube, weil erstens es sehr schwer ist, eine so intensive Erfahrung wie das Schreien eines Babys in Worte zu fassen, und zweitens man andere ungern damit behelligen möchte. Wir sind ja gottfroh, wenn der Schreianfall in der U-Bahn oder im Restaurant einigermaßen glimpflich vorübergeht. Danach begibt man sich ungern wieder in das Haus seiner Erfahrungswelt, besonders, wenn es dessen Keller ist, in den man hinabsteigen soll, dorthin, wo sich die Folterkammern der Erfahrung befinden.

Aber mit der Reise durchs wilde Kindistan ist es wie mit einer Extremsportart: Hat man eine Herausforderung bestanden, braucht man neue, härtere Prüfungen. Deshalb lasse ich jetzt alle Vorsichtsmaßnahmen beiseite und steige hinab, hinab in die dunklen Tiefen meiner Erinnerung, um die verschiedenen Archetypen des Schreiens aus meinen Erfahrungen herauszudestillieren.

20.2.09 Hindernisse 8

Endlich Zeit zum Schreiben, aber jetzt fehlt mir das »Anschauungsmaterial«.

2.3.09 Hindernisse 9

Seit einer Woche wieder zu Hause. Das alte Problem mit der Zeit empfängt mich. Versuche jetzt sinnloserweise, zwischendurch Ideen aufzuschreiben, oder die eine oder andere Notiz im Stehen, am Küchenblock, während ich Kaffee mache und das Frühstück vorbereite – »Nein! Du lässt deinen Bruder in Ruhe!« – »Sag mal, wie oft muss ich noch ...« Nein! – So wird es auch nicht gehen.

5.3.09 Zeit 2

Die Dame meines Herzens hat Endproben. Letzte Nacht lange Probe. Sie kam sehr spät nach Hause und eröffnete mir heute Morgen im Halbschlaf, sie habe die Tagesmutter für den Kleinen per SMS abbestellt, weil sie heute frei habe und deshalb ja da sei. Gut so. Sehr löblich. Wir sollten ihn nicht jeden Tag weggeben. Andererseits bedeutet das unweigerlich, dass das wackelig gebaute Gerüst meines Tages damit in sich zusammenfällt. Denn da sie spät gekommen ist und Endproben anstrengend sind, wird sie zu Recht etwas länger schlafen wollen, was bedeutet, dass ich den Kleinen mit in den Kindergarten nehmen muss, wenn ich den Großen hinbringe. Dann frühstücken wir zusammen, und, da ein freier Tag ein freier Tag ist und kein Straflager werden soll, wird sie sich nicht besonders beeilen mit allem, bevor sie mit dem Kleinen rausgeht. Hinzu kommt, dass ich wieder etwas angeschlagen bin und eigentlich ins Bett gehöre. Jedenfalls so halb.

Das wiederum bedeutet, dass ich erst circa zwei Stunden später werde schreiben können. Und da meine Zeit nach hinten begrenzt ist, bedeutet das wiederum, dass mir nur circa zwei Stunden dafür bleiben. Das ist eine ganz ungünstige Zeitspanne. Zu kurz, um wirklich in die andere Welt einzutauchen, zu lang, um nur Korrekturen durchzuführen.

Manchmal ist es einfacher, alleinerziehend zu sein.

Später.

Eine ziemlich genaue Voraussage war das. Jetzt habe ich noch genau zwei Stunden und kann mich auf nichts richtig konzentrieren. Ich müsste auch noch eine Lesung vorbereiten. Dafür sind aber diese zwei Stunden wieder zu lang.

Da hilft nur ein Mantra. Also sprich mir nach: »Zeit ist eine Illusion, Zeit ist eine Illusion, Zeit ist eine Illusion.«

6.3.09 Verdienste an der Kinderfront

Gestern beim Friseur. Außer mir war noch ein Mann mit zwei etwa zehnjährigen Jungens dort, der eine offenbar sein Sohn, der andere dessen Freund. Die Haare des Sohnes wurden geschnitten, sein Freund war nur dabei, um mit dem Sohn Unsinn zu machen und ihn etwas zu unterhalten.

Ich beginne, ein Verständnis für die entspannende Wirkung zu entwickeln, die Friseurbesuche auf Frauen haben. Jemand massiert deinen Kopf, du musst gar nichts machen, weder die vollgekackte Strumpfhose auswaschen noch Brei anrühren, noch den Streit zwischen zwei Kampf-Zwergen schlichten, du sitzt einfach nur da und lässt dich fallen in die kundigen Hände deines Friseurs.

Gestern gab es dazu noch moderates Kindergequatsche im Hintergrund. Es gibt ja kaum etwas Entspannenderes als die Geräusche fremder Kinder, die einen daran erinnern, dass man sich nicht um sie zu kümmern braucht. Außerdem war ich erstaunt über die relative Wohlerzogenheit der beiden Jungs. Natürlich haben sie ununterbrochen geredet, und ihre Kinderenergie konnten sie auch nicht unterdrücken, warum auch, aber verglichen mit dem täglichen Punk zu Hause war das entspannende Hintergrundmusik.

Als sie weg waren, atmete mein kinderloser Friseur tief durch und sagte: »Mein Gott, sind Kinder anstrengend.« Anstrengend?, dachte ich, na, dann komm mal zu uns, dann weißt du, was »anstrengend« ist, und konnte mir ein böses inneres Lächeln nicht verkneifen – wie soll man es nennen? Das Lächeln der Veteranen, das man sich durch den Dienst ganz vorne an der Kinderfront verdient hat.

11.3.09 Dinge verschwinden

Ein seltsames Phänomen beunruhigt mich seit einigen Wochen: Dinge verschwinden. Es fing an mit einer der Milchflaschen. Wir hatten unseren Bestand auf drei erhöht. Zwei sind immer im Gebrauch. Die dritte war zwar nur die Ersatzflasche, aber wir hatten sie aus gutem Grund gekauft. Denn der Verlust dieser unscheinbaren Flasche kann katastrophale Folgen haben, wenn der Kleine nämlich Hunger hat und sich weigert, aus einem anderen Gefäß als just seiner Milchflasche mit dem Nucki zu trinken. In einem solchen Fall gibt es nur eine Möglichkeit, das immer schlimmer werdende Hungergebrüll zu beenden: Eine neue Flasche muss her, egal wie, egal von wo, aber ohne eine neue Flasche wird er sich ins Koma schreien. Seit einer Woche ist diese Ersatzflasche nun also spurlos verschwunden, eine latent bedrohliche Situation. Die einschlägigen Orte, an denen der Große sie gerne mal versteckt, haben wir alle schon abgesucht. Aber sie war weder hinter den hundertzwanzigtausend Stofftieren auf dem Kindersofa noch unter dem Teppich, noch unter dem Sofa in der Küche. Nicht mal in der Toilettenschüssel konnten wir sie finden. Sie bleibt verschwunden, und wir sind ratlos.

Das Nächste war meine Fleecejacke. Weg. Abgetaucht. Nicht mehr aufzufinden. Ein Tagebuch, in dem wir die Fortschritte der Kinder notieren, mit zunehmender Knappheit und Lückenhaftigkeit zwar, aber immerhin, ging als Drittes. Stofftiere, Puzzle-Teile, Uhren, Medikamente, auch Bücher,

Briefe, Stifte sowieso, natürlich auch Netzteile elektronischer Geräte – die ganz besonders –, die elektronischen Geräte selbst, sogar Küchengeschirr; Dinge verschwinden. Wohin verschwinden sie? Wer hat sie gestohlen? Wer klaut Milchflaschen und Fleecejacken? Oder verschwinden sie von selbst, wie die berühmten einzelnen Socken in den Waschmaschinen, von denen es heißt, sie würden sich alle auf dem »planet of the lost socks« wiedertreffen?

Seit wir Kinder haben, passieren seltsame Dinge im Haus. Es gehört uns ganz offensichtlich nicht mehr. Wir müssen es nicht nur teilen, sondern uns auch mit seltsamen Phänomenen auseinandersetzen, die nicht zu erklären sind, wie zum Beispiel dem Verschwinden von Dingen.

Aber nicht nur Dinge verschwinden. Auch die Zeit verschwindet. Schnell, effektiv, mit tödlicher Präzision immer dann, wenn man sie braucht, wie ein Ninja. So wie ich mich derzeit fühle, muss sich ein Eimer mit Löchern fühlen: Egal, was hineingefüllt wird, nichts bleibt davon übrig, weil es durch die vielen Löcher wieder abfließt.

Wie machen es andere Menschen, die zu Hause arbeiten und Kinder haben? Wie soll man zu Hause Konzentration finden, um schöpferisch arbeiten zu können? Heute zum Beispiel waren für mich mindestens vier Stunden Zeit zum Schreiben vorgesehen gewesen. Bevor ich aber anfangen konnte, musste erst noch ein kleines Software-Problem auf dem Rechner der Dame meines Herzens gelöst werden. Gut, das ist eine Kleinigkeit. Ein kurzer Anruf beim PC-Doktor, und die Sache würde erledigt sein. Dann noch ein vierseitiges Fax verschicken, einen Vertrag für einen Kumpel kopieren, zwei knappe Telefonate erledigen, und schon würde der Rest der Zeit mir gehören, mir, nur mir allein, mir und meinem mir hoffentlich freundlich gesinnten Hirn, auf dessen Mithilfe ich beim Schreiben nun mal angewiesen bin.

So weit die Theorie. In der Praxis dagegen zog sich die Erledigung dieser »Kleinigkeiten« fast zwei Stunden hin, weil der PC-Doktor nicht erreichbar war, unser Faxgerät wieder mal nicht funktionierte und die Telefonate sich nicht so knapp gestalten ließen, wie ich es erhofft hatte. Dann tauchte noch ein Zusatzproblem auf, das ich vergessen hatte, weil ich mich auf den Rückruf eines Handwerkers verlassen hatte, der aber nicht kam, weswegen ich ihm wieder mal hinterhertelefonieren musste. Der Wasserhahn im Kinderbad muss ausgewechselt werden, eine Gewährleistung seitens der Klempnerfirma, deren Interesse, das schnell zu erledigen, natürlich gegen null geht, weil es nicht bezahlt wird. Unser Interesse dagegen wächst mit jedem Tag, den wir das Waschbecken nicht benutzen können und stattdessen mit der vollgekackten Strumpfhose ganz nach oben ins Elternbad zu rennen gezwungen sind.

Ein drittes Telefonat also, das ich versuche, per Mobiltelefon zu tätigen, während ich zeitgleich mit dem Festnetz-Telefon eins der anderen Telefonate erledige. Um Zeit zu sparen. Aber weder mit dem einen noch mit dem anderen erreiche ich jemanden. Ich sollte mal zusammenrechnen, wie viel Zeit ich mit erfolglosen Telefonaten verbringe. An Tagen wie diesem komme ich sicher auf eine Stunde. Das ist viel, aber bei Weitem nicht so viel wie an anderen Tagen, die zu knapp zwei Dritteln mit solchen Sinnlosigkeiten vergeudet werden, die natürlich keine Sinnlosigkeiten sind, weil ohne sie das Räderwerk unseres Lebens ins Stocken geraten würde.

Wieder das Eimer-mit-Löchern-Gefühl. Der zum Scheitern verurteilte Versuch, drei »Kleinigkeiten« simultan zu erledigen, der irgendwann das Hirn aussetzen lässt wie ein zu starker Schlag gegen den Flipperautomaten: »Tilt« blinkt dann immer auf dem Display. Vor meinem geistigen Auge dagegen blinkt nicht »tilt«, da blinkt gar nichts, da ist einfach nur Leere. Ich stehe plötzlich mitten im Zimmer und weiß überhaupt nichts mehr. Wen sollte ich noch mal anrufen und warum? Ist das jetzt wichtig? Was ist überhaupt wichtig? Wo ist meine Tagesdispo, auf der genau steht, was ich wann zu erledigen habe?

Zwei gestresste Stunden später sitze ich vor dem Rechner und habe noch knapp zwei Stunden Zeit. Und jetzt stellt sich heraus, dass noch etwas verschwindet: Meine Gedanken.

Heute Morgen noch wusste ich ganz genau, wie das nächste Kapitel auszusehen habe, jetzt ist dieses Wissen futsch. Ausradiert. Es ist nicht das erste Mal, dass das passiert. Und wie bei allen anderen Dingen, die verschwinden, fällt mein Verdacht sofort auf meine Kinder und auf die Dame meines Herzens. Wie sie es machen, weiß ich nicht, wer was stiehlt, warum sie es tun, ob sie von den kriminellen Machenschaften des jeweils anderen wissen, ob sie sich vielleicht sogar absprechen und man deshalb von organisierter Kriminalität sprechen kann, all das entzieht sich meiner Kenntnis, aber ich bin sicher, dass sie für das Verschwinden der Dinge verantwortlich sind. Wie auch immer. Ich weiß es einfach.

Als Familienpapa muss ich gerecht sein und darf mir keine Blöße geben, indem ich wilde Verdächtigungen ausspreche. Noch kann ich nichts beweisen. Mein Verdacht basiert lediglich auf Indizien. Der Große kann nämlich noch nicht wirklich lügen. Und wenn der Kleine plötzlich anfängt loszuplärren und ich den Großen frage, was jetzt wieder los ist, ist er meistens so entwaffnend ehrlich zu sagen: »Ich hab ihn gequält.« Oder »Hab gebissen.« Oder: »Hab ihn getreten.«

Aber da ich meine Kinder mit einem soliden Bewusstsein für Gerechtigkeit ausstatten möchte, muss auch bei uns der Rechtsgrundsatz »Im Zweifel für den Angeklagten« gelten. Solange ich also keine Beweise habe, sondern nur unzulänglich und höchst zweifelhaft folgern kann, dass, wer seinen kleinen Bruder quält, auch Dinge verschwinden lässt, steht dieser Verdacht auf tönernen Füßen.

Noch problematischer ist es bei dem Kleinen. Zwar habe ich ihn schon oft dabei beobachtet, wie er Gegenstände vom Fensterbrett fegt, an das er bedauerlicherweise inzwischen heranreicht, aber aus diesem eher beiläufigen und wohl als fahrlässig zu klassifizierenden Vandalismus auf geplanten Gedankenraub zu schließen ist natürlich eine sehr vage Verdächtigung, die vor keinem Gericht der Welt Bestand haben dürfte, also auch vor dem familieneigenen nicht, dessen Vorsitz ich wohl selbst führen müsste, was mich selbstverständlich zu ganz besonderer Sorgfalt verpflichtet.

Sehr vorsichtig sein muss ich auch mit der Dame meines Herzens. Nicht, weil ich ihr ein Bewusstsein für Gerechtigkeit vermitteln will, das steht mir nicht zu – und wäre vermutlich auch ein hoffnungsloses Unterfangen –, sondern weil eine ungerechte Verdächtigung ihrer Person mit Sicherheit zu einer überaus heftigen Reaktion ihrerseits führen würde, die wiederum zu einer überaus heftigen Reaktion meinerseits führen würde, was mit einer noch heftigeren Reaktion ihrerseits beantwortet werden würde, die ich so nicht würde stehen lassen können. Eine Eskalation, bei der ich grundsätzlich am Ende den Kürzeren ziehe, weil ich ihr in Sachen Heftigkeit und vor allem Ausdauer nicht annähernd das Wasser reichen kann. Das würde eine Weile so hin und her gehen, bis der Große aufspringen würde, um uns »Mama, Papa, Schluss jetzt!« zuzubrüllen. An dieser Stelle wäre das Eis zwar gebrochen und es würde uns schwerfallen, uns selber noch ernst zu nehmen. Aber etwas beschämend ist es natürlich schon, von einem Zweieinhalbjährigen zur Ordnung gerufen zu werden, vor allem, wenn er recht hat. Darum muss ich auf jeden Fall vermeiden, einen schwach untermauerten Verdacht auszusprechen.

Ich brauche also Beweise. Um an Beweise zu kommen, müsste ich aber in meiner eigenen Familie Ermittlungen anstellen, was letztlich bedeutet, dass ich anfangen müsste, herumzuschnüffeln und meine eigenen Kinder sowie die Dame meines Herzens auszuspionieren. Ich müsste in jeder Ecke des Hauses Wanzen und winzige Kameras installieren und im Keller eine geheime Kommandozentrale mit vielen Monitoren einrichten, in der ich einen vollständigen Überblick über das hätte, was in unserem Haus vor sich geht. Ich müsste alles aufnehmen und zu gegebener Zeit auswerten.

Zu gegebener Zeit. Tja. Wann könnte das wohl sein? Wer sollte mir in der gegenwärtigen Situation Zeit geben können?

Abgesehen von den moralischen Skrupeln ist diese Ermittlungsmethode also von vornherein zum Scheitern verurteilt. Auch erscheint mir der Nutzen der daraus eventuell gewonnenen Erkenntnisse mehr als zweifelhaft. Denn gesetzt den Fall, ich würde meinen Sohn dabei ertappen, wie er meine Fleecejacke im Eisschrank versteckt oder einen wichtigen Gedanken von mir die Toilette hinunterspült, oder ich würde die Dame meines Herzens dabei erwischen, wie sie meine mühsam freigeschaufelte Zeit in ihrer sorglosen Art nähme und im Mixer zerhäckselte, was dann? Sollte ich zu dem Großen gehen und ihm auf den Kopf zusagen: »du hast meinen Gedanken gerade die Toilette heruntergespült, äh, mach das – ähm – bitte ja nicht noch mal, ja, weil sonst, tja, gibt's, gibt's … eine schlimme Strafe?« Er würde es vermutlich für ein seltsames Spiel halten, dessen Regeln er zwar noch nicht kennt, das aber verspricht, lustig zu werden, und deshalb vorsichtshalber schon mal lachen und versuchen, gleich den nächsten Gedanken zu klauen.

Bei der Dame meines Herzens stellt sich die Sache noch prekärer dar. Denn selbst wenn ich klare Beweise hätte, dass sie meine Zeit zerhäckselt, selbst wenn ich sie also vollkommen zu Recht verdächtigte, würde sie trotzdem so reagieren, als wäre es eine gemeine Unterstellung und mit tausend Gegenvorwürfen kontern, gerechtfertigt oder nicht, und am Ende mit Scheidung, dem Jugendamt oder beidem drohen. Damit hätte sie dann eine Situation geschaffen, die jeden Gedanken an schöpferisch genutzter Zeit erst mal unmöglich machte, sodass der Nutzen, den Schuldigen dingfest gemacht zu haben, durch den Schaden, die verbliebene Zeit trotzdem nicht nutzen zu können, mehr als aufgewogen wäre.

Ich habe es hier also mit lauter potenziellen Tätern zu tun, die zu überführen sinnlos wäre oder sogar mehr schaden als nützen würde. Was also soll ich tun? Soll ich diese kriminellen Machenschaften stillschweigend dulden? Muss ich um des familiären Friedens willen hinnehmen, dass mein materieller und geistiger Besitzstand immer mehr dezimiert wird? Sieht ganz so aus. Aber was für ein Frieden wäre das, der auf einer solchen Appeasement-Politik beruht? – gibt mein innerer Prinzipienreiter zu bedenken.

Schließlich entscheide ich mich für eine Art Guerilla-Taktik. Wenn meine Kinder und die Dame meines Herzens glauben, dass sie mir einfach ungestraft meine Dinge, meine Zeit und meine Gedanken rauben können, dann haben sie zwar offenbar recht, aber ich werde sie mir eben einfach wieder zurückklauen. Heimlich. Ohne dass es jemand mitbekommt. Ich werde mir Zeit stehlen, wo es nur geht, heimlich meine Gedanken machen und auf der Toilette auf Zettel-Schnipselchen notieren und die verschwundenen Gegenstände – hm, tja – gut, auf die werde ich wohl verzichten müssen.

Aber Verzicht zu üben ist ja auch nicht schlecht. Ist nicht das ganze Leben ein einziger Abschied von lieb gewordenen Dingen? Kaum hast du etwas erworben, tickt auch schon die Uhr der Endlichkeit, schon bald zeigen sich Flecken des Verfalls auf ihnen, dann verschwinden sie eben auf die eine oder andere Weise und machen Platz für neue Dinge oder auch ein Stück Freiheit von allen Dingen. Das ist in Ordnung. Das ist der Lauf der Welt. »Kill your darlings«, sagt man im Theater gern bei Proben, in denen man wieder mal alles über Bord wirft, was man mühselig gefunden hatte, um zum wirklichen Kern der Sache vorzudringen.

Ich werde mir also heimlich nehmen, was ohnehin mir gehört, auch wenn meine Kinder und die Dame meines Herzens der Meinung sind, das nicht respektieren zu müssen. Ich werde es mir nehmen und verschlagen schweigen.

Noch einmal bäumt sich der Prinzipienreiter in mir auf und fragt in gewohnter Penetranz: Sollen deine Söhne wirklich in einem Haushalt aufwachsen, in dem es keine Achtung vor dem Besitz der anderen gibt? In dem Regelverstöße einfach hingenommen werden um eines faulen Friedens willen? In einem Räubernest verlotterter Anarchisten, die fröhlich ihrer kriminellen Energie nachgehen?

Na, na, na, nun mach aber mal halblang, antworte ich ihm dann, mach dich mal locker. Was heißt hier »kriminelle Energie«? Der Kleine hat eben Freude daran, Gegenstände vom Fensterbrett zu fegen, der Große versteckt gern Dinge im Klo, und die Dame meines Herzens hat Spaß daran, meine Zeit im Mixer zu Brei zu mixen, na und? Ihre eigene Zeit mixt sie ja auch mit rein. Manchmal ist es vielleicht der einzig richtige Umgang mit der Zeit, sie zu Brei zu mixen. Vielleicht kann ich in Sachen Zeitzerhäckselung sogar etwas von ihr lernen.

Und was du »kriminelle Energie« nennst, könnte man auch einfach Spaß an ungewöhnlichen Dingen nennen. Entsteht nicht alles Neue aus einem Überfluss an Lebensenergie heraus, als den Charlie Chaplin einst die Kunst definierte? Und ist es nicht nur eine Frage der Lebensumstände und bestimmter Weichenstellungen, ob aus dieser Lebensenergie kriminelle Energie wird oder eben Kunst? Also entspann dich, lieber Prinzipienreiter, reite deine Prinzipien ruhig mit etwas mehr Spaß am Reiten, lass deinem Prinzipiengaul mal die Zügel schießen, damit er sich so richtig austoben kann, und kümmere dich um die wirklich wichtigen Dinge wie solche Prinzipien, die uns das Leben erleichtern, statt welchen, die uns die Luft zum Atmen nehmen.

Die Fleecejacke habe ich übrigens inzwischen wieder gefunden. Sie lag unter einem Berg von Klamotten, die wir beim Nachhausekommen den Kindern ausziehen und auf dem derzeit ungenutzten Buggy stapeln. Und jetzt fällt's mir auch wieder ein, dass ich sie vor einigen Tagen selbst dorthin gelegt hatte.

14.03.09 Zeit 3

Auf einer kurzen Lesereise des Krimiautors Michael Connelly, den ich als seine deutsche Stimme begleite, tun sich, wie erwartet, ein paar Zeitfenster auf, die ich nur für mich habe. Ich sollte mich darüber freuen, zumal mir durchaus bewusst ist, dass mein Verhältnis zur Zeit allmählich einen getriebenen Eindruck machen dürfte. Man könnte all diese Tagebucheinträge ja unter der Überschrift »Von fehlender Zeit besessen« zusammenfassen. Aber wozu wäre ein Tagebuch gut, das sich nicht um brutalstmögliche Ehrlichkeit bemühte? Ich bin also brutal ehrlich und bekenne, dass diese

Zeitfenster, allesamt kürzer als zwei Stunden, gerade mal lang genug sind, um einen Wettstreit unter den aufgestauten unerledigten Dingen auszulösen, welches von ihnen zuerst erledigt werden sollte, aber zu kurz, um sie tatsächlich auch zu erledigen.

Besonders die zu lesenden Bücher trüben meine ursprüngliche Freude an diesen Momenten der Freiheit. Das Tolle an einer Lesereise sind ja die anregenden Bekanntschaften, die man mit belesenen Menschen macht, von denen man einen Haufen neuer Lektüreideen mit nach Hause bringt. Überhaupt die vielen Anregungen, die man mit nach Hause bringt, sie lassen mich innerlich durchatmen. Es gibt sie noch, die Welt der angeregten Gespräche, der Reflexion, die kultivierte Welt der Erwachsenen. Wie schön. Andererseits kommen mir all diese Anregungen zu Hause plötzlich vor wie die nutzlosen Give-aways von nutzlosen Empfängen. Natürlich sind die Anregungen alles andere als nutzlos. Aber sie stammen aus einer anderen Welt, die sich nicht so ohne Weiteres auf Kindistan übertragen lässt. Lesen? Das war doch dieses bedingungslose Eintauchen in eine fremde Welt, bei dem man nichts um sich herum mehr wahrnimmt, was natürlich in Kindistan eine höchst gefährliche Unternehmung ist, weil für den kleinen Meister ein einziger unaufmerksamer Moment ausreicht, um irgendeinen folgenschweren Unfall zu erleiden.

Aber es hilft nichts: Ein dicker Haufen ungelesener Bücher liegt auf dem Esstisch, wird hin und her bewegt, weil er ständig im Weg ist, und wartet geduldig wie der Drache vor der Höhle, der weiß, dass der Ritter irgendwann kommen muss, ob er will oder nicht. Und nach der Lesereise wird der Haufen weiterwachsen: Bücher für eine Lesung, Bücher für mein Buch und ganz weit unten im Haufen irgendwo auch Bücher für mich, also solche, in die ich einfach nur für mich gerne mal wieder eintauchen würde, um alles um mich herum zu vergessen.

Einige dieser Bücher befinden sich jetzt also in meinem Rollköfferchen, das ein besonders kleines Rollköfferchen ist, damit ich es mit in den Flieger nehmen kann, und der durch die Bücher zwar nicht größer, aber deutlich schwerer wird. Sie liegen dort unter dem riesigen Laptop, der deswegen so riesig ist, damit ich auf ihm die Filme ansehen kann, die ich noch sehen muss, um die diesjährigen Preisträger des Deutschen Filmpreises mit auswählen zu können, was für mich als Filmakademiemitglied sozusagen eine Ehrenschuld ist, die schuldig zu bleiben mir unangenehm wäre, auch wenn dafür eigentlich überhaupt keine Zeit ist. Der Haufen der zu sichtenden DVDs ist zwar nicht so dick wie der Bücherhaufen, aber das sagt natürlich nichts über die Zeit aus, die es kostet, sie zu sichten.

Kaum sitze ich im Zug, nein, früher, sobald ich die Haustür hinter mir zuziehe und mit meinem kleinen Rollköfferchen zum Taxi laufe, fühle ich mich wie jemand, der gerade nach einer langen Wanderung einen zwanzig Kilogramm schweren Rucksack abstellen konnte und dessen Schritte ohne dieses Gewicht plötzlich eine unfassbare Leichtigkeit haben. »Endlich Zeit, endlich Raum für mich!«, brüllt der Freiheitskämpfer in mir. »Nutze sie, nutze sie!«, echot es prompt aus den Tiefen meines Wesens. »Ja ja, gnagna!«, gnaddelt der Freiheitskämpfer zurück, der in diesem Moment am liebsten nicht nur die Familie, sondern auch alle übernommenen Verpflichtungen hinter sich lassen und einfach nur in unbekannte Weiten davonschweben würde.

Berlin ist eine Station auf dieser Lesereise. So eine Lesereise, wie auch jede andere Art der Arbeit, ist für mich gerade eine echte Erholung. Ich kann ausschlafen, mindestens bis 8 Uhr, muss mich nur um meine Arbeit kümmern, um nichts anderes, und nachts um 2 muss ich keinem kleinen Freibeuter erklären, dass die Monster vor seinem Bett von dem Delfin neben seinem Kopfkissen vertrieben werden, weswegen er keine Angst zu haben braucht und durchaus in seinem eigenen Bett bleiben kann, weil wir doch alle wissen, dass er im Elternbett nicht wieder einschlafen kann, sondern stundenlang wach liegt und an die Decke starrt. Da er das natürlich ganz sinnloserweise anders sieht, hilft dann meistens nur, es ihm zu beweisen, indem man ihm seinen Willen lässt, ihn wieder stundenlang im Elternbett liegen und an die Decke starren lässt, bis er einsieht, dass er so nicht schlafen kann, und von sich aus wieder in sein Bett möchte.

Auf der Lesereise dagegen hält mich höchstens die Klimaanlage im Hotelzimmer oder das schlechte Bett vom Schlafen ab. Das Hotelzimmer in Köln aber war absolut in Ordnung. So kam ich einigermaßen ausgeschlafen am Nachmittag für eine Nacht zu Hause an und wurde unverzüglich in den Familienalltag gesogen wie Wollmäuse in den Staubsauger. Nachdem ich die Windel des Kleinen gewechselt, sein Mittagessen aufgewärmt und ihn gefüttert hatte, war es auch schon Zeit, den Großen vom Kindergarten abzuholen, was ich ihm versprochen hatte, weil mir inzwischen klar geworden ist, dass ihn jede Abwesenheit schmerzt und ich deshalb jedes Mal ein schlechtes Gewissen habe, wenn ich unterwegs bin. Obwohl: Das trifft es nicht wirklich. Es ist mehr als ein schlechtes Gewissen. Ich empfinde den Schmerz auch und will ihn so schnell und so lange wie möglich wiedersehen. Und da die Dame meines Herzens Zeit brauchte, um endlich den bei ihr liegen gebliebenen Bürokram zu erledigen, nahm ich den Kleinen auch noch mit in den Kindergarten. Erst unterwegs fiel mir auf, dass ich immer noch meinen Anzug von der Lesung trug und es nicht mal geschafft hatte, aufs Klo zu gehen.

Zu Hause sein bedeutet im Moment ununterbrochenes Gerenne, weil der Kleine gerade gelernt hat, die Treppen hochzukrabbeln, was ihn derartig stolz macht, dass er jede freie Minute nutzt, dieses Treppenhochkrabbeln zu üben und dabei wilde Schreie ungebändigter Lebensfreude auszustoßen. Dabei gerät er dergestalt in Ekstase, dass er manchmal unvorsichtig wird, ausrutscht und die Treppe wieder hinunterpurzelt, sodass man hinter ihm herzukrabbeln genötigt ist, wenn man nicht will, dass er sich noch mehr blaue Flecken, Beulen oder gar schlimmere Blessuren holt. Währenddessen sitzt der Große natürlich nicht ruhig am Tisch und blättert friedlich in einem Buch oder malt ein schönes Bild, sondern fordert vehement die Aufmerksamkeit ein, die ihm nach dem anstrengenden Kindergartentag ja auch gebührt.

Nach knapp 24 Stunden Gerenne, das nur unwesentlich von einer Art Schlaf in der dunklen Tageszeit unterbrochen wurde, hat man mich also gerade wieder in die relative Freiheit der weiteren Lesereise entlassen. Ich fühle mich wie jemand, der auf eines dieser Kinderkarusselle aufgesprungen ist, sich eine Weile mitgedreht hat, dann erschöpft abspringt, und nun, leicht schwindelig, wieder seiner Wege zieht.

Nachdem ich also leichtfüßig in den Zug gehüpft bin und meinen vom Verlag netterweise reservierten Platz gefunden habe, reiße ich ungeduldig den Reißverschluss des kleinen Rollköfferchens auf, pfeife dabei sogar eine der flotteren Udo-Lindenberg-Nummern, die ich täglich auf dem Weg zum Kindergarten hören muss – weil der Große Udos neue CD zu seiner absoluten Lieblingsmusik erkoren hat und einen Riesenaufstand macht, wenn er sie nicht hören darf –, und überlege, welches der drei Bücher die knapp eineinhalb Stunden verdient, die auf der viel zu kurzen Fahrt von Berlin nach Leipzig auf mich warten wie eine heimliche Geliebte.

Ich entscheide mich für eines der Bücher, die ich für mein Buch lesen muss, nehme es aus dem kleinen Rollköfferchen, genieße dieses Meisterwerk der Buchkunst, seine Schwere in der Hand, die Gestaltung des Umschlags und vor allem die Tatsache, dass ich es in eine Hand nehmen kann, ohne mit der anderen einen Brei anrühren zu müssen, setze mich, vor Wonne grunzend, in den ICE-Sessel und beginne unverzüglich mit der Lektüre, von der ich mir Anregungen für mein eigenes Buch verspreche.

Es funktioniert. Nach drei Seiten fällt mir etwas ein, das ich dringend notieren sollte, hole meinen viel zu großen Laptop aus dem kleinen Rollköfferchen, klappe ihn auf und beginne zu schreiben. »Zeit«, hämmert es in meinem Kopf, »ich habe Zeit!« »Nutze sie, nutze sie!«, echot es aus den Tiefen meines Wesens. »Ja ja, mach ich doch, mach ich doch«, rufe ich zurück. Aber es will nicht recht gelingen. Ich lese den Satz, den ich gerade geschrieben habe, jetzt wahrscheinlich schon zum zehnten Mal, und verstehe nicht, was ich mit ihm sagen wollte. Was ist los? Ich habe doch endlich Zeit, wieso kann ich sie nicht nutzen?

Vielleicht sollte ich mir eine kurze Pause gönnen und mal kontemplieren. Kontemplieren klingt gut, das gehört schließlich dazu. Die Zeit nutzen heißt ja nicht nur, mechanische Tätigkeiten verrichten, sondern auch mal zu kontemplieren, verdammt noch mal, ab und zu mal nachzudenken, worum es eigentlich geht im Leben und nicht zuletzt auch in dem Buch, das ich gerade schreibe. Also schiebe ich den Laptop weg und blicke aus dem Fenster, sehe der Landschaft beim Vorbeifliegen zu … und … hm …

…

       …

            …

Es können nur Sekunden gewesen sein, bevor ich in tiefen Schlaf gefallen bin, einen Schlaf, den man mit einer solchen Tiefe nur beim Starten eines Flugzeugs oder eben in einem fahrenden Zug erlebt und dessen Tiefe in keinem vernünftigen Verhältnis zu seiner Dauer steht. Es kann nur ein kurzer Schlaf gewesen sein. Hoffe ich jedenfalls. Denn jetzt sollte ich schleunigst weiterschreiben. Viel zum Kontemplieren bin ich zwar nicht gekommen, aber der Schlaf hat mich erfrischt und – »Wir erreichen in Kürze Leipzig Hauptbahnhof«, plärrt es aus dem Lautsprecher. »Next stop is Leipzig main station.« – Na, super!

15.3.09 Frisch drauflosschreiben

Auf der Lesereise treffe ich natürlich auch Mitarbeiterinnen des Verlages. Seltsamerweise scheinen dort vor allem Frauen zu arbeiten, und ich frage mich allmählich, ob sie dort eine Art Frauenquote haben, die sich umgekehrt proportional zum Geschlecht der meisten Autoren verhält. Sie sprechen mich auf mein Buch an, weil der Verlag, der mein Buch verlegen wird, zu demselben Großverlag gehört, der die Romane von Michael Connelly verlegt. Sie alle haben diese unerklärliche Mischung aus kaum verhohlener Neugier und professioneller Zurückhaltung im Blick, den ich auch bei meinem Lektor bei unserem ersten Treffen bemerkt habe. Wenn ich dann versuche, das, was ich hier fabriziere, in ein paar Worten zusammenzufassen, lächeln sie höflich, was sollen sie auch sonst tun, aber abwartend, weil sie es ja noch nicht gelesen haben und deswegen naturgemäß dazu noch keine Meinung haben können.

Solche Erlebnisse sind dazu angetan, eine tiefe Verunsicherung bei mir auszulösen, weil sie mir klarmachen, dass ein Buch zu schreiben eine Sache ist, es zu veröffentlichen aber eine gänzlich andere. Das Schreiben ist eine innere Reise mit Höhenflügen und Abstürzen, die mich aber immer weiterbringt. Schreiben ist ein Prozess, an dessen Ende man ein anderer Mensch ist. Schon jetzt bin ich ein anderer Mensch, weil ich Gedanken gedacht habe, die erst beim Schreiben entstanden sind. Wenn jetzt eins meiner Kinder schreit, sehe ich mich tatsächlich von einer bestimmten Schrei-Bande umstellt, wenn der Große anfängt, mit mir zu verhandeln, sehe ich den unnachahmlichen, verschlagenen Machredsch von Mach vor mir (und mache mir eine innere Notiz, dass man aus dieser Figur einen fantastischen Comic machen könnte). Das Geschriebene hat seine eigenen Gesetze und ist plötzlich Realität geworden.

Ein Buch zu veröffentlichen dagegen bedeutet, es dem Urteil anderer auszusetzen. Ein fremder Blick wird auf diese Realität fallen und sie möglicherweise infrage stellen oder ablehnen, vielleicht auch annehmen und sich von ihr anregen lassen. Aber sie wird auf jeden Fall auf den Prüfstand gestellt werden. Ich kenne diesen Vorgang gut von Proben am Theater und von Dreharbeiten. Aus dem schöpferischen Prozess wird bei der Premiere oder der Ausstrahlung plötzlich ein

Produkt, zu dem es viele unterschiedliche Meinungen gibt, die dann in letzter Konsequenz auf ein allgemeines »Daumen hoch« oder »Daumen runter« hinauslaufen wie nach einem Gladiatorenkampf im Circus Maximus.

Dieses Urteil von außen entfremdet die Beteiligten dann unter Umständen von dem, was sie im Schaffensrausch fabriziert haben. Womit übrigens auch die tiefe Verunsicherung erklärt wäre, mit der so viele Theater- und Film-Menschen entgegen dem Image herumlaufen, das sie fälschlicherweise in der Öffentlichkeit haben.

Solche Gedanken gehen mir durch den Kopf, wenn eine der freundlichen Mitarbeiterinnen des Verlages mit mir spricht. Sie steht vor mir, lächelt mich mit ihrem professionellen Interesse an und sagt plötzlich folgenden Satz: »Na, nun schreiben Sie erst mal frisch drauflos.« Diesen Satz habe ich schon mal gehört. Nicht nur einmal, schon oft. Ich glaube, jeder Mitarbeiter des Verlages, mit dem ich bisher gesprochen habe, hat ihn schon zu mir gesagt. Plötzlich werde ich misstrauisch. Was ist das hier? Haben sie alle eine Art Trainingsprogramm absolviert, in dem ihnen beigebracht wurde, wie sie mit Autoren, speziell mit Anfängerautoren zu sprechen haben? Bin ich hier bei Scientology gelandet oder was? Ist das hier so eine Art Standard-Motivationssatz aus ihrem Repertoire?

Ich sehe den Motivationstrainer vor mir, ein schmieriger Typ à la Tom Cruise (in dem Film *Magnolia*), der zu den netten Mitarbeitern im Verlag spricht. »Der Autor ist die Kuh, die ihr melken sollt«, sagt er. »Am meisten Milch gibt die Kuh, wenn man sie streichelt. Ihr müsst den Autor motivieren und sein Ego streicheln, damit er das Beste von sich hergibt. Daraus machen wir dann ein schönes, wenn auch in den meisten Fällen vollkommen sinnloses Buch und werfen es auf den Markt. Dort schwimmt es eine Weile herum, wird von dem einen oder anderen herausgefischt und geht dann früher oder später unter. Manche bleiben auch oben. Das sind dann die, die eure Rente zahlen. Aber dafür müsst ihr die Kühe erst mal streicheln und dann gut melken. Ach, und ein Tipp noch: Lasst Anfängerautoren nicht zu viel nachdenken über das, was sie da tun. Sonst kommen sie vielleicht auf den Gedanken, dass die Welt ihr Buch in Wirklichkeit überhaupt nicht braucht, wie so viele andere Bücher, die auch gedruckt werden. Wenn ihr mit ihnen redet, bevor ihr das Manuskript gelesen habt und wisst, wie ihr eure wahre Meinung hinter Eurer professionellen Freundlichkeit verstecken könnt, sagt einfach folgenden Satz: ›Na, nun schreiben Sie erst mal frisch drauflos.‹«

Ja, genau so wird es abgelaufen sein. Und das Irritierende ist: Dieser Satz funktioniert! Würde je ein Buch entstehen, wenn der Autor nicht irgendwann alle Bedenken, seinen Nutzen betreffend, über Bord werfen und einfach frisch drauflosschreiben würde? Junge Künstler brauchen vor allem Motivation und den Wagemut, sich bedenkenlos kopfüber in ihr Schaffensabenteuer zu stürzen. Bedenken über den Nutzen dessen, was da entsteht, können zu einem Versiegen des schöpferischen Stroms führen. Es ist wie beim Liebesakt. Der Gedanke: »Was mache ich hier eigentlich?«, hat etwas Demotivierendes, was dem – nun ja – schöpferischen Strom nicht gerade dienlich ist.

Nun bin ich aber streng genommen kein »junger Künstler« mehr. Ich bin über vierzig. Es gab mal Zeiten, da war man in diesem Alter bereits tot, oder zumindest Großvater. Sinnloses und frisches »Drauflosschreiben« steht mir eigentlich nicht. Ich sollte mir schon im Klaren darüber sein, was ich eigentlich erzählen will. Experimente mit dem, was die Futuristen »automatisches Schreiben« nannten, also wirkliches Drauflosschreiben unter ausdrücklicher Umgehung des Verstandes, sind nicht mein Ziel, zumal diese Experimente alle schon gemacht wurden und die Ergebnisse in der Regel keine besondere Haltbarkeit hatten.

Aber etwas an diesen Experimenten dürfte nicht ganz sinnlos gewesen sein. In dem Satz: »Na, nun schreiben Sie mal frisch drauflos«, ist es nämlich das geradezu nach Apfelshampoo riechende Wörtchen »frisch«, das ihm seinen motivierenden Glanz verleiht. Die unerklärlich treibende

Energie des frischen Morgens steckt in ihm, die inspirierende Atmosphäre, die der Geruch frischer Frühlingsmorgenluft auslöst.

Frisch drauflosschreiben, ohne vorher allzu viel über Sinn und Unsinn dessen nachzudenken, was man zu schreiben im Begriff steht, kann tatsächlich zu ganz unerwarteten, einer tieferen Wahrheit als dem Alltagsverstand verpflichteten Ergebnissen führen. Insofern ist:»Na, nun schreiben Sie erst mal frisch drauflos«, vielleicht nicht nur ein gut gemeinter Ratschlag der Verlagsmelkerinnen, sondern geradezu die Beschreibung der Pflicht eines Autors, um die Schätze heben zu können, die nur der Energie morgendlicher Frische zugänglich sind.

Deshalb werde ich jetzt mein Misstrauen einfach übergehen und mich der wohligen Massage der Hände der Verlagsmelkerinnen hingeben. Muh!

16.3.09 Licht am Ende des Tunnels

Eine Lesereise ist sehr aufschlussreich für einen Anfängerautor wie mich. Ich sitze mehrere Abende neben einem der renommiertesten, dem ungeheuer produktiven US-Krimi-Autoren Michael Connelly und höre zu, wie er Fragen zu seiner Schreibtechnik beantwortet. Eine Metapher benutzte er immer wieder, um sie zu beschreiben: Das Licht am Ende des Tunnels. Erst wenn er dieses Licht sehe, setzt er sich, so sagt er, hin und beginnt zu schreiben. Erst, wenn er das Ende er Geschichte kenne, könne er mit dem Schreiben beginnen. Das klingt gut und leuchtet mir ein.

Eine Gliederung dagegen lehnt er ab. Er möchte beim Schreiben sein eigener Herr sein und sich nicht von einer einmal dahingeschriebenen Gliederung gängeln lassen. Auch das leuchtet mir ein. Richtig, Kollege, denke ich – ich denke wahrhaftig »Kollege«, beim Schreiben entsteht ganz von selbst eine gewisse Hybris, ohne die man wohl auch mit dem Schreiben gar nicht erst anzufangen bräuchte – richtig so, weg mit der Gliederung. Ich empfinde meine eigene Gliederung auch zunehmend als etwas uninspirierten Chef, der meine Kreativität im Keim erstickt. Es ist mir deshalb eine große, böse Freude, die eigene Gliederung, mit der ich ursprünglich mal angetreten bin, mehr und mehr zu demontieren und werde sie jetzt, nach dieser Ermutigung von berufener Seite, kurz und schmerzlos ganz entsorgen. Ein Tastendruck und pfffft, weg ist die penetrante Erinnerung daran, dass dieses Buch eine Struktur braucht und irgendwann auch mal fertig sein sollte. Ein innerer Friede breitet sich aus. Keine Gliederung mehr. »Just roll with the punches«, wie Connellys Landsleute sagen würden. Folge deiner Inspiration. Lass dich überraschen. Hemingway, so erfuhr ich ebenfalls auf der Lesereise, hat mal gesagt, wenn der Autor nicht selbst überrascht würde von dem, was er da schreibt, wird der Leser es auch nicht.

Gut. Jetzt bin ich also frei, wieder überrascht zu werden. Warum fühle ich mich trotzdem etwas unbehaglich, als ob ich eine nächtliche, einsame Straße entlangginge und hinter mir Schritte hörte, die immer dann aufhören, wenn ich mich umdrehe? Warum habe ich plötzlich das Gefühl, in einem endlosen Tunnel zu laufen und nicht genau zu wissen, ob und wann der mal endet? Ich hätte Michael Connelly treffen sollen, bevor ich zu schreiben anfing. Denn anders als er habe ich einfach so »frisch drauflos« geschrieben, weil die Verlagsmelkerinnen mir das in ihrer unwiderstehlich charmanten Art nahelegten, ohne mich um irgendwelche Tunnel oder gar ein Licht dahinter zu kümmern. Und jetzt haben wir den Salat. Ich stecke mittendrin im Tunnel, von dem mir niemand vorher etwas gesagt hat, und habe keine Ahnung, wie das Licht an dessen Ende aussehen könnte.

Du solltest ernsthaft darüber nachdenken, wie dieses Buch zu Ende gehen kann, mein Freund, ruft die gelöschte Gliederung mir aus den Tiefen des Papierkorbes mit langsam ersterbender Stimme zu, bevor sie endlich ganz verstummt. Aber ich will nichts davon hören. Ende. Pah. Ende Pende. Was heißt hier Ende? Habe ich etwa jemals an das Ende gedacht? Haben wir nicht damals, als wir beim Abitur den Rentenbescheid in die Hände bekamen, diesen mit großer Geste zerrissen, weil wir dachten, so alt werden wir ohnehin nicht? Oder waren das nur die besonders Radikalen, zu denen ich nicht gehörte? Wie auch immer, verstanden habe ich sie jedenfalls, weil das Ende für mich bisher auch eine vollkommen uninteressante Größe war, jede Art von Ende. Bisher war doch immer nur Anfang.

Aber letztes Jahr sind meine Eltern gestorben, plötzlich und, zumindest im Fall meiner Mutter, ganz unerwartet. Und jetzt ist es auf einmal da, das Ende, und zwar eines, das wir uns nicht vorher überlegt hatten. Meine Eltern schon. Die haben sich kurz vorher tatsächlich noch eine Grabstelle für 25 Jahre gemietet. Sie waren weise, wie der US-Krimi-Autor Connelly. Sie haben das Ende mitgedacht und vorbereitet, zumindest soweit sie es vorbereiten konnten. Mein Vater war 92, als er starb, und er ist langsam immer schwächer geworden. Er ging natürlich trotzdem zu früh, aber immerhin mit einer gewissen Folgerichtigkeit. Aber dass meine Mutter ihrem Mann schon nach fünf Wochen auf die andere Seite folgen würde, das konnte keiner mitdenken. Deshalb war ihr Ende auch nicht so gut vorbereitet gewesen wie das meines Vaters. Genau genommen war es überhaupt nicht vorbereitet gewesen. Sie wurde mitten aus dem Leben gehackt, meine Mutter. Das war kein logisches Ende, das sich aus ihrer vorherigen Lebensgeschichte ergeben hätte. So ein Ende hätte sich nur ein mittelmäßiger Autor ausdenken können, einer, der nicht von vornherein das Licht am Ende des Tunnels mitgedacht hätte.

Und plötzlich dämmert es mir. Warum kenne ich das Ende der Reise nicht, über das ich gerade einen Reiseführer schreibe? – Weil ich mich noch auf genau dieser Reise befinde. Ich kann das Ende gar nicht kennen. Wenn es also ein ungeschriebenes Gesetz geben sollte, dass man erst dann anfangen darf, ein Buch zu schreiben, wenn man dessen Ende kennt, hätte ich dieses Buch nicht schreiben dürfen. Ich habe aber trotzdem angefangen zu schreiben, und zwar, weil die netten Verlagsmitarbeiter mich ermuntert haben, »einfach so frisch drauflos« zu schreiben. Vielleicht sollte ich sie fragen, wie dieses Buch zu Ende gehen kann. Vielleicht hat ihr Motivationstrainer Tom Cruise darauf ja eine Antwort. Der hat doch auf alles eine Antwort. Und wenn er sie nicht hat, dann sein Verein.

Aber das ist alles nicht wirklich von Bedeutung. Viel wichtiger ist, dass ich endlich wieder zu Hause bin. Nächste Woche fährt die Dame meines Herzens in eine andere Stadt, um ein neues Stück zu proben. Etwa zwei Monate werde ich hier der alleinige Boss sein. Sie wird nur ab und zu am Wochenende hier hereinschneien und jedes Mal feststellen, was sie alles inzwischen verpasst hat, und sie tut mir jetzt schon leid deswegen.

Ich dagegen werde die beiden kleinen Stinker jetzt wieder Tag und Nacht in meiner Nähe haben und könnte singen aus lauter Vorfreude.

20.3.09 Fluchtgedanken

Wieder auf Lesereise, dieses Mal mit dem amerikanischen Krimi-Autor Jeffery Deaver. Gestern habe ich meinen Lektor hier in München beim Fotoshooting für Autorenbilder getroffen. Er fragte mich irgendwann zwischen zwei Fotos, ob es für mich in Ordnung wäre, den Erscheinungstermin um einen Monat, auf Anfang September vorzuverlegen. Das wäre aus Sicht des Verlages sinnvoller, weil ein anderes Buch mit einem ähnlichen Thema kurz danach erscheinen und man sonst keine Aufmerksamkeit für beide bekommen würde.

Ab Montag bin ich wieder allein mit den beiden Jungs, dieses Mal für etwa zwei Monate – mit einigen Unterbrechungen. Abgesehen von der Totalorganisation unseres Lebens zu Hause werde ich noch ein neues Demoband zusammenstellen und schneiden müssen, weil mein gegenwärtiges schon vier Jahre alt ist. Meine Tage werden um 6, spätestens

6 Uhr 30 beginnen mit einem Windelwickelanziehtanz mit zwei knallwachen Kerlen, die sich auf den Tag stürzen wie Möwen auf den Fisch, weiterhechten über Frühstück machen, ganz, ganz schnell duschen, so schnell, dass der Kleine möglichst nichts davon mitbekommt, weil er dann mit in die Dusche will, was im Endeffekt bedeuten würde, dass ich ihn gleich wieder umziehen müsste, und auch so schnell, dass der Große nicht allzu viel Gelegenheit hat, den Kleinen stattdessen zu misshandeln, Frühstück essen, den Kleinen zur Tagesmutter bringen oder zu Hause lassen, je nachdem, was sonst noch so erledigt werden muss, den Großen in den Kindergarten bringen, die immer wieder auftauchenden Reparaturen am Haus organisieren, einkaufen, Wäsche waschen, Büroarbeiten und Korrespondenz erledigen et cetera, Demoband vorbereiten, den Kleinen von der Tagesmutter abholen, den Großen vom Kindergarten abholen, zur musikalischen Früherziehung oder zum Arzt oder weiß der Kuckuck wohin bringen, am Nachmittag endlich Zeit mit beiden verbringen, Abendbrot für den Großen, Brei für den Kleinen machen, selber Abendbrot essen, mit den Knirpsen toben, toben, toben und ab ins Bett mit ihnen. (Selbstverständlich erfordern alle Aktivitäten, die die beiden Meister einschließen, eine permanente Verhandlungsführung, gegen die jene eines Polizeipsychologen bei einer Entführung ein Kinderspiel ist.) Dann aufräumen und staubsaugen, weil der Kleine inzwischen krabbelt wie ein Weltmeister, der Große auch, weil er jetzt natürlich auch wieder ein Baby sein will, und ihn die vielen Krümel dabei stören, die beim Essen produziert werden.

So. Puh. Jetzt könnte man sich ja mal endlich hinsetzen und schreiben, oder? Tja. Nun deckt sich diese Zeit allerdings exakt mit der Zeit, in der man sich endlich mal hinsetzen und entspannen könnte. Beides gleichzeitig geht aber nicht. Zu diesem Zeitpunkt macht Entspannen allerdings deutlich mehr Spaß als Schreiben, oder anders ausgedrückt, ich fühle mich deutlich mehr zum Entspannen inspiriert als zum Schreiben. Zum »frisch drauflosschreiben« jedenfalls reicht es dann nicht mehr. Und um uninspiriert schreiben zu können, bräuchte ich zumindest eine Gliederung. Die habe ich aber inzwischen mit großer Geste entsorgt.

Also entspanne ich lieber.

»Ja klar, warum nicht?«, sage ich zu meinem Lektor. »Kein Problem, das Buch früher fertigzustellen. Da ich das Ende ohnehin nicht kenne, kann ich auch einfach jetzt aufhören, gell? Warum bringen wir es nicht gleich morgen raus?« Natürlich sage ich das nicht, weil mir die Gründe für das frühere Erscheinungsdatum ja einleuchten und ich generell ein kooperativer Mensch bin. Stattdessen sage ich den Standardsatz, den ich mir mittlerweile für alle Situationen reserviert habe, die ich nicht überschauen kann: »Werden wir schon irgendwie hinkriegen«, ohne allerdings die geringste Ahnung zu haben, wie.

Jetzt sitze ich am Flughafen und gebe mich einem Tagtraum hin. Neben mir ein aus der *Süddeutschen Zeitung* ausgerissener Artikel über die Gerichtsverhandlung über Xavier Fortin, den französischen Vater zweier Söhne, der mit ihnen vor den Anforderungen und Zumutungen des modernen Lebens und seiner Exfrau in die Berge geflohen ist und dort zehn Jahre lang mit ihnen in einer verlassenen Hütte gelebt hat, die sich in einem heruntergekommenen Gehöft am Rande eines Waldes in den Pyrenäen befand, um endlich mal zur Ruhe zu kommen. Sie hatten weder fließendes Wasser noch Strom, die Jungens gingen nicht zur Schule, sondern wurden von ihrem Vater unterrichtet, aber sie scheinen alle mit ihrem Leben dort zufrieden gewesen sein. Nicht nur das. Die Söhne scheinen ihren Vater ganz altersunspezifisch (dem Bild nach zu urteilen müssen sie sich irgendwo in der Pubertät befinden) vorbehaltlos zu lieben. Das Urteil fiel denn auch recht milde aus: zwei Jahre Haft, davon 22 Monate zur Bewährung. Da er bereits zwei Monate in Untersuchungshaft gesessen hatte, konnte er das Gericht als freier und offenbar glücklicher Vater zweier fantastisch geratener Söhne verlassen.

Hart für die Mutter, denke ich mir. Sie wird keine Chance

mehr haben. Sie ereilt jetzt das Schicksal, das so viele Männer mit ihr teilen, die ihren Kindern nach einer Scheidung entfremdet werden. So ein Schicksal hat kaum einer verdient.

In meinem Tagtraum stelle ich mir trotzdem vor, ihn zu kontaktieren und mir die Adresse dieser Hütte geben zu lassen. Ich könnte die Jungens einfach einpacken und mit ihnen abhauen. Die Dame meines Herzens könnte mich ja dort besuchen kommen, so wie sie es in den nächsten zwei Monaten in Berlin tun wird. Sie wäre herzlich willkommen. Aber all die anderen Verpflichtungen, die würden ganz weit weg, in der anderen Welt bleiben.

Dort würde ich das Buch zwar sicher auch nicht schneller zu seinem verdienten Ende hinführen können, hätte aber wenigstens mal genug Zeit mit den Jungens, weil keine Anrufe und und kein Alltagstrott uns mehr ablenken würden. Gut, Windeln müsste ich auch dort wickeln, Wäsche waschen, einkaufen und Essen machen ebenfalls. Vermutlich müsste auch das Dach repariert, täglich Feuer gemacht und Wasser aus dem Dorf geholt werden.

Vielleicht sollte ich mit der Flucht noch ein paar Jahre warten, bis meine Söhne mir Arbeit abnehmen können.

22.03.09 Fernsehen

Das Fernsehen ist ein Problem. Noch nicht, aber bald. Große Ereignisse werfen ihre Schatten voraus, heißt es, und die ersten Erschütterungen des Bebens, das das Fernsehen in unser Leben tragen wird, habe ich schon erlebt. Ich weiß nicht, ob es bei diesem Thema nützlich oder schädlich ist, dass die Dame meines Herzens und ich ein sehr unterschiedliches, man kann sogar sagen, ganz entgegengesetztes Verhältnis zum Fernsehen haben.

Ich bin in einem Haushalt aufgewachsen, in dem es anfangs noch gar keinen Fernseher gab, was unsere Familie selbst in den späten Sechzigern schon in die Nähe weltabgewandter Kauze oder gar asozialer Realitätsverweigerer rückte. Zum *Daktari*-Gucken durften wir freitags immer zu Deppes rübergehen, den Nachbarn schräg gegenüber. Später hatten wir dann zwar einen Fernseher, aber nur ein ganz kleines Schwarz-Weiß-Gerät, und zwar zu einer Zeit, als jeder, der was auf sich hielt, bereits einen Farbfernseher mit Fernbedienung hatte. Jetzt konnten wir auch an Sonntagnachmittagen *Flipper* und abends um 18 Uhr *Dick und Doof* sehen. Aber unsere Fernsehzeit war begrenzt. Fernsehen wurde in unserer Familie behandelt wie Comics und Süßigkeiten. Es durfte genossen werden, aber in streng reglementieren Dosierungen. Der Effekt war ein ständiges Mangelgefühl, eine tendenzielle Gier auf das Reglementierte und ein latent schlechtes Gewissen bei dessen Genuss.

Die Familie der Dame meines Herzens dagegen hatte schon sehr früh einen sehr großen Fernseher mit sehr bunten Bildern. Für sie bedeutet es einfach Entspannung, vor der Glotze zu hängen und sich von dem berieseln zu lassen, was der Fernseher auf sie herniedergießt. Es ist eine Art mentaler Warmdusche für sie, der sie sich gerne ab und zu aussetzt, wenn sie die Welt um sich herum für eine Weile abschalten möchte.

Meine Unfähigkeit, mich auf dieselbe Art zu entspannen, führt zu regelmäßigen Konflikten. Sie wolle sich doch nur entspannen, sagt sie dann, mit mir aber ginge das nicht. Ich hätte immer zu hohe Ansprüche und schon meine Art schwer zu atmen, wenn mir etwas von dem, was ich da sehe, auf die Nerven gehe, würde ihr diese Entspannung unmöglich machen.

Nun ist mir ja auch klar, dass das Fernsehen ein wichtiger und heiß umstrittener Teil unserer Kultur geworden ist. Ich lebe schließlich teilweise davon. Ebenso unbestritten hat aber auch das meiste von dem, was es dort zu sehen gibt, die Qualität geistigen Fast Foods. Zugegeben: Manchmal hat man einen Heißhunger darauf, auch ich, und es schadet nicht, dieses geistige Fast Food hin und wieder zu verschlingen. Aber wenn man es zu oft und davon zu viel isst, setzt das Hirn Fett an, wird träge und depressiv. Und für kleine Kinder ist dieses geistige Fast Food ganz ungeeignet.

Nun gibt es aber natürlich auch Perlen in dem Meer der Belanglosigkeit, für die es sich lohnt, den Fernseher einzuschalten und eine Kultur des Fernsehens zu entwickeln, Sendungen, die nicht nur kein geistiges Fast Food sind, sondern ein bestimmtes Wissen, Geschichten oder Informationen auf eine Weise vermitteln, wie es eben nur das Fernsehen kann: Durch Bilder. Bilder wirken schnell, erbarmungslos und mächtig. Einige Bilder sieht man einmal und wird sie nie mehr los. Das kann durchaus Vorteile haben, weil man das damit verknüpfte Wissen auch nie mehr loswird (ob das allerdings immer ein Vorteil ist, sei dahingestellt). Durch die Pauschalverdammung in meiner Kindheit allerdings fällt es mir immer noch schwer, mich dazu durchzuringen, das Gerät überhaupt einzuschalten.

Ich würde mein Verhältnis zum Fernsehen folglich nicht als entspannt bezeichnen. Darum möchte ich denselben Fehler bei meinen Kindern nicht machen. Sie sollen lernen, mit diesem und mit den anderen Medien, die inzwischen einen festen Platz in unserem Leben haben, kompetent und konstruktiv umzugehen.

Ich vermute, dass der massive Fernseh-Missbrauch, der von so vielen Kindern, Jugendlichen und auch Erwachsenen berichtet wird, mit der Erfindung der Fernbedienung begonnen hat. Denn Bilder haben eine mächtige Wirkung auf unsere Psyche. Das merke ich an mir selbst, wenn ich länger vor der Glotze gesessen habe. Ich spüre dann eine mentale Erschöpfung, von der ich mich erst wieder erholen muss. Schlafen kann ich dann zum Beispiel nicht. Ich weiß nicht, wie es Dauerglotzer machen, aber ich muss die Bilder irgendwie verarbeiten. Sie müssen irgendein Echo in mir finden, sonst schleppe ich sie mit mir herum wie unnützes Gepäck.

Durch die Möglichkeit, ununterbrochen zwischen guten und schlechten Filmen, Serien, Werbung, Reality- und Spielshows hin und her zu schalten, entsteht eine Bildermischung, die kaum noch Sinn ergibt, aber trotzdem – völlig sinn- und konsequenzfrei – meine Wahrnehmung dominiert.

Das erzeugt in mir ein Gefühl der Ohnmacht, das mir wiederum ausgesprochen schlechte Laune bereitet. Ich vermute übrigens, dass es diese schlechte Laune ist, die die Dame meines Herzens nicht leiden kann. Sie hat gut reden. Sie hat dieses Problem ja auch nicht. Für sie ist das Fernsehen eine Art Hintergrundmusik, zu der sie regelmäßig einschläft, wenn es zu langweilig wird.

Darum hat sie auch kein Problem damit, wenn die Kinder diese Hintergrundmusik mit ihr zusammen erleben, Sendungen, die sie für unbedenklich hält natürlich, wie beispielsweise am Neujahrstag in dem kleinen Ferienhaus an der See eine Sendung über die Tudors, das britische Königshaus, ein Thema, das sie seltsamerweise sehr interessiert. Das findet sie »gemütlich«. Solange man zusammen, nebeneinander eingekuschelt auf dem Sofa in dieselbe Richtung guckt, kann man das natürlich auch so empfinden. Erst als ich, in den Raum kommend, sie auf den Gesichtsausdruck des Großen aufmerksam machte, wurde ihr klar, dass auf ihn die Bilder eine tausendmal größere Wirkung zu haben schienen als auf sie. Er starrte in den Fernseher, als hätte er gerade eine Erleuchtung, nuckelte dabei manisch an seinem Daumen und kurbelte derartig heftig an seinen Haaren herum, dass sie beinahe ausrissen.

Also schalteten wir den Fernseher aus. Es folgte ein Protestgeheul, das mich trotz böser Vorahnung doch in seiner ungeheuren, nahezu irren Intensität überraschte. Der Große war gar nicht zu beruhigen. Er war außer sich, kurz davor zu hyperventilieren. Ich sagte: »So, jetzt gehen wir raus.« – »Nein, will nicht raus! Will fernsehen!«, brüllte der Große. Ich ignorierte sein Wutgeheul, packte ihn warm ein und ging mit ihm spazieren. Erst nach und nach ließ das Schreien nach, das Schluchzen wurde zu kurzen, heftigen Atmern und versiegte irgendwann ganz. Als wir eine Möwe sahen und er auf sie zeigte und sagte: »Guck mal, die Möwe ist wieder wach«, da wusste ich, dass es vorbei und er wieder der Alte war.

Nach diesem Erlebnis gärte in mir die Frage, ob und,

wenn ja, wie es möglich ist, Kinder behutsam an dieses mächtige und gefährliche Medium heranzuführen. Welche Geschichten sollten Kinder durch das Fernsehen erzählt bekommen, fragte ich mich, und landete bald bei den Geschichten, die ich in meiner eigenen Kindheit durch das Fernsehen erzählt bekommen hatte, wenn auch sehr lückenhaft aufgrund des gestörten Verhältnisses zu diesem Medium in unserem Elternhaus.

Pippi Langstrumpf, dachte ich mir. Das ist eine Geschichte, die Kinder unbedingt erzählt bekommen sollten. Und die alte Fernsehserie ist charmant und anarchisch zugleich, dabei langsam und reizarm erzählt, genau die richtige Mischung für Kinder. Also bestellte ich die komplette Serie auf DVD und sagte heute, an einem langweiligen Sonntagnachmittag zum Großen: »Lust auf einen Film?« Ich kam mir dabei irgendwie unanständig vor, wie der Mitschnacker (wie es früher bei uns hieß), der kleine Jungs mit Süßigkeiten verführt. Der Große nickte, noch ohne allzu große Begeisterung – er kann ja aufgrund mangelnder Erfahrung noch nicht viel mit diesem Wort anfangen –, ich schob die erste DVD in den Recorder und beobachtete ihn hin und wieder, wie er auf diesen Film reagieren würde.

Er saß wieder kerzengerade da, nuckelte am Daumen, kurbelte seine Haare und gab ab und zu Kommentare von sich: »Pferd«, etwa, oder: »Ein Affe, ein Affe!«, und saß ansonsten staunend vor dem Fernseher. Die Folge dauerte etwa 30 Minuten. Danach schaltete ich den Fernseher aus, wie ich es schon zu Beginn angekündigt hatte. »Eine Folge«, hatte ich gesagt, »und dann machen wir Schluss und kein Geschrei, einverstanden?« – »Ist ein Deal«, hatte der Große, klugscheißerisch wie immer, gesagt und wichtig dabei geguckt.

Aber noch bevor ich den Fernseher ausgeschaltet hatte, erhob sich ein Sturm der Entrüstung, der den ersten vor einigen Monaten noch weit in den Schatten stellte. Er war außer sich vor Wut, Enttäuschung und Protest, stampfte mit den Füßen, schmiss sich auf die Erde, brüllte und schrie, als ob es ihm an den Kragen wollte. Ich glaube, diesmal hat er wirklich hyperventiliert, denn irgendwann machte er gar keine Aussagen mehr, stellte keine Forderungen, äußerte überhaupt nichts mehr, was irgendeinen Sinn ergab, sondern wiederholte er nur gebetsmühlenartig und kurzatmig: »Wi…hillll …. ni…hicht, wi…hilll ni…hicht!«, und starrte dabei durch mich hindurch in eine schreckliche Leere hinter mir, ein Blick, den ich so noch nie an ihm gesehen hatte.

Ich zog mir meinen Panzer gegen das Geschrei der eigenen Kinder an, der inzwischen recht dick geworden ist, packte ihn wieder ein und schleppte ihn an die frische Luft, damit er sich beruhigen konnte. Auf dem Weg zum Spielplatz – er war mittlerweile in eine Art Duldungsstarre verfallen, aus der er – das weiß ich inzwischen Gott sei Dank – nach einer Weile auf der Schaukel wieder zu sich kommen würde –, traf ich einen Bekannten, der auch Kinder hat, und fragte ihn nach seinem Umgang mit dem Fernsehen. Er empfahl mir die Zeichentrickfilme von dem kleinen Maulwurf aus der *Sendung mit der Maus,* die überhaupt eine fantastische Kindersendung sei. Die seien etwa 7 Minuten lang, gerade die richtige Länge, und auf sehr einfache und fantasievolle Weise gezeichnet, sodass Kinder leicht folgen könnten.

Zeichentrickfilme? Das ist doch so was wie Comics, oder? Das soll für Kleinkinder geeignet sein? Na ja, ich weiß nicht. Und die *Sendung mit der Maus* habe ich als Kind – wie alles – nur sehr selten gesehen, konnte aber ohnehin nie viel damit anfangen – was natürlich auch daran liegen kann, dass ich mit acht Jahren dafür schon zu alt war. Sei's drum. Wenn alle Welt so davon schwärmt – probieren kann man's ja mal.

Also habe ich gerade einen Packen DVDs mit Abenteuern des kleinen Maulwurfs bei Amazon bestellt.

26.03.09 Erweiterter Familienbegriff

Gestern kam die Dame meines Herzens aus der großen weiten Welt mal wieder bei uns hereingeschneit. Der Große durfte aufbleiben und hätte fast hyperventiliert vor Freude, zumal sie ihm ein Flugzeug mitgebracht hat, das zwar viel zu dick zum Fliegen ist, dafür aber von selbst rollen kann. Er hatte nur noch Augen für die Mama und ließ sich wie ein verliebter kleiner Trottel von ihr willenlos ins Bett bringen.

Die Nacht war durchwachsen, weil er immer wieder in unser Bett kam und behauptete, nicht in seinem Bett schlafen zu können. Wenn er schon nicht bei uns schlafen könne, was er inzwischen wohl selbst weiß, wollte er wenigstens aufstehen und die Nacht für beendet erklären. Das war angesichts der Tatsache, dass es erst 3 Uhr war, natürlich keine akzeptable Option, was er nach einer kurzen, aber klaren Diskussion auch einsah. Von der Klarheit der eigenen Gedanken erregt, fiel es mir danach allerdings schwer, wieder einzuschlafen.

Heute morgen um ca. 6 Uhr 30 kam er wieder zu uns ins Bett und sagte: »Bett nass.« Eine kurze Überprüfung, während derer er es sich in unserem Bett bequem machte, ergab, dass diese Aussage korrekt gewesen war. Es war nass, weil er sich übergeben hatte. Als die Dame meines Herzens mit dieser Erkenntnis ins Schlafzimmer zurückkam, hatte er sich inzwischen ganz still und heimlich, aber sehr effektiv, so wie es nur Kinder können, auch in unser Bett übergeben.

»Bin krank«, verkündete er. Und das war die volle Wahrheit.

Eigentlich hatten wir vorgehabt, einen ganzen Tag zusammen zu verbringen und einen schönen Ausflug in ein etwa eine Stunde von Berlin entfernt liegendes Ökodorf zu machen, wo es Kühe zu sehen gibt und Schweine und lauter ländliche Schätze, die Stadtkinder zum Staunen bringen. Die Pläne waren zwar noch am Abend auf einen Besuch im Zoo zusammengeschrumpft, weil die Dame meines Herzens völlig zu Recht bemerkte, dass eine Fahrt immer auch Stress bedeutet und wir früh wieder würden zurück sein müssen, weil sie noch zum Zahnarzt müsse und danach Vorstellung hätte.

Nun zerbröselte auch dieser Restplan, und wir verbrachten den Tag zwar zusammen, aber zu Hause. Was sowieso das Beste ist. Zumindest für die Kinder. Die Treppen hoch- und runterkrabbeln, sich gegenseitig vom Bobby Car schubsen und die Spielzeugkarawanevom Fensterbrett fegen ist im Grunde alles, was sie brauchen, um glücklich zu sein.

Was lag also näher, als mal wieder Zeit zu häckseln, zumal die Meisterin im Zeithäckseln, also die Dame meines Herzens, zu Besuch war? Den ganzen Tag mit den Kindern zu verbringen, ist allerdings noch mal eine ganz besondere Herausforderung. Besteht sie normalerweise darin, die verschiedenen Wege und Alltagserledigungen zu koordinieren, ist man in einer solchen Situation plötzlich mit der Spielwelt der Kinder konfrontiert, auf die man sich komplett einlassen muss, wenn man nicht verrückt werden will. Es ist schlicht unmöglich, irgendetwas nebenher zu tun, das Konzentration erfordert, weil ihre Beharrlichkeit und das Bedürfnis nach Aufmerksamkeit immer stärker sind.

Der Kleine will sich ununterbrochen bewegen. Eigentlich kann er schon gehen, im Kopf kann er es, er weiß, dass er es kann, nur wissen es seine Muskeln noch nicht. Er zieht sich überall hoch und hangelt sich von Stütze zu Stütze. Oder eben er wetzt die Treppen hoch und – na ja, runter geht noch nicht so gut. Wobei ihn die Tatsache, dass er stattdessen ständig wieder herunterpurzelt, und zwar immer genau dann, wenn man mal eine Sekunde abgelenkt ist, in keiner Weise davon abhält, es trotzdem immer wieder zu versuchen. Der Große dagegen stellt ständig irgendwelche Fragen, verbietet dem Kleinen das, was ihm selbst von uns verboten wird, und verbringt die meiste Zeit damit, über irgendetwas zu verhandeln oder darauf zu achten, dass der weitaus größte Teil der Aufmerksamkeit bei ihm landet und nicht bei seinem kleinen Bruder. Dieser Knirps hat nichts zu verschenken, so viel ist klar. Wenn er diese beinharte Händlermentalität behält, dann wird er später mal ein begnadeter Geschäftsmann.

Heute dagegen lag er den halben Tag auf dem Sofa in der Küche und genoss sein Kranksein in vollen Zügen. Es war gespenstisch ruhig im Haus, so ruhig wie schon seit fast drei Jahren nicht mehr, seit er in unser Leben kam. Die andere Hälfte verbrachte er damit, mich zu überzeugen, dass er jetzt wieder gesund sei, was ihm zwar nicht ganz gelang, aber immerhin ein sicheres Zeichen dafür war, dass es bald sein würde.

Das Geheimnis des Zeithäckselns besteht darin, nachzugeben. Alles, was zu verschieben ist, muss verschoben werden, damit der Tag blank und anspruchslos vor einem liegt. Ich versuche, mich in einen Zustand zu versetzen, in dem ich genauso bereit für die Überraschungen des ewig Gleichen bin wie die Kinder, durch deren Augen ich versuche, die kleinen Ereignisse des Tages zu sehen. Wie gesagt, mit einem Teil der Aufmerksamkeit bei ihnen zu sein und mit dem anderen bei irgendwelchen Erledigungen, führt unweigerlich mindestens zu Unzufriedenheit, wenn nicht gleich zu großem inneren Stress.

Also gab ich nach und setzte mich einfach dazu. Auch die Bemühung, pädagogisch wertvolle Impulse zu geben, gab ich nach einigen halbherzigen Versuchen auf. Ich saß einfach da und schaute zu. Und schaute, und schaute, und merkte plötzlich, dass es das Spannendste war, was ich seit langem erlebt hatte, zu sehen, wie der Kleine am Fensterbrett steht und in die Betrachtung eines kaputten Autos versunken ist. – kaputt sind die Autos übrigens alle. Es gibt nicht eins der gigantischen Autoflotte, die hier im Lauf der letzten Jahre aufgelaufen ist, das noch vollständig erhalten wäre.

Den Gedanken an eigene Aktivitäten oder gar Schreiben, was ich anfangs noch wild entschlossen versucht hatte, um einige Ideen, die mir wertvoll erschienen, nicht zu vergessen, gab ich bald vollständig auf. Ich willigte also ein und wurde zu dem, den meine Kinder in mir sehen: ihrem Klettergerüst, Mitspieler, Entertainer, Kellner, Zimmermädchen, persönlichem Diener und Vorleser. Nur einmal verließ ich das Haus, um einzukaufen. Die Dame meines Herzens ging ebenfalls erst weg, als sie zum Zahnarzt und dann zur Vorstellung musste.

Am Ende des Tages ließen sich zwei zufriedene kleine Kerle anstandslos ausziehen, waschen und ins Bett bringen, und ich hatte einen neuen Begriff von Ausgeglichenheit – und von dem heilsamen Effekt, den das Zerhäckseln von Zeit auf die Familie hat. Wieder denke ich an den französischen Vater Xavier Fortin, der mit seinen beiden Söhnen in die Berge geflohen war, den Robin Hood aller ausgebooteten Väter dieser Welt, und stelle ihn mir als einen glücklichen Menschen vor.

Wenn man sich die Familie als ein Lebewesen vorstellt, das aus ihren Mitgliedern besteht, dann ist Zeit, die so verbracht wird wie heute, die Nahrung, die es zum Leben braucht. Es braucht aber auch Luft zum Atmen. Diese Luft ist die Umwelt und die erweiterte Familie.

Mein Vater wurde nie müde, die Bedeutung der Familie, und zwar der erweiterten Familie, also eigentlich der Sippe, hervorzuheben. Vielleicht lag es daran, dass er als Einzelkind und Halbwaise aufgewachsen ist (sein Vater starb, als er zehn Jahre alt war). Als er fünf Jahre nach Ende des Krieges aus sowjetischer Gefangenschaft nach Westdeutschland kam, war seine Mutter auch bereits seit fünf Jahren tot, gestorben in den letzten Kriegstagen in Ostpreußen, wo seine Heimat war.

Da also niemand aus seiner engeren Verwandtschaft mehr am Leben war, hielt er sich umso mehr an die erweiterten Angehörigen. So haben wir Geschwister es uns immer zu erklären versucht, dass er eine derart enge Beziehung zu der Familie im ganz besonders weiten Sinn hatte. Er hatte sozusagen einen erweiterten Familienbegriff. Die Namen der Cousinen und Cousins dritten und vierten Grades, der Tanten, Onkel, Uromammas und Uropapas und Urgroßmütter und Urgroßväter (so die Unterscheidung zwischen den Ahnen väterlicher- und mütterlicherseits) flogen uns nur so um die Ohren, blieben aber leider nicht haften. Wir verzweifelten an dem chaotischen Namensgeflecht von Leuten, die wir ohnehin nicht kannten oder nur äußerst selten, in großen Abständen, auf irgendwelchen Familientagen trafen.

Irgendwann hielt ich das alles für Humbug. Diese Leute existierten nicht für mich. Sie waren eine der absurden Zumutungen der ohnehin absurden Zumutung Familie für mich, die in meinem Leben keine Bedeutung haben würde. So dachte ich lange, bis – nun ja – bis ich selber Kinder bekam.

Inzwischen habe ich viele der Cousinen und Cousins dritten und vierten Grades etwas besser kennengelernt. Eine dieser Cousinen, die Pastorin ist, hat meine beiden Söhne getauft. Mein Verhältnis zu den Mitgliedern dieser erweiterten Familie, die zur Peripherie hin langsam ausfranst, verändert sich mit den Entwicklungsschüben in meinem eigenen Leben. Und durch die Tatsache, dass ich viele von ihnen schon aus frühester Kindheit kenne, auch wenn ich sie natürlich nur sehr selten gesehen habe. Aber wir wissen ja doch voneinander, und um einen Eindruck vom Wesen des anderen zu haben, reichen einige wenige Begegnungen, besonders, wenn sie in der frühen Kindheit stattfinden, wo die Eindrücke noch ganz frisch und komplex sind – durch diese Tatsache also habe ich Gelegenheit, mich selbst in meinem Wachstum zu erleben.

Das, denke ich mir, ist der Sinn einer Großfamilie: Man kann sich selbst immer wieder in Beziehung setzen zu Menschen, die man von frühester Kindheit her kennt, und diese Beziehungen dabei ständig überprüfen. Was man zu einem Zeitpunkt ablehnt, hat zu einem anderen plötzlich eine (andere) Bedeutung, und so entsteht eine Kontinuität, an der man sein eigenes Leben, seine eigene Entwicklung erleben kann.

So ähnlich ist es wohl auch mit der Religion, auch so ein Thema, mit dem man sich auf die eine oder andere Weise auseinandersetzen muss, wenn man Kinder hat. Auch zur Religion habe ich in meinem bisherigen Leben ein äußerst wechselhaftes Verhältnis gehabt. Als Kind war mir die Sache ziemlich klar gewesen: Es gibt einen Gott, und der ist so etwas Ähnliches wie ein Vater, nur mit dem Unterschied, dass er wirklich alles kann und immer da ist, wenn man ihn braucht. Man kann immer mit ihm sprechen. Dieses Privileg habe ich als Kind auch gern in Anspruch genommen, und es hat mir eine große Sicherheit im Umgang mit dem Leben gegeben – denn es ist immer gut, einen interessanten Gesprächspartner zu haben, dem man allerhand, ja fast schon alles zutraut. Und nicht zuletzt wohl auch, weil mein Vater, der so sicher in seinem Glauben verankert schien, immer eine heitere Gelassenheit ausstrahlte, die mich bis heute inspiriert.

Möglicherweise war es aber auch alles ganz anders. Weil das Thema mich in den fast zehn Jahren ständig beschäftigt hatte, in denen ich aus der Kirche ausgetreten war, fragte ich ihn mal nach seinem Verhältnis zum Glauben und erfuhr zu meinem Erstaunen, dass er diesen im Krieg verloren und erst, als wir Kinder in sein Leben kamen, sich ihm wieder angenähert hatte, weil er uns die Sicherheit nicht vorenthalten wollte, die der Glaube an einen schützenden Gott ermöglicht.

Das war wieder einer der Momente, in denen mir klar wurde, dass ich meinen Vater ziemlich wenig kannte. Aber der Gedanke leuchtete mir ein. Ich bin ja das lebende Beispiel dafür, dass seine Strategie aufgegangen ist. Und was noch wichtiger war: Es zeigte mir, dass mein Vater dieselben Zweifel hatte wie ich, die Zweifel, die mich bewogen hatten, aus der Kirche auszutreten, weil ich sie für einen Verein von Scharlatanen hielt. Welcher denkende Mensch hätte diese Zweifel auch nicht? Die Welt ist voller Widersprüche, und selbst, wenn man davon ausgeht, dass Gott die Menschen mit der Freiheit ausgestattet hat, sich zu irren, Fehler zu begehen und sowohl sich selbst als auch die wundersame Schöpfung zugrunde zu richten, bleibt es für die nüchterne Vernunft doch eine Zumutung, Gott zu akzeptieren, noch dazu einen, der sich in sich selbst, seinen Sohn und den Heiligen Geist aufspaltet.

Wozu dieser ganze Firlefanz? Gott, der Erhabene, der über allem steht und doch in allem wohnt, kann doch nicht allen Ernstes einen solchen Budenzauber nötig haben. Alles

Große ist einfach, heißt es, da kann es doch nicht sein, dass Gott, wie wir Menschen, sich entwickelt, es erst allein probiert, dann seinen Sohn schickt, der eigentlich er selber ist, aber gleichzeitig auch einer von uns, und dann auch noch einen Heiligen Geist ins Rennen schickt, dessen Sinn man nur begreifen kann, wenn man Theologie studiert hat. Die Sache mit dem Sohn leuchtete mir schon noch ein, schließlich kann man sich sehr viel besser mit einem Gott identifizieren, der so ist wie man selbst, nur eben trotzdem Gott, aber was der Heilige Geist soll, das habe ich bis heute nicht verstanden.

Man muss vermutlich noch viel, viel mehr nachdenken, um seine Zweifel wieder zu verlieren. Aber wer hat schon die Zeit dafür? Jedenfalls dachte ich nach diesem Gespräch: Gut, lieber Gott, den ich, wie meine vielen Cousinen und Cousins dritten und vierten Grades, so lange nicht mehr gesprochen habe, der mich aber, wie diese, noch aus meiner Kindheit her kennt und deshalb weiß, wer ich mal war und wo ich herkomme, wenn es dir gelingt, die Dame meines Herzens endlich zu überzeugen, ein Kind mit mir zu bekommen, und wenn es dann auch wirklich klappt – denn ich weiß ja, dass ein Viertel der Paare, die ein Kind wollen, keins bekommen, weil die vielen Östrogene im Trinkwasser die Samen schwächen –, wenn du es also tatsächlich hinbekommst, dass hier bald ein kleiner Meister herumkrabbelt, dann trete ich wieder ein in deinen Verein.

»Versprochen ist versprochen und wird auch nicht gebrochen.« Dieser Satz ist einer der ersten, die der Große gelernt hat, als er anfing zu sprechen. Und es war wohl auch einer der ersten, die ich gelernt habe. Jedenfalls löste ich meinen Teil der Vereinbarung ein, nachdem Gott den seinen eingelöst hatte, und trat wieder ein. Wer diesen Schritt je getan hat, weiß, welche Widerstände man dafür überwinden muss. Auf dem Land mag das einfacher sein, aber in einer Großstadt, besonders einer derart säkular geprägten wie Berlin, schwimmt man eindeutig gegen den Strom, wenn man einem Verein beitreten möchte, der mit dem, was das Leben dort ausmacht, so wenig zu tun zu haben und so unsexy zu sein scheint wie die Kirche.

Genauso schwer ist es, wieder eine Beziehung zu seiner weiteren Familie aufzubauen, wenn sie erst einmal abgebrochen ist. Man geht als erwachsener Mensch an einen Ort, der in der Kindheit mal wichtig war, und den man verlassen hatte, um frei zu sein, der Enge zu entfliehen und wachsen zu können, und weiß nicht recht, was man da soll. Nur ein vages, aber starkes Gefühl der Wichtigkeit, die dieser Ort für die eigenen Wurzeln hat und deshalb auch für jene der eigenen Kinder bekommen könnte, treibt einen an.

Jedenfalls trat ich wieder ein und hatte schlagartig Ruhe vor meinen eigenen Gedanken zu diesem Thema, die mich ständig umschwirrt hatten wie Mücken. Und trotzdem war das erst der Anfang. Denn die nächste Frage ist: Wie kann ich meinen Kindern ein Verhältnis zu Gott ermöglichen, wenn mein eigenes so unsicher, voller Zweifel und Widersprüche ist? Welche Traditionen soll ich einführen? Die meisten müssten reanimiert werden, weil sie in meinem Leben schon so lange keine Rolle mehr spielen.

Aber das werden wir schon irgendwie hinkriegen. Mein Vater hat es ja auch hingekriegt.

27.03.09 Fernsehen 2

Heute sind die drei DVDs mit den Abenteuern des kleinen Maulwurfs angekommen. Na, dann wollen wir mal sehen, wie er auf diese albernen Trickfilmchen reagiert, dachte ich, und fühlte mich wie der böse Professor in einem drittklassigen Film, der sich anschickt, eins seiner verwerflichen Menschenexperimente durchzuführen.

Dieses Mal, dachte ich, werde ich es noch klarer machen, dass es nur einen einzigen Film gibt und ich hinterher kein Geschrei hören will, weil das ja schließlich die Bedingung war, überhaupt einen Film zu sehen. Und wenn dieser Film ihn aber wieder derartig an die Mattscheibe saugt und er danach wieder einen solchen Aufstand macht, weil er mehr sehen will, dann weiß ich: Es ist definitiv nichts mit dem Fernsehen. Dann wird eben die harte Tour gefahren. Dann hatten meine Eltern eben doch recht. Dann wird der Fernseher in den Keller geschafft, und wer sich dieses Teufelsmediums bedienen will, der muss halt in die Katakomben, wo die verbotenen Dinge schlummern.

Ich nahm also meinen Sohn beiseite und sprach zu ihm: »Heute Abend, wenn es dunkel wird, können wir einen Film sehen.« – »Pippi Langstrumpf?«, fragte er sofort begeistert zurück. »Nein, nicht Pippi Langstrumpf. Dafür bist du noch zu klein. Sondern *Der kleine Maulwurf.*« Keine Reaktion. »Das ist eine Geschichte über einen kleinen Maulwurf, der Abenteuer erlebt.« Keine Reaktion. Daumenlutschen, vermutlich Nachdenken. »Möchtest du das sehen?« Nicken. Daumenlutschen. Weiteres Nachdenken. Pause. Dann: »Was essen Maulwürfe?« – »Äh – gute Frage«, sagte ich, »was essen Maulwürfe.« – »Ich glaube, Regenwürmer.« – »Essen Maulwürfe Regenwürmer?« – »Ja«, mutmaßte ich weiter, »ich glaube, Regenwürmer und – keine Ahnung – Insekten?«, und machte eine innere Notiz, morgen im Lexikon nachzusehen.

Am Abend setzten wir uns aufs Sofa, ich legte die erste DVD mit dem Titel *Der Maulwurf und seine Abenteuer als Gärtner* ein, wir kuschelten uns ein, und das erste Bild erschien: Zwei zwitschernde Vögel in einem ornamentalen, blütenreichen Garten, gezeichnet im Stil der alten tschechischen Zeichentrickfilme, dazu leichte Musik, die aus einer französischen Komödie stammen könnte. Es gefiel mir auf Anhieb. Dabei war es nur das Hintergrundbild für das Menü.

Dann begann die erste Geschichte. *Der Maulwurf und die Rakete.* Aufblende. Auf einem Berg steht eine Rakete. Von links kraxelt der Maulwurf schnüffelnd hoch und betrachtet sie von links, von rechts, von vorne, von hinten. Dann krabbelt er hinein, guckt von innen raus (zwei blinkende Augen aus dem Dunkeln), entdeckt draußen ein paar Knöpfe und drückt einen nach dem anderen. Plötzlich geht die Rakete los. Ein entzückendes Kinderjuchzen ertönt aus der Kehle des kleinen Maulwurfs, das allein schon das Sehen dieses Films wert wäre.

Immer höher steigt die Rakete, und der Maulwurf lacht ein helles Kinderlachen, dass in Glucksen übergeht. Dann spotzen plötzlich die Düsen, die Rakete verliert an Höhe und fällt schließlich. Der Maulwurf kreischt auf wie Stan Laurel in seinen besten Zeiten. Die Sounds, denke ich, die sind grandios, auf den Punkt, präsent, knackig und ungeheuer komisch. Die haben's einfach draufgehabt, die Tschechen in ihren besten Zeichentrickzeiten. – Vorausgesetzt, dass es überhaupt ein tschechischer Film ist. Mal sehen. Auf der Hülle stehen die Verantwortlichen. »Kráty Film presents«, steht da. Ja, klingt tschechisch. »Script, design and direction: Zdenék Miller.« Na, wenn das kein tschechischer Name ist! Toll. Wirklich. Auf's Wesentliche reduziert, charmant, überraschend, irgendwie auch subversiv und vor allem dieser Sound! Die machen einen guten Zeichentrick ja aus. Der Ton. Nicht nur einen guten Zeichentrickfilm, jeden Film eigentlich, was in krassem Gegensatz zu dem schlechten Ruf steht, den die Tonleute beim Film immer haben, die armen, immer zu wenig Zeit, immer ein wenig belächelt, weil man ja alles nachsynchronisieren kann, und schließlich machen wir ja - einen Film und kein Hörspiel, aber wehe, der Ton ist hinterher schlecht, davon erholt der Film sich nicht wieder. Der Ton wird generell komplett unterschätzt beim Film, nicht nur bei den Filmschaffenden, sondern auch beim Publikum. Dabei ist es doch ganz einleuchtend. Man muss sich nur mal, beispielsweise, das Suspense-Meisterwerk *Shining* von Stanley Kubrick ohne Ton ansehen, um festzustellen, dass vom Suspense nicht viel übrig bleibt.

Ein kurzer Blick zu meinem Sohn. Der sitzt dieses Mal nicht kerzengerade auf der Sofakante, sondern bequem zurückgelehnt. Den Daumen nuckelt er zwar, aber nicht so manisch. Er macht einen generell entspannteren Eindruck. »Was macht die Rakete da?«, fragt er. »Die stürzt ab, weil sie keinen Treibstoff mehr hat – uh, da, jetzt landet sie auf einer kleinen Insel, mitten im Ozean!«, antworte ich. Dort läuft der kleine Maulwurf, nachdem er sich etwas erholt hat, erst einmal herum, um festzustellen, dass es tatsächlich eine Insel und er ganz allein ist. Dann setzt er sich hin und weint. Und wie er weint. Dieses Schluchzen ist die Essenz des Kinderschluchzens. Wo haben diese grandiosen Tschechen bloß einen solchen Ton her? Dieser Film ist ja ein Meisterwerk, denke ich.

»Der weint, der Maulwurf!«, stellt mein Sohn fest. »Ja«, sage ich, »der weint, weil er ganz allein auf dieser Insel ist – oh, guck mal, da kommt ein Krebs aus dem Wasser.« – »Was macht der Krebs?«, fragt mein Sohn, aber bevor ich antworten kann, erschrickt der Maulwurf mit demselben Kreischen, das wir schon vom Absturz der Rakete her kennen, dieses mitreißende, eigentlich urkomische Erschreckenskreischen, weil der Krebs ihn mit einer seiner Scheren angetippt hat. Sie recyceln den Ton sogar, denke ich, das ist exakt dasselbe Kreischen, nicht nur ein ähnliches. Genial, diese Tschechen, denke ich, einfach genial. Daraufhin erschrickt der Krebs auch, rennt rückwärts und stößt an eine Muschel, die umfällt und ihn zudeckt. »Wenn der Maulwurf weint, dann kommt der Krebs«, folgert mein blitzgescheiter Sohn sofort messerscharf.

Die beiden werden natürlich schnell Freunde. Der Krebs hilft dem Maulwurf, die verstreuten Teile der Rakete wieder einzusammeln, was gar nicht so einfach ist, weil viele auch im Meer gelandet sind. Der Krebs kann zwar einige bergen, aber nicht alle, denn einige sind ganz weit hinausgeschleudert worden und liegen zu tief und weit weg auf dem Meeresboden. Während der Krebs die näher liegenden Teile mit seinen Scheren einsammelt, entdeckt der kleine Maulwurf eine Flasche, die am Ufer mit dem Flaschenboden im Wasser liegt. Neugierig, wie er ist, krabbelt er hinein und kann plötzlich sehen, was unter Wasser passiert, weil der Flaschenboden ja wie eine Taucherbrille wirkt. Da schwimmen allerhand eigenartige und fantastische Fische herum, und, da sie genauso neugierig sind wie der kleine Maulwurf, kommen sie näher. Maulwurf und Fische beäugen sich. Der Maulwurf gestikuliert wild herum, um den Fischen die auf dem Meeresboden verstreuten Raketenteile zu zeigen. Dabei löst sich die Flasche vom Ufer und wird auf die offene See getrieben.

Obwohl es mir schwerfällt, meinen Blick von dem Bildschirm zu wenden, tue ich es, um die Wirkung dieses Meisterwerks der Zeichentrickfilmkunst auf meinen Sohn zu überprüfen. Lässig zurückgelehnt, an mich gekuschelt, aber trotzdem sehr aufmerksam sitzt er da und stellt ab und zu inhaltlich begründete Fragen nach dem Geschehen.

Aber ich komme nicht dazu, diesen Eindruck zu analysieren, denn jetzt wird es noch mal richtig dramatisch: Die Flasche, die auf den Wellen schaukelt wie eine Flaschenpost, gerät mit dem kleinen Maulwurf in einen Sturm. Es geht aber alles noch mal gut. Ein Krake schleppt die Flasche zurück an Land, wo die anderen Meeresbewohner inzwischen ganze Arbeit geleistet und alle Raketenteile zurückgebracht haben, die der kleine Maulwurf zusammen mit dem Krebs nun wieder zusammenbaut. Sie verabschieden sich, wobei der Krebs, glaube ich, sogar noch eine Abschiedsträne vergießt, und die Rakete fliegt wieder zurück.

Ende des Films. Ich zwinge mich, den Fernseher schnell auszuschalten, obwohl mich das nächste Abenteuer des kleinen Maulwurfs brennend interessieren würde, schon in ästhetischer Hinsicht. »Noch einen«, verlangt mein Sohn denn auch, wenn auch nicht besonders nachdrücklich. Er hat den Film ja ganz gut vertragen, denke ich, vielleicht verträgt er wirklich noch einen, und während ich insgeheim auf stärkeren Widerstand hoffe, sage ich: »Einen Film, hatten wir gesagt ...« – »... und dann Schluss«, ergänzt mein Sohn, der mir in letzter Zeit alles nachplappert. »Genau«, bestätige ich ihm vielleicht aus dem kleinlichen Bedürfnis heraus, das letzte Wort zu haben. Tatsächlich habe ich es dieses Mal auch. Kein Protest. Kein Geschrei, kein Geheul, kein Hyperventilieren.

Ich bin fast ein wenig enttäuscht. Hat ihm der Film etwa nicht gefallen? Ich schicke einen Testballon: »Morgen können wir noch einen Film mit dem kleinen Maulwurf gucken, wenn du willst.« Daumenlutschen, Nicken, Gähnen.

Begeisterung ist was anderes. »Möchtest du das?«, setze ich noch mal nach, weil ich mir nicht vorstellen kann, dass er nicht genau so begeistert von dem Film ist wie ich, der ich gerade ein neues Genre für mich entdeckt habe: Tschechische Kinder-Zeichentrickfilme. Die haben eine ganz eigene Filmsprache entwickelt, die Tschechen. So ein kleines Land und so viel Talent darin. Das ist wirklich erstaunlich, denke ich. Mein Sohn nickt wieder mit abwesendem Blick. Schließlich ringt er sich zu einem knappen »Ja« Durch, das man kaum versteht, weil er währenddessen am Daumen lutscht.

Gut, er ist müde, denke ich, da kann die ästhetische Urteilskraft schon mal etwas geschwächt sein. »Also abgemacht«, sage ich, damit er morgen keine Ausrede hat, falls er keine Lust haben sollte, mit mir ein neues Abenteuer des kleinen Maulwurfs zu sehen. »Morgen gucken wir noch einen Film mit dem kleinen Maulwurf.« Beinahe hätte ich noch ein »Ja?« hinzugefügt, kann es mir aber gerade noch verkneifen. »Und mit dem Krebs«, ergänzt mein Sohn mit einer gewissen Logik.

»Ich weiß nicht, ob noch mal ein Krebs vorkommt«, sage ich vorsichtshalber, damit er morgen nicht enttäuscht ist. »Will aber den Krebs«, verlangt er. »Aber es sind Geschichten über den kleinen Maulwurf, nicht über den kleinen Krebs.« – »Warum?«, fragt das Kind und guckt mich mit großen, hellen Augen an, die bereit sind, sich jederzeit mit Tränen zu füllen, wenn nötig. »Der kleine Krebs lebt auf der Insel mitten im Meer. Und der kleine Maulwurf ist mit seiner Rakete da nur kurz gelandet.« – »Will aber den Krebs!«, fordert er, schon etwas vehementer. Ich entschließe mich zur Appeasement-Politik. »Wer weiß, vielleicht kommt der Krebs ja auch wieder vor.«

Das stellt meinen kleinen Diktator auch vorerst zufrieden. Damit ist das Krebs-Problem zwar nicht beseitigt, aber vertagt. Morgen ist ein neuer Tag. Und solange er nicht auf die Idee kommt, die Filme mit dem kleinen Maulwurf plötzlich blöde zu finden, wird es sicher auch ein guter Tag.

28.03.09 Krankfeiern in Kindistan

Gestern flatterte die Dame meines Herzens wieder davon.

In der Nacht musste ich mich übergeben. Mein Sohn hatte das Virus offenbar großzügig an mich weitergereicht. Mit zwei Kleinkindern allein und krank sein geht aber nicht. Das ist nicht vorgesehen in Kindistan. Dann bricht alles zusammen.

In der Nacht hatte ein Notarzt mit einem Medikament, dessen Namen ich leider vergessen habe, immerhin noch dafür gesorgt, dass ich in einen angenehmen, rauschähnlichen Zustand verfiel und tief schlief. Aber die Wirkung dieses Medikaments ließ offenbar etwa um 5 Uhr früh nach. Jedenfalls wachte ich schweißgebadet auf und musste mich sofort wieder übergeben.

Als um 6 Uhr der Wickeltango begann, wurde er dieses Mal folglich in halbem Tempo getanzt. Zumindest von mir. Meine beiden Tanzpartner aber, diese unmusikalischen kleinen Stinker, kriegten das neue Tempo offensichtlich nicht mit oder kümmerten sich nicht drum, jedenfalls ließen sie sich nicht von mir die Laune verderben und griffen den Tag an, als wäre er ein ganz normaler Tag, der ihnen gehört wie alles andere in meinem Leben.

Um 7 Uhr rief ich dann die Nachbarn an, die Kinder im selben Alter haben, in der Hoffnung, meine hochenergetischen, kleinen Schlafhindernisse dort parken zu können, und erfuhr, dass sie ausgerechnet heute für eine Woche wegfahren.

Um ca. 8 Uhr 30 war ich der Meinung, nun auch meine kinderlosen Freunde anrufen zu können, erreichte aber niemanden. Nur Anrufbeantworter. Gut, es war recht kurzfristig. Auch Menschen ohne Kinder haben Dinge zu tun. Manchmal frage ich mich zwar was, aber schließlich war ich auch einmal ein Mensch ohne Kinder, in einer Zeit, die längst vergangen ist, sicher, aber ohne Zweifel, und da hatte ich auch immer zu viel zu tun. Aber da dieses Pensum heute in den zwei Mittags- und den drei Abendstunden erledigt werden muss, in denen die beiden Meister schlafen, frage ich mich ernsthaft, wie es einst ganze Tage ausfüllen konnte. Aber wie auch immer man es erklären möchte, von meinen kinderlosen Freunden war um 8 Uhr 30 morgens noch niemand zu erreichen. Auch unser Babysitter-Netz erwies sich als löchrig. Ebenfalls zu kurzfristig. Wie gesagt, Krankfeiern gilt nicht in Kindistan.

Blieb nur das Warten auf den Mittagsschlaf der kleinen Hochenergiekraftwerke.

Glücklicherweise ergaben sich dann doch noch zwei Hilfen. Die Nachbarn fuhren erst am Nachmittag, und eine der Babysitterinnen (man braucht mindestens drei, am besten allerdings eine ganze Armee, um für solche Fälle gerüstet zu sein) war es gelungen, noch einen anderen Termin umzulegen, sodass ich noch ein paar Stündchen schlafen konnte.

Unnötig zu erwähnen, dass an Schreiben nicht zu denken war. Denke wieder über Flucht in die Pyrenäen nach, verwerfe den Gedanken aber schnell wieder. Da gibt's vermutlich nicht mal einen Notarzt, der mir tolle Substanzen spritzt, wenn es mir schlecht geht.

29.03.09 Fernsehen 3

Heute wollte ich die zweite Folge der Kleine Maulwurf-Serie mit dem Großen gucken. Ich hatte mich schon richtig darauf gefreut. Aber dann kam uns die Zeitumstellung dazwischen. Ich hatte sie komplett vergessen. Und als es mir dann einfiel, war es bereits zu spät. Nach der neuen Zeitrechnung war es bereits 20 Uhr und somit kaum noch Zeit für die Abendrituale, das Waschen, das Zähneputzen, die Geschichte. Plötzlich musste alles ganz schnell gehen mit dem Ins-Bett-bringen. Und darüber vergaßen wir das Fernsehen.

Vielleicht sollte ich ehrlicherweise sagen, dass ich es vergaß. Der Große konnte es gar nicht vergessen, er hatte nämlich ohnehin nicht mehr daran gedacht. Offensichtlich, denke ich, teilt mein Sohn nicht meine Entdeckerfreude an dieser großen tschechischen Filmkunst. Große Begeisterung hätte anders ausgesehen. Wenn wir Auto fahren, komme ich beispielsweise nicht umhin, das letzte Udo-Lindenberg-Album aufzulegen. Sonst schickt der Meister Kohorten von Schrei-Banden, um mich davon zu überzeugen. So sieht große Begeisterung bei ihm aus! Ich höre sie ja auch gern, die letzte Scheibe von Udo, schließlich habe ich sie mir gekauft, aber inzwischen kenne ich nicht nur alle Songs auswendig, sondern weiß auch genau, welches Instrument wann einsetzt, wann der Basslauf kommt, wann das Schlagzeug einsetzt, und ich singe alles mit, auch die Instrumente, und frage mich, wie oft man einen Song hören kann, bevor man durchdreht oder beim Autofahren einfach vor Langeweile einschläft.

Vielleicht ist große Begeisterung aber auch gar nicht die angemessene Reaktion auf echte Filmkunst. Große Begeisterung verbrennt schnell und hängt nicht selten wie ein Fähnchen im stärksten Wind. Filmkunst dagegen ist nie ein Massenphänomen. Stiller, inniger Genuss wäre eine viel angemessenere Reaktion. Ein Genuss, der trotzdem einen gewissen Abstand bewahrt, weil man dabei nie vergisst, dass man ein Abbild betrachtet und eben nicht die Wirklichkeit. Man wird nicht hineingesogen und süchtig gemacht, überwältigt, zu Tränen gerührt, also unter Umgehung des autonomen Urteilsvermögens in den Film und seine manipulative Absicht gezogen, sondern mit einer Sprache, also beim Film mit einer Bildsprache konfrontiert, die Sinne und Verstand anspricht.

Aber morgen ist ein neuer Tag. Wenn man weiß, was man will, ist es immer leichter, andere dazu zu bringen, es auch zu wollen. Das zumindest habe ich bereits von meinem Sohn gelernt.

30.3.09 Hindernisse 10

Letzte Nacht hat's den Kleinen erwischt.
Kein Schreiben.

15.04.09 Entscheidungen

Nach einem Osterwochenende voller Sonne und zerhäckselter Zeit zwitscherte die Dame meines Herzens wieder ab in die große weite Welt. Ein weiterer Tag voller Sonne und ungeliebter Erledigungen lag vor mir, Dingen wie Einkommensteuererklärung vom letzten Jahr und – wieder mal – ein Handwerkertermin, die ich aus dem Weg schaffen wollte, um morgen endlich wieder schreiben zu können. Dafür würde ich nur den Großen dem Kindergarten und den Kleinen der Babysitterin übergeben müssen. Die Tagesmutter haben wir inzwischen wieder abgeschafft, weil der Kleine immer schlecht gelaunt zurückkam und wir ihn, wenn wir ganz ehrlich sind, noch nicht so lange abgeben wollen.

Es ist erstaunlich, wie viele Pflichten der Alltag eines Familienvaters mit sich bringt. Ich komme mir vor wie ein Messie. Zwischen mir und meinem Rechner stapeln sich unzählige zu erledigende Dinge, Haufen von Telefonaten, Papieren für die Steuer, Versicherungspolicen, Handwerkertermine, zu reparierende Rechner, noch unausgepackte Kisten, Haufen, die inzwischen bis zur Decke reichen und seltsamerweise auch nie kleiner werden, egal wie viele von diesen Dingen ich erledigt habe.

Kein Wunder, dass die meisten Autoren kein funktionierendes Familienleben haben. Zumindest auf die drei Autoren, die ich auf meinen letzten Lesungen kennengelernt habe, traf das zu. Michael Connelly ist zwar verheiratet und hat eine Tochter, aber seine Frau ist zugleich seine Managerin, die ihm den Alltag und vermutlich auch die Menschen vom Leib hält. Auf die Frage nach Freundschaft, die ihm von der Moderatorin gestellt wurde, war er jedenfalls einen

Moment sprachlos gewesen und hatte dann zugegeben, dass sie auch das für ihn erledige. Jeffery Deaver dagegen hat statt einer Familie eine Freundin und eine Hundezucht (um die sich allerdings seine Freundin kümmert). Und der niederländische Autor Thomas Rosenboom, aus dessen neuem Roman ich neulich in der niederländischen Botschaft las, berichtete von den Qualen, die sein ungebundenes Autorenleben mit sich bringe, da er jeden Tag aufs Neue, in jeder Minute des Tages, folgenschwere Entscheidungen zu treffen habe, Entscheidungen, ob er jetzt einen Kaffee trinken oder lieber spazieren gehen solle etwa.

Sicher eine schwierige Situation, kann ich mir vorstellen. Es ist bestimmt nicht leicht, solche Entscheidungen treffen zu müssen. Diese Verantwortung möchte ich nicht haben. Eine falsche Entscheidung, und der ganze Tag ist im Eimer! Dieses Problem zumindest habe ich nicht. Ich treffe keine Entscheidungen, ich habe Kinder.

Zugegeben: Es reizt mich, darüber Witze zu machen, da mein eigenes Leben derzeit in einer Weise fremdbestimmt ist, die mich jeder Überlegung, was ich eigentlich selbst möchte, enthebt. Ich vermute, dass es Soldaten im Krieg ähnlich geht wie mir jetzt: Sie müssen funktionieren, keine Entscheidungen treffen. Wenn sie doch mal welche treffen müssen, geht es allerdings gleich um Leben und Tod. Da sie allerdings keine Zeit haben, lange zu überlegen, empfinden sie diesen Prozess nicht als quälend.

Aber ich kann mich noch zu gut an die von Herrn Rosenboom beschriebenen Qualen erinnern, an die schreckliche, totale Selbstbestimmtheit des Alleinstehenden, die mich manchmal vollkommen ratlos in der Küche herumstehen ließ, weil ich einfach nicht wusste, was ich als Nächstes tun sollte: Abwaschen, in den Park gehen, lesen, die nächste Rolle vorbereiten oder einen Freund anrufen. Auch heute noch bedeutet es für mich weit größeren Stress, eine Entscheidung zu treffen, wie ein freier Abend verbracht werden soll, als mit den Notwendigkeiten des Alltags zu jonglieren.

Um schreiben zu können, muss man allein in einer leeren

Wohnung oder sehr reich sein, sodass man für alle Verpflichtungen, die eine Familie und ein halbwegs funktionierendes soziales Leben mit sich bringen, Angestellte bezahlen kann. Familienleben verträgt sich nicht mit einer Arbeit wie dem Schreiben. Eigentlich verträgt es sich mit überhaupt keiner Arbeit. Ich habe in den letzten drei Jahren so viele Projekte aus familiären Gründen abgesagt, dass mir langsam die Ausreden ausgehen, von dem Geld ganz zu schweigen. Denn seltsamerweise gelten familiäre Gründe nicht. Entweder, so musste ich lernen, nimmt man sich selbst komplett aus dem Arbeitsmarkt heraus und erklärt sich zum Vollzeit-Papi oder zur Vollzeit-Mami, oder man steht dem Arbeitsmarkt mit Haut und Haaren, mit Herz und Seele und vor allem mit all seiner Zeit zur Verfügung. Für das zeitliche Abwägen einer befristeten Beschäftigung gibt es kein Verständnis.

Seltsame Ideologie. Warum ist das so? Kinder zu haben hat hierzulande einen eigenartigen Beigeschmack. Es ist irgendwie peinlich. Man behält es lieber für sich, wenn man es sich mit dem hart umkämpften Arbeitsmarkt nicht verscherzen will. Wenn man eine Familie hat, ticken die Uhren plötzlich anders. Nur andere Eltern haben Verständnis dafür, wenn du kurzfristig einen Termin absagen musst, weil ein Kind krank ist oder dich einfach nur gerade braucht und das wichtiger ist als ein Termin mit einem anderen Erwachsenen. In den Schaltstellen der Macht sitzen indes hauptsächlich Nichteltern, da Eltern, wenn überhaupt, gerade mal Zeit haben, ihre Arbeit mehr oder weniger gründlich zu erledigen. Um Konkurrenten aus dem Weg zu boxen oder Kontakte mit für die Karriere wichtigen Menschen zu pflegen und beispielsweise auf Empfängen herumzulungern, dafür haben sie nun wirklich keine Zeit.

Mit dem Elan des Wochenanfangs bereitete ich also den Großen für den Gang zum Kindergarten vor, da überrascht er mich mit der Ankündigung, nicht in den Kindergarten zu wollen – auf gar keinen Fall! Stattdessen versichert er mir mit der allergrößten Not in der Stimme, dass er jetzt Mittagsschlaf halten wolle. Er sei müde, und Mittagsschlaf das

Einzige, was jetzt helfen würde. Es war Viertel nach acht am Morgen, und sein Wunsch schon deswegen nicht zu erfüllen. Ich versuchte, ihm zu erklären, dass Mittagsschlaf ohne Mittag keinen Sinn ergäbe, weil zum Mittagsschlaf der Mittag nun mal dazugehöre. Aber er sah das anders, hielt es für eine billige Ausrede und hetzte die Schrei-Banden des Machredsch von Mach auf mich.

Um die Lautstärke wenigstens für die Zeit etwas herunterzupegeln, die ich brauchte, um den Kleinen in den Kinderwagen zu legen, legte ich ihn tatsächlich ins Bett, gerade mal – na doch – knapp zwei Stunden, nachdem er mit dem imperialen Befehl: »Milch!«, in unser Bett gesprungen war (was in seinem kindistanischen Dialekt wie »Möich!« klingt) und nicht geruht noch gerastet hatte, bis auch für uns an Schlafen nicht mehr zu denken gewesen war, was er in ritueller Weise mit der Frage: »Bittu jetzt wach?«, bestätigt haben wollte. Er stellt diese Frage üblicherweise immer dann, wenn man endlich nachgibt, sich aus dem Bett quält und ins Bad wankt, um seine verquollenen Augen mit ein paar Spritzern kalten Wassers zu überreden versucht, sich wenigstens einen Spaltbreit zu öffnen, um die Kette morgendlicher Verrichtungen zu beginnen, die mit dem Gang zum Kindergarten seinen Abschluss findet.

Normalerweise. Aber nicht heute. Heute konnte er sich offenbar nichts Schlimmeres vorstellen, als in besagten Kindergarten zu gehen. Seine Abneigung war so stark, dass er auch, nachdem er seinen Willen bekommen hatte und im Bett lag, nicht aufhörte zu brüllen. »Was denn noch?«, fragte ich, inzwischen durchaus ungehalten. »Iuäh!«, rief er. »du musst den Daumen aus dem Mund nehmen, sonst verstehe ich dich nicht.« Er tat es und wiederholte: »Die Schuhe!«

Gut, ich hatte ihm die Stiefeletten, die er bereits für seinen Gang in den Kindergarten anhatte, nicht wieder ausgezogen, und mit Schuhen geht man nicht ins Bett, da hatte er recht. Aber ist das ein Grund für ein derartiges Geschrei? Eine solche Frage war allerdings angesichts der Tatsache, dass der Kleine einen Stock tiefer alleine herumkrabbelte und gerade Geräusche verursachte, die ich nicht einordnen konnte, die aber definitiv nach Zerstörung klangen, fehl am Platz. So zog ich sie ihm eben wieder aus und rannte nach unten, um den noch verschonten Rest der Wohnungseinrichtung zu retten.

Als der Kleine endlich im Kinderwagen angeschnallt und kein Sicherheitsrisiko mehr war, hörte ich, dass ich nichts hörte, und schlich leise wieder nach oben. Da saß er tatsächlich und zog sich die Stiefel wieder an. Die Appeasement-Strategie war offenbar aufgegangen: Kommst du mir entgegen, komme ich dir entgegen.

Aber es war ein brüchiger Frieden. Als die Tore des Kindergartens in Sicht kamen und ihm damit wieder klar war, wohin die Reise eigentlich ging, schwang er sich zu einem Anfall auf, der alles Vorangegangene übertraf. Zum ersten Mal in seinem kurzen, aber ereignisreichen Leben warf er sich zitternd vor Wut, Enttäuschung und Trauer auf die Erde. Wenn man Kinder hat, kann man sich nicht vorstellen, dass es eine Steigerung für das Geschrei gibt, das man schon kennt. Aber der Meister wächst und lernt ja dazu. Und immer wieder macht man die Erfahrung: Es gibt durchaus eine Steigerung.

Als Schauspieler wäre ich gern in der Lage, wenigstens eine der vielen Emotionen mit dieser Intensität reproduzieren zu können, die der Machredsch mir vor die Füße knallte, als wäre es das Leichteste der Welt.

Denn dass es der Machredsch war und nicht etwa wirkliche Abneigung aufgrund eines Ereignisses im Kindergarten, das ihm Angst gemacht hätte, erfuhr ich am Nachmittag, als ich ihn wieder abholte. In der Zwischenzeit hatte ich mir natürlich die allergrößten Sorgen diesbezüglich gemacht. Man hört ja immer wieder, dass die Warnsignale von Kindern viel zu häufig übersehen werden, weil man sie nicht ernst nimmt. Derryl, der Erzieher, ein gut aussehender Schwarzer mit einer Figur wie Arnold Schwarzenegger, der aussieht wie ein Pin-up für einen Kalender mit dem Titel »Mama-Porno«, bestätigte mir lakonisch, dass er fröhlich und friedlich gewesen sei, nachdem ich gegangen war. Sein Verhalten sei auch normal und vollkommen verständlich. Nach Ostern wollen viele Kinder nicht in den Kindergarten. Er hätte schließlich auch keine Lust gehabt heute Morgen.

So verbrachte ich einen Tag mit lästigen Pflichten und Sorgen, an dem die Sonne schien, als gäbe es weder Sorgen noch Pflichten. Am Ende waren die Pflichten erledigt und die Sorgen verpufft.

Jetzt weiß ich immerhin, dass die Sorgen unberechtigt gewesen waren. Falls der Große morgen dieselbe Nummer probiert, wird meine Verhandlungsposition, von keinen Zweifeln geschwächt, jedenfalls besser sein.

16.04.09 Das Ende schreiben

Die Ankündigung, dass heute die Babysitterin ihn in den Kindergarten bringen würde, hatte ich wie immer in ein kleines Spiel versteckt: »Rate mal, wer nachher kommt.« – »(breites Lächeln) Mama!« – »Nein, die kommt erst übermorgen.« – »Ähm. (Lächeln) Andrea!« – »Nein.« – »Ähm (Lächeln) Dana!« – »Genau. Dana bringt dich heute in den Kindergarten.« – »Ja, Dana!«, wiederholte er, noch eine Sekunde länger breit grinsend. Dann verzog sich sein Mund in Zeitlupe nach unten, seine Augen schlossen sich zu Schlitzen, sein Kopf neigte sich leicht nach hinten und ein gequält klingender Seufzer kam aus seinem Mund, gefolgt von den erwarteten Worten: »Will nicht in den Kindergarten.«

Aber dieses Mal schien seine Performance ihn selbst nicht zu überzeugen. Jedenfalls gab er sie schnell wieder auf.

Die Sonne scheint. Es wird ein herrlicher Tag. Und fünf Stunden ungestörte Zeit liegen vor mir. Heute schreibe ich das Ende.

Ich fahre nach Kindistan und nehme mit ...

Liste der unverzichtbaren Ausrüstungsgegenstände

Fährst du nach Kindistan, Reisender, ist die richtige Ausrüstung von entscheidender Bedeutung. Hast du sie, bist du gut gerüstet, den Meister zu meistern. Und du hast eine gewisse Chance, bald deine gewohnte Lässigkeit zurückzuerobern, obwohl der Meister dir gerade mal wieder den letzten Nerv raubt. Hast du sie nicht, ist für einen erhöhten Stresspegel gesorgt, der dir den Aufenthalt in Kindistan schnell verleiden und – noch schlimmer – dich auf absehbare Zeit deiner Souveränität berauben kann.

Darum hier die ultimative Kindistan-Ausrüstungs-Liste.

Folgende Dinge sollten immer griffbereit sein:

- Taschentuch – von irgendwoher läuft der Sabber immer

- Mehrere Milchflaschen – weil eine garantiert immer verloren geht

- Ein leichtes Tuch – um es vor den Kinderwagen zu hängen (damit der Meister endlich schlafen kann oder vor der Sonne geschützt ist)

- Zwei, drei Ersatzwindeln – des Meisters Popo ist schneller wund, als du nach einem Schluck Bier rülpsen kannst

- Eine Packung Feucht-Tücher – weil ohne sie die Ersatz-windel relativ sinnlos ist

- Ein Set Wechsel-Klamotten für den Fall, dass die Ersatz-windeln nicht schnell genug zum Einsatz gekommen sind, also:

    ein Body
    eine Strumpfhose
    ein Hemd
    eine Jacke

- Sonnencreme für den Meister im Sommer

- Eine Mütze gegen die Sonne im Sommer

- Eine Mütze gegen die Kälte im Winter

- Ein bunter Gegenstand, der sich gut betatschen lässt und dabei lustige Geräusche von sich gibt, um den Meister von Schmerzen und Langeweile abzulenken (die Spielzeug-industrie berät dich sicher gerne)

- Mehrere Schnuller, weil Schnuller neben Milchflaschen die Ausrüstungsgegenstände sind, die am schnellsten ver-loren gehen und unter ähnlichen Umständen ähnlich drin-gend gebraucht werden wie diese

Folgende Dinge braucht der Reisende, der auf seiner Rest-Spontaneität besteht und deswegen nicht genau weiß, ob er mit dem Meister zu einer der Zeiten wieder zu Hause sein wird, die sich jeder Spontaneität verweigern, also den Es-sens- und Schlafenszeiten des Meisters:

- Ein Glas Babynahrung

- Ein Glas Fruchtbrei

- Eine Banane zum Mansche-Pansche-Machen

- Ein paar Zwiebäcker, Zwiebacks oder Zwiebacken (wie auch immer der Plural von Zwieback ist), um schon mal das Kauen zu üben

- Eine Flasche mit abgekochtem Wasser oder Tee, damit die Zwiebäckeners besser rutschen

ICH FAHRE NACH KINDISTAN
UND BRÄUCHTE NOCH ...

Liste der noch zu erfindenden Dinge in Kindistan

• Pissoir mit Spiegel unter dem Spülknopf, damit der Papa mit dem Meister im Babybjörn sieht, wohin sein Pullermann den Strahl richtet. Wäre auch für sehr dicke Männer eine gute Idee

• Sprayflasche mit einer Art Lachgas gegen feindlich gesinnte Autofahrer und Passanten, das ihnen sofort gute Laune macht, damit sie die Möglichkeit haben, auf Kinder im Stadtbild angemessen zu reagieren

• Eine Art Präzisionsgewehr, mit dem man dieses Lachgas auf davonfahrende Straßenbahnschaffner schießen kann

• Spielzeug, das sich eine Woche, nachdem es verschenkt wurde, rückstandslos selbst auflöst (damit ist allen gedient: Der Schenkende hat das beruhigende Gefühl, etwas geschenkt zu haben, der Meister ist stolz wie Bolle, und du hast in dem Moment, wo er das Interesse verliert, also spätestens nach einer Woche, nicht die Gewissensentscheidung zu treffen, wie lange du jetzt noch warten musst, um es zu entsorgen)

ABTRITT

Die ideale Art, dieses Buch zu lesen

Ich hoffe, lieber Reisender, du hast meine Warnung beherzigt und dieses Buch nicht in einem Rutsch durchgelesen. Es wäre mir sehr unangenehm, wenn die Lektüre zu noch mehr Verwirrung und Schlafentzug deinerseits geführt haben sollte. Es gibt übrigens eine ideale Art, dieses Buch zu lesen.

Das sagst du mir erst jetzt, Effendi?

Tut mir leid. Ging nicht eher.

Ach ja? und warum?

Es ist einer jener Vorschläge, die man jemandem erst dann machen kann, wenn man ihn ein bisschen kennt.

Da bin ich aber gespannt!

Du könntest ja auch mit einem gewissen Recht fragen, warum ich das Buch nicht gleich so geschrieben habe, dass du es hintereinanderweg lesen kannst, schließlich leben wir in einer konsumentenaffinen Welt, und Zeit haben wir ja auch nicht unbegrenzt.

Allerdings. Also raus mit der Sprache.

Genau deswegen! Wenn du nämlich tatsächlich ein Reisender in dem Land bist, über das ich hier berichte, dann hast du in der Tat alles andere als unbegrenzt Zeit. Dann hast du, im Gegenteil, überhaupt keine Zeit, was sage ich, weniger als das, du hast deine Zeit doppelt und dreifach verplant und bist in der Regel gezwungen, alle diese Pläne dann doch wieder fallen zu lassen, weil irgendetwas, irgendjemand in dem Land, über das ich hier berichtet habe, dich davon abhält. Zeit wirst du nur an einem Ort noch haben, und auch dort nicht mit absoluter Sicherheit, sondern nur dann, wenn es dir gelingt, die Tür rechtzeitig abzuschließen.

Und was für ein Ort wäre das?

Die Toilette. Dort wirst du dann sitzen, tief durchatmen und dich fragen, was du mit diesen wertvollen zwei Minuten anstellen sollst, die gewisse körperliche Vorgänge dich zwingen, dort zu bleiben, und die du, wenn du geschickt bist, vielleicht auf fünf Minuten strecken kannst.

Nun, da du dieses Buch in Händen hältst, brauchst du dir nicht länger solche Fragen zu stellen. Für die zweite, dritte und vierte Lektüre lege es in diesem deinem letzten Refugium einfach an einen Ort, der nur für Erwachsene zu erreichen ist, schlage es auf und lies ein Kapitel pro Sitzung. Das ist die ideale Art, es zu konsumieren und auswendig zu lernen. Bei jeder anderen übernehme ich keine Verantwortung für mentale oder gesundheitliche Folgen.

Nun ist es gut möglich, dass sich die mühselig auf fünf Minuten gestreckte freie Zeit dadurch auf zehn, fünfzehn oder gar zwanzig Minuten ausdehnt, in denen du nicht mitbekommst, was in deiner realen Welt passiert. So wirst du das Kratzen an der Tür nicht hören, nicht die Rufe, nicht die Schreie deiner Meister. Du wirst dann, anfangs noch erstaunt, mit der Zeit aber immer routinierter, die Tür öffnen und über ein Knäuel von kleinen Leibern steigen, die vor Erschöpfung eingeschlafen sind, nachdem sie erfolglos versucht haben, mit allen ihnen zur Verfügung stehenden Mitteln deine Aufmerksamkeit zu erreichen, sie dort liegen lassen und denken: Na und? Ich kann mich schließlich nicht um alles kümmern.

Aber keine Sorge: Sie werden irgendwann wieder aufwachen und alles vergessen haben.

Danksagung

Ich danke allen meinen Freunden, die vor mir diesen Weg gegangen sind, allen voran Julia Lochte und Mathias Günther, Kathrin und Christian Taube, Inka Friedrich und Frank Seppeler, Monika Nix und René Jaschke und meiner Schwester Anita Meyer. Sie haben mich inspiriert und mir gezeigt, dass Kindistan nicht das Ende der Welt ist, sondern im Gegenteil der Anfang einer neuen. Ich danke Kerstin Schweers und Helmut Rühl sowie Thorsten Merten für ihre Geschichten. Ich danke meinem Bruder Chin Meyer. Er hat mir alles beigebracht, was ich weiß. Oder zumindest fast alles.

Danke auch an meine Literatur-Agentin Christina Gattys, ohne die es dieses Buch nicht geben würde, an meine Schauspiel-Agentin Beate Wolgast, die mir zum Schreiben den Rücken frei gehalten hat, und an meinen Lektor Harald Kämmerer, dessen konstruktive und entschiedene Begleitung mich ermutigt, unterstützt und immer wieder auf den richtigen Weg geführt hat.

Schließlich gebührt mein großer Dank natürlich der Dame meines Herzens, Jacqueline Macaulay, die diesen ganzen Wahnsinn nicht nur mitgemacht, sondern sogar noch unterstützt hat, für ihre Unterstützung und ihr geduldiges Zuhören nach einem langen, anstrengenden Tag in Kindistan. Dass sie dabei mehrfach eingeschlafen ist, liegt, wie sie mir netterweise versichert hat, nicht an der Qualität des Textes. Und dass ich ihr das glaube, liegt nicht an meiner Eitelkeit, sondern daran, dass ich selbst beim Vorlesen mehrfach eingeschlafen bin und deshalb weiß, wovon sie redet. Am meisten aber danke ich ihr dafür, dass sie mir nicht nur meine Reise durch Kindistan genau so gönnt, wie sich selbst, sondern hin und wieder sogar den Schlaf.

Und last, but definetely not least, danke ich meinen beiden Meistern Callum und Duncan Macaulay für das Material, aus dem dieses Buch entstanden ist und den – wenn auch spärlichen – Urlaub, den sie mir gewährt haben, um es schreiben zu können.

Inhalt

Über den Autor

Hans-Werner Meyer ist einer der vielseitigsten Schauspielern seiner Generation. Einem breiten Fernsehpublikum wurde er bekannt durch seine Rolle als Polizeipsychologe Dr. Born in der Fernsehserie *Die Cleveren*. Seitdem spielte er in TV-Eventproduktionen wie dem Contergan-Zweiteiler *Eine einzige Tablette*, dem Wende-Drama *Wir sind das Volk* oder dem Familien-Drama *Bis an die Grenze*. Aber auch auf der Bühne und in Kinofilmen ist er immer wieder zu sehen. Als Vater von zwei kleinen Söhnen hat er nun eigentlich für solche Dinge gar keine Zeit mehr. Stattdessen hat er die fehlende Zeit nun genutzt, um darüber ein Buch zu schreiben.

Papai
Mammien
Freies Frauenland
Land wo
Wilden Kerle
Weg der Mama
Weg des Papas
Fieberwüsten
Vorgebirge der Schwangerschaft
Gipfel der Geburt
Sauglan
Schlucht der Namensfindung
BOUM
Klettersteig der Geburtsvorbereitung
Tal des Staunens
Vaterstolz H
Wanderweg der Ahnungslosen (H